楚國文化研究叢刊　　　　　　　　　　　劉玉堂◇主編

# 楚國法律制度研究

陳紹輝〇著

昌明文化

楚國文化研究叢刊 A0201004

# 楚國法律制度研究

| | | |
|---|---|---|
| 著　　作 | 陳紹輝 | |
| 版權策劃 | 李　鋒 | |
| 發 行 人 | 陳滿銘 | |
| 總 經 理 | 梁錦興 | |
| 總 編 輯 | 陳滿銘 | |
| 副總編輯 | 張晏瑞 | |
| 編 輯 所 | 萬卷樓圖書股份有限公司 | |
| 排　　版 | 雙子設計公司 | |
| 封面設計 | 雙子設計公司 | |
| 印　　刷 | 百通科技股份有限公司 | |

出　　版　昌明文化有限公司

桃園市龜山區中原街 32 號

電話 (02)23216565

發　　行　萬卷樓圖書股份有限公司

臺北市羅斯福路二段 41 號 6 樓之 3

電話 (02)23216565 傳真 (02)23218698

電郵 SERVICE@WANJUAN.COM.TW

大陸經銷

廈門外圖臺灣書店有限公司

　電郵 JKB188@188.COM

**ISBN 978-986-94604-3-9**

2019 年 6 月初版三刷

2017 年 8 月初版二刷

2017 年 3 月初版一刷

定價：新臺幣 480 元

如何購買本書：

1. 劃撥購書，請透過以下郵政劃撥帳號：

　帳號：15624015

　戶名：萬卷樓圖書股份有限公司

2. 轉帳購書，請透過以下帳戶

　合作金庫銀行　古亭分行

　戶名：萬卷樓圖書股份有限公司

　帳號：0877717092596

3. 網路購書，請透過萬卷樓網站

　網址 WWW.WANJUAN.COM.TW

大量購書，請直接聯繫我們，將有專人為您

服務。客服：(02)23216565 分機 10

如有缺頁、破損或裝訂錯誤，請寄回更換

國家圖書館出版品預行編目資料

楚國法律制度研究 / 陳紹輝著. -- 初版. --

桃園市 : 昌明文化出版 ; 臺北市 : 萬卷

樓發行, 2017.03　面 ;　　公分. -- (楚國文

化研究叢刊；A0201004)

ISBN 978-986-94604-3-9(平裝)

1. 文化史　2. 楚國

631.808　　　　　　　　　　　106003975

# 目 次

# 總　序①

　　春秋戰國時期領異標新、驚采絕豔的楚文化，為中華文化的形成與發展完美地奉獻出了自己的珍藏。楚學的使命就是對這一稀世珍藏進行廣泛而深入的挖掘、整理和研究。這是一項異常艱辛而又充滿愉悅的工作，需要眾多的志士仁人協力同心共同完成。

　　楚文化是古老的，它的誕生在三千年以前；但楚學是年輕的，人們有幸對它進行系統的科學研究至今還不過百年光景。

　　楚文化的遺存埋藏在地下達三千年之久，直到20世紀20年代至40年代才被盜墓者「驚起」。當時，在安徽壽縣和湖南長沙出土了大量戰國時期的楚國銅器和漆器，其工藝之精絕，風格之獨特，令史學家和古董商歎為觀止。但這還只是「小荷才露尖尖角」，人們一時還很難捕捉它們的意態風神。從20世紀50年代起，楚文化的遺存在湖

---

① 簡體版由湖北教育出版社於二〇一二年出版。今繁體版於臺灣重新編輯印刷，因考量兩岸學術寫作習慣不同，故在編輯體例上作出些微調整，以符合繁體區的閱讀方式與學術格式。茲向讀者說明如下：
　1.若遇特殊名詞，則改為繁體區習慣用語。如：「釐米」，改為「公釐」。「米」，改為「公尺」。其他以此類推。
　2.本套書各冊之〈總序〉、〈序〉與〈後記〉，皆照錄簡體版之原文。
　3.原書的簡體字，如「杰」、「云」……等，皆改為相應之繁體字。
　4.字體簡繁轉換，造成用字不同，皆以該單位原有繁體之名稱為準。如：「岳麓書社」，改為「嶽麓書社」。

南、湖北、河南、安徽等地一批又一批地被考古學家喚醒，引起學術界和文藝界一陣又一陣的狂歡。「驚起卻回首」，人們重新審視哲學史上的老莊和文學史上的屈宋，徹然大悟，原來它們也都是楚文化的精華。

楚文化因楚國和楚人而得名，是周代的一種區域文化，集中了東周文化的大半精華。它同東鄰的吳越文化和西鄰的巴蜀文化一起，曾是盛開在長江流域古區域文明的奇葩。與並世共存的先進文化相比，楚文化可以說是後來居上。當楚文化跡象初露之時，它只是糅合了中原文化的末流和楚蠻文化的餘緒，特色不顯，影響不大，幾乎無足稱道。到了西周晚期，它才脫穎而出，令北方有識之士刮目相看。及至春秋中期，它竟突飛猛進，已能與中原文化競趨爭先了。楚文化不僅有爐火純青的青銅冶鑄、巧奪天工的漆木髹飾和精美絕倫的絲織刺繡，而且還有義理精深的老莊哲學、鑠古切今的屈宋辭賦和出神入化的美術樂舞。透過這耀眼的紛華，我們還能領悟到楚人進步的思想精髓和價值追求：「篳路藍縷」的進取精神、「撫夷屬夏」的開放氣度、「鳴將驚人」的創新意識、「和眾安民」的和合理念以及「深固難徙」的愛國情結。它們無疑是楚人留給世人的最寶貴的文化遺產。

為了對楚文化研究成果進行階段性總結和集中展示，20世紀90年代中期，湖北教育出版社推出了由張正明先生主編的大型學術叢書「楚學文庫」（18部），在學術界產生了強烈而持續的影響，「楚學」至此卓然而立，蔚為大觀。

自「楚學文庫」出版至今十數年間，隨著湖北棗陽九連墩大墓、河南新蔡葛陵楚墓、湖北隨州葉家山西周墓群的發掘，尤其是湖北荊門郭店楚簡、上海博物館珍藏的戰國楚竹書和清華大學藏戰國竹簡等出土文獻的陸續問世，以及新的研究方法和新的技術手段的推廣與運用，楚學研究出現了「驚濤拍岸」的高潮，眾多的楚學研究成果如浪花般噴珠濺玉，美不勝收。面對楚學研究的空前盛況，湖北教育出版

社以弘揚學術、嘉惠士林的遠見卓識，約請我主持編纂大型學術叢書「世紀楚學」（12部），這對於全面、系統、深入地探討楚文化的內涵與精蘊，及時展示楚學研究的最新成果，繼承和弘揚楚文化乃至中華文化的優秀傳統，促進社會主義文化強國和中華民族共有精神家園建設，既具有重要的理論意義，又具有重大的實踐價值。

「世紀楚學」選題嚴謹，內容宏富，研究範圍包括楚簡冊、政治、法律、禮儀、思想、學術、文學、地理、農業、水利、交通、飲食、服飾和名物等，大都是楚學研究中十分重要且「楚學文庫」未曾涉及或涉而不深的議題。因此，「世紀楚學」既是對「楚學文庫」的賡續、豐富和完善，又是對「楚學文庫」的延伸、拓展和推進。

之所以將叢書定名為「世紀楚學」，所思者有三：一是現代意義的楚學研究始於20世紀20年代，迄今已近百年；二是本叢書是21世紀推出的第一套大型楚學叢書，帶有鮮明的新世紀的印記；三是「世紀」也可泛指「時代」，意在誠勉本叢書切勿有負時代之厚望。

作為國家出版基金資助專案和湖北省社會公益出版專項資金資助專案，「世紀楚學」致力於從新視角、新構架、新材料、新觀點四個方面，實現楚學研究的新突破、新跨越、新發展，奮力開創楚學研究的新局面！

我忝任主編，限於學識和俗務，時有力不從心之感，幸有張碩、靳強先生襄助，諸事方才就緒，令我心存感念！

任何有益於本叢書的批評和建議，我們都竭誠歡迎！

劉玉堂

2012年2月於東湖之濱

總序

# 前　言

　　西周初期，楚人熊繹受封立國之時，只是一個僻在荆山、土不過同的蕞爾小邦，被中原華夏各族蔑視為「荆蠻」，連參加周朝盟會的資格都沒有，只能做些為周王室看守祭燎的下等活，可謂是地僻民貧，勢弱位卑。然而，在其後的數百年時間，在動盪紛爭、群雄逐鹿的春秋戰國時期，楚人強勢崛起，後來居上，春秋中期就問鼎中原，成為一代霸主。及至戰國時期，滅國六十多[①]，疆域隨之席捲半個南中國，成為擁有「地方五千里，帶甲百萬，車千乘，馬萬匹，粟支十年」[②]的聲勢煊赫的東方第一大國，更是把楚文化推向輝煌和極致，與中原文化比肩而立，競趨爭先。楚國之所以能變弱小為強大、變落後為先進，創造出博大精深、詭譎多變、獨具風格的楚文化，原因固然有很多，但高度重視法治建設無疑是其中最重要的因素之一。[③]此誠如學者所言：「不言而喻，楚國之所以長期成為強盛的泱泱大國，也

①　參見何浩：《楚滅國研究》，武漢出版社1989年版。
②　《戰國策·楚策一》。
③　楚人重法治，學界基本達成共識。如魏昌明確指出：楚國是重以法治國的古國。參見魏昌：《楚學劄記》，湖北人民出版社2003年版，第155頁。涂又光認為，從楚武王熊通起，楚國進入法治社會。楚王為首的統治層都要守法，為法所治，被統治層又豈能逍遙法外。參見涂又光：《楚國哲學史》，湖北教育出版社1995年版，第72頁。顧久幸亦多次重申此觀點，具體參見：《楚制典章——楚國政治經濟制度》，湖北教育出版社2001年版，以及相關文章。此外，劉玉堂、鄒芙都等亦持有此類觀點。

是與她重視法治並建立了較為完善的法律制度分不開的。」[1] 因此，對楚國的法制進行深入研究，不僅是楚文化研究應有之義和重要內容，而且對於全面了解楚國的歷史面貌和先秦時期的法制建設亦不無裨益。

對楚國的法制問題，自20世紀80年代起，就有吳永章、何崇恩等學者在進行研究。吳永章在《論楚刑法》中，從楚司法之官、律令、刑罰等方面，系統而簡要地論述了楚國的法制。隨後，又在《楚文化志》第十章第二節中，對楚國的法制作了簡要論述。何崇恩則就楚國法律及其執法情況作了探討。進入90年代後，隨著包山楚簡等一批簡牘資料的發現和公布，對楚國法制史的研究逐漸成為楚文化研究的一個重點和熱點，彭浩、陳偉、劉信芳、劉玉堂、顧久幸、賈繼東、劉金華等一大批學者紛紛參與進來，楚國法制史的研究取得了重大進展，獲得了豐碩成果。

綜觀現有成果，我們不難發現，由於資料的匱乏和學科的分野，以及學術興趣的不同，這些成果主要就楚國法制中的某些具體問題展開了深入探討。如陳偉〈包山楚簡初探〉及其相關文章探討的主要是司法制度問題，劉信芳〈包山楚簡解詁〉及其〈包山楚簡司法術語考釋〉等文章主要是就楚國司法術語展開的考釋，劉玉堂和賈繼東〈楚秦審判制度比較研究〉等系列文章則從楚秦司法比較的角度作了系統研究，涂又光《楚國哲學史》則從哲學的角度對楚國的法治精神作了系統闡述。比較而言，顧久幸的研究範圍相對寬泛一些，對楚國的法治思想、法律起源、法律形式等問題均有探討，除發表有若干論文之外，還在〈楚制典章——楚國的政治經濟制度〉中就楚國法制問題作有一定的探討。除這些相對集中的成果之外，就包山楚簡中的「受期」、「見（視）日」、「阩門又敗」等專門詞語的認識和理解，也

---

① 蔡靖泉：《楚文化流變史》，湖北人民出版社2001年版，第140頁。

是學界關注的焦點問題。以「受期」為例，著文探討者近十餘人，主要文章有曹錦炎〈包山楚簡中的受期〉（《江漢考古》1993年第1期）、陳偉〈關於包山「受期」簡的解讀〉（《江漢考古》1993年第1期）、夏淥〈讀《包山楚簡》偶記——「受賄」、「國帑」、「茅門有敗」等字詞新義〉（《江漢考古》1993年第2期）、賈繼東〈包山楚簡中《受期》簡別解〉（《東南文化》1996年第1期）、賈繼東〈簡論包山楚國訴訟制度中的期日與期間〉（《中國文物報》1996年7月28日），陳恩林、張全民〈包山「受期」簡析疑〉（《江漢考古》1998年第1期）、董蓮池〈也說包山簡文中的「受期」〉（《古籍整理研究學刊》1999年第4期）等。

時至今日，儘管在某些具體問題上我們已經有了很深刻的認識，但我們對楚國法制整體面貌的了解和認識，仍然只是表面的、單一的、模糊的。學者所言「楚國擁有較為完善的法律制度」，似乎更多的是一種心有所感，而沒有得到具體的論述。如何讓楚國法制的整體面貌清晰起來、立體起來呢？筆者以為，在充分吸收和借鑒已有成果的基礎上，不妨從部門法的角度展開研究。無須諱言，部門法是現代法律用語，是西學東漸的產物。中國古代沒有形成像今天這樣的法律部門和法律概念，也沒有制定各種不同的部門法典，但客觀上存在著運用不同的法律手段去調整各種複雜的社會關係，也是一個不爭的事實。

張晉藩指出：任何一種類型的法律都是特定的社會關係的產物。社會關係是複雜多樣的，因此，反映法律社會關係的法律規範的內容，也是複雜多樣的，而對於複雜的社會關係所進行的法律調整方式，也絕不可能是單一的。任何一個國家現行的法律規範，一方面具有內在的統一性，形成不可分割的整體；另一方面基於調整對象的差別，又劃分成若干不同的法律部門。這些既有區別而又有不可分割的法律部門，便構成了法律體系，這個法理學上的共同理論基礎，也適

用於中國古代的法律體系。中國古代的法律體系，同樣是由刑法、行政法、民法、訴訟法、經濟法等各種部門的法律所構成的，如果說中國封建社會基本法典的編撰體例是「諸法合體、民刑不分」，那麼，中國封建的法律體系則是「諸法並存，民刑有分」的。前者是立法者立法經驗的體現，是主觀能動性的產物；後者是基於法律調整方式的多樣性而形成的有機聯繫的整體，是不以立法者主觀意志為轉移的客觀實在。」[①]「我們更不能因為某一部門法典的缺失，就認為這一範圍的諸種關係缺乏相應的法律規範，從而得出法律體系欠缺的結論，這是不符合歷史事實的。更何況在地下出土文物史料不斷豐富的今天，某種法典的缺失，也未免有失慎之嫌。」[②]

據學者研究，西周時期已在刑法、民法、婚姻法、行政法、經濟法和訴訟法等各個部門法中制定了不同的法律規範，已初步形成體系，各具風格，彼此有別，並在其各種不同的社會生活中發揮著各自的特殊作用[③]。秦漢時期的法律體系已經具備了部門法的現實形態，存在著調整相應關係的法律規範[④]。關於這一點，我們可以從雲夢睡虎地秦簡和張家山漢簡等出土材料中找到具體實證。

東周時期，楚人在發展道路上長期奉行混一夷夏的路線，堅持外求諸人以博採眾長，內求諸己而獨創一格，在精神文化上，尤其是禮法制度建設上，一向是承襲周制，師法華夏，以「撫有蠻夷，奄征南海，以屬諸夏」[⑤]。這既是龐大的楚王國的氣魄，也是燦爛的楚文化的氣魄[⑥]。因此，無論是從法學理論上，還是從楚國自身建設上來推斷，楚國的法律體系也應該已經具備了部門法的現實形態，存在著調

① 張晉藩：《清代民法綜論》（緒論），中國政法大學出版社1998年版，第1—2頁。
② 徐世虹主編：《中國法制通史 戰國秦漢卷》（緒論），法律出版社1999年版，第13頁。
③ 胡留元、馮卓慧：《西周法制史》（前言），陝西人民出版社1988年版，第1頁。
④ 徐世虹主編：《中國法制通史 戰國秦漢卷》（緒論），法律出版社1999年版，第13頁。
⑤ 《左傳 襄公十三年》。
⑥ 張正明：《楚文化史》，上海人民出版社1987年版，第64頁。

整相應關係的法律規範。事實上，傳世文獻、考古資料及現有成果也已經在一定程度上證實了這一點。

有鑒於此，本書擬採用部門法的篇章結構，對楚國法律制度作深層次、全方位的解構和探討，以期能從宏觀上對楚國法律制度有一個較為明確的整體把握和深刻認識。

受限於資料條件及自身的能力與學識，本研究在探討過程中，儘管力求用史料來說話，但仍有過多的推測和發揮成分，所得出的結論和觀點並不是全都有充分的實證材料，故不求正確，但求合理。這是需要指出來的，期待著學界前輩、同仁和朋友批評、指正。

本書在寫作過程中借鑒和吸收了大量有關論著、文章的研究成果，在行文中雖盡力加以說明，但由於時間緊張，以及行文所限等原因，遺漏和錯誤之處肯定不少。筆者在此一併致以誠摯的感謝和深深的歉意，並借此機會求得有關作者和師友的鑒諒！

在寫作過程中，作者得到了許多師友的關愛和幫助。尤其是本叢書主編劉玉堂院長，作為我學術人生的引路人和督導者，更是傾注了大量心血和精力，這裡特別向劉玉堂老師表示衷心的感謝！此外，湖北省社會科學院楚文化所的全體同仁，尤其是張碩老師、尹弘兵博士在資料查找和相關問題的探討上相助甚多，謹向所有直接和間接給予我幫助的良師益友表示由衷的謝忱！

# 第一章　楚國法制概況

楚人重法治。春秋戰國時期，楚人在繼承商周、師法華夏的基礎上，參酌本國國情，探索出了一條特殊的法制建設之路，建立了一套詳密完備的法律制度，無論是在內容上，還是在形式上，均走在了時代的前列，對楚國的崛起發揮了重要作用。這也從一個側面反映出楚人博採眾長的氣度、創新開拓的銳意和發揚蹈厲的豪情。

## 第一節　立法概況

國無法不治，家無規不安。楚國統治者深知法律於國家治理的重要性，非常重視立法活動。綜觀楚國八百餘年、載沉載浮的發展史，我們不難發現，楚國的立法活動不僅起步早，而且持續時間長，幾乎是與楚國的存亡相始終，從未間斷過。以歷史發展的時代背景為依據，楚國的立法活動基本上可以分為春秋時期和戰國時期兩個階段。

### 一、春秋時期的立法活動

從嚴格意義上講，楚國的法制建設是從武王時期正式開始的，因為在此之前，楚還不是一個真正意義上的文明國家。直到武王時

期,楚國才真正跨入階級社會的門檻,正式組建了完全意義上的國家機關,有了常規軍隊和各類職官,原始社會遺留的各種習慣和統治階級的整體意志才得以上升為國家意志,並獲得了國家強制力的保障。

從文獻記載來看,楚武王時期楚國的立法活動至少有兩次,一次是創制綜合性的刑法,另一次是制定單行性的軍事法規。

關於刑法的創制,《左傳 桓公十三年》有如下記載:

楚屈瑕伐羅,鬬伯比送之。還,謂其御曰:「莫敖必敗,舉趾高,心不固矣。」遂見楚子,曰:「必濟師!」楚子辭焉。入告夫人鄧曼。鄧曼曰:「大夫其非眾之謂,其謂君撫小民以信,訓諸司以德,而威莫敖以刑也。莫敖狃於蒲騷之役,將自用也,必小羅。君若不鎮撫,其不設備乎!夫固謂君訓眾而好鎮撫之,召諸司而勸之以令德,見莫敖而告諸天之不假易也。不然,夫豈不知楚師之盡行也?」楚子使賴人追之,不及。莫敖使徇於師曰:「諫者有刑!」及鄢,亂次以濟,遂無次。且不設備。及羅,羅及盧戎兩軍之。大敗之。莫敖縊於荒谷。群帥囚於冶父以聽刑。楚子曰:「孤之罪也。」皆免之。

仔細分析,不難發現這段記載至少說明了兩個法律事實:第一,敗軍之將是要受到刑罰處罰的。莫敖自殺,群帥自囚以聽刑,武王自罪,便是明證。既然有刑罰,就必然有刑法。因為在氏族社會,酋長與族眾之間是「無刑罰之用」的。第二,武王及莫敖均以刑相威,兵敗之後,屈瑕及群帥主動受罰,表明刑法不僅早已公之於眾,為人所知,而且有罪受罰的觀念已深入人心,這就清楚地說明在此之前武王已經根據國家發展的需要創制了刑法。陳禮榮亦指出:「楚國對敗軍之將予以懲處的刑律,應當是在此之前便已經制定出來,並且足以震

懾像莫敖這樣身分的王國要員，否則，屈瑕決不會在離郢都不遠的荒谷自縊。」[1]

遺憾的是，由於相關史載闕如，我們無法知曉這次立法活動的具體時間。至於其具體內容，結合這次刑罰的執行情況，以及楚國當時主要精力集中於軍事建設和軍事擴張來推測，應該是以軍事立法為主，不僅規定了軍事犯罪的種類，而且規定了相應的刑罰處罰。顧久幸對此作有具體分析：這一次戰爭中顯示出楚國的多種刑法：一是戰敗自殺法，二是諫者有刑法，三是軍中的次要將領的懲罰法。軍中的其他將領將要受到的刑法，則很可能是肉刑，而不會是死刑；莫敖對軍中的士卒要用的刑也可能是肉刑[2]。從這次戰爭所顯示出的刑法內容來說，這些觀點無疑是符合歷史實際的，應該說是正確的。但筆者不認可楚國有「多種刑法」這一說法。私見以為，對於武王時期楚國的刑法應當從廣義上來加以界定，即所戰敗自殺法、諫者有刑法、軍中的次要將領的懲罰法等都只是楚刑法的具體內容，而不是一部部單獨的刑法，換句話說，武王時期的楚國刑法實際上已經具有法典的性質，儘管它有可能是不成文的，但這並不有損於其性質。

關於這段史料，劉玉堂也有一段精彩的論述：

以上所謂「刑」，當指楚武王時已開始使用刑罰。既然有刑法，也必然有執行機構及其官員。只是由於史載闕如，其詳情不得而知。不過，從「君撫小民以信，訓諸司以德」分析，當時還沒有形成系統而完整的法律思想，其刑法還未達到成文刑法的階段，而這正是氏族社會留下的痕跡。……因為武王時楚國剛剛從原始社會脫胎而來，社

---

[1] 陳禮榮：〈楚國「司敗」的職權與行政問責〉，載《長江大學學報》，2009年第2期。
[2] 顧久幸：《楚制典章——楚國的政治經濟制度》，湖北教育出版社2001年版，第97—98頁。

會形態的迅速轉換，使得它還來不及在法制建設方面有根本性的突破，但是，它畢竟還是開創了楚國用「刑」的先例。①

這一論述的合理之處是不言而喻的，但疏忽之處也是相當明顯的。我們認為，對夫人鄭曼所言，應作整體分析。實際上，這則記載至少可以為我們提供三點啟示：

第一，楚國已經初步建立了一套相對完備、各司其職的國家機關，否則不會有「諸司」，武王也無從訓德。此正如劉玉堂所指出的，既然有刑法，也必然有執行機構及其官員。

第二，楚國已經對社會主體進行了簡單的區別，並根據調整對象的不同，有區別、有重點地適用不同的調整規範。小民、諸司、莫敖分別代表普通百姓、行政機關、國家軍隊三類不同的行為主體和調整對象，信、德、刑亦分別三種不同的行為規範，分別與之對應。

第三，撫小民以信，說明楚國注意用道德規範來教育和引導百姓行為；訓諸司以德，表明楚國重視用紀律規範來調整和約束官員的行政行為；威莫敖以刑，則顯示楚國決心用嚴刑峻法來治理軍隊。

如眾周知，作為一種社會規範，信、德、刑均具有普遍的適用性，但側重點和意義又各不相同。武王既然可以用刑罰懲治莫敖和將領，肯定也會用刑罰懲治其他官員和民眾，信與德同樣如此。武王之所以要強調「撫小民以信，訓諸司以德，威莫敖以刑」，顯然是已經認識到了信、德、刑這三種社會規範的本質區別和功能屬性，並自覺地加以綜合運用。信、德、刑同時共舉，各有所重，相互支撐，相互配合，共同作用於社會，武王的這一套做法，即便放在今天，仍是值得肯定和稱讚的。這也意味著武王在治國理念和法治思想上已經相當成熟了，而這也正是楚武王法治思想的真正精髓

① 劉玉堂：《楚國經濟史》，湖北教育出版社1995年版，第110頁。

和核心價值所在。可能囿於草創階段司法經驗積累嚴重不足和立法技術較為原始，這一思想在具體的法制建設中未能準確而充分地表現出來，從而給人些許支離破碎的感覺，但這也很難說是沒有系統且不完整。至於刑法的表現形式是否為成文法，囿於史料的闕失，很難釐清。也正是有著如此多的不足，所以我們必須承認，由於歷史條件的限制，武王時期，楚國在法制建設方面沒能取得根本性的突破。

武王時期的第二次立法活動是制定單行的軍事法規。《左傳　莊公四年》載：「楚武王荊屍，授師孑焉，以伐隨。」這可能是楚國在軍事方面最早的立法記載。但由於記載過於簡單，對其的理解至今仍是聚訟紛紜。在這裡我們暫不去討論它，因為不管爭論如何激烈，有一點大家都是肯定的，那就是它是一條軍事立法。而這於我們探討武王時期的立法活動來說，已經足夠了。

除上述兩次立法之外，武王時期似乎還有一次立法。《呂氏春秋　直諫》記：

荊文王得茹黃之狗，宛路之矰，以畋於雲夢，三月不反；得丹之姬，淫，期年不聽朝。葆申曰：「先王卜以臣為葆，吉。今王得茹黃之狗，宛路之矰，畋三月不反；得丹之姬，淫，期年不聽朝。王之罪當笞。」王曰：「不穀免衣繈褓而齒於諸侯，願請變更而無笞。」葆申曰：「臣承先王之令，不敢廢也。王不受笞，是廢先王之令也。臣寧抵罪於王，毋抵罪於先王。」王曰：「敬諾。」引席，王伏。葆申束細荊五十，跪而加之於背，如此者再，謂王：「起矣！」王曰：「有笞之名一也。」遂致之。申曰：「臣聞君子恥之，小人痛之。恥之不變，痛之何益？」葆申趣出，自流於淵，請死罪。文王曰：「此不穀之過也。葆申何罪？」王乃變更，召葆申，殺茹黃之狗，析宛路之矰，放丹之姬。後荊國兼國三十九。令荊國廣大至於此者，葆申之力

15

也，極言之功也。

涂又光分析認為，葆申所謂的「先王之令」，實際上就是武王創制的一部法令，規定楚王有過受笞[①]。如這一觀點成立，則表明楚王時期又有一次立法活動。如何認識涂又光的這一觀點呢？筆者認為，誠如其所言，無文獻可徵，僅從有關文獻推測。但如對這一觀點持反對意見，亦無文獻可徵，也只能從相關文獻推測。在此種情形下，認可這一觀點，顯得更為客觀公允些。

文王時期，楚國國力大增，隨著疆域的不斷擴大，財富也日益增長起來，對法律的創制提出了新的要求。從文獻記載來看，文王清醒地認識到了這一點，及時調整了立法方向和重點，擴大了法律的調整範圍，從立法上加大了保護財產的力度，及時制定了以保護私有財產為中心的成文法典。

從現有材料來分析，文王時期的立法成就突出地表現在《僕區》之法的制定上。《左傳·昭公七年》記：

（楚靈王）為章華之宮，納亡人以實之。無宇之閽入焉。無宇執之，有司弗與，曰：「執人於王宮，其罪大矣。」執而謁諸王。王將飲酒，無宇辭曰：「天子經略，諸侯正封，古之制也。封略之內，何非君土？食土之毛，誰非君臣？故《詩》曰：『普天之下，莫非王土。率土之濱，莫非王臣。』天有十日，人有十等，下所以事上，上所以共神也。故王臣公，公臣大夫，大夫臣士，士臣皂，皂臣輿，輿臣隸，隸臣僚，僚臣僕，僕臣臺。馬有圉，牛有牧，以待百事。今有司曰：『女胡執人於王宮？』將焉執之？周文王之法曰：『有亡，荒閱』，所以得天下也。吾先君文王，作《僕區》之法，曰：『盜所隱

---

① 涂又光：《楚國哲學史》，湖北教育出版社1995年版，第73頁。

器，與盜同罪』，所以封汝也。若從有司，是無所執逃臣也。逃而捨之，是無陪臺也。王事無乃闕乎？昔武王數紂之罪，以告諸侯曰：『紂為天下逋逃主，萃淵藪』，故夫致死焉。君王始求諸侯而則紂，無乃不可乎？若以二文之法取之，『盜』有所在矣。」王曰：「取而臣以往，『盜』有寵，未可得也。」遂赦之。

　　杜預注：「僕區，刑書名。」陸德明《經典釋文》引服虔注：「僕，隱也。區，匿也。為隱匿亡人之法也。」顯然，《僕區》之法是楚文王仿效周文王「有亡荒閱」之法而作的一部懲治隱匿亡人，即逃亡奴隸的成文法律。

　　如何懲治隱匿亡人的行為呢？文獻沒有記載。武樹臣認為，周文王的「有亡荒閱」，意即奴隸逃亡後被他人據為己有而不歸還原主的，經原主之請求得以在可疑地區進行大搜捕，然後依據奴隸身上的烙印等符號得以辨其所屬，並對窩藏者加以制裁。參照《漢謨拉比法典》的規定：交出逃亡奴隸的可以得到酬金，藏匿不交的，要處死，周代的制裁也許同樣嚴厲。[1] 若此論成立，楚國的制裁也必定是同樣嚴厲，藏匿不交的，處以死刑。也許正因如此，素來不太尊禮守法的楚靈王在無宇咄咄逼人的法律攻勢之下，也只好乖乖地放人，並不忘自我幽默一把，以掩飾過錯。這一事例，同時也表明這一法律直至楚靈王時仍在貫徹執行，依然具有強大的生命力，這也說明僕區之法至少是深受統治階層歡迎的「良法」。

　　關於如何認識文王制定的《僕區》之法，何崇恩有這樣一段論述：

---

① 　武樹臣：〈「橫的法」與「縱的法」——先秦法律文化的衝突與終結〉，載《南京大學法律評論》，1996年第2期。

楚國的《僕區》之法對於研究楚國的社會形態頗有參考價值。它反映了楚國在春秋前期處於奴隸制階段,其法律旨在維護奴隸制的統治秩序。楚國在楚靈王在位期間,即春秋後期,已有奴隸大量逃亡與反抗的跡象,奴隸制於此時已面臨深重之危機。此時之楚國,仍有奴隸制的存在,但已出現危機。楚國的社會正處於由奴隸制向封建制轉化的過程之中。從《僕區》之法,我們還可間接了解,楚國對於偷盜者是要治罪的,因為維護私有財產是統治階級立法的出發點之一。[①]

何崇恩關於楚國社會性質的認識,是其一家之言,值得商榷,但關於其他方面的認識,尤其是「《僕區》之法」還包含了盜竊罪的認識,無疑是正確的,極具啟發意義。

如何理解「盜所隱器,與盜同罪」呢?張正明認為,這實際上包括了兩個罪名,即窩贓罪與盜竊罪[②]。蔡樞衡則認為,只有一個罪名,即盜竊罪。其意是說竊取他盜所隱藏的盜贓,也是竊盜罪。可見盜罪的成立,不須被盜人對於被盜財物享有正當權利。只要侵害了事實上的占有,就可成立盜罪。所以肯定這種盜罪,不僅為了保護所有權,而且是為了保護占有的事實。這是因為侵害單純占有足以影響物歸原主。保護占有,就是保護所有[③]。

筆者認為,以上兩種說法均言之成理,不存在誰是誰非、孰對孰錯的問題。因為它們本來就是這一法律規定應有的兩個基本內容,只有將兩者有機結合起來考察,我們才能準確理解這一法律條文的具體內涵和立法者的真實意思。在當時的歷史條件下,還沒有形成較為明

① 何崇恩:〈楚國法律及執法情況述略〉,載《湘潭大學學報》,1988年第2期。
② 張正明:《楚史》,湖北教育出版社1995年版,第87頁。按,絕大多數中國法制史教程和相關著作也持這一觀點,將這一行為認定為窩藏罪。
③ 蔡樞衡:《中國刑法史》,中國法制出版社2005年版,第134頁。

晰、完善的產權制度，很難區分占有和所有，因此，採取保護占有的方式來實現對所有權的保護，不僅簡單易行，操作性強，而且擴大了保護範圍和力度。而規定窩贓與盜賊同罪，既利於認定犯罪，又便於懲治犯罪，對迅速恢復被損害的社會關係和維護財產秩序的穩定具有重要意義。總之，從立法技術上看，這一法律條文簡潔清晰，表述意思清楚，具有很好的周延性，表現出較高的立法技術水準，說明這一時期楚國的司法經驗已經有了廣泛積累，立法技術已經基本成熟。

另據董說《七國考》引劉向《孟子注》：「楚文王墨小盜而國不拾遺。」這表明，楚文王可能在此之前已經就盜賊罪頒布過專門的單行刑事法令。

又據《說苑　至公》載：

楚文王伐鄧，使王子革、王子靈共拮菜。二子出采，見老丈人載畚，乞焉，不與，搏而奪之。王聞之，令皆拘二子，將殺之。大夫辭曰：「取畚信有罪，然殺之非其罪也，君若何殺之？」言卒，丈人造軍而言曰：「鄧為無道，故伐之。今君公之子之搏而奪吾畚，無道甚於鄧。」呼天而號。君聞之，群臣恐。君見之，曰：「討有罪而橫奪，非所以禁暴也；恃力虐老，非所以教幼也；愛子棄法，非所以保國也；私二子，滅三行，非所以從政也。丈人舍之矣，謝之軍門之外耳。」

從這段記載來看，楚文王時應當已有專門懲治搶劫之類犯罪的法律，否則文王是無從直接下令誅殺二王子並說出「愛子棄法，非所以保國也；私二子，滅三行，非所以從政也」這樣一番話的。

綜上分析可見，在楚文王時期，楚國已經初步建立了保護私有財產的法律體系，儘管可能還很粗糙、很不完善，但畢竟它建立起來

了，無論如何，這都是一個進步，對楚國的發展產生了積極、重要而深遠的意義和影響。還有一點是應該強調的，從文王的回答中，尤其是「愛子棄法，非所以保國也；私二子，滅三行，非所以從政也」這一句，我們可以發現楚人對於法的性質、作用和功能，以及法治與國家的關係，顯然已經有了很深刻的認識。

成王時期，楚地千里，正式步入大國行列。誠如學者所言：這時的楚國與中原諸國相比，除禮制之外，幾乎都是領先的。所以成王對禮制建設深為關注，他要把楚國建設得「郁郁乎文哉」①。「最遲在成王之世，楚國的貴族已熟知華夏的某些重要典籍。他們像中原的貴族那樣，往往引經據典，藉以判是非，明利弊，決疑，定策。被他們援引得最多的是《詩》、《書》和《軍志》。顯而易見，他們的政治理想、道德規範乃至戰略戰術等等，在許多基本方面是與華夏類同的。實質上楚人已廁身於諸夏之列，只是名義上諸夏還把楚人看成「非我族類」罷了②。也許正因如此，成王時期，楚國的立法活動似乎更多地表現為對中原禮制的吸收和認可，而在法律的創制上鮮有作為，至少從現有史料來看是如此的。

需要指出，現有材料雖無法幫助我們考證成王時期楚國立法的具體情況，但卻清楚地表明，這一時期楚國的法律體系和法治理念已經發展到了一個較高的水準。

《說苑　至公》載：

楚令尹子文之族有干法者，廷理拘之，聞其令尹之族也，而釋之。子文召廷理而責之曰：「凡立廷理者，將以司犯王令而察觸國法也。夫直士持法，柔而不撓，剛而不折。今棄法而背令，而釋犯法

---

① 張正明：《楚史》，湖北教育出版社1995年版，第105—106頁。
② 張正明：《楚文化史》，上海人民出版社1987年版，第62—63頁。

者，是為理不端，懷心不公也。豈吾有營私之意也，何廷理之駁於法也！吾在上位以率士民，士民或怨，而吾不能免之於法。今吾族犯法甚明，而使廷理因緣吾心而釋之，是吾不公之心明著於國也。執一國之柄而以私聞，與吾生不以義，不若吾死也。」遂致其族人於廷理，曰：「不是刑也，吾將死！」廷理懼，遂刑其族人。成王聞之，不及履而至於子文之室，曰：「寡人幼少，置理失其人，以違夫子之意。」於是黜廷理而尊子文，使及內政。國人聞之，曰：「若令尹之公也，吾黨何憂乎？」乃相與作歌曰：「子文之族，犯國法程，廷理釋之，子文不聽，恤顧怨萌，方正公平。」

仔細分析這則史料，至少可以讓我們獲得以下三個方面的資訊：

第一，楚人非常重視法律的執行，否則不會特設廷理一職，專門「以司犯王令而察觸國法」的行為。《左傳　文公十年》記城濮之戰後，子西曰：「臣免於死，又有讒言，謂臣將逃，臣歸死於司敗也。」考慮到子西因城濮之敗，自請歸死於司敗，我們完全有理由相信此時楚國已經設置有專門司法機關，這就意味著楚國的法制建設已經從立法層面深入到司法層面。

第二，專門司法機關的出現是法制建設發展到一定階段的產物和標誌，它一方面表明國家的整體法制建設前進了一大步，另一方面也說明國家的法律體系建設前進了一大步。因為，法律數量和種類的增多，是產生專門司法機關的必要前提和條件。此外，行政組織與各級官吏是國家權力意志的體現者與實施者，是行政立法最重要的涉及對象。楚成王時期，將司法機關從行政機關中獨立出來，並對司法官員進行有效的監督和管理，顯然表明這一時期楚國行政立法的數量絕不會在少數。而從「犯王令而察觸國法」、「棄法而背令」、「不是刑也」等記載來看，楚國已經出現了令、法、刑等多種法律形式，這也從一個側面反映了楚國的立法規模和成就。

第三，通過楚人的言行我們可以看到，楚國的法令條內容已經深入到社會生活的各個方面，楚人也因此形成了良好的法治理念，不僅重視法律的公平與公正，強調法律面前人人平等，而且君臣率先垂範，自覺維護法律的尊嚴和權威。子文的大公無私、方正公平，成王的賞罰分明、嚴於責己，均堪稱典範，不僅作用於當時，而且啟示於後世。

莊王時期，楚國全方位走向成熟，臻於全盛。反映在政治與法律上，突出表現為兩點：

第一，形成了更為明確、更為系統、更為成熟的法治理論。這體現在以下三個方面：

首先，對法治的作用、重要性以及內容有了更深刻、更全面的認識。《韓非子·外儲說右上》記：

荊莊王有茅門之法曰：群臣大夫諸公子入朝，馬蹄踐霤者，廷斬其輈，戮其御。於是太子入朝，馬蹄踐霤，廷理斬其輈，戮其御。太子怒，入，為王泣曰：「為我誅戮廷理。」王曰：「法者，所以敬宗廟，尊社稷。故能立法從令尊敬社稷者，社稷之臣也，焉可誅也？夫犯法廢令不尊敬社稷者，是臣乘君而下尚校也。臣乘君，則主失威；下尚校，則上位危。威失位危，社稷不守，吾將何以遺子孫？」於是太子乃還走，避舍露宿三日，北面再拜請死罪。

「法者，所以敬宗廟，尊社稷。故能立法從令尊敬社稷者，社稷之臣也。」這一著名論斷不僅從靜態的法制建設角度強調了法律是維護國家利益的重要工具，而且從動態的法律實施角度強調了執法必嚴的重要性，明確提出立法者和執法者是國家的代表，須將國家利益放在首位，秉公執法，絕不可屈從權貴、徇私枉法。這種將靜的法與動的法、立法和司法有機結合起來，系統地進行思考和明確，基本涵蓋了

現代法治的核心理念和內涵，表明當時的楚國統治者徹底否定了「刑不上大夫」①的傳統觀念，對法治的認識，無論是在深度上，還是在廣度上均向前推進了一大步，已經形成了較為明確的成熟和系統的法治理論。這在當時可謂相當進步的法治思想。正因如此，當時的楚國君臣都依法治國，執法嚴明。楚莊王對太子因故犯法也不姑息遷就，令尹孫叔敖「念為廉吏，奉法守職，竟死不敢為非」②，留下「奉國法而不黨，施刑戮而不骸，可謂公平」的美譽③。

其次，禮制思想的正式形成。楚莊王時期，中原的禮制思想被楚大規模吸收，成為治國立法的重要指導思想和原則，楚國政治由法制加進了禮制的內容，楚國的禮制產生了④，並成為與成文法並行的又一重要法源，廣泛地作用於國家和社會生活的所有方面。《左傳 宣公十二年》載，楚莊王任用孫叔敖進行改革，使「君子小人，物有服章，貴有常尊，賤有等威，禮不逆矣。」這實際上就是要求社會各階層按等級名分之高下而行事，顯然這種禮法制度已經具有與法律制度同等作用了。另據《國語 楚語》記載，楚莊王在給太子指定的必讀教科書中，既有《禮》和《樂》，又有《令》，顯然是法治與禮制有機結合的⑤。

最後，法治和德治並舉。前面講到，楚武王時期，已經注意到了德刑的問題。莊王時期，對這一問題有了更深刻更全面的認識。《國語 楚語》記，楚莊王要求太子接受的教育有：「教之《春秋》而為之聳善而抑惡……教之《詩》而為之導廣顯德……教之《禮》使知上下之則……教之《語》使明其德，而知先王之務，用明德於民也」。

---

① 《禮記 曲禮上》。
② 《史記 滑稽列傳》。
③ 《說苑 至公》。
④ 李玉潔：《楚史稿》，河南大學出版社1988年版，第120頁。
⑤ 鄒芙都認為，楚國在法治建設上具有法治與禮治交錯的特徵。其說頗有見解，可從。詳見〈楚國法律調控特徵略論〉，載《中華文化論壇》，2006年第4期。

而莊王本人更是隆禮尚德，重視以德服人。邲之戰中，晉人隨武子說楚國是「德、刑、政、事、典、禮不易，不可敵也」[①]。正是莊王禮、法並用以圖治，故「德、刑成矣」，稱霸天下[②]。

第二，形成了較為系統的法律制度。

隨著專制王權的固化和強化，自楚莊王起，楚國專制王權就成為一種法律形式。楚國「君能制命為義，臣能承命為信」。大臣「知死而不敢犯王命」[③]。楚王具有超乎法律之上的權力。楚王的意志、楚王發布的命令就是最高效力的法律形式[④]。楚國的立法活動由此日趨頻繁，立法種類和數量激增，法律清理和法典編訂的立法活動亦隨之出現。以上這些，我們可以借助以下幾則史料，加以論述，並由此窺見這一時期的立法面貌。

《韓非子　外儲說右上》記：

荊莊王有茅門之法曰：「群臣大夫諸公子入朝，馬蹄踐霤者，廷斬其輈，戮其御。」於是太子入朝，馬蹄踐霤，廷理斬其輈，戮其御。太子怒，入，為王泣曰：「為我誅戮廷理。」王曰：「法者，所以敬宗廟，尊社稷。故能立法從令尊敬社稷者，社稷之臣也，焉可誅也？夫犯法廢令不尊敬社稷者，是臣乘君而下尚校也。臣乘君，則主失威；下尚校，則上位危。威失位危，社稷不守，吾將何以遺子孫？」於是太子乃還走，避舍露宿三日，北面再拜請死罪。

這段記載頗為詳細，有幾點值得關注：第一，為保護王宮之安

---

① 《左傳　宣公十二年》。
② 鄒芙都亦認為法治與德治的融合是楚國法治的一大特徵。詳見〈楚國法律調控特徵略論〉，載《中華文化論壇》，2006年第4期。
③ 《左傳　宣公十五年》。
④ 李玉潔：《楚史稿》，河南大學出版社1988年版，第115頁。

全，楚國專門制定了《茅門之法》，嚴禁任何人私自亂入；第二，立法非常殘酷，違者一律殺之，執法十分嚴格，縱是太子犯法，亦刑之不容赦。第三，楚人對法律懷有深深的敬畏之心，視法治為立國之根本，強調法律是維護國家利益的工具，立法者和執法者是國家的代表，須將國家利益放在首位，秉公執法，絕不可屈從權貴、向私枉法。「法者，所以敬宗廟。尊社稷。故能立法從令、尊敬社稷者，社稷之臣也。」莊王的這句話，簡練而生動地闡釋了當時的楚國統治者對法治的深刻認識，徹底否定了「刑不上大夫」[①]的傳統觀念，表明楚人的法治思想又向前進了一大步，已經形成了較為系統、明確的法治理論。正因如此，此時的楚國君臣均能自覺地依法治國，執法嚴明。第四，在專制政體和宗法制度的雙重制約和決定下，楚王在法律上等同於國家和社稷，因此，確認和維護王權的神聖不可侵犯是法律的首要任務和最高宗旨。茅門之法的價值取向和立法旨意亦均在於此。

又《史記　循吏列傳》載：

莊王以為幣輕，更小以為大，百姓不便，皆去其業。市令言之相曰：「市亂，民莫安其處，次行不定。」相曰：「如此幾何頃乎？」市令曰：「三月頃。」相曰：「罷，吾今令之複矣。」後五日，朝，相言之王曰：「前日更幣，以為輕。今市令來言曰：『市亂，民莫安其處，次行之不安』。臣請遂令複如故。」王許之，下令三日而市複如故。

楚民俗好庳車，王以為庳車不便馬，欲下令使高之。相曰：「令數下，民不知所從，不可。王必欲高車，臣請教閭里使高其梱。乘車者皆君子，君子不能數下車。」王許之。居半歲，民悉自高其車。

_____

① 《禮記　曲禮上》。

仔細分析這則史料，我們至少可以獲得以下幾點啟示：一、楚國經常運用令這一靈活而高效的法律形式來規範、指導和調整各種社會行為；二、由於令是楚王根據形勢發展的需要而隨時頒布的一種極為靈活的法律形式，所以，楚國令的數量和種類繁多，調整範圍也非常廣泛，大到國家層面的幣制改革，小到民間層面的車制變更，均受其調整。三、幣制改革令的頒布，說明這一時期楚國的立法範圍已經深入到經濟立法領域，同時也反映出楚國的社會經濟已經充分發展起來，達到了一個相當高的水準，否則，是不會產生這種法律需求的，而改革的反復就是這一需求所導致的結果。四、欲以令的形式對車身高低的變更作出硬性規定，表明楚國不僅非常重視，而且已經習慣用法律手段來強化對社會的管控，亦折射出國家職能的強化和專制王權的強大，同時也初步體現了中國古代統治者慣於用法律管死一切的歷史傳統。

　　隨著法令的增多和時間的推移，法律與法律之間勢必產生的矛盾和衝突，既影響法律的適用，又損害法律的權威，於是，法規清理和法典編訂等立法活動便應運而生了。管仲相齊，就曾「修舊法，擇其善者而業用之」①。從文獻記載來看，法規清理和法典編訂等這一類型的立法活動至遲在楚莊王時就已經出現了。

　　據《左傳　宣公十二年》記載，孫叔敖為令尹時，「擇楚國之令典，軍行，右轅，左追蓐，前茅慮無，中權後勁，百官象物而動，軍政不戒而備，能用典矣。」楊伯峻注：「令，善也；典，法也，禮也。」意即孫叔敖選擇楚國有關行之有效的法令規章，進行系統整理，用以指導軍事和行政改革，成效卓著。「百官象物而動，軍政不戒而備」，究其原因，「能用典矣。」《國語　楚語上》記：「教之訓典，使知族類。」杜預注：「訓典，先王之書。」《國語　楚語

① 《國語　齊語》。

下》云：「又有左史倚相，能道訓典，以敘百物。」楊伯峻注：「訓典蓋典章制度之書。」可見，「典」是楚國歷代楚王編纂並流傳下來的有關典章制度方面的書籍，具有法律的性質，為官員治理國家行使權力的依據①。

顯然，從法制建設層面上看，孫叔敖這次改革實際上是一次非常重要的法律清理和法典編纂活動。顧久幸指出，早在楚莊王時期，楚國就已出現了法典這一類性質的國家的根本大法，只是沒有明白地記載，這時國家還設立了專門收藏法典的地方，叫做「平府」②。遺憾的是，顧久幸這一看法是在論述楚昭王時期的「雞次之典」之時順便提出來的，並沒有作進一步展開，因此，其真實所指和具體依據，不得而知，令人悵然③。

《說苑　至公》記：

楚令尹虞丘子複於莊王曰：「臣聞奉公行法，可以得榮，能淺行薄，無望上位，不名仁智，無求顯榮，才之所不著，無當其處。臣為令尹十年矣，國不加治，獄訟不息，處士不升，淫禍不討，久踐高位，妨群賢路，屍祿素餐，貪欲無厭，臣之罪當稽於理。臣竊選國俊，下里之士曰孫叔敖，秀贏多能，其性無欲，君舉而授之政，則國可使治而士民可使附。」莊王曰：「子輔寡人，寡人得以長於中國，

---

① 顧久幸：〈楚國法律的起源及法律形式〉，載《江漢論壇》，1996年第10期。
② 顧久幸：《楚制典章——楚國的政治經濟制度》，湖北教育出版社2001年版，第103頁。
③ 檢之史料，「平府」，僅見于《呂氏春秋　至忠》。該篇記：荊莊哀王獵於雲夢，射隨兕，中之。申公子培劫王而奪之。王曰：「何其暴而不敬也？」命吏誅之。左右大夫皆進諫曰：「子培，賢者也，又為王百倍之臣，此必有故，願察之也。」不出三月，子培疾而死。荊興師，戰於兩棠，大勝晉，歸而賞有功者。申公子培之弟進請賞於吏曰：「人之有功也於軍旅，臣兄之有功也于車下。」王曰：「何謂也？」對曰：「臣之兄犯暴不敬之名，觸死亡之罪于王之側，其愚心將以忠于君王之身，而持千歲之壽也。臣之兄嘗讀故記曰：『殺隨兕者，不出三月。』是以臣之兄驚懼而爭之，故伏其罪而死。」王令人發平府而視之，於故記果有，乃厚賞之。申公子培，其忠也可謂穆行矣。穆行之意，人知之不為勸，人不知不為沮，行無高乎此矣。僅從這則史料來判斷平府是專門收藏法典的地方，私見以為，說服力是不夠的。

令行於絕域，遂霸諸侯，非子如何？」虞丘子曰：「久固祿位者，貪也；不進賢達能者，誣也；不讓以位者，不廉也；不能三者，不忠也。為人臣不忠君王，又何以為忠？臣願固辭。」莊王從之，賜虞子埰地三百，號曰「國老」，以孫叔敖為令尹。少焉，虞丘子家干法，孫叔敖執而戮之。虞丘子喜，入見於王曰：「臣言孫叔敖，果可使持國政，奉國法而不黨，施刑戮而不騽，可謂公平。」莊王曰：「夫子之賜也已！」

　　虞丘子和孫叔敖均以國法為重，奉公行政，不徇私，不枉法，公正廉明，確實值得讚譽。同樣，莊王時期的有法可依也是值得稱讚和關注的。因為有法可依是奉公行法，依法執政的前提和基礎。沒有良好的法制，何來良好的法治。在這段對話中，虞丘子多次講到國法，強調奉國法而行事，顯然，楚國一定是有一套系統、完善的法律制度在指導國家和社會的建設，在規範和調整各種社會行為。顧久幸據此認為，楚莊王時期出現了具有綜合性質和普遍意義的成文法律條文，以供百姓和官員遵守執行①。蔡靖泉亦指出，據《國語　楚語》記載，楚莊王的太子必讀的教科書中，既有《禮》和《樂》，又有《令》，可知當時的楚國法律已經大備②。以上觀點適可互相參證。

　　莊王時期，楚國登上了霸業的頂峰。莊王之後，楚國迅速從頂峰跌落，陷於長時期的反復低迷。與此相適應，楚國法制建設的進程也放緩下來，基本上沒有什麼大的立法活動，文獻所見到的只是些暫時性的、特殊性的單行法律法規的頒布，反映了在社會動盪不安的形勢下，專制王權對社會管控的強化和野蠻。如《史記　楚世家》記：「銷人曰：新王下法，有敢饟王從王者，罪及三族。」

---

① 顧久幸：〈楚國法律的起源及法律形式〉，載《江漢論壇》，1996年第10期。
② 蔡靖泉：《楚文化流變史》，湖北人民出版社2001年版，第140頁。

《呂氏春秋　異寶》：「荊國之法，得五員者，爵執圭，祿萬擔，金千鎰。」這兩條單行法規均為平王所頒布，都具有很強的針對性和時效性，前者是為了消滅楚靈王，後者是為了抓捕伍子胥，根本不具有普遍性，因此，也談不上有什麼法律價值和意義。史籍記載的這類情況還很多，此不一一例舉。

如上所述，莊王之後，楚國的立法活動確無亮點可言，但也絕非乏善可陳，這一時期出現的「法典化」現象就頗值得我們關注。有學者認為，春秋時期沒有建立起具有普遍效力的系統的成文法典。但春秋時已開始嘗試建立這樣的法典，做告別前例法時代的努力，且這種嘗試活動在春秋末期開展得相當頻繁[①]。這一看法是不符合楚國歷史實際的。

《戰國策　楚策一》載：

吳與楚戰於柏舉，三戰入郢。君王身出，大夫悉屬，百姓離散。蒙谷給斗於宮唐之上，舍斗奔郢。曰：「若有孤，楚國社稷其庶幾乎？」遂入大宮，負雞次之典以浮於江，逃於雲夢之中。昭王反郢，五官失法，百姓昏亂；蒙谷獻典，五官得法，而百姓大治。此蒙谷之功，多與存國相若。

這段記載文字雖不多，但信息量很豐富：

第一，《雞次之典》，不僅藏在宮中，而且廣為人知。蒙谷之所以要冒著生命危險潛入王宮，將其救出來並保管好，就是因為他知道有這麼一部法律藏在宮中，更重要的是他還熟知這部法律的內容，並且充分認識到了它對於整個楚國的重要意義，如丟失了這部法律，楚國社會就會陷入混亂，「楚國社稷其庶幾乎」。試想一下，假如他不

① 徐祥民：〈春秋時期法律形式的特點及其成文化趨勢〉，載《中國法學》，2000年第1期。

知曉、不清楚這些，他肯定不會在兵荒馬亂之中有此警覺，退一步講，即便是有此警覺，他也不知道該從何處著手。這似乎也可以從一個側面表明楚國平時是很注意法制宣傳和教育的。由此看來，子木說楚國之「法刑在民心而藏在王府」[①]，當是歷史的真實，確係有感而發。

第二，《雞次之典》，於國、於民，意義重大。復國後的楚國君臣，離開了《雞次之典》的指導，根本不知道如何行政治事，楚國百姓也因失去了《雞次之典》的指引而無所適從，天下大亂。《雞次之典》經蒙谷獻上之後，局面頓時為之一變，百官有章可循，諸事有法可依，百姓井然有序，楚國的政治、經濟和社會秩序迅速得以重建，天下大治。正因如此，時人要稱「此蒙谷之功，多與存國相若」[②]。

第三，《雞次之典》，內容宏富，操作性強。政府和民眾的集體昏亂，說明他們均受到《雞次之典》的調整和規範。失之則亂，得之則治，則表明雞次之典的內容非常全面，規定十分具體，操作起來也很方便。

綜上可見，《雞次之典》應該是一部具有普遍效力、綜合性質的成文法典，對整個國家和社會的建設作有制度性的設計和安排，說它與近現代的憲法大致相當，亦未嘗不可。如魏昌認為，《雞次之典》既藏於大宮，當然是一部重要的法律。失去它，全國大亂；得到它，全國大治，故「多與存國相若」。這樣看來，這部法典是楚國立國以後，經不斷增刪而成的、統領各個領域的、綜合性的國家法律大典[③]。吳永章認為，從失去該典就失去一切，說明應該是法律大全一類的國典，從該典關係楚國的治與亂一事，說明其對楚國

---

① 《國語　楚語上》。
② 《戰國策　楚策一》。
③ 魏昌：〈楚國法律與法官〉，載《楚學劄記》，湖北人民出版社2003年版，第156—157頁。

有著十分重大的意義和作用<sup>①</sup>。顧久幸認為，蒙谷獻出完好無損的法典，使得百官依據法典讓百姓安定下來，國家轉入正常的運轉，由此可知《雞次之典》是維持國家運轉，百姓賴以作為行動準則的國家根本大法，對楚國具有普遍的指導意義<sup>②</sup>。南玉泉認為，從行文分析，雞次之法是治國大典，內有治官治民之條，所以昭王施行後，楚國大治<sup>③</sup>。

## 二、戰國時期的立法活動

戰國時期，楚國的立法活動進入了一個新的階段，開始設立專門的立法機構，並選派專門的官員來負責法律的制定和修改，以適應急劇廣泛的社會變革和複雜嚴峻的國內外形勢。總體說來，戰國時期，楚國的立法活動主要集中在楚悼王和楚懷王時期。

戰國初期，楚國在楚惠王的領導下，勉強以大國強國的地位躋入列強行列，成為戰國「七雄」之一，但其後的楚簡王、聲王兩代均無所作為，而北方諸國競相改革，楚國很快喪失了原有的優勢和前進的勢頭，陷入動盪不安之中。及至楚悼王前期，內憂外患接踵而至，楚國處境日趨困頓，國際地位也一落千丈。在國內，貴族豪門擅富弄權不止，不以國計民生為慮，百姓生活苦不堪言，民變頻起。在國際上，遭到了三晉的圍困，國力漸衰，疆土漸蹙。西元前400年，三晉聯軍大敗楚師於乘丘。西元前391年，三晉再次合併伐楚，連克大梁、榆關兩處要地。昔日的銳意進取和強盛擴張蕩然無存，楚國完全陷入被動挨打的局面。窮則思變，一連串沉重的打擊促使不甘坐困的楚悼王積極行動起來謀求富國強兵。大約從西元前

① 吳永章：〈論楚刑法〉，載《楚文化新探》，湖北人民出版社1981年版，第185頁。
② 顧久幸：〈略論楚國法律發展軌跡〉，載《中華文化論壇》，1996年第1期；顧久幸：《楚制典章——楚國的政治經濟制度》，湖北教育出版社2001年版，第103頁。
③ 徐世虹主編：《中國法制通史 戰國秦漢卷》，法律出版社1999年版，第14頁。

390年到西元前381年，悼王任命吳起為令尹，厲行變法[①]。

吳起變法的內容與成效，史籍所載大同小異。

《史記　孫子·吳起列傳》記：

明法審令，捐不急之官，廢公族疏遠者，以撫養戰鬥之士。要在強兵，破馳說之言縱橫者。於是南平百越，北並陳、蔡，卻三晉；西伐秦，諸侯患楚之強。

《史記　范雎蔡澤列傳》云：

吳起為楚悼王立法，卑減大臣之威重，罷無能，廢無用，損不急之官，塞私門之請，一楚國之俗，禁遊客之民，精耕戰之士，南收楊越，北並陳、蔡，破橫散從，使馳說之士無所開其口，禁朋黨以勵百姓，定楚國之政，兵震天下，威服諸侯。功已成矣，而卒枝解。

《韓非子　和氏》載：

使封君之子孫三世而收爵祿，絕滅百吏之祿秩，捐不急之枝官，以奉選練之士。

《呂氏春秋　貴卒》曰：

吳起謂荊王曰：「荊所有餘者地也，所不足者民也。今君王以所不足益所有餘，臣不得而為也。」於是令貴人往實廣虛之地，皆甚苦之。

---

① 關於吳起變法的時間，意見不一。此處從張正明先生之說。參見張正明：《秦與楚》，華中師範大學出版社2007年版，第130頁。

《淮南子‧道應訓》所記為：

吳起曰：「將衰楚國之爵，而平其制祿；損其有餘，而綏其不足；砥礪甲兵，時爭利於天下。

《淮南子‧泰族訓》所載為：

吳起為楚減爵祿之令，而功臣畔矣。

《說苑‧指武》所記為：

吳起曰：「將均楚國之爵而平其祿，損其有餘而繼其不足，厲甲兵以時爭於天下。

　　綜上可見，吳起變法的一個重要內容就是整頓法制，對舊有的法律條文及政策法令實行改革，根據新的形勢重新制定能使楚國走向強盛的法律條令，即所謂「明法審令」。主要手段就是厲行法治，用嚴刑峻法來強行推動政治法律改革。吳起認真總結了李悝在魏國變法的經驗，深知法治的重要性，因此，在變法中，不僅注意制定法令，公布於眾，而且注意維護法律的嚴肅性與權威性，培育民眾的法治意識，營造有利於推進和深化變法和改革的輿論氛圍。為確立法治的權威性，吳起採取「倚車轅」[1]的辦法，即立一車轅，有能夠搬動的予以獎賞，以取信於民，為變法大造輿論[2]。為削弱貴族的特權，加強君主集權，不惜「設貴臣相坐之法」[3]，

① 《韓非子‧內儲說上》。
② 魏昌：《楚國史》，武漢出版社2002年版，第249頁。
③ 《淮南子‧繆稱訓》高誘注。

來強制他們互相監督迅速交出全部封邑和田宅。為使思想認識和輿論一致，禁止縱橫家進行遊說，「破橫散從，使馳說之士無所開其口」①。這些措施，本身就以法令形式出現，具有很強的強制性和約束力，既是「明法審令」的重要組成部分，又有力貫徹了「明法審令」的精神，不僅強化了楚國臣民「廢其故而易其常」②的變法觀念，而且增強了他們的法治觀念，有利於變法的進行。

顧久幸指出：在古代，制度也是法律的一項重要內容，制度的各項條文和見於命令者，它們都是為民眾所遵守的，所以，它雖然沒有被定為律，入於刑，也是可以算作法的③。從文獻記載來看，吳起變法除有一部分是增加和強化法律條文的內容以外，還有一部分就是重在建立一種新的政治制度，如收封君之子孫三世的爵祿，絕滅百吏的祿秩等等。這些雖都屬於制度的範圍，但吳起都是將它們作為法令來執行的。也就是說，在那個時代，這些內容大致都是涵蓋在法的範圍內。此論極為精當。因此，從一定意義上來說，吳起變法實際上就是一場立法改革，改革的深度、廣度、力度和規模，都是空前的，涉及到政治、經濟、軍事、文化、思想等國家和社會生活的方方面面，具有革命意義，因而有學者認為，它與商鞅變法一樣，都是結構性或體制性的改革④。正因如此，雖然在保守勢力的圍攻下，吳起最後被保守派們射殺而死，並慘遭車裂之刑，但變法還是給楚國未來的政治法律帶來了持久的動態影響，楚國的法制建設並未因遭受阻力而停止運作⑤，楚國法治的風氣卻由此而得到強化。

「荊國之法，麗兵於王屍者罪，盡加重罪，逮三族」⑥。楚肅王即

---

① 《戰國策　秦策三》。
② 《說苑　指武》。
③ 顧久幸：《楚制典章——楚國政治、經濟制度》，湖北教育出版社2001年版，第103—104頁。
④ 張正明：《秦與楚》，華中師範大學出版社2007年版，第128頁。
⑤ 徐世虹主編：《中國法制通史　戰國秦漢卷》，法律出版社1999年版，第4頁。
⑥ 《呂氏春秋　貴卒》。

位後，嚴格執法，將窮治作亂的「宗室、大臣」，誅戮殆盡，既為吳起變法奏完了沒有吳起的最後一個樂章[①]，又嚴格維護了法律的嚴肅和權威，以實際行動推進了楚國法治建設。除此之外，楚肅王在法律制度建設上還有何作為，由於文獻缺乏記載，我們已無從知曉了。但從邏輯上推理，應該是有一個很大調整的，因為悼王和吳起留下的變法攤子和遺產太大了，無論支持，還是反對，總得去面對，去清理，而清理的手段和結果，或多或少最終都是要通過法律層面具體反映出來的。

楚懷王時期，楚極盛而衰，在奢侈與繁華的背後，危機四伏。在「縱合則楚王，橫成則秦帝」[②]的生死對抗之中，處處被動。「誤國誤得荒唐，愛國愛得卓絕」的楚懷王[③]，為應對新形勢，新變化，「使屈原造為憲令」[④]，企圖通過加強法制建設來挽回頹勢，重振國威，由此掀起了楚國歷史上最後一次立法活動的高潮。

由於史籍的逸佚，關於此次法制建設的記載很少，但鉤沉輯佚，我們仍然可以推知其大概。

關於「憲令」，考諸典籍，當屬國之大法。《國語　晉語》：「賞善罰奸，國之憲法」，《管子　權修》：「然後申之以憲令，勸之以慶賞，振之以刑罰」，《韓非子　飾邪》：「從憲令之時，有功者必賞，有罪者必誅」。由此可見，屈原精心為楚懷王草擬的《憲令》，是國家的根本大法，是進行改革的重大舉措，其精神要旨則是「嚴法度，明賞罰」，這與戰國時期各國改革新政的主要精神和內容是不謀而合的，也是對吳起變法精神的繼承和發揚。羅運環更是明確地指出：這和吳起變法如出一轍。當與吳、屈二人所針對的社會時弊

① 張正明：《秦與楚》，華中師範大學出版社2007年版，第134頁。
② 《戰國策　楚策一》。
③ 張正明：《楚史》，湖北教育出版社1995年版，第317頁。
④ 《史記　屈原賈生列傳》。

相近使然。《離騷》所云：「舉賢而授能兮，循繩墨而不頗」，應當就是屈原「為憲令」的中心內容①。此論所言極是，可謂精闢。

關於這次法制建設的具體內容，屈原在自己的文章有所記載。《九章　惜往日》云：

惜往日之曾信兮，受命詔以昭時。奉先功以照下兮，明法度之嫌疑。國富強而法立兮，屬貞臣而日娛。

這是屈原對楚懷王命他「造為憲令」，主持變法那段經歷的美好回憶。「惜往日之曾信兮，受命詔以昭時」，清楚地告訴我們，屈原當時深得懷王信任，並被委以重任，「圖議國事，以出號令」②。屈原亦不負所望，師法吳起，變法革新，一方面明法申令，健全法制，另一方面，整飭吏治，厲行法治。此即屈原所云：「固時俗之工巧兮，偭規矩而改錯。背繩墨以追曲兮，競周容以為度」③，「舉賢而授能兮，循繩墨而不頗」④，「奉先功以照下兮，明法度之嫌疑」⑤。經過一番努力，新的法治秩序初步建立起來了，君臣上下均能依法各行其道，自理其事，和諧治國，其樂融融。懷王放心遊樂，屈原積極籌謀，雖然偶有過失，懷王也不予追究。「國富強而法立兮，屬貞臣而日娛。秘密事之載心兮，雖過失猶弗治」。就是對這一新氣象的生動概述。

然而，歷史留給後人的總是以遺憾居多。屈原所仰仗和依靠的懷王，既沒有悼王的見識，也缺乏威王的清醒，對人對事都缺乏洞察

---

① 羅運環：《楚國八百年》，武漢大學出版社1992年版，第313頁。
② 《史記　屈原賈生列傳》。
③ 《楚辭　離騷》。
④ 《楚辭　離騷》。
⑤ 《九章　惜往日》。

力和預見性①。屈原的改革措施很快就遭到了楚國的舊貴族勢力不遺餘力的反對，而改革的綱領性文件《憲令》還沒來得及公布，就因機密的提前洩露遭到舊貴族勢力的離間，觸怒懷王而夭折。屈原遭到疏遠，「君含怒以待臣兮，不清澂其然否。蔽晦君之聰明兮，虛惑誤又以欺。弗參驗以考實兮，遠遷臣而弗思。」更可怕的是，楚國從此完全偏離法治的正常航道，徹底滑向人治的墮落深淵，一步步走向滅亡。屈原對此是痛心疾首，「乘騏驥而馳騁兮，無轡銜而自載；乘氾泭以下流兮，無舟楫而自備。背法度而心治兮，辟與此其無異！」沒有法度，專憑個人意志治國，就是人治而非法治。人治的危險，就如同騎馬而不備轡銜，泛江海而不用舟楫一樣，是災難性的，毀滅性的。屈原的疾呼，至今仍發人深省，催人警覺。

隨著屈原的漸行漸遠，楚國的法治建設也最終走到盡頭，但楚國的法制不僅未呈破敗氣象，反而竟有更細更密之勢頭。歷史總是如此的詭異無常。一個法治全無的社會，常常有著一套規整嚴密的法律體系。一個厲行人治的社會，往往有著一套健全完善的法律制度。戰國晚期的楚國，便是如此。

蔡靖泉指出，春秋中期以後，楚國的法律制度又不斷得以完善，尤其是經戰國中期的吳起變法之後，楚國建立了以刑法為主體的更為周全的法律制度②。從現有材料來看，這一時間至遲不會晚於楚懷王時期。關於這一點，我們可以從出土材料中找到實證。

節是中國古代通行的憑證。最初是以竹節制成的，戰國時期多以青銅鑄成。其上有銘文，主要規定水陸通行的路線、車船數目等，常常幾枚合成圓形的竹節狀，作為通行的證件。其中最著名的，莫過於戰國時期楚國的鄂君啟節。

---

① 張正明：《楚史》，湖北教育出版社1995年版，第300頁。
② 蔡靖泉：《楚文化流變史》，湖北人民出版社2001年版，第140頁；顧久幸：〈略論楚國法律發展軌跡〉，載《中華文化論壇》，1996年第1期。

鄂君啟節共五枚，計舟節二枚、車節三枚，都發現於安徽壽縣的丘家花園。五枚形制俱同，都是以青銅仿竹節而造，自銘為「金節」。舟節長31公釐，車節長29公釐有餘，弧長一律8公釐。根據弧度、弧長以及銘刻在節端兩側的併合序數，可以推定舟節和車節原各有五枚，五枚相合恰成一個圓筒。節面有錯金銘文。已發現的舟節二枚銘文相同，已發現的車節三枚也如此。從其銘文可知，鄂君啟節造於懷王六年（前323），是懷王頒發給鄂君啟的運輸貨物的免稅通行憑證。從銘文的記載來看，鄂君啟節規定的內容非常全面、具體、細緻。

首先，對鄂君商隊的規模、車船大小及其載運額作了明確規定。舟節規定鄂君可使用商船的最高限額為一百五十艘，車節規定鄂君最多只能擁有車五十乘。如果以馬和牛馱載貨物，則每十頭當一車看待。若是挑擔之徒，則以二十擔當一車，以上折合車數須從50輛車總數中扣除。

其次，舟節和車節分別規定了鄂君啟的船隊和車隊行經的路線和到達的地點。商船從鄂出發，經由漢水、夏水、長江和湘、資、沅、澧諸水，最南可到今湖南南部。車隊從鄂出發，北上又東下，最北可到今河南南部，最東可到今安徽西部和南部。大致以漢水為界線，船隊管南面，商車隊管北面。

第三，對運輸貨物的種類作了限制規定，明確禁止運輸金屬、皮革、箭竹等軍用物資。如車節規定：「毋載金、革、黽、箭。」

第四，對納稅和免稅作了嚴格規定，明確要求沿途見此節就不要徵稅，若不見此節，則須徵稅。但如果運載馬牛羊出入關卡，則不得免稅，但改由大府徵稅，不必由關卡徵稅。如舟節規定：「如載馬、牛、羊以出內關，則徵於大府，毋徵於關。」

最後，還就其他相關問題作了規定。如舟節和車節都規定，地方

政府不負責給鄂君啟的商隊安排饌食。舟節、車節的有效期為一年。舟節和車節還規定鄂君啟的商隊，無論用舟、用車，每做完一次長途販運的生意後，都必須前往郢都。至於去干什麼，銘文沒有交代，私見以為，很可能是向行政管理部門作彙報，並接受其審計和檢查。而節文之所以沒有記載，當是法律對此早有明確規定，沒有必要再畫蛇添足。

以上種種，足以說明楚國的商法是很嚴密的。還有一點值得注意，那就是節銘中首先記錄了鑄節的年月日以及有關官員的職和名，這表明楚國對待立法工作是很鄭重的[①]。在如此細小的一個問題上，立法就如此嚴密，楚國法律制度之周全、細密，由此可見一斑！

1987年出土的包山楚簡中的司法文書簡記錄了一些訴訟案件，是楚國司法審判活動的真實記載[②]。從中可以看到，楚國已經建立了一套具體、明細和比較科學的司法審判制度。如司法機關受理案件後，要把當事人的姓名、身分、籍貫等問題寫成書面報告，書面報告已經完全格式化了；然後前往現場勘驗、調查，每一過程都要作筆錄；庭審時要聽取當事人雙方的口供；在審判中還規定了回避制度，原告、被告雙方的親人和同社同里之人都不能作證，同在一處做官的人也不能作證；最後，司法機關依法作出判決。整個審判過程都有原始的較詳細的記錄，並在審理後製作成司法文書，進行歸檔保存。這些均表明楚國的程序法制定已處於一個較發達的水準。程序法與實體法是相輔相成的，而且在某種意義上，程序法的制定通常要滯後於實體法。由此不難推知，受程序法保障的楚國實體法的制定與執行，至少也應

---

① 張正明：《楚文化史》，上海人民出版社1987年版，第222頁。
② 本書以包山楚簡為中心，後文凡涉及包山簡的材料將直接列出簡號，所用版本以陳偉等：《楚地出土戰國簡冊（十四種）》，經濟文獻科學出版社2009年版為主，所引用相關成果亦據此作有相應更改，此後不再特別注明。

處於與程序法相應的水平線上。

　　包山楚簡1987年出土於湖北省荊門市包山二號戰國大型楚墓，墓主邵𨽍，官至左尹，主管楚國的司法工作。發掘報告推斷其下葬於西元前316年，即楚懷王十三年[①]。後雖有諸多學者對此提出異議[②]，但大都肯定在楚懷王時期，只是具體年代上有差異，僅有王葆玹認為下葬時間在楚頃襄王十五年（前284）[③]。其實，任何法律制度的形成和完善，都不可能是一蹴而就的，而是必須經過長時期積累的。因此，無論墓葬的具體年代如何，我們都無法否定至遲在楚懷王時期楚國已經有了較為完備的法律制度這一歷史事實。


## 第二節　法律形式

　　中國早期的法律制度到西周時期在內容和形式上都有了長足的進步。西周時期的法律形式，已呈現出多樣化的特點，除傳統的「命」、「誥」、「誓」等王命，仍在社會生活中發揮著廣泛的調節作用外，以「禮」為表現形式的各種習慣法，以及一些不成文的制定法，也是重要的法律形式[④]。從文獻典籍及出土文物資料的有關記載分析，楚國的法律形式主要承襲西周，並參酌中原，概括起來，主要

---

① 湖北省荊沙鐵路考古隊：《包山楚墓》，文物出版社1991版，第333頁。

② 李學勤認為包山楚墓葬于楚懷王時，但並未言明其體時間，參見李學勤：〈論包山楚簡魯陽公城鄭〉，載《清華大學學報》，2004年第3期。劉彬徽認為在楚懷王七年（前322），參見劉彬徽：〈從包山楚簡材料論及楚國紀年與楚曆〉，載《早期文明與楚文化研究》，嶽麓書社2001年版。王紅星持有同樣看法，參見王紅星：〈包山二號墓的年代與墓主〉，載《楚文化研究論集》第2集，湖北人民出版社1991版。徐少華以為即楚懷王二十六年（前303），參見徐少華：〈包山二號楚墓的年代及有關問題〉，載《江漢考古》，1989年第4期。

③ 王葆玹：〈試論郭店楚簡的抄寫時間與莊子的撰作時代——兼論郭店與包山楚墓的時代〉，載《哲學研究》，1999年第4期。

④ 曾憲義主編：《中國法制史》，北京大學出版社、高等教育出版社2000年版，第40頁。

有以下幾種<sup>①</sup>。

## 一、刑

近代以來，人們習慣把「刑」解釋為刑法或刑罰，但在古代，「刑」通常是指法，亦即法的同義語。《爾雅　釋詁》：「刑，常也，法也。」《禮記　王制》：「刑者，侀也；侀者，成也，一成而不可變也。」侀，就是模具，其作用是規範所鑄器具的型制，而後引申為法律，意即以法律規範人們的行為。由規範器具，發展為規範人們的行為，這是刑字發展的一條道路。所以，中國早期的法律基本上都是以刑來相稱。如夏有禹刑，商有湯刑，周有九刑，這裡的刑，都是法的意思。由於早期的法，興起於兵，刑罰是唯一的處罰手段，所以，刑又逐漸引申為刑罰的概括詞，同時含有處刑方式的意思。《易　豐卦》：「君子以折獄致刑。」致刑，即使用刑罰。《說文》：「荆，罰罪也，從井，從刀。刑罪也，國之刑罰也。」《周禮　蠟氏》注：「刑者，黥、劓之屬。」又《慎子》：「斬人肢體，鑿人肌膚謂之刑。」《玉篇》說：「刑，罰之總名也」，將刑法與刑罰等同起來。

從文獻記載來看，楚國早期的法律也是從軍事戰爭中發展而來

---

① 　顧久幸在〈略論楚國法律發展軌跡〉（載《中華文化論壇》1996年第1期）一文中，根據典籍的記載，對楚國法律的發展演進作了動態考察，指出從楚國最初出現法律直到戰國時楚國滅亡為止，楚國的法律大致可以分為三種形式：一種是未見於明令，也未入律，但為統治者所用，並為民眾所普遍遵守的，即不成文法。這種法一般是剛進入國家後所保留的氏族部落內某些法規的衍伸，是法律的最初形式，雖然某些立國時間較長的國家內也一直保持著某些不成文法，但那只是完整的成文法的補充，而且亦帶有強制的性質。第二種形式是國君或高級官員根據當時的情況隨時發布的命令，這種命令也具有法律的性質。尤其是在法律尚不健全、法制還未深入民心時，常為統治者所運用。第三種形式就是成文法。這種法律是指經國家最高統治者和高級官員制定，並在全國推行的、具有較長時間性的、為全國人共同遵守的有普遍意義的法規。私見以為，從法理學來看，這裡對於楚國法律形式的總結是準確的。但從法律史的角度看，這樣考察和區分過於簡單和粗糙，它只是總結了先秦時期法律發展的普遍規律，亦即這一結論同樣適用於同時期的秦、齊等國，而沒有將楚國法律的具體情況和特色反映出來。因此，這裡我們仍沿用傳統法律的固有形式和法律史的傳統研究范式對楚國的法律形式作簡要而具體的剖析。

的，其表現形式也是刑。《左傳 桓公十三年》記楚武王夫人鄭曼曰：「君撫小民以信，訓有司以德，而威莫敖以刑也。」同書又記莫敖屈瑕「使徇於師曰：『諫者有刑』」。以上所謂「刑」，既有刑法之意，又有刑罰之義。具體論述詳見上節，此不贅述。需要說明的，作為楚國最早出現的法律形式之一，刑更多地表現為一種軍法，調整範圍相應受到很大局限，因此，隨著法律形態的自然演進和楚國法制建設的發展，它很快就退出了歷史舞臺。武王之後，文獻之中就再也找不到其蹤影了，即可說明這一問題。

## 二、法

作為法律理解的法字，出現較晚，迄今甲骨文未見有，一般認為是在西周金文中才有，原寫作「金」，後又作「灋」，戰國簡印文省作「法」。《說文解字》：「灋，刑也，平之如水，從水。廌，所以觸不直者去之。從去，法，灋今文省。」同書又說：「廌，解廌，獸也，似山羊一角，古者決訟，令觸不直。象形從豸者。凡廌之屬，皆從廌。」《論衡 是應》：「（獬豸者）一角之羊，性知有罪，皋陶治獄，其罪疑者，令羊觸之，有罪則觸，無罪則不觸。」《尚書 呂刑》：「苗民弗有靈，制以刑，惟作五虐之刑曰法」。據這些解釋，學界普遍認為法與刑為同義語，是可以通用的。筆者基本認同這一觀點，但深究起來，私見以為，二者之間還是存在著較大的差別，而這應該引起我們的高度注意。無可否認，法是以刑罰為後盾的，具有懲罰性和報復性，因而從這一點上看，與刑一樣，完全可以通用。但必須認識到，法所表現出的意義比「刑」要廣泛得多，本身蘊含著公正、公平、公開、正直、普遍、統一等豐富內涵，而這些都是刑所沒有、所不能包含的。《後漢書 輿服志》說：「獬豸神羊，能別曲直。」顯然，在人們心目中，廌這一角之聖獸，簡直就是正義之神，代表正直、正義、公正，具有審判功能、職能，能為人分清是非曲直，助獄為驗，而廌也就是法的物質化身。

先秦時期，中國法律經歷了從刑到法，從法到律這樣一個法律形式的演進過程，這一過程看似簡單，平淡無奇，但實際上是與這一時期整個社會的發展演變息息相關的。陳寅恪指出，凡解釋一字即是做一部文化史。若能從社會、歷史、文化的語境中揭示「刑—法—律」具體的運用、變化之跡，或說藉此進入歷史的發展脈絡，不僅有助於我們準確理解和把握這一時期整個法律制度的發展過程及其規律，而且能夠為我們提供一個獨特的視角，讓我們更加深刻地理解和感悟這一急劇變革的歷史時代。遺憾的是，法學界和史學界都沒有重視這一問題，僅有張晉藩等人注意到了這一問題，並作過一段精闢的論述：

　　戰國時期，改刑為法。不僅是字詞上的變化，按《說文》的解釋，法具有「平之如水」、「公平正直」的含義，這不是以秘密狀態和習慣法為主要形式，以維護宗法等級為主要內容的奴隸制刑所要求的，而是以成文、公開、平等為特徵的新興地主階級的政治法律主張。如法家給法下的定義就是：「法者，編著之圖籍，設之於官府，而布之於百姓者也」[①]。在法的適用上也主張「君臣上下貴賤皆以法」[②]。以此可見，由刑到法的轉變，是新舊兩種法律制度轉換的反映，李悝著《法經》則是這一轉換過程基本完成的標誌[③]。

　　我國古代法律，由刑而法而律的演變，不只是名稱上的簡單更易，而是法理上的變更，這是我國法律科學發展史上的一個明顯進步……反映了我國法律制度由奴隸制向封建制的客觀需要。[④]

　　囿於行文的宗旨和體例，他沒能就此作更深一步的展開和論述，

---

① 《韓非子·難三》。
② 《管子·法法》。
③ 張晉藩主編：《中國法律史》，法律出版社1995年版，第66頁。
④ 張晉藩主編：《中國法律史》，法律出版社1995年版，第91—92頁。

實為一大憾事。囿於學力、見識和寫作內容，筆者在此亦無法對此展開深入探討，只好借此機會呼籲一下，以期能引起大家的關注，苟能如此，則幸甚至哉。

據文獻記載，楚國在文王時期，就已產生了實際地發揮調整社會關係作用的被稱為法的法。《左傳　昭公七年》記楚無宇云：「吾先君文王，作《僕區》之法，曰：『盜所隱器，與盜同罪。』」這是一部懲治盜賊和窩藏犯罪的法律。自文王改刑為法以後，法一直是楚國最主要的法律形式。

需要指出的是，在楚國，法又分為兩種，一種是經常性的法，一種是臨時性的法。前者是指具有相對穩定性和普遍適用性的綜合性成文法，其制定通常經過了一定的立法程序，調整範圍廣泛，適用時間較長，如《僕區》之法到楚靈王時期仍在適用。後者則指臨時因事而頒布的單行性法令，一般有特定的調整對象，具有特別法的性質，不具有永久的法律效力和反復適用的特點。如《史記　楚世家》：「新王下法，有敢饟王從王者，罪及三族。」

三、令

令是君主針對一時之事而以命令形式發布的法律文件。《說文》曰：「令，發號也。」段玉裁注：「號部曰：號者，呼也。口部曰：呼者，號也。發號者，發其號以使人也，是曰令。」《爾雅　釋詁》：「令，告也。」可見，法律意義上的令由發號施令之令引申而來，這也清楚地反映了作為法律形式的令的來源。法律淵源於王者之令，肇始於西周。《書　說命上》：「臣下罔攸稟令」。《周禮　夏官　大司馬》：「犯令陵政則杜之。」這些均簡明扼要地顯示出令所具有的威嚴內涵和法律品質。

從文獻記載來看，令也是楚國重要的法律形式之一。《國語　楚語上》載楚大夫申叔時曰：「教之《令》，使訪物官。」韋昭注：「令，謂先王之官法、時令也。」《韓非子　外儲說右上》記楚莊王

對太子曰：「法者，所以敬宗廟，尊社稷。故能立法從令尊敬社稷者，社稷之臣也，焉可誅也？夫犯法廢令不尊敬社稷者，是臣乘君而下尚校也。臣乘君，則主失威；下尚校，則上位危。威失位危，社稷不守，吾將何以遺子孫？」《史記 孫子吳起列傳》記吳起變法時，一個重要內容就是明法審令。《史記 屈原賈生列傳》記屈原深得懷王信任時，「入則與王圖議國事，以出號令」。可見，在楚國，令是僅次於法的重要的法律載體，王權的至高無上賦予它獨立的法律品格，使之直接成為法律的淵源，並與法一起共同構成了楚國法律體系的主幹部分。老子說：「法令溢彰，盜賊多有。」[①]老子為楚人，所言當是針對楚國實際有感而發。

需要指出，在專制主義制度下，令具有最高的法律效力。如果令與法的具體規定發生衝突時，則以令的規定為准。因為一切權力都歸君主所有，君主言出法隨，言大於法。這也是中國古代法制「法自君出」的重要特徵之一。在楚國同樣如此。由於令是由楚王親自頒發的，所以具有比一般的法更高的效力。《國語 楚語上》記白公子張諫楚靈王曰：「王言以出令」。《說苑 至公》記楚國特設專門機構「以司犯王令而察觸國法」。王令雖與國法並行，但位置前移，顯然表明王令要高於國法。

此外，由於令通常是針對特定事項特定人物而臨時發布的，所以，令又較法具有更大的靈活性和更高的效能。楚莊王時期發布過一個幣制改革的詔令，將市面上流通的楚幣由小改為大。後來老百姓感到用起來不方便，便不出來營業，市場一下就蕭條起來。市令把情況反映到令尹那裡，於是莊王又下令將楚幣改回到原來的大小，市場很快就重現了昔日繁華。

還有一點是需要注意的，由於令較法更具靈活性、隨意性，且更

---

① 《老子 五十七章》。

多地與君主的權力直接相連，所以君主更喜歡通過下令的方式來實現自己的意志，完成政治、軍事、經濟等任務，從而使令在權力的鋪墊下上升為一種常用的法律規範。這樣一來，不僅擴大了令的調整範圍的同時，而且豐富了令的內容和形式，從而形成了令多而廣的特色。楚國也不例外。顧久幸指出楚王的詔令涉及到國家如軍事措施、宮廷制度、經濟生產法令、政治改革措施等等，有些屬於短期的行為，但它具有強制執行和共同遵守的性質，有些後來也成為長期的法規。因此，在法律還不成熟還不健全的時期，它具有補充法律的意義，因而也就具有法律的性質[①]。這一見解無疑是正確的。

## 四、命

命，即君主或權臣的命令，多表現為上對下提出的義務性要求，具有很強的隨機性、封閉性、特定性。與令相比，不僅穩定性較差，而且調整範圍更窄，因此，從嚴格意義上來講，命並不是法律的一種常見載體。但春秋時期的人不僅經常使用命這種法律形式，已經產生了君「出命」[②]的觀念，並提出了「命不共，有常刑」[③]的口號，從而使命獲得了「常刑」的保障[④]。

據文獻反映，春秋時期，楚國統治者也經常使用命這一法律形式來強化王權，處理軍政事務。如《左傳　昭公六年》記楚公子棄疾發布「禁芻牧樵」之命後，「誓曰：『有犯命者，君子廢，小人降。」《說苑　正諫》記保申曾拿「承先王之命不敢廢」來對抗現實王權，迫使楚文王自覺受罰。《左傳　宣公十五年》記申犀對楚莊王說，其

---

① 顧久幸：《楚制典章——楚國的政治經濟制度》，湖北教育出版社2001年版，第103頁。顧久幸：〈略論楚國法律發展軌跡〉，載《中華文化論壇》，1996年第1期。

② 《左傳　成公十八年》。

③ 《左傳　哀公十一年》。

④ 徐進：〈戰國前法的形式、生成及其時代特點〉，載《吉林大學學報》，1997年第6期。

父「毋畏知死而不敢廢王命」。《左傳 昭公十三年》記無宇之子申亥曰：「吾父再奸王命，王弗誅，惠孰大焉」。廢、誅等都是刑法專用術語，表明當時對於違犯王命的行為的處罰是極重的。

**五、誓**

誓，即誓詞，主要發布於行軍打仗或軍事演習的場合，即所謂「用之於軍旅」[1]，目的在於勉勵和約束所有從征人員，服從指揮，因而具有軍令的性質。《說文》云：「誓，約束也。」誓一般由君王發布，但在特殊情形下，權臣也可以在其職權內發布。誓是一種古老的法律形式，不僅從夏到春秋晚期通行，而且還是這個時期的最重要的法律形式之一[2]。如夏有《甘誓》，商有《湯誓》，周有《牧誓》，秦有《秦誓》，晉有韓之誓、趙簡子之誓等。從文獻記載來看，楚國也有「誓」這一法律形式。《左傳 成公十六年》載：楚子見晉軍「皆乘矣，左右執兵而下矣」。伯州黎解釋說：「聽誓也。」《左傳 昭公六年》記：楚公子棄疾如晉……誓曰：「有犯命者，君子廢，小人降」。可見，楚國有誓。

**六、典**

典，就是常法、典章制度的意思。《尚書 多士》云：「惟殷先人，有冊有典。」《湯誥》云：「各守爾典，以承天休。」孔傳釋典為「常法」。《詩 周頌 維清》有「文王之典」。毛傳曰：「典，法也。」先秦時期，典也是一種常見的法律形式。晉侯對魏絳說：「夫賞，國之典也」[3]，這是關於賞功勞的法。《國語 魯語上》有「慎制祀以為國典」，這是關於祭祀的法。典具有不可違反的約束力，如單襄公以不守典為「犯先王之令」[4]。典通常是以冊的形式出

① 《周禮 秋官 士師》。
② 徐進：〈戰國前法的形式、生成及其時代特點〉，載《吉林大學學報》，1997年第6期。
③ 《左傳 襄公十一年》。
④ 《國語 周語中》。

現，所以其內容非常龐雜。

從文獻記載來看，典也是楚國一種非常重要的法律形式。《國語‧楚語上》載：

屈到嗜芰。有疾，召其宗老而屬之，曰：「祭我必以芰。」及祥，宗老將薦芰，屈建命去之。宗老曰：「夫子屬之。」子木曰：「不然。夫子承楚國之政，其法刑在民心而藏在王府，上之可以比先王，下之可以訓後世，雖微楚國，諸侯莫不譽。其《祭典》有之曰：『國君有牛享，大夫有羊饋，士有豚犬之奠，庶人有魚炙之薦，籩豆、脯醢，則上下共之。不羞珍異，不陳庶侈。』夫子不以其私欲干國之典。」

屈建把「國之典」與「在民心而藏在王府」的「法刑」，同等看待，說明典與刑、法一樣，具有國家強制性。

《左傳‧宣公十二年》記：

蔿敖為宰，擇楚國之令典，軍行，右轅，左追蓐，前茅慮無，中權後勁，百官象物而動，軍政不戒而備，能用典矣。其君之舉也，內姓選於親，外姓選於舊。舉不失德，賞不失勞。老有加惠，旅有施捨。君子小人，物有服章。貴有常尊，賤有等威，禮不逆矣。德立刑行，政成事時，典從禮順，若之何敵之？

楊伯峻注曰：「令，善也；典，法也，禮也。」顯然，這裡的典是關於治軍打仗、選舉、養老、旅客施捨、服章等諸多內容的綜合性法典。《戰國策‧楚策一》記載楚國有《雞次之典》，失之，「五官失法，百姓昏亂」；得之，「五官得法，而百姓大治」。可見，這裡的典為具有行政性質的基本大法。

## 七、制

在古代，因為許多制都關涉國家制度，由政權加以推行，其國家強制性是十分明顯的。不僅如此，對有些違制行為，國家還將給予暴力制裁[1]。因此，制度也是法律的一項重要內容，制度的各項條文和見於命令者，它們都是為民眾所遵守的，所以它雖然沒有被定為律，入於刑，也是可以算作法的[2]。晉叔向曰：「昔先王議事以制，不為刑辟，懼民有爭心也」，「國將亡，必多制」[3]。據文獻記載，楚也存在著制這一法律形式。《左傳　昭公七年》記楚無宇云：「天子經略，諸侯正封，古之制也。」《國語　楚語上》記范無宇曰：「且夫制城邑若體性焉，有首領股肱，至於手拇毛脈，大能掉小，故變而不勤。地有高下，天有晦明，民有君臣，國有都鄙，古之制也。先王懼其不帥，故制之以義，施之以服，行之以禮，辯之以名，書之以文，道之以言。既其失也，易物之由。」

## 八、訓

訓，又稱「遺訓」，是指前代、先王留下的規則、習慣。《國語　楚語上》記：「教之訓典，使知族類。」杜預注：「訓典，先王之書。」《國語　楚語下》云：「又有左史倚相，能道訓典，以敘百物。」楊伯峻云：「訓典蓋典章制度之書。」顧久幸亦指出不成文法的另一種形式是祖上留下來的遺訓或者長久的行為習慣，某些也被後世當作法來執行。如楚文王時期葆申用荊條抽打文王的舉動，就是依據祖上之法來執行的[4]。

---

① 徐進：〈戰國前法的形式、生成及其時代特點〉，載《吉林大學學報》，1997年第6期。
② 顧久幸：〈楚制典章——楚國的政治經濟制度〉，湖北教育出版社2001年版，第103—104頁。
③ 《左傳　昭公六年》。
④ 顧久幸：《楚制典章——楚國的政治經濟制度》，湖北教育出版社2001年版，第104頁。

## 九、盟

盟是兩個或兩個以上諸侯間的約定，盟約規定的義務對立盟各方均有約束作用，其中不少就是定罪的根據。從法律性質上看，盟實際上類似於今天的國際條約，因此，盟也是先秦時期一種非常重要的法律形式[①]。如《孟子　告子下》載：

> 葵丘之會諸侯，束牲載書而不歃血。初命曰：「誅不孝，無易樹子，無以妾為妻。」再命曰：「尊賢育才，以彰有德。」三命曰：「敬老慈幼，無忘賓旅。」四命曰：「士無世官，官事無攝，取士必得，無專殺大夫。」五命曰：「無曲防，無遏糴，無有封而不告。」曰：「凡我同盟之人，既盟之後，言歸於好。」

從文獻記載來看，楚在國際交往中，經過運用盟這一法律形式進行政治、軍事和外交上的聯合和鬥爭。如《左傳　成公十二年》記：

> 晉士燮會楚公子罷、許偃。癸亥，盟於宋西門之外，曰：「凡晉楚無相加戎，好惡同之。同恤災危，備救凶患。若有害楚，則晉伐之；在晉，楚亦如之。交贄往來，道路無壅。謀其不協，而討不庭。有渝此盟，明神殛之，俾隊其師，無克胙國。」

《史記　平原君列傳》記秦圍趙國邯鄲，平原君去楚國求救欲結盟，長談未果，門客毛遂按劍上前，陳述利害，終於迫使楚王訂盟。

---

① 關於東周時期盟的性質，更多的可參見劉海年：〈文物中的法律史料及其研究〉，載《中國社會科學》，1987年第5期；李力：〈東周盟書與春秋戰國法制的變化〉，載《法學研究》，1995年第5期；徐進：〈戰國前法的形式、生成及其時代特點〉，載《吉林大學學報》，1997年第6期；蒲堅主編：《中國法制通史　夏商周卷》，法律出版社1999年版，第425—435頁。

同書又記載，此後，楚遵守了盟約，「使春申君將兵赴救趙」。

## 十、式

式，即辦事規則和公文程序。其作用是「規物程事」，是百官、有司「其所常守之法也」①。《說文》云：「式，法也。從文獻記載來看，楚國似乎並不存在程和式這一法律形式。但從考古發現來看，楚國是應該存在著程或式這一類型的法律規範的。

通常認為，式作為一種法律形式，最早出現於秦。如1975年出土的《睡虎地秦墓竹簡》的《封診式》，就是有關司法審判工作的程序，對司法審判工作的要求以及訴訟文書程序的法律文件。從其內容來看，主要是關於案件的調查、勘驗、審訊等程序的文書格式，以及對司法官吏的「治獄」的要求。如司法機關受理案件後，要把當事人的姓名、身分、機關、是否有前科等問題寫成書面報告；然後前往現場勘驗、調查，每一過程都要作筆錄；庭審時要聽取當事人雙方的口供，可進行刑訊；最後，司法機關依法作出判決。整個審判過程都記錄下來，製作成司法文書。

1987年出土的包山楚簡清楚地告訴我們，楚國在實際司法實踐中，基本上也是嚴格按照這一套程序來操作的，甚至在某些環節上比秦的規定還細密、還嚴格些。尤其是在司法文書的製作上，更是高度格式化了。如定獄簡，主要內容和格式為：1.受理訴訟的時間，某月某日；2.原告，某地某人；3.被告，某地某人；4.訴訟事由，如殺其兄、臣；5.簽署，如正羅壽識之。《受期》簡，基本內容主要包括：受理訴訟的時間；受理訴訟的官員職位及姓名；預定審理案件的時間；針對可能出現的違法情況，重申和強調有關案件審理的紀律和要求；對違反審判秩序和紀律的行為實施懲罰的規定；以及審理人員的組成情況（包括姓名及職位）。基本格式統一固定為：某月某日，某地官員某

---

① 《新唐書　刑法志》。

受期，某月某日將審斷。不將……以廷，阱門又敗。某某識之。如包山楚簡《受期》第26簡：「八月壬申之日，郼陽大正登生肰受。期八月癸巳之日不將郼陽邑大夫以廷，阱門又敗。正羅壽識之。

綜上所述，我們完全有理由推斷，楚國也存在著式這一法律形式，並且已經在法律實踐中發揮著指導和規範整個司法審判工作的作用。只是由於文獻記載的闕失，我們無法確切知道其具體名稱。若考慮到先秦時期整個的法制建設狀況，尤其是戰國時期各國立法情形及其相互之間的影響，私見以為，以程或式相稱的可能性最大[①]。當然以上這些，只是一些理論和邏輯上的推論，最終的實證，還得寄希望於今後的發現和探討。

**十一、禮**

先秦時期，周王朝所制定的禮是當時社會中一種無處不在的行為規範。它以一種特殊的方式，對社會生活的各個方面起著積極而廣泛的調節作用。從周禮的表現形式、在實際生活中所發揮的作用以及周禮本身的內容和性質等方面觀察，周禮在很多時候不僅僅是被當做禮儀和道德規範來遵守，而且是當做一種相當的法則來執行的。《左傳 隱公十一年》：「禮，經國家，定社稷，序民人，利後嗣者也。」《左傳 莊公二十三年》：「夫禮，所以整民也。」《左傳 僖公十一年》：「禮，國之幹也。」《左傳 襄公二十一年》：「禮，政之輿也。」《左傳 成公十二年》：「政以禮成，民是以息。」因此，禮是先秦時期不成文法律體系的一個重要組成部分，完全具有法的性質。楚於春秋前期已經基本上華夏化了，所以，適合於

---

① 《說苑 至公》記楚令尹子文之族「有干法者」，執法官廷理欲寬宥之，但子文卻堅決要求依法處置，「致其族人于廷理曰：『不是刑也，吾將死！』廷理懼，遂刑其族人。國人聞之，乃相與作歌曰：『子文之族，犯國法程，廷理釋之，子文不聽，恤顧怨萌，方正公平。』」私見以為，無論是從字面上來分析，還是從語義上來理解，這裡的法和程當是並行的。這也是筆者目前所見到的文獻關於楚國有程這一法律形式的最早記載。

楚國統治階級利益的某些習慣和禮的規範，也經常被確認為法律，使之成為成文法的必要補充，禮也就此成為楚國一種重要的法律形式。

## 第三節　主要法律及其內容

如前所述，楚國非常重視法制建設，立法工作不僅起步較早，持續時間長，而且成就頗豐。遺憾的是，由於史籍散逸嚴重，楚國法律的完整內容，已很難清楚地知曉了。我們所能做的，只有通過對現有材料的鉤沉輯佚，仔細尋找其蛛絲馬跡，並用以說明一些問題，管窺其大概面貌。

在具體論述之前，有三點是需要加以說明的：一是本節所論及的主要法律，並不是今天嚴格意義上的法律，而是從相關文獻記載中總結或抽象出來的，然後根據其內容加以命名；二是為便於分析和理解，參照現代部門法進行了簡單分類；三是出於收集資料之目的，盡可能地將涉及到楚國法律的史料全部羅列出來，以供日後深入研究。最後，想要強調的是，這樣做的科學性和不科學性、合理性和不合理性都是不言而喻的，需要我們審慎地加以認識和對待。

### 一、軍事法律

楚人尚武。為適應開疆拓土之需要，楚以軍功成敗論將，有嚴明的賞罰之法。其執行之嚴厲，東周列國莫出其右。

**1.戰敗自裁法。**自楚武王時莫敖屈瑕伐羅失敗，「縊於荒谷，群帥囚於冶父以聽刑」[1]之後，敗軍之將，一律自裁，以謝國人，成為不刊之制，並嚴格執行終楚國滅亡而不替。楚成王時，城濮之戰，楚軍敗北，令尹子玉，歸途自殺，以謝國人。楚共王時，司馬子反醉酒而

---

① 《左傳　桓公十三年》。

兵敗鄢陵，令尹子重援引成例，促令子反自殺，子反言：「側（子反字）亡君師，敢忘其死？」即引劍自盡①。楚平王時，司馬蔿越在「雞父之戰」中被吳王僚帶兵打得大敗。接著，吳國因故還軍，擄走平王夫人，蔿越帶兵追趕，行至薳滢，由於沒有趕上敵人，便引咎自殺。而同時期中原諸國的情況則不是這樣。如西元前627年，秦主將孟明視為晉敗於殽底，西元前607年，宋主將華元為鄭敗於大棘，西元前597年晉主將荀林父為楚敗於邲，均未自殺，且官任如初。

**2.將遁之法。**「出不入兮往不返」，「終剛強兮不可淩侮」②。楚人慣於衝鋒陷陣，禦敵於方城之外，視臨陣脫逃為奇恥大辱。楚成王時，令尹子上率軍征伐陳、蔡，促成兩國與楚媾和。後來，晉軍南下侵蔡，與楚軍隔水列陣。後晉師因故而退，楚師亦歸，子上卻因此背上逃跑之罪名，遭到誅殺。董說《七國考》引《淮南子》說，楚國法律規定，「楚發兵相戰，而將遁者誅，若不及誅而死，乃為桐棺三寸，加斧鑕其上，以狥於國」。《呂氏春秋 高義》載：「荊人與吳人將戰，荊師寡，吳師眾。荊將軍子囊曰：『我與吳人戰，必敗。敗王師，辱王名，虧壤土，忠臣不忍為也。』不復於王而遁。至於郊，使人複於王曰：『臣請死。』王曰：『將軍之遁也，以其為利也。今誠利，將軍何死？』子囊曰：『遁者無罪，則後世之為王將者，皆依不利之名而效臣遁。若是，則荊國終為天下撓。』遂伏劍而死。王曰：『請成將軍之義。』乃為之桐棺三寸，加斧鑕其上。」《說苑 立節》對此亦有記載。可見，楚國確有將遁之法。

**3.覆軍殺將法。**與戰敗、遁逃者嚴加懲處形成鮮明對比，楚國對作戰有功者，則重賞有加。《韓非子 喻老》說：「楚莊王既勝，狩於河雍，歸而賞孫叔敖。」《左傳 哀公十八年》曰：「楚公孫

---

① 《左傳 成公十六年》。
② 《國殤》。

寧……敗巴師於那，故封子國於析。」《淮南子 道應訓》記：「子發攻蔡，逾之。宣王郊迎，列田百頃，而封之執圭。」《戰國策 齊策二》陳軫問楚將昭陽：「『楚之法，覆軍殺將，其官爵何也？』昭陽曰：『官為上柱國，爵為上執圭。」《通典》曰：「柱國、上柱國，皆楚之寵官。」《宛委餘編》云：「上柱國，楚為勳官，在令尹下，諸卿上。」作戰有功者，竟然可以官至上柱國，位居一官下，百官之上，楚國獎勵軍功力度之大，由此可見一斑。

**4.荊屍之法**。《左傳 莊公四年》載：「楚武王荊屍，授師子焉，以伐隨。」杜預注：「屍，陳也，荊亦楚也，更為楚陳兵之法。揚雄《方言》：『子者，戟也。』然則楚始於此參用戟為陳。」孔穎達疏引申云：「楚本小國，地狹民少，雖時複出師，未自為法式。今始言荊屍，則武王初為此楚國陳兵之法，名曰荊屍，使後人用之。宣公十二年傳稱『荊屍而舉』，是遵行之也。」顯然，杜預和孔穎達二人都將「荊屍」解讀為「楚陳兵之法」。此後，歷代對此信從不疑。如宋丘光庭《兼明書》、清俞樾《茶香寶經說》、洪亮吉《春秋左傳詁》、劉文淇《春秋左傳舊注疏證》，均認為荊屍是「舉其先代之軍法」，今人楊伯峻《春秋左傳注》，徐中舒《左傳選》，藍永蔚《春秋時期的步兵》，亦皆秉此說。但這一說法在20世紀80年代初被徹底地顛覆。1980年，曾憲通作〈楚月名初探〉，根據雲夢秦簡所載「秦楚月名對照表」，考證出戰國楚簡所載代月名「刑尿之月」即文獻所載「荊屍」，楚曆建寅，「荊屍」亦即「王（周曆）三月」。此說因為既有新出土的資料作佐證，又有傳世的文獻為依據，所以在楚史學界產生了很大的影響，傳統的荊屍為兵陣之說，由是遭到不斷的質疑。隨之而來的關於此法之性質的問題，學界至今仍是意見不一。大致說來，可以分為四種觀點。為便於理解，現簡要徵引如下：

第一種觀點是仍然堅持傳統觀點，認為「荊屍之法」就是楚國的

陳兵之法，以魏昌為代表。他在〈楚國法律與法官〉指出：

> 《左傳 宣公十二年》說：「荊屍而舉，商、農、工、賈不敗其業。」這裡說的「荊屍」，與上文所援引的「荊屍」相同，可見楚國的用兵之法由來已久，並成一固定的軍法，即軍事方面的法律和法令。下文接著說的商農工賈不敗其業，從側面反映了楚國不僅有軍法，也同時有保證各行各業正常存在與發展的法律和法令。[1]

王紅亮亦認為，還應遵循舊注，將其釋為「楚國的一種軍陣」較妥[2]。

第二種觀點是斷然否定舊說，力舉新說，以張正明為代表。他在〈楚國社會性質管窺〉一文中肯定地指出：

> 曾憲通同志作〈楚月名初探〉，以睡虎地秦簡中的秦楚月名對照表為依據，考定荊屍為楚曆月名，楚曆建寅，荊屍為正月。按，《左傳》記楚武王荊屍，系於「春，王三月」，恰為楚曆正月，足見曾說可信。又《左傳 宣公十二年》記楚莊王「荊屍而舉」，系於「春」，雖未明言「王三月」，但包括「王三月」即楚曆正月在內。晉國的士會說：楚莊王「荊屍而舉。商、農、工、賈不敗其業，而卒乘輯睦，事不奸矣。」顯然，士會把荊屍而舉作為因，把商、農、工、賈不敗其業和卒乘輯睦作為果，由此可知，荊屍決不可解作陳屍於荊地或軍陣之名，而應解讀為在荊屍之月舉兵，其目的在於不違農時。因為要使商、農、工、賈不敗其業，必須照顧庶人的生計；要使卒乘輯睦，必須緩和貴族與庶人的矛盾。而要達到這兩個目的，就必

---

① 魏昌：〈楚國法律與法官〉，載《楚學劄記》，湖北人民出版社2003年版，第155頁。
② 王紅亮：〈《左傳》「荊屍」再辨證〉，載《古代文明》，2010年第4期。

須規定恰當的兵賦制度和選定恰當的舉兵時間。當然，由於舉兵的時機取決於敵我友多方的形勢，往往不以一方的意向為轉移，因此楚國並不總是在荊屍之月舉兵。但是，楚國貴族統治集團中的有識之士，確實在選定舉兵時間問題上注意了照顧庶人尤其是農奴和其他依附農民的生計，從而在荊屍之月舉兵就被他們視為良法了。①

劉玉堂等亦持此觀點②。

第三種觀點是認為「荊屍之法」的內容和性質並不具有固定性，而是具有流變性，即在不同的歷史階段，有著不同的內涵和法律屬性，以張君為代表。他在〈荊屍新探〉一文中指出：

荊屍最初為楚國宗廟和軍中所奉祖先的「神靈」，它是由生人裝扮的，裝扮者或為楚（君）王自己，或為楚君代表「莫敖」，是激勵士氣的有效手段和必不可少的重要儀式；隨著楚國社會性質的演變，楚王之民不再盡為楚王之族，「荊屍」原來的作用也就日益喪失，於是「荊屍」變為楚武王始創的「陳兵之法」的代名詞，繼而又成為一切軍事活動的代名詞。由於春秋中期以前，楚國歷代統治者基本上均能恪守正月出兵、不誤農時的祖訓和傳統，加之，隨著楚人軍事藝術的提高與陣法的日臻完善和多樣化，作為「陣法」的「荊屍」也逐漸被淘汰並喪失其涵義，於是至於春秋中期時「荊屍」遂又成為楚正月的代月名，並單純地作為代月名傳至戰國以迄予秦。「荊屍」這種由「神靈」而「兵陣」，又由「兵陣」而代正月名的演變，既合史實，又合邏輯，對於楚國這個俗尚武的民族來說，更是毫不奇怪的。此外，據前所述，還可發現，「荊屍」這一概念的變化過程也正是楚國

---

① 張正明：〈楚國社會性質管窺〉，載《張正明學術文集》，湖北人民出版社2007年版，第338頁。

② 劉玉堂：《楚國經濟史》，湖北教育出版社1995年版，第154頁。

社會形態演進的一支副線條。①

第四種觀點是李學勤在〈《左傳》「荊屍」與楚月名〉一文中提出的，「荊屍」不像是月名，而應是組織兵員的一種方式。「荊屍之法」，意為「荊屍」之月可能宜於徵召兵員，也可能過去曾在該月有一次著名的舉兵之事②。

綜合楚國歷史實際和上述各家看法考察，筆者認為張君的說法較為可信。但有一點是值得注意的，那就是無論舊說還是新說，均認為荊屍之法，都與軍事活動相關，因此，將其列入軍法之類是可行的。

## 二、刑事法律

從文獻記載來看，楚國的刑事立法不僅全面，而且苛嚴。大致說來，楚國的刑事法律可以分為以下三類：

### （一）保護楚王安全和權威的刑事法律

**1.茅門之法。**《韓非子 外儲說右上》載：「荊莊王有茅門之法，曰：『群臣大夫諸公子入朝，馬蹄踐霤者，廷理斬其輈，戮其御。」同書又說：「楚國之法，車不得過茆門。」《說苑 至公》、《楚史檮杌 茅門令第二》均有此記載。茅門，即宮門。可見，這是一部保護楚王人身安全的刑事法律。

**2.麗兵於王屍者之法。**《呂氏春秋 貴卒篇》載：「荊國之法，麗兵於王屍者，盡加重罪，逮三族」。根據這一法律，西元前381年，楚悼王去世，仇視吳起變法的楚國貴族趁機發難，在射殺吳起時，因兵器並中楚悼王屍體而觸犯此法，因此而遭到滅族的，多達七十餘家。在任何一個有良知的社會中，每一個人都有著不可剝奪的生命尊嚴，而不論其貴賤、貧富，人活的時候，生命不能被侮辱；人去世之後，

---

① 張君：〈「荊屍」新探〉，載《華中師範學院學報》，1984年第5期。
② 李學勤：〈《左傳》「荊屍」與楚月名〉，載《文獻季刊》，2004年第2期。

其「人」的尊嚴亦不能被踐踏。而對於逝者來說，其尊嚴最直接載體就是屍體。侵犯逝者的屍體，就是對現實中社會生命價值和尊嚴的直接危害。嚴禁毀損屍體，實際上就是保護生命尊嚴的自然延伸。由此可見，麗兵於王屍者之法實際上是一部保護楚王尊嚴的法律。

### （二）保護人身和財產安全的刑事法律

**1.殺人者論死之法。**《史記　越世家》說陶朱公中男「殺人，囚於楚」，楚王「令論殺朱公子」。可見，在楚國，凡殺人者，依照法律之規定，是要處以死刑的。

**2.僕區之法。**楚文王時作。《左傳　昭公七年》載楚芋尹申無宇說：「吾先君文王，作僕區之法曰：『盜所隱器，與盜同罪』……若以二文之法取之，盜有所在矣。」杜預注：「僕區，刑書名。」服虔云：「僕，隱也。區，匿也。為隱匿亡人之法也。」可見，僕區之法，是一部專門懲治盜賊及窩藏行為的刑事法律。

### （三）其他單行刑事法律

這部分法律的屬性比較複雜，很難統一歸類，但內容都具有單一性，故用單行性來概括。

**1.禁止採金法。**楚國實行「黃金國有」政策，法律嚴厲禁止私采黃金。《韓非子　內儲說上》云：「荊南之地、麗水之中生金，人多竊採金，採金之禁，得而輒辜磔於市，甚眾；壅離其水也，而人竊金不止。」「辜磔」系古代的一種酷刑，即通常所說的車裂分屍。可見，楚國對私采黃金者處以的是極刑，顯然，這是一部具有經濟屬性的特殊刑事法律。

**2.株連之法。**即一人有罪，刑及父母、妻子、兄弟甚至其他親族。《史記　楚世家》記人曰：「新王下法，有敢饟王從王者，罪及三族」。前引《呂氏春秋　貴卒篇》載：「荊國之法，麗兵於王屍者，盡加重罪，逮三族」。另據《呂氏春秋　精通》載，擊磬者對鍾子期說，其父因殺人不得生，其母子也因此為公家之奴。這種一人有罪，

累及其妻及子為奴也是楚行相坐法的例證。

**3.入宅之法**。即沒收犯罪人的房屋等財產之刑事處罰法。《戰國策　楚策一》記：「郢人有獄三年不決，故令請其宅，以卜其罪。客因之謂昭奚恤曰：『郢人某氏之宅，臣願之。』昭奚恤曰：『郢人某氏，不當服罪，故其宅不得。』」可見，楚國法律規定，對犯罪者的房屋或許還包括其他財產是要加以沒收的。

**4.贖罪之法**。就是允許犯罪者以錢贖罪的法律。據文獻記載，贖罪之法，出現較早。《尚書　舜典》：「金作贖刑」。《呂氏春秋　精通》記：「鍾子期夜聞擊磬者而悲，使人召而問之曰：『子何擊磬之悲也？』答曰：『臣之父不幸而殺人，不得生；臣之母得生，而為公家為酒；臣之身得生，而為公家擊磬。臣不睹臣之母三年矣。昔為舍氏睹臣之母，量所以贖之則無有，而身固公家之財也。是故悲也。」從擊磬者回答之言中可知，楚國有贖罪之法。

### 三、行政法律

#### （一）行政賞賜法規

**1.有功受獎法**。主要規定對有功於國家和社會之人予以各種獎勵。從文獻記載來看，這部分法律主要是以行政命令的形式發布，因此，從總體上看，數量比較多。為便於了解整體面貌，現簡單徵引如下：《淮南子　繆稱訓》：「楚莊（王）謂共雍曰：『有德者受吾爵祿，有功者受吾田宅。』」《呂氏春秋　異寶》：「荊國之法，得伍員者，爵執圭，祿萬擔，金千鎰。」《史記　伍子胥列傳》：「楚國之法，得伍員者，賜粟五萬石，爵執圭」。《韓詩外傳》卷八和《莊子　讓王》：「楚國之法，商人欲見於君者，必有大重質而後得見。」據文獻記載，這些有功受賞之法，在現實生活中執行得比較好。如《戰國策　楚策一》記：「葉公子高食田六百畛。」同書又云：「蒙谷之功多……封之執圭，田六百畛。」《呂氏春秋　知分》載，荊有次非者，殺兩蛟而救活舟中之人，「荊王

聞之，仕之執圭」。

**2.無功不得受賞法**。這是為配合限制分封制而出臺的一種法律，明確規定無功者不得受俸祿，功臣二世而收地、絕祿，非經楚王特許，任何人不得違反。對無功的功臣後裔則收其爵祿。見之文獻記載的有：《韓非子　喻老》：「楚邦之法，祿臣再世而收地」。《呂氏春秋　孟冬紀》：「楚功臣封二世而收。」《呂氏春秋　孟冬》：「楚功臣封二世而收。」《楚史檮杌　寖丘》：「楚國之俗，功臣二世而奪其爵」。《淮南子　人間訓》：「楚國之俗，功臣二世而奪爵祿。」《韓非子　和氏》載，吳起變法，「受封君之子孫三世而收爵祿」。把有功受賞、無功不受祿用法律的形式固定下來，無疑有利於楚國社會的發展。

**（二）行政管理法規**

**1.雞次之典**。《戰國策　楚策一》載：吳與楚戰，吳人三戰入郢，蒙谷「負雞次之典，以浮於江，逃於雲夢之中，昭王反郢，五官失法，百姓昏亂。蒙谷獻典，五官得法，而百姓大治」。典，本身就具有法的意思。顯然，這裡的「雞次之典」，應是楚國的行政法典。原因很簡單：沒它，「五官失法，百姓昏亂」；有它，「五官得法，而百姓大治」。這裡的五官，實際上就是政府各部門的總稱。政府部門都亂了章法，天下豈有不亂之理？遺憾的是，由於沒有史料可徵引，此典的編撰體例和具體內容，已無從可考了。所幸的是，楚人重視行政法典的傳統，被後世繼承和發揚開來。如唐代，曾以職官分篇，而以「令式象《周禮》六官為制」[①]，制定了一部調整和規範唐代中央和地方官制的行政法律大全——《唐六典》。在苦無資料的條件下，參酌《周禮》和《唐六典》，對楚國的雞次之典進行探討，能否成為一條可行之路，值得懷疑，但值得嘗試。當然，這可能是多餘的話、錯誤

_____

① 《新唐書　藝文志》。

的話了。

2.**祭典**。「國之大事，在祀與戎」[①]。春秋戰國時期，楚人尤重祭祀。據文獻記載，楚國已經制定了專門的祭祀法典，來指導和規範各種祭祀行為。《楚語　國語上》記：「楚國之政，其法刑在民心而藏在王府，上之可以比先王，下之可以訓後世，雖微出國，諸侯莫不譽。其《祭典》有之曰：『國君有牛享，大夫有羊饋，士有豚犬之奠，庶人有魚炙之薦，籩豆、脯醢則上下共之。不羞珍矣，不陳庶侈。』」

3.**憲令**。《史記　屈原賈生列傳》記戰國時期，屈原被懷王委以重任，「造為憲令」。《左傳　襄公二十八年》記，鄭簡公派大臣子叔使楚，談到宋之盟的内容時曾說：「此君之憲令，而國之小望也。」杜預注：「憲，法也。」從字面上來理解，結合楚國歷史，這裡的「憲令」，當與行政制度的建設有直接關係。

4.**訓典**。《國語　楚語上》記申叔時曰：「教之春秋，而為之聳善而抑惡焉，以戒勸其心；教之世，而為之昭明德而廢幽昏焉，以休懼其動；教之詩，而為之導廣顯德，以耀明其志；教之處，使知上下之則；教之樂，以疏其穢而鎮其浮；教之令，使訪物官；教之語，使明其德，而知先王之務用明德於民也；教之故志，使知廢興者而戒懼焉；教之訓典，使知族類，行比義焉。」又《國語　楚語下》記：「又有左使倚相，能道訓典，以敘百物，以朝夕獻善敗於寡君，使寡君無忘先王之業」。在古代，先王之言，是具有法律效力的。因此，記載先王典制的訓典，實際上就是一部行政法典。

綜上可見，古代楚國有比較發達的法律，這些法律涉及社會的諸多方面，從一個側面反映出楚國的歷史面貌，是研究楚國史不可忽略的問題。楚國法律制訂的目的在於維護統治階級的利益，鎮壓人民的

---

① 《左傳　成公十三年》。

反抗。但其中有些法律，毫無疑問，對於穩定楚國社會秩序，發展經濟與文化，起過一定的積極作用。較為完備的法律及其較好的貫徹執行，應是楚國強大的原因之一。

# 第二章　刑事法律制度

　　刑法是規定犯罪、刑事責任和刑罰的法律，是掌握政權的統治階級為維護本階級政治上的統治和經濟上的利益，根據其階級意志，規定哪些行為是犯罪並應當負刑事責任，給予犯罪人何種刑事處罰的法律。在所有部門法中，刑法的強制性最為嚴厲，調整和規範人們行為的作用最為突出，因此，在中國古代社會，刑事法律歷來都是各個王朝法律體系中最為重要的組成部分。正如學者所言，「應當指出：自夏代建立第一個奴隸制國家起，我國古代社會一直堅持以刑為主的法律體系。法律不但憑藉嚴酷的刑罰手段懲辦危及王權統治的政治性犯罪，同時也嚴厲制裁破壞國家統治、擾亂社會秩序的刑事犯罪」[①]。

　　春秋戰國時期，楚國在承襲周制和參酌華夏的基礎上，根據自己的實際情況和需要，形成了一套特色鮮明、體系完備的刑事法律制度，在刑法原則、罪名制度、刑罰體系等各個方面，都得到了很大的發展，對後世刑法的制定和適用產生了重要而深遠的影響。

---

① 曾憲義主編：《中國法制史》，北京大學出版社、高等教育出版社2000年版，第26頁。

## 第一節　刑法的基本原則

刑法的基本原則是指貫穿於整個刑法，對定罪量刑和適用刑罰均有指導意義的準則。刑法的基本原則是刑法的靈魂。在現代刑法典中，基本原則一般集中規定在總則部分。楚國沒有專門刑法典，因此，有關楚國刑法的基本原則的規定，只能從散見的刑法內容裡和具體的法律實踐中發掘。而具體法律條文的闕載，又使得我們對楚國刑法的基本原則的探討，只能以文獻記載和出土材料為主要依據，進行簡單的歸納，雖然未能全面反映其面貌，但可以獲得一些資訊。

### 一、刑無等級

刑無等級是指在適用法律時，對所有的對象在輕重寬嚴上一律平等對待，不得偏私。這是先秦時期法家的一貫主張。如管子要求「君臣上下貴賤皆依法」[①]，商鞅主張「自卿相將軍以至大夫庶人，有不從王令，犯國禁，亂上制者，罪死不赦」[②]。韓非更是強調「刑過不避大臣，賞善不遺匹夫」[③]。

楚曾是殷商時期的南土「方國」，長期與殷人為鄰，因此，深受殷人重刑思想的浸染。《左傳　哀公十一年》記伍子胥說：「《盤庚之誥》曰：『其有顛越不恭，則劓殄無遺育，無俾易種於茲邑』，是商所以興也。」正是在這一思想的指導下，楚國直接地吸收了商朝的嚴刑峻法、以法治國的精神和內容，徹底否定了西周「禮不下庶人，刑不上大夫」的禮治原則，在法律實踐中更多地主張刑無等級，強調雖王子犯法，刑之無赦。

《左傳　桓公十三年》記，楚武王時莫敖屈瑕伐羅失敗，「縊於荒谷，群帥囚於冶父以聽刑」。這件事開楚國敗軍之將受誅之先河。

---

① 《管子　法法》。
② 《商君書　賞刑》。
③ 《韓非子　有度》。

其後，凡敗軍之將，如子玉、子反、子上等，不是自殺就是被誅，無一例外。《左傳 莊公十九年》載，楚文王率軍與巴人作戰，大敗於津，其大閽鬻拳關閉城門，不准入城，文王被迫轉而伐黃。另據《說苑 正諫》載，楚文王初即位時，因淫於田獵，不理政事，遭到大臣葆申的鞭笞。楚成王時，令尹子文的族人犯法，廷理拘捕之，「遂刑其族人」①。楚莊王時，令尹虞丘子讓賢於孫叔敖。虞丘子的家中有人犯法，「孫叔敖執而戮之」②。楚以令尹當國執政，皆其王族，「然一有罪戾，隨即誅死……絕不赦宥」③。春秋時期，見於《左傳》記載的楚國令尹共有二十六個，因罪而被迫自殺或被處死的竟有九人，做令尹似乎成為了一種高危職業。據現有史料來看，在楚國，王子犯法，也要受罰，不能例外。《說苑 至公》載，楚文王伐鄧，令王子革、王子靈捃菜。二子見一老丈載畚，乞而不得，搏而奪之。楚文王聞之，令拘二子，殺之，「謝之於軍門之外耳」。楚莊王時，太子因故不小心違反茅門之法，廷理依法「斬其輈，戮其御」。太子入見莊王，請誅殺廷理。莊王非但沒有誅殺廷理，反而對其進行表彰，益爵二級，並嚴厲斥責太子，迫使太子請死謝罪④。這些記載，可能有誇大的成分，但史籍斑斑也絕非全部空談。荒淫之君受笞，敗陣之君弗納，敗軍之臣誅死，表明楚國法律對貴族同樣有嚴峻的約束力量，不僅表現了楚國刑法的嚴肅性⑤，亦生動地闡釋了刑無等級這一原則。

## 二、自首從寬

自首從寬制度，簡稱自首制度，是當今世界各國刑事立法中普

---

① 《說苑 至公》。
② 《說苑 至公》。
③ 顧棟高：《春秋大事表 春秋楚令尹論》，中華書局1993年版，第1840頁。
④ 《韓非子 外儲說右上》。
⑤ 李玉潔：《楚史稿》，河南大學出版社1988年版，第114頁。

遍採納的量刑制度之一。先秦法律對此已有明文規定。秦律稱自首為「自告」或「自出」，規定犯罪後投案自首，如實供述自己罪行的，可以從輕或免除刑罰。《秦簡　法律答問》：「司寇盜一百一十錢，先自告，當耐為隸臣，或曰貲二甲」。被判處司寇之刑的犯人，又盜一百一十錢，本應判處耐為隸臣，罰作奴隸，但因為自首，從輕判為罰二甲。《秦簡　法律答問》：「把其假以亡，得及自出，當為盜不當？自出，以亡論。其得，坐贓為盜。」「自出」，只論逃亡罪；經捕獲而得，則以盜論處。《秦簡　法律答問》：「夫有罪，妻先告，不收。」楚國雖未見有關自首制度的法律條文，但卻有免除自首者刑罰的事例。據《左傳　宣公四年》記載，楚莊王以血緣株連之法盡滅若敖之族時，若敖氏後裔鬪克黃因向司敗投案自首，不僅被免除刑罰，而且官復原職。自首制度，是懲辦與寬大相結合的刑事政策的法律化，它對於分化瓦解犯罪分子，具有重要的意義。為後世、尤其是兩漢所繼承。

### 三、誣告反坐

誣告是指故意捏造事實，作虛假告發，意圖使他人受到刑事處分的行為。誣告不僅給被誣者的身家性命帶來嚴重危害，侵犯了他人的人身權利，而且破壞了司法機關的正常活動，危害了社會的正常秩序，因此，歷代法律都將其視為是一種犯罪，予以嚴懲，實行反坐原則，即對誣告者按其所誣告他人之罪處以刑罰。秦律就有誣告反坐之法。如《法律答問》（簡96）：「伍人相告，且以辟罪，不審，以所辟罪罪之。」控告不實，即以所控告的罪名懲罰告發人。秦簡《法律答問》：「當耐司寇而以耐以隸臣誣人，何論？（答）耐為隸臣。」這就是說，就是對「當耐司寇」罪人，以「耐為隸臣」之罪誣告別人，即判處其以「耐為隸臣」為罪。

從文獻反映的情況來看，楚國也有誣告反坐之法。《列女傳》卷六〈楚江乙母〉所記之事可以證明這一點：

當恭王之時，乙為郚大夫。有入王宮中盜者，令尹以罪乙，請於王而絀之。處家無幾何，其母亡布八尋，乃往言於王曰：「妾夜亡布八尋，令尹盜之。」王方在小曲之臺，令尹侍焉。王謂母曰：「令尹信盜之，寡人不為其富貴而不行法焉。若不盜而誣之，楚國有常法。」

簡單的一句「楚國有常法」，清楚地告訴我們，楚國對誣告早已有明確的法律規定。出土材料，則提供了一個具體事例。包山簡131—139記載，原告舒慶最初向司法機構起訴苟冒、恒卯殺其兄，但隨著案情的深入，有殺人嫌疑，遂由原告變成被告，被拘押盟誓作證時又說苟冒、恒卯沒有殺其兄，繼又脫案逃跑。劉信芳認為，如果舒慶真是殺人者之一，則此案為誣告。舒慶由告發者淪為拘繫者（其殺人罪名尚未被最後證明），說明楚國亦有反坐之法[①]。

### 四、疑罪從無

因證據不充分，不足以認定被告有罪，則按疑罪從無的原則，判決無罪。這一原則是從早期的罪疑從赦思想發展而來。《左傳　襄公二十六年》引《夏書》云：「與其殺不辜，寧失不經。」《尚書　呂刑》云：「五刑之疑有赦，五罰之疑有赦，其克審之。」孔穎達疏引《正義》曰：「刑疑有赦，赦從罰也；罰疑有赦，赦從免也。」包山簡120—123記錄的郚僎竊馬、殺人案，最終處理結果是因為關鍵證人兼主要犯罪嫌疑人的死亡，使審判者缺乏足夠的證據認定其他犯人的犯罪行為，以致不得不作出無罪判決。

### 五、共犯加重

共犯，即共同犯罪，是指兩人以上共同故意犯罪。共犯的社會危害性一般較大，因此，處刑也一般較重。包山簡120—123記郚僎供

---

① 　劉信芳：〈中國最早的殺人案案審實錄〉，載《尋根》，1998年第3期。

述：「小人信與下蔡關里人雇女返、東邜里人場賈、夷里人競不害僉殺余睪於競不害之官，而相與棄之於大路。」包山簡132—135記舒慶說：「陰人苟冒、恒卯僉殺僕之兄」。陳偉指出，僉殺即共同殺害，當時楚國不僅有共犯概念，而且僉殺也許比單個殺人罪責更重[①]。其說甚是。邜僕供述與場賈等3人共同殺害余睪之後，主管官員立即下令抓捕所有疑犯，並將其家人予以收孥。邜僕最終因遭刑訊而死於牢中[②]。在舒慶殺人案中，官府也因涉及共同犯罪而收押了所有嫌犯。而在其他單個殺人案中，則見不到這些強制措施。由此可見，楚國法律是非常重視共同犯罪的，既然在程序上有著如此嚴格的要求，想必在實體上也應有加重處罰的規定。

## 六、刑事時效

刑事時效即刑法追究刑事責任在時間上的效力，或者刑法規定的關於刑事追訴權或刑罰執行權在一定期限內有效的制度[③]。據雲夢秦簡記載，秦律對犯罪分子追究刑事責任的法定有效期限做了明確規定：第一，被告人已死亡不追究；第二，發生在赦令發布前的犯罪行為，不予追究。如《法律答問》：「甲殺人，不覺，今甲病死，已葬，人乃後告甲。甲殺人審，問甲當論及收不當？告不聽。」、「或以赦前盜千錢，赦後盡用之而得……毋論。」由於史料的闕失，迄今為止，尚未發現楚國有關刑事時效的法律規定，但從出土資料和文獻記載來看，楚國在法律實踐中一直在堅持這一原則。

包山簡120—123記，邜僕因被控犯有殺人罪而被捕，在案件審理過程中，「邜僕未至斷，有疾，死於拘」。邜僕病死獄中後，案件也立即終止。這表明，楚國法律也不追究已死亡的嫌疑人或被告的法律責任。這一務實且科學的規定幸得傳延，澤被當代，1996年修改的《中

① 陳偉：〈包山司法簡131—139號考析〉，載《江漢考古》，1994年第3期。
② 劉信芳：〈中國最早的殺人案案審實錄〉，載《尋根》，1998年第3期。
③ 肖永清主編：《中國法制史教程》，法律出版社1987年版，第86頁。

華人民共和國刑事訴訟法》第15條將「犯罪嫌疑人、被告人死亡的」列為刑事訴訟終止的條件之一，即為明證[1]。

從文獻記載來看，楚國法律也明確規定犯罪的追溯權因大赦而中止。楚武王時莫敖屈瑕因驕傲輕敵，被羅和盧戎打敗，「莫敖縊於荒谷。群帥囚於冶父以聽刑」。楚武王以咎自責，「皆免之」[2]。《左傳 昭公七年》記楚靈王「為章華之宮，納亡人以實之無宇之閻入焉。無宇執之，有司弗與，曰：『執人於王宮，其罪大矣。』執而謁諸王。」楚靈王聽其一番解釋後，「遂赦之」，沒有追究其刑事責任。《史記 越王勾踐世家》記，楚人范蠡在佐越滅吳之後，棄官經商，三致千金，世稱陶朱公。陶朱公的中男殺人，囚於楚，朱公使長子攜千金求助於楚王信任的莊生。莊生經過一番努力後，以天象說服楚王準備大赦，「王乃使使者封三錢之府」，朱公之中男將因此而獲釋。裴駰《集解》引或曰：「『王且赦，常封三錢之府』者，錢幣至重，慮人或逆知有赦，盜竊之，所以封錢府，備盜竊也。漢靈帝時，河內張成能候風角，知將有赦，教子殺人，捕得七日赦出，此其類也。」後只因朱公的「長男以為赦，弟固當出也，重千金虛棄莊生，無所為也」，乃從莊生家取回千金，導致其弟被殺。

### 七、罪責自負

據《尚書 康誥》等文獻記載，西周時期，法律曾明確規定「父子兄弟，罪不相及」，即一人犯罪，罪責自負，不得株連親屬。這項原則否定了商代「罪人以族」的殘酷刑法，在中國刑法史上具有重要的意義[3]。從現有材料來看，東周時期，楚國基本上沿用了這一刑法原則：誰犯罪，就由誰承擔刑事責任，一般不株連親屬、親戚、朋友、鄰居等與犯罪無關的人。《史記 楚世家》記平王派人抓捕伍

---

① 劉玉堂、賈濟東：〈楚秦起訴制度比較研究〉，載《中南民族大學學報》，2004年第2期。
② 《左傳 桓公十二年》。
③ 懷效鋒主編：《中國法制史》，中國政法大學出版社1998年版，第17頁。

第二章 刑事法律制度

子胥時，「伍胥彎弓屬矢，出見使者，曰：『父有罪，何以召其子為？』將射，使者還走，遂出奔吳。」伍子胥對使者發出如此質問，實際上就是在運用「父子兄弟，罪不相及」這一刑法原則作抗爭和辯護，這也表明這一原則在當時已為社會所熟知，並廣為適用。若非如此，精明過人、熟悉楚國政治法律的伍子胥是不會在如此緊急關頭說出這一番話的。從文獻記載看，在楚國，「父子兄弟，罪不相及」的法律現象，比比皆是。康王「殺子南於朝」時，沒有株連其子棄疾[①]。鬭成然因驕縱為平王所殺，但平王仍以其子鬭辛為郎公[②]。白公犯下作亂大罪，失敗自殺，其妻也沒有受到株連，在家紡織不嫁[③]。張正明因此指出：

　　按照楚國法律傳統，一個人因罪受誅，通常不株連其妻孥。即使一個家族謀反不遂，只要其中還有忠於公室的，也還不至於玉石俱焚。若敖家族謀反，被莊王攻滅。這個家族的成員鬭克黃正出使齊國回來，途經宋國時聽到了變故，有人勸他不要回楚國，他認為不能棄君之命，還是回到楚國。向莊王覆命之後，就到執法之官司敗那裡去自囚，莊王讓他仍居原職為箴尹。[④]

　　這一論述是符合楚國歷史實際的，可從。

### 八、刑事責任年齡

　　刑事責任年齡就是法律確認或規定對犯罪行為應追究刑事責任的年齡。刑事責任年齡是認定自然人犯罪主體的一般要件之一，在古今中外的刑事立法中都有所規定。刑事責任年齡的規定，通常是

---

① 《左傳　襄公二十二年》。
② 《左傳　昭公十四年》。
③ 《列女傳　貞順傳》。
④ 張正明：《楚文化史》，上海人民出版社1987年版，第111頁。

根據人的自然本質對自己行為的社會危險性的認識能力來決定的。

據文獻記載，西周時期，刑法已考慮刑事責任年齡問題。《禮記　曲禮上》說：「耄與悼，雖有罪不加刑焉」。七歲曰悼，八十、九十曰耄。也就是說，凡7歲以下、80歲以上的人，其行為雖然構成犯罪，但不施加刑罰。同時，《周禮》中的「三赦」制度，就有兩赦是因年齡而設立的。根據犯罪主體的行為能力，有區別地考慮施用刑罰，是「明德慎罰」思想在西周刑法中的具體體現[1]，也是西周刑法關於刑事責任年齡的一大創造，標誌著我國刑法中關於刑事責任年齡原則已初步確定，對後世的立法有重要的啟示。此後，歷代統一王朝均對刑事責任年齡作了相應明確的規定。

據雲夢秦簡記載，秦律以身高作為成年與未成年的標準，規定身高六尺，即十五歲為未成年人。凡屬未成年人犯罪，不負刑事責任或減輕刑事責任[2]。按《周禮》賈公彥疏：「七尺謂年二十，六尺謂年十五。」秦律以六尺作為成年人與未成年人的界限，這與《周禮》相合。以身高作為判斷年齡的標準，這是與當時的實際情況相符合的，由於古代沒有嚴格的戶口登記普查制度，查明當事人的實際年齡很困難，只能依賴其他的標準。需要說明的是，秦律所規定的刑事責任年齡是指本人應負責任的法定年齡，而對於受連坐的家屬則不受年齡限制[3]。如李斯一家老少幾十口，皆連坐被刑於市。秦簡中還有「子小未可別，令從母為收」的記載。

春秋戰國時期，各國刑事立法都是在西周時期的基礎上發展起來的，同時，彼此之間又互相吸收和影響。被奉為後世法典編著藍本的《法經》，就是李悝在總結各國刑事立法基礎上編著而成的。《晉書　刑法志》曰：「悝撰次諸國法，著《法經》。」《唐律疏

① 懷效鋒主編：《中國法制史》，中國政法大學出版社1998年版，第17頁。
② 張晉藩主編：《中國法律史》，法律出版社1995年版，第100頁。
③ 徐世虹主編：《中國法制通史　戰國秦漢卷》，法律出版社1999版，第141頁。

議》說：「魏文侯師於李悝，集諸國法典，造《法經》六篇。」明末，董說在其編著的《七國考》的《魏刑法》一篇中，援引了西漢桓譚《新論》中的一段文字：「秦、魏二國，深文峻法相近……其減律略曰：『罪人年十五以下，罪高三減，罪卑一減。年六十以上，小罪情減，大罪理減。』」可見，《法經》把刑事責任年齡規定在十五至六十之間①。

受這個時代的制約和影響，楚國刑法也應有刑事責任年齡的規定。《戰國策　楚策二》記楚大司馬昭常守在楚之東地，曾對齊使者說：「我典主東地，且與死生，悉五尺至六十，三十餘萬弊甲鈍兵，願承下塵。」也就是說，五尺到六十歲的男子都要服兵役。既然就要服兵役，顯然是已把五尺作為成年人看待。結合秦律關於刑事責任年齡的認定標準考慮，似乎可以將五尺認定為楚國的刑事責任年齡。

《周禮　地官　鄉大夫》云：「國中自七尺以及六十，野自六尺以及六十有五，皆征之。」賈公彥疏：「七尺謂年二十……六尺謂年十五。故《論語》云可以托六尺之孤。鄭玄云：六尺之孤，年十五以下。彼六尺，亦謂十五。」又《後漢書　班超傳》記班昭上書和帝曰：「妾聞古者，十五受兵，六十還之。」可見，六尺服兵役，是古之常制。六尺謂年十五，五尺自然比十五還要年輕，當為十三歲或十四歲。若考慮昭常說此話時，楚國國力已經殘破不堪，且大敵當前，所說之話更多的是表達一種決心，不無誇大之辭，我們似乎有理由相信，在正常情況之下，楚國也是遵循年滿十五歲即起役這一時代通制的。也就是說，楚國的刑事責任年齡應該是以六尺，即十五歲為常態，以五尺，即不滿十五歲為例外。這一規定是有一定的合理之處的。如我國現行刑法明確將刑事責任年齡劃分為三個階段，一是已滿十六週歲的人犯罪，應當負

---

① 張保來、崔寬：〈中國歷代刑事責任年齡考〉，載《天中學刊》，1995年第4期。

刑事責任，為完全負刑事責任年齡階段；二是已滿十四週歲不滿十六週歲的人，犯刑法規定的故意殺人、故意傷害致人重傷或者死亡、強姦、搶劫、販賣毒品、放火、爆炸、投毒罪等八類罪的，應當負刑事責任，為相對負刑事責任年齡；三是不滿十四週歲的人不管實施何種危害社會的行為，都不負刑事責任，為完全不負刑事責任年齡。

當然，以上所述只是一些理論上的簡單推測，具體深入的論證由於史料的闕失，目前無法展開，只好寄希望於後來。

## 第二節　主要罪名

觸犯刑法、應受刑罰處罰的行為，就是犯罪行為。區別不同的犯罪行為的名稱就是罪名。罪名反映了犯罪行為的性質和情節，是區別罪與非罪、此罪與彼罪的明顯標誌。由於史料的闕失，楚國刑法究竟規定有多少種犯罪行為，我們無法得知其全貌，但能根據傳世文獻和出土材料的記載考知其大略。概括而言，主要可分為以下七大類：侵犯楚王方面的犯罪、危害人身安全罪、侵犯財產罪、侵犯家庭倫常罪、官吏失職方面的犯罪、妨害社會管理秩序罪、軍事方面的犯罪。

### 一、侵犯楚王方面的犯罪

在專制政體和宗法體制的支配下，楚王的地位至高無上，政治上集立法、行政、司法諸權於一身；經濟上「封略之內，何非君土」；倫常關係上，「食土之毛，誰非君臣」。因此，在法律上楚王與國家相等同，反對楚王，就是反對國家，侵犯楚王，即是危害國家。因此，保護楚王人身、權威和尊嚴是楚國法律的首要任務，刑法的鋒芒更是直指侵犯楚王的行為。凡是一切可能侵犯楚王人身安全、權力及其尊嚴的行為，均被視為嚴重的犯罪，都要受到法律的嚴厲制裁。具體而言，這類行為可分為三類：

## （一）危害楚王人身安全的犯罪

### 1.弒君罪

「夫君，神之主而民之望也。」①西周時期，在專制政體和宗法體制之下，君、父一體。對於處於君父位置的「尊長」來說，其優越地位有政治的和血緣、家族的雙重保障，而對於處於臣、子位置的卑幼、下屬來說，他們對尊長有政治的和倫理的雙重義務。所以，臣、子放逐或逆弒自己的君、父，被看成是「逆天理」的惡行②。對於此類罪行，除對犯罪者一律處以極刑之外，在多數情況下，還要株連其家屬。《周禮　夏官　司馬》曰：「放弒其君則殘之。」《禮記　檀弓》云：「凡弒君者殺其人，壞其室，汙其宮而瀦焉。」《大戴禮記　本命》云：「逆天者，罪及五世。」

楚人繼承了這一觀念和做法，也將弒君之罪視為是不可赦免的元惡大罪，凡弒君者，一律處死，情節嚴重的，還要滅其族。《左傳　文公十年》記，司馬子西因戰敗和擅離職守，先後被貶為商尹和工尹，但仍不思悔改，「又與子家謀弒穆王。穆王聞之。五月殺鬭宜申及仲歸。」鬭宜申即子西，仲歸即子家。楚王對子西的其他犯罪行為一再容忍，但對其弒君行為絕不姑息遷就，果斷地痛下殺手，表明了楚對這一犯罪行為的重視和嚴禁。《左傳　宣公十年》載，陳夏徵舒以其母辱，弒靈公。陳國同楚國親近，故第二年，楚伐陳，以犯弒君之罪，「殺夏徵舒，轘諸栗門」。《左傳　定公四年》記：

郹公辛之弟懷將弒王，曰：「平王殺吾父，我殺其子，不亦可乎？」辛曰：「君討臣，誰敢仇之？君命，天也，若死天命，將誰仇？《詩》曰：『柔亦不茹，剛亦不吐，不侮矜寡，不畏強禦。』唯仁者

---

① 《左傳　僖公二十四年》。
② 曾憲義：《中國法制史》，北京大學出版社、高等教育出版社2000年版，第47頁。

能之。違強陵弱，非勇也。乘人之約，非仁也。滅宗廢祀，非孝也。動無令名，非知也。必犯是，餘將殺女。」

杜預注曰：「弒君罪應滅宗。」

仔細分析鄖公辛的這一番講話，我們至少可以從中獲得兩點啟示：

第一，楚人對君臣關係的理解和看法，與中原諸夏一樣，君為天子，君命即天命，天命不可違，君命不可逃，君讓臣死，臣不得不死。此即楚人所言：「棄君之命，獨誰受之？君，天也，天可逃乎？」[1]「君命，天也，若死天命，將誰仇？」所以，箴尹克黃在整個家族行將覆滅之際，「仍遂歸，覆命而自拘於司敗」，等候莊王的最終處理。鄖公辛則義正詞嚴地告誡懷，不能因父親被平王殺死而心生怨恨，更不能因此而向昭王復仇。

第二，楚國法律對弒君行為的懲處，也同中原列國一樣，不僅要處死弒君者，而且要滅其族。正因如此，鄖公辛要鄭重其事地警告懷：「滅宗廢祀，非孝也」，如執迷不悟，一意孤行，為保護整個家族的利益，「餘將殺女」。這是一個典型的事例，其形勢誠然有特殊性，但其內容卻具有一定的普遍性。《左傳 昭公三十二年》記晉國的史墨說「社稷無常奉，君臣無常位，自古以然」。史墨的話，代表了諸夏普遍的認識。楚人正好與此相反，在他們的心目中，是社稷有常奉而君臣有常位的[2]。

值得注意的是，在王位的爭奪中，楚王室內部經常發生弒殺國君的現象。如楚成王立商臣為太子，後又準備將其廢黜，改立王子職為太子。商臣察覺後以宮甲圍成王，逼迫成王自縊。可能是出於傳統

---

① 《左傳 宣公四年》。
② 張正明：《楚文化史》，上海人民出版社1987年版，第111頁。

習俗和維護王權穩定之需要，這類行為在楚國國內似乎沒有視作為犯罪，而且在國際上，由於楚國一向國力強大，且素以蠻夷自居，這些弒君行為也沒有遭到他國的討伐，但這並不意味著這類行為是正當的或者不應受到處罰的。《春秋　文公元年》記之曰：「冬十月丁未，楚世子商臣弒其君頵。」按，頵即楚成王。這實際上代表了國際社會對這一行為的道德審判和價值取向，表明這類行為即便是得不到法律的有效追究，但永遠要受到社會輿論和道德的譴責，以及歷史的審判。

### 2.謀反叛亂罪

謀反叛亂專指統治階級內部篡位奪權和圖謀反叛的行為。這是統治階級內部爭權奪利的鬥爭，它不僅破壞了既有的社會關係，危害了正常的統治秩序，而且直接威脅到國君的正常統治和人身安全，因此，對其的處罰是極嚴厲而又極殘酷的，不僅不能赦免，有時還要滅其族，夷其宗。

據文獻記載，楚國曾發生多起叛亂[①]。叛亂者無一例外地被處以死刑，其中，子越的叛亂，更是導致了若敖氏這個曾為楚國立下赫赫戰功的第一大世族的覆滅。而費無極在構陷太子建時，給太子建羅織的也正是這一罪名。《左傳　昭公二十年》記：「費無極言於楚子曰：『建與伍奢將以方城之外叛。自以為猶宋、鄭也，齊、晉又交輔之，

---

① 《左傳　莊公十八年》：「初，楚武王克權，使鬥緡尹之，以叛，圍而殺之。」《左傳　文公十四年》：楚莊王立，子孔、潘崇將襲群舒，使公子燮與子儀守而伐舒蓼。二子作亂，城郢而使賊殺子孔，不克而還。八月，二子以楚子出，將如商密。廬戢梨及叔麇誘之，遂殺鬥克及公子燮。《左傳　宣公四年》：及令尹子文卒，鬥般為令尹，子越為司馬。蒍賈為工正，譖子揚而殺之，子越為令尹，己為司馬。子越又惡之，乃以若敖氏之族圄伯嬴於轑陽而殺之，遂處烝野，將攻王……秋七月戊戌，楚子與若敖氏戰於皋滸。伯棼射王，汏枅輈，及鼓跗，著於丁寧。又射汏輈，以貫笠轂。師懼，退。王使巡師曰：『吾先君文王克息，獲三矢焉。伯棼竊其二，盡於是矣。』鼓而進之，遂滅若敖氏……其孫箴尹克黃使于齊，還，及宋，聞亂。其人曰：『不可以入矣。』箴尹曰：『棄君之命，獨誰受之？君，天也，天可逃乎？』遂歸，覆命而自拘于司敗。王思子文之治楚國也，曰：『子文無後，何以勸善？』使複其所，改名曰生。」

將以害楚。其事集矣。』」

　　需要指出，受宗法倫理觀念和忠孝節義思想的影響，叛亂行為不僅為國君所不能容忍，而且為整個社會所難容忍。在國君不能親自征伐時，統治階級內部也會群起而討之，國人也給予積極支持。子儀與公子燮叛亂時，莊王剛立，遭到脅持，根本無力平叛，是大夫鬥梨和叔麋挺身而出，設計誘殺子儀與公子燮，使莊王恢復自由，王室轉危為安。白公作亂時，楚惠王也曾一度被劫持，徹底喪失了組織抵抗能力，所以，平叛完全是由葉公組織和完成的。而其成功之關鍵，就在於得到了國人的擁護和支持。《左傳　哀公十六年》記，當葉公領兵入郢時，國人望之「如望慈父母」，「如望歲焉，日日以幾」，「民不知死，其亦奮心」。葉公進入郢後，國人又積極參與攻打白公。《說苑　立節》記大夫申鳴引兵攻白公，白公聽說他是大孝子，便把他的父親捉來，逼迫他投降，「申鳴流涕而應之曰：『始吾父之孝子也，今吾君之忠臣也；吾聞之也，食其食者死其事，受其祿者畢其能；今吾已不得為父之孝子矣，乃君之忠臣也，吾何得以全身！』援枹鼓之，遂殺白公。其父亦死。」事後，申鳴因未能盡孝而自盡。《新序　義勇》載，「白公之難，楚人有莊善者，辭其母將往死之，其母曰：『棄其親而死其君，可謂義乎？』莊善曰：『吾聞事君者，內其祿而外其身，今所以養母者，君之祿也。身安得無死乎！』遂辭而行。」國人的積極參與，由此可見一斑！

### 3.其他可能危及楚王安全的犯罪

　　楚王是專制政體的中樞軸心和國家權力的法定象徵，其人身安全直接關係國家社稷之安危。為確保楚王的絕對安全，法律從飲食到居所，層層設防，處處拔高，凡可能危及楚王安全的行為都被認定為嚴重的犯罪，可謂是無微不至。

　　關於法律對楚王飲食安全問題的高度重視，我們可以從下面兩則史料管窺一斑。《新書　先醒》記：

莊王歸，過申侯之邑，申侯進飯，日中而王不食，申侯請罪曰：「臣齋而具食甚潔，日中而不飯，臣敢請罪」。莊王喟然歎曰：「非子之罪也。吾聞之曰：其君賢君也，而又有師者王；其君中君也，而有師者伯；其君下君也，而群臣又莫若者亡。今我下君也，而群臣又莫若不穀，不穀恐亡無日也。吾聞之：『聖不絕賢。』天下有賢，而我獨不得。若吾生者，何以食為？」故莊王戰服大國，義從諸侯，戚然憂恐，聖智在身而自錯不肖，思得賢佐，日中忘飯，可謂明君矣。

毋庸置疑，這段記載主要反映的是楚莊王對人才的重視和渴求，展示了一代明君的抱負和風範。無可否認，這則史料亦清楚表明供給楚王的飲食有嚴格的品質要求，務必乾淨衛生，不得有任何品質問題，違之，即視為犯罪，要追究法律責任。正因如此，申侯一再向莊王請罪。至於處以何種處罰，這裡沒有交代，但我們可以從另一則史料中，找到些許答案。《新序　雜事》曰：

楚惠王食寒菹而得蛭，因遂吞之，腹有疾而不能食。令尹入問曰：「王安得此疾也？」王曰：「我食寒菹而得蛭，念譴之而不行其罪乎？是法廢而威不立也，非所以使國聞也；譴而行其誅乎？則庖宰食監法皆當死，心又不忍也，故吾恐蛭之見也，因遂吞之。

楚惠王這番話，可謂是仁愛有加，但深讀一下，我們不難發現，它還是無法掩蓋一個冰冷、殘酷的法律現實。因為簡單的一句「庖宰食監法皆當死」，已經明確地告訴我們，因飲食安全問題而造成楚王身體受損的，法律已有明確規定，所有相關人員一律處以死刑。

宮廷是楚王生活起居和處理政務的重要場所，具有特殊的政治意義。為了保障楚王的人身安全，法律設計了周密森嚴的門禁制度，嚴禁任何人擅自出入和衝撞，違之，即是重罪，嚴懲不貸。

《韓非子　外儲說右上》記：

荊莊王有茅門之法曰：群臣大夫諸公子入朝，馬蹄踐霤者，廷斬其輈，戮其御。於是太子入朝，馬蹄踐霤，廷理斬其輈，戮其御。太子怒，入，為王泣曰：「為我誅戮廷理。」王曰：「法者，所以敬宗廟，尊社稷。故能立法從令尊敬社稷者，社稷之臣也，焉可誅也？夫犯法廢令不尊敬社稷者，是臣乘君而下尚校也。臣乘君，則主失威；下尚校，則上位危。威失位危，社稷不守，吾將何以遺子孫？」於是太子乃還走，避舍露宿三日，北面再拜請死罪。

茅門為宮門，茅門之法即為宮禁出入之法。廷理，為楚國宮廷的執法官。張正明認為，茅門之內，除宮室之外，還應有稱為大室的宗廟。所以莊王特意立茅門之法，嚴禁馬蹄踐霤。《說苑　至公》也記有此事，但說阻止太子入茅門的是一位名叫慶的少師。張正明認為，本來是一件事只因輾轉相傳，才生出兩種說法來的[1]。此說甚是。

但在這裡，有兩點是特別需要我們注意的：一、執法之嚴格。即便是貴為太子，而且是應楚王之急招，也不例外，照懲不誤。二是立法之嚴厲。太子違之，尚且「北面再拜請死罪」，其他人違之，顯然是死罪難逃。楚國宮廷門禁制度之嚴酷，由此可見。

除宮殿之外，楚王的行宮也受到嚴格保護。《左傳　昭公七年》記，楚靈王「為章華之宮，納亡人以實之。無宇之閽入焉。無宇執之，有司弗與，曰：『執人於王宮，其罪大矣。』執而謁諸王」。可見，擅入行宮也是很嚴重的罪行。

### （二）侵犯楚王權威的犯罪

受專制政體和宗法制度的雙重確認和保護，楚王處於權力金字

---

① 張正明：《楚文化史》，上海人民出版社1987年版，第115頁。

塔的頂峰。為確保王權，維護楚王專制，楚國始終把維護楚王的權威作為法律的頭等要務，對侵犯和破壞楚王權威的犯罪行為實行苛刑峻法，嚴加懲處。

### 1.犯王命罪

楚王以各種形式發布的命令，是楚王權力的象徵，具有最高的法律效力，要求全體臣民絕對遵行。不僅如此，王命還被賦以天的權威，所謂「君命，天也」。因此，王命是神聖不可侵犯的。觸犯王命、違抗王命就是逆天，罪大惡極，一律嚴懲不貸。

據《說苑　至公》記載，春秋時期，楚國特設廷理一職，專門「司犯王令而察觸國法」的犯罪行為，顯然這類犯罪是楚國重點防範和打擊的。

《左傳　襄公二十二年》記：

楚觀起有寵於令尹子南，未益祿，而有馬數十乘。楚人患之，王將討焉。子南之子棄疾為王御士，王每見之，必泣。棄疾曰：「君三泣臣矣，敢問誰之罪也？」王曰：「令尹之不能，爾所知也。國將討焉，爾其居乎？」對曰：「父戮子居，君焉用之？泄命重刑，臣亦不為。」

《左傳　昭公六年》記：

有犯命者，君子廢，小人降。
杜預注：「君子則廢黜不得居位，小人則退給下劇也。

《左傳　昭公二十年》記：

（楚平王）使城父司馬奮揚殺大子，未至，而使遣之。三月，大子

建奔宋。王召奮揚，奮揚使城父人執己以至。王曰：「言出於余口，入於爾耳，誰告建也？」對曰：「臣告之，君王命臣曰：『事建如事余。』臣不佞，不能苟貳。奉初以還，不忍後命，故遣之。既而悔之，亦無及已。」王曰：「而敢來，何也？」對曰：「使而失命，召而不來，是再奸也。逃無所入。」王曰：「歸。」從政如他日。

《左傳　昭公十三年》記：

王沿夏，將欲入鄢。芋尹無宇之子申亥曰：「吾父再奸王命，王弗誅，惠孰大焉？君不可忍，惠不可棄，吾其從王。」乃求王，遇諸棘圍以歸。夏五月癸亥，王縊於芋尹申亥氏。申亥以其二女殉而葬之。

重刑、廢、降、重過、誅等都是刑法專用術語，表明當時對於違犯王命的行為的處罰也是極重的。

此外，據《說苑　正諫》記，保申曾拿「承先王之命不敢廢」來對抗現實王權，迫使楚文王自覺受罰。《左傳　宣公十五年》記：「夏五月，楚師將去宋，申犀稽首於王之馬前曰：『毋畏知死而不敢廢王命，王棄言焉！』王不能答。」這也從一個側面證明了犯王命的嚴重性。

### 2.犯上罪

所謂犯上，是指大臣故意嚴重冒犯和褻瀆國君威權的行為。這類行為不僅嚴重破壞了君臣之間正常的倫理關係和秩序，有時還會威脅到國君的人身安全，因此，歷來都是社會輿論譴責的對象，刑法嚴厲制裁的重罪。

《左傳　莊公十九年》載：

還，鬻拳弗納，遂伐黃。敗黃師於踖陵。還，及秋，有疾。夏，

第二章　刑事法律制度

六月庚申卒。鬻拳葬諸夕室。亦自殺也，而葬於絰皇。初，鬻拳強諫楚子。楚子弗從。臨之以兵，懼而從之。鬻拳曰：「吾懼君以兵，罪莫大焉。」遂自刖也。楚人以為大閽，謂之大伯。使其後掌之。君子曰：「鬻拳可謂愛君矣。諫以自納於刑，刑猶不忘納君於善。」

《說苑 正諫》載：

荊文王得如黃之狗，箘簬之矰，以畋於雲夢，三月不反；得舟之姬，淫，期年不聽朝。保申諫曰：「先王卜以臣為保吉，今王得如黃之狗，箘簬之矰，畋於雲澤，三月不反；及得舟之姬，淫期年不聽朝，王之罪當笞。」俯伏將笞王。王曰：「不穀免於襁褓，托於諸侯矣，願請變更而無笞。」保申曰：「臣承先王之命不敢廢，王不受笞，是廢先王之命也；臣寧得罪於王，無負於先王。」王曰：「敬諾。」乃席王，王伏，保申束細箭五十，跪而加之王背，如此者再，謂王起矣。王曰：「有笞之名一也。」遂致之。保申曰：「臣聞之，君子恥之，小人痛之；恥之不變，痛之何益？」保申趨出，欲自流，乃請罪於王。

　　毋庸置疑，鬻拳和保申之所以這樣做，完全出自忠君愛國之苦心，絕非有意冒犯楚王的尊嚴，正因如此，楚王不願加以處罰。但無可否認，鬻拳和保申的行動嚴重破壞了君臣之間的正常關係，也正因如此，他們無法原諒自己的行為，最終自己處罰自己。這表明犯上在楚國是不可饒恕的嚴重罪行，在君臣的心目中應該受到嚴厲的懲罰。

### 3.僭越罪

　　根據禮制的原則和規定，凡是國君所享有的一切特權及所用的器物、服飾、車、馬等，均為國君所獨佔，具有嚴格的等級限制，不允

許任何臣民染指或恣意僭用。違者，構成僭越大罪，要受到法律的嚴厲制裁。

《左傳　昭公七年》載：

楚子（公子圍）為令尹時，為王旌以田。芋尹無宇斷之，曰：「一國兩君，其誰堪之？」

《新序　義勇》記：

芋尹文者，荊之歐鹿彘者也。司馬子期獵於雲夢，載旗之長拽地。芋尹文拔劍齊諸軾而斷之，貳車抽弓於韔，援矢於箙，引而未發也。司馬子期伏軾而問曰：「吾有罪於夫子乎？」對曰：「臣以君旗拽地故也。國君之旗齊於軫，大夫之旗齊於軾。今子荊國有名大夫而減三等，文之斷也，不亦可乎？」子期悅，載之王所，王曰：「吾聞有斷子之旗者，其人安在？吾將殺之。」子期以文之言告，王悅，使為江南令，而大治。

可見，楚國也是規定有僭越之罪的。

### 4.為邦朋罪

為邦朋罪，即通常所說的結黨營私罪。該罪名西周時期就已出現。《周禮　士師》云：「七曰為邦朋。」鄭玄注：「朋黨相阿，使政不平者。」對於官吏的結黨營私問題，統治者向來非常重視，在道德上提倡做到「君子周而不比」[1]，在法律上設置重刑予以嚴懲，絕不姑息。

楚平王時，「楚令尹子旗有德於王，不知度，與養氏比，而求無

---

[1]《論語　為政》。

厭。王患之。九月甲午，楚子殺鬬成然，而滅養氏之族。」[1]「比」，即「為邦朋」。《左傳　昭公二十七年》記楚鄢將師「與費無極比」，「自以為王，專禍楚國，弱寡王室，蒙王與令尹以自利」。亦犯此罪，終被殺，盡滅其族。

### 5.欺君之罪

《韓非子　和氏》云：「楚人和氏得璞於山中，獻之武王。武王使玉人相之，曰：『石也。』王以和為誑，則刖其左足。及文王即位，又奉其璞玉，又使玉人相之，又曰：『石也』。文王刖其右足」。誑，即欺詐。和氏忠心獻玉，卻因楚王沒能鑒別出這個世間稀有的珍寶而被認定為欺詐，招來橫禍，雙足被砍。這說明楚國已有欺君之罪名。和氏的「欺詐行為」絕非有意而為，且未造成任何實際損害，就受到刖足的嚴厲懲罰。假如欺詐行為出自故意，或造成一定損害，其處罰肯定要比這嚴重得多。楚對欺君之罪處罰之嚴厲，由此不難想見。

## （三）侵犯楚王尊嚴的犯罪

侵犯國君尊嚴的犯罪，通常統稱為「不敬」或「大不敬」。何為「不敬」，「虧禮廢節，謂之不敬」[2]。這類行為不僅嚴重褻瀆了國君的尊嚴，而且破壞了正常的君臣倫理關係，因此，歷來都是刑法重點打擊和懲處的對象。《呂氏春秋　至忠》載：

荊莊哀王獵於雲夢，射隨兕，中之。申公子培劫王而奪之。王曰：「何其暴而不敬也？」命吏誅之。左右大夫皆進諫曰：「子培，賢者也，又為王百倍之臣，此必有故，願察之也。」不出三月，子培

---

① 《左傳　昭公十四年》。
② 《晉書　刑法志》張斐注。

疾而死。荊興師，戰於兩棠，大勝晉，歸而賞有功者。申公子培之弟進請賞於吏曰：「人之有功也於軍旅，臣兄之有功也於車下。」王曰：「何謂也？」對曰：「臣之兄犯暴不敬之名，觸死亡之罪於王之側，其愚心將以忠於君王之身，而持千歲之壽也。臣之兄嘗讀故記曰：『殺隨兕者，不出三月。』是以臣之兄驚懼而爭之，故伏其罪而死。」王令人發平府而視之，於故記果有，乃厚賞之。申公子培，其忠也可謂穆行矣。穆行之意，人知之不為勸，人不知不為沮，行無高乎此矣。

可見，在楚國不僅有不敬之罪名，而且是死亡之罪行，違者，會被處以死刑。

從文獻記載來看，楚國法律對國君尊嚴的保護是全方位、多層次的，不僅著力於生前，而且關注其身後。如為保證楚王死後的尊嚴不受侵犯，楚國專門立有保護楚王遺體的法令。《呂氏春秋　貴卒》記：「荊國之法，麗兵於王屍者，盡加重罪，逮三族」。西元前381年，楚悼王去世，因吳起變法而受損的楚國貴族趁機發難，在射殺吳起時兵器並中楚悼王屍體而犯下重罪，因此，依法夷宗而死者，竟達七十餘家。

### 二、危害人身安全罪

危害人身安全罪，是指非法侵害他人人身和與人身有直接關係的權利的行為。通常可分為殺人罪和傷害罪兩大類。危害人身安全罪不僅侵犯了統治階級及社會一般成員的生命安全，也嚴重破壞了正常的社會秩序，因此，歷來是刑法重點打擊的對象。在包山楚簡所記的知悉事由的29件訴案中，由於人身傷害引起的有十起，約占三分之一，這一方面使人想到當時楚人的私下鬥毆可能非常盛行[1]，另一方面

---

① 　陳偉：《包山楚簡初探》，武漢大學出版社1996年版，第134頁。

又正好說明，在楚國，危害人身安全是要受到法律追究的。

## （一）殺人罪

殺人罪，即以暴力或其他手段致人死亡的犯罪。據《左傳　昭公十四年》引《夏書》記載，自夏時起，「殺人為賊」，犯此罪行者要處以死刑。西周時期，法律還根據所侵犯的對象的差異，規定了不同的死刑執行方式。《周禮　秋官　掌戮》說：「凡殺人者，踣諸市，肆之三日。」「凡殺其親者，焚之；王之親者，辜之。」踣、焚、辜都是死刑，但一個比一個殘酷。春秋戰國時期，中原各國刑法也均把侵犯人身的犯罪作為重要內容加以規定。如魏《法經》專列了「賊」法規定懲罰侵犯人身罪的內容，明文規定：「殺人者誅，籍其家，及其妻氏。殺二人，及其母氏。」[①]

從現有史料來看，楚國也十分重視對殺人罪的懲處。《史記　越王勾踐世家》記：「朱公中男殺人，囚於楚。朱公曰：『殺人而死，職也。』……楚王『令論殺朱公子』。」可見，在楚國，殺人者死，法律是有明文規定的。《呂氏春秋　精通》記鍾子期「夜聞擊磬者而悲，使人召而問之」，得知其父殺人被處死，其本人和母親則因此被沒為官府奴婢。包山簡120—123記，在證實郱僕殺人之後，官府迅疾作出了「收郱僕之奴」的決定。由此可見，在楚國，殺人者除被處以死刑之外，也要處以籍家。這一做法和魏國的基本相同，反映了楚國對中原法律的借鑒和吸收。

## （二）傷人罪

傷人罪，是指非法損害他人人身健康的行為。如殺人罪一樣，傷人罪歷來也是刑法重點打擊的對象。《荀子　正論》云：「殺人者死，傷人者刑。」《鹽鐵論　刑法篇》亦云：「古者傷人有創者刑。」西周時期，傷人罪分為過失傷人和故意傷人兩種情況，過失傷

---

① 《七國考　魏刑法》。

人，輕罰，僅撻打而已，故意傷人，重罰，最高可處死刑[①]。

由於文獻記載的闕失，我們無法知道楚國對傷人罪的具體規定，但可以肯定的是，在楚國，傷人也是一種性質嚴重的刑事犯罪，也是要嚴格追究刑事責任的。關於這一點，出土材料可以證實。包山簡80、83和141—144記載的都是傷人案件，其中，有的官府已經發出逮捕命令，這些都說明傷人行為要受到法律的追究。

### 三、侵犯財產罪

重視官私財產的確認和保護，是中國古代法律的重要傳統之一。據《左傳　昭公十四年》引《夏書》記載，夏代刑法中已有專旨侵犯財產的罪名，稱為「昏」，近似於現代刑法中的搶劫罪。犯此罪者要處以死刑。西周時期，法律公開宣稱：「毀則為賊，掩賊為藏，竊賄為盜，盜器為奸。主藏之名，賴奸之用，為大凶德，有常無赦。在《九刑》不忘。」春秋戰國時期，法律進一步加大了對此類犯罪的打擊力度，《法經》明確指出，「王者之政，莫急於盜賊」，特意將「盜」法列為第一篇。

從文獻記載和出土材料來看，楚國也非常重視對財產的保護。據《左傳　昭公七年》記載，早在文王時，楚就立有《僕區》之法，曰：「盜所隱器，與盜同罪」。杜注：「僕區，刑書名。服虔云：僕，隱也；區，匿也。為隱匿亡人之法也。』」文王之時能夠制定這樣一部處治盜賊及其窩藏犯的成文法典，必然有一個長期的經驗積累和形成過程，也就是說，這部法典的思想淵藪和司法實踐很有可能要追溯至楚武王時期。劉向《孟子注》曰：「楚文王墨小盜而國不拾遺，不宵行。」這說明，在楚國，凡偷盜者，要處以墨刑。正是這種嚴厲的懲治，使得楚國的社會秩序和治安狀況十分良好，同時，也使得盜竊有罪的思想深入人心，盜竊行為難以躲藏。《韓非子　五蠹》

---

① 　胡留元、馮卓慧：《西周法制史》，陝西人民出版社1988年版，第69頁。

記，楚國直躬，「其父竊羊，而謁之吏。」包山簡120—123記，邞倻也因竊馬而遭到他人檢舉。

值得注意的是，「盜所隱器與盜同罪」，意味著竊取他盜所隱藏的盜贓，也是竊盜罪。可見，在楚國，盜竊罪的成立，不須被盜人對於被盜財物享有正當權利。只要侵害了事實上的占有，就可成立盜罪。所以肯定這種盜罪，不僅為了保護所有權，而且是為了保護占有的事實。這是因為侵害單純占有足以影響物歸原主。保護占有，就是保護所有[①]。

概括而言，侵犯財產罪可分為盜竊罪和搶劫罪兩種。前者是以隱秘的非法取得他人財產，後者則是以暴力手段公開非法取得他人財產。一般來說，搶劫罪對社會秩序的危害更大，因此，對其的懲治也要嚴厲得多。《說苑　至公》載：「楚文王伐鄧，使王子革、王子靈掘菜。二子出采，見一老丈載畚，乞焉不與，搏而奪之。王聞之，令拘二子，將殺之。」二位王子之所以僅因這一點小事而招來殺身之禍，關鍵原因不在於侵犯的對象是一個老人，當然更不在於侵犯的客體是一個畚箕，而在於侵犯的手段公開使用了暴力。這一材料或許過於誇大事實，但它反映出的楚國對搶劫之罪嚴懲不貸的法律事實卻是不容置疑的。

### 四、侵犯家庭倫常罪

家庭倫常秩序也是楚國刑法保護的重點之一。從文獻的記載來看，楚國刑法在基本承襲周制的基礎上，結合自身實際國情，增設了一些特別的罪名，對家庭倫常秩序給以重點、特殊保護。

#### 1.不孝罪

不孝，即不孝敬父母。夏商周時期，以「孝」為核心的血緣家庭組織已成為國家的統治基礎，也成為刑法保護重點的對象。據文

---

① 蔡樞衡：《中國刑法史》，中國法制出版社2005年版，第138頁。

獻記載，不孝罪可能在夏朝的刑法中就已出現[1]。《孝經　五刑章》說：「五刑之屬三千，而罪莫大於不孝。」商代刑法仍將不孝視為重罪。《呂氏春秋》引《商書》說：「刑三百，罪莫重於不孝。」西周時期，隨著宗法制度的確立和發展，並與國家政治制度緊密結合，孝更是上升到尊君治國層面，所謂「孝悌而好犯上者，鮮矣；不好犯上而好做亂者，未之有也」[2]。因此，刑法不僅保留了夏商時期的不孝罪，而且新增了「不友」、「不悌」、「不睦」、「不敬祖」等罪名。這些犯罪均被視為不可赦免的元惡大罪，要受到國法和宗法的嚴厲制裁[3]。《尚書　康誥》說：「元惡大憝，矧惟不孝不友……刑茲無赦。」《周禮　夏官　大司馬》指出：「賊殺其親則正之。」鄭玄注：「正之者，執而治其罪。」《周禮　秋官　掌戮》強調：「凡殺其親者，焚之。」不孝罪為後來各王朝刑法所繼承，一直是中國傳統刑法中最嚴重的罪行之一。

從現有史料來看，在楚國，不孝也是「刑茲無赦」的元惡大憝。《韓非子　五蠹》記：「楚之有直躬，其父竊羊，而謁之吏。令尹曰：『殺之。』以為直於君而曲於父，報而罪之」[4]。又同書《奸劫弒臣》載，春申君黃歇妾欲殺前妻子甲而以己子為嗣，「因自裂其親身衣之裡，以示君而泣，曰：『余之得幸君之日久矣，甲非弗知也，今乃欲強戲余。余與爭之，至裂余之衣，而此子之不孝，莫大於此矣。』君怒，而殺甲也」。這裡，直躬和甲均被冠以不孝罪名被處死，可見楚國對不孝之罪的懲處是非常嚴厲的。由於不孝主要發生在

---

① 懷效鋒主編：《中國法制史》，中國政法大學出版社1998年版，第21頁。
② 《論語　學而》。
③ 張晉藩主編：《中國法律史》，法律出版社1995年版，第45頁。
④ 關於「直躬證父」，除《韓非子》外，《論語》、《莊子》、《呂氏春秋》、《淮南子》等亦有記載，但內容出入較大。關於這些記載的輾轉流變過程，及其背後所隱藏的道德倫理和思想觀念，陳壁生從經學、制度與生活三個層面作有深刻論述，詳細可參見陳壁生：《經學、制度與生活——〈論語〉「父子相隱」章疏證》，華東師範大學出版社2010年版。

家族內部，因此，刑罰的執行權一般掌握在宗主手中。如鄖公就曾明確警示弟弟懷，其謀弒昭王的行為，將招致滅宗廢祀，是為不孝，如執迷不悟，一意孤行，自己將處死他①。

特別需要指出，在楚國，當忠、孝不能兩全，並發生激烈衝突之時，楚國統治者常常是堅定地選擇後者，而楚國百姓則往往是傾向於選擇前者②，與當時中原各國和後世王朝的做法形成鮮明對照。前引直躬事例，就是忠、孝發生衝突時，官方和民間選擇不同的結果。《國語　楚語下》記，吳人入郢，昭王奔郧。鄖公之弟懷因其父被昭王之父親平王所殺，要殺昭王。鄖公制止，並隨昭王奔隨。戰亂過後，昭王返回郢都，「賞及鄖、懷，子西諫曰：『君有二臣，或可賞也，或可戮也。君王均之，群臣懼矣。』王曰：『夫子期之二子耶？吾知之矣。或禮於君，或禮於父，均之，不亦可乎！』」可見，在昭王心中，忠、孝並非總是兩難全的，而應是二美兼備的。

另《史記　循吏列傳》記：

石奢者，楚昭王相也。堅直廉正，無所阿避。行縣，道有殺人者，相追之，乃其父也。縱其父而還自系焉。使人言之王曰：「殺人者，臣之父也。夫以父立政，不孝也；廢法縱罪，非忠也；臣罪當死。」王曰：「追而不及，不當伏罪，子其治事矣。」石奢曰：「不私其父，非孝子也；不奉主法，非忠臣也。王赦其罪，上惠也；伏誅而死，臣職也。」遂不受令，自刎而死。

此事還見諸《呂氏春秋》、《新序》、《韓詩外傳》。楚昭王

---

① 《左傳　定公四年》。

② 關於楚國的忠孝問題，涂有光有過一段論述，認為在楚人處理事君與事父的關係時，有兩項原則：一、一般情況下，當事君與事父矛盾時，事父服從事君；二、在特殊情況下，父被殺則復仇，事君服從事父。詳見《楚國哲學史》，湖北教育出版社1995年版，第168頁。

「追而不及，不當伏罪，子其治事矣」的寬慰話語，清楚地表明楚昭王在忠與孝之間，最終選擇的是孝。而石奢堅持自殺的行為，則悲壯地證實在忠、孝不能兩全的情形下，石奢最終選擇的是忠，並且付出了生命的代價。

### 2.不祭祀祖先之罪

國家大事，在祀與戎。楚人有非常濃厚的念祖之情和祭祀之風。在楚人的心目中，祖先是神聖的，是偉大的，沒有祖先就沒有宗族和後人的存在，所以，祭祀祖先是每個宗族、家族成員首要的法定義務，「不祭祀」，便是對祖先的背叛，對整個宗族的背叛，是人人得而誅之的犯罪行為。《左傳　僖公二十六年》記：「夔子不祀祝融與鬻熊，楚人讓之。對曰：『我先王熊摯有疾，鬼神弗赦，而自竄於夔，吾是以失楚，又何祀焉？』秋，楚成得臣、鬬宜申率師滅夔，以夔子歸。」楊伯峻注：「是祝融與鬻熊皆楚之先祖，而夔為楚之別封，依古禮，亦宜祀之也。」[1] 因此，夔子不祀祝融和鬻熊，被楚人視之為數典忘祖，大逆不道，以致怒而滅之。

### 3.內亂罪

內亂是指親屬間的姦淫行為，既包括家族內部尊姦卑、卑姦尊，也包括平輩之間的弟淫兄妻等。親屬之間發生的姦淫行為，不僅一般性地違反了社會秩序，而且直接地造成了親族內部倫常秩序的混亂。唐律疏議稱：「若有禽獸其行，朋淫於家，紊亂禮經，故曰內亂」。因此，內亂歷來是刑法重點打擊的對象。《周禮　夏官　大司馬》載：「外內亂，鳥獸行，則滅之。」意思是說，外內亂者違背人倫，與禽獸沒有什麼分別，應該處死。

從文獻記載來看，在楚國，內亂也被視為是一種違背人倫的犯罪，違者，也是要被誅殺的。《左傳　莊公二十八年》記：「楚令尹

---

① 楊伯峻：《春秋左傳注》，中華書局1990年版，第441頁。

子元欲蠱文夫人，為館於其宮側而振萬（舞）焉。夫人聞之，泣曰：『先君以是舞也，習戎備也。今令尹不尋諸仇讎，而於未亡人之側，不亦異乎？』」子元是文王的弟弟，文夫人是文王的妻子。子元誘惑文夫人，顯然是一種亂倫，自然也就遭到了文夫人的指責。但子元不思悔改，過後不久，居然再生邪念，公然住進王宮，妄圖達到目的。是可忍孰不可忍。子元這種赤裸裸的挑戰道德和法律的行為，徹底激怒了國人。在公開勸阻無效之後，申公鬪班挺身而出，將其處死。《左傳　莊公三十年》記之曰：「楚公子元歸自伐鄭，而處王宮，鬪射師諫，則執而梏之。秋，申公鬪班殺子元，鬪谷於菟為令尹，自毀其家以紓楚國之難。」

關於內亂行為的處罰權問題，寧全紅認為，春秋時期，家族對於違背倫常的淫亂者往往進行處罰。若宗主淫亂，則視條件而定。家族能夠懲罰的，一般會懲罰。內亂者的處罰，往往由宗主負責實施。令尹子元一案具有特殊性，內亂發生在國君家族內，家國一體，令尹子元在破壞家族內部正常倫常關係，同時也破壞了國家需要維持的社會關係，所以執行處罰的為楚國大臣。鬪谷於菟自毀其家，也可以說是在家族內實施的懲罰措施[①]。這一論斷與楚國的實際基本相符，可從。

### 五、職務犯罪

職務犯罪，即違反職務要求的犯罪，是指由於職務上的作為或不作為而造成危害的行為，這類犯罪的主體是特殊主體，即官吏，它侵犯的客體是以國家利益形式表現出來的整個統治階級的利益。職務犯罪不僅攪亂了正常的國家管理秩序，影響國家機器的正常運轉，而且使得吏治腐敗，容易引起公憤，威脅國家政權。尤其是在專制集權統治時期，它還直接損害到王權或皇權，削弱其統治。因此，歷代統治

---

① 寧全紅：《左傳刑罰適用研究》，西南政法大學2006年博士學位論文，第47頁。

者非常重視打擊職務犯罪，以肅正吏治，維護政權的穩定，保證國家職能的實現。

楚人深諳其道，視吏治為治國之前提。《淮南子　道應訓》記楚莊王向詹何問治國之道，詹何回答說：「臣未嘗聞身治而國亂者也，未嘗聞身亂而國治者也。故本任於身不敢對以末。」這裡的「身治」，就是「吏治」。楚不僅意識到吏治的重要性，而且採取了一系列措施。首先，加強官德教育，強調以民為本，要求官吏奉公守法，清正廉潔，其次，實行嚴刑峻法，促使官吏嚴格依法行事。從文獻記載來看，楚國高度重視官吏的職務犯罪問題，不僅認定了許多職務犯罪行為，既具體又明確，而且規定了嚴厲的處罰措施，既有行政的又有刑事的。

《史記　滑稽列傳》記春秋時優孟在楚莊王前歌曰：

山居耕田苦。難以得食。起而為吏。身貪鄙者餘財，不顧恥辱。身死家室富，又恐受賕枉法，為奸觸大罪，身死而家滅。貪吏安可為也！念為廉吏。奉法守職。竟死不敢為非。廉吏安可為也！

這是一首抨擊時局、諷諫時政、針砭人物的政事歌，不僅直接反映了人民對當權者和重大國事的褒貶與意向[①]，而且真實地記錄了當時的社會實際。因此，從一定意義上來說，這段文字可以看作是楚國懲治職務犯罪的法律宣言和行動綱領，簡練而深刻地提出了懲治和預防職務犯罪的總的原則與精神：為官須恪盡職守，清正廉潔，一旦懈怠失職，受賕枉法，即為奸觸大罪，輕則丟官罷職，重則身死而家滅。正因如此，念為廉吏，奉法守職，竟死不敢為非。從文獻反映的情況來看，楚國重點打擊的職務犯罪主要有失職、貪污受賄、徇私枉

---

① 　宋公文、張君：《楚國風俗志》，湖北教育出版社1995年版，第316頁。

第二章　刑事法律制度

法等三種行為。

**1.失職行為**。官吏沒有恪盡職守，依法辦事，即為失職，應追究刑事責任。《列女傳 楚江乙母》載，楚宣王時，「乙為郢大夫，有入王宮中盜者，令尹以罪乙，請於王而黜之。」江乙作為郢之長官，負有維持郢都治安的重責，在其轄區發生了王宮被盜這樣的大案，顯然是失職。令尹依法追究，江乙遂被罷官。

**2.貪污受賄行為**。官吏利用職務上的便利非法占有公私財產，索取、收受他人財物或牟取其他不當利益的行為，即為貪污受賄。貪污受賄的性質和社會危害性遠遠大於失職行為，向來都是刑法打擊的重點。楚國法律對此類犯罪也是深惡痛絕，峻罰苛刑，必無赦免。《左傳 襄公二年》中記載：「楚公子申為右司馬，多受小國之賂，以逼子重、子辛。楚人殺之」。《左傳 襄公五年》載：「楚人討陳叛故，曰：『由令尹子辛實侵欲焉。』乃殺之。書曰：『楚殺其大夫公子壬夫』。貪也。」楚平王時，令尹子旗自恃輔弱平王即位有功，與養氏相為比黨，貪求無厭，平王「患之」，「殺鬭成然（子旗）而滅養氏之族」[1]。

**3.枉法瀆職行為**。楚人有濃厚的法治觀念，為保證法律的正確實施，除楚王帶頭守法以外，還特別要求司法官吏嚴格地遵守法律，必須依法判決案件，秉公執法，決不容許有疏忽大意或徇私枉法的行為，違者，即構成犯罪，嚴懲不貸。

《說苑 至公》記：

楚令尹子文之族有干法者，廷理拘之，聞其令尹之族也而釋之。子文召廷理而責之曰：「凡立廷理者將以司犯王令而察觸國法也。夫直士持法，柔而不撓，剛而不折。今棄法而背令而釋犯法者，是為理

---

① 《左傳 昭公十四年》。

不端，懷心不公也。豈吾有營私之意也，何廷理之駁於法也！吾在上位以率士民，士民或怨，而吾不能免之於法。今吾族犯法甚明，而使廷理因緣吾心而釋之，是吾不公之心，明著於國也。執一國之柄而以私聞，與吾生不以義，不若吾死也。」遂致其族人於廷理曰：「不是刑也，吾將死！」廷理懼，遂刑其族人。成王聞之，不及履而至於子文之室曰：「寡人幼少，置理失其人，以違夫子之意。」於是黜廷理而尊子文，使及內政。國人聞之，曰：「若令尹之公也，吾黨何憂乎？」

　　身為廷理，本應柔而不撓，剛而不折，嚴格執法，但卻心懷不公，刻意營私，違法縱囚，結果遭到指責和罷免，這一方面反映了子文清正廉明、奉公守法的政治道德情操，另一方面也表明楚國是非常重視對徇私枉法行為的查處和打擊的。

　　另據《史記　循吏列傳》記，石奢私下放走行兇殺人的父親後，在向楚王請罪時，講到「廢法縱罪，非忠也，臣罪當死」，這應該可以說明，在楚國犯徇私枉法之罪，情節嚴重，最高是可以處以死刑的。

　　除文獻記載之外，出土材料中也有許多有關枉法的司法實例。如包山簡102指控新都官員「為其兄蔡癢斷不法。」「法」指法律，「不法」為不合法律[1]。之所以敢於對官員的「斷不法」行為提起訴訟，當是以法律的規定為支持的。也就是說，判決不合法是要受到法律追究的。

　　需要指出，從嚴格意義上來說，犯令、廢令等行為實際上也是一種職務犯罪，但它更多地表現為對王權的侵犯，所以，這裡沒有將其納入探討，具體可參見前面的犯王命罪。

---

① 　陳偉：《包山楚簡初探》，武漢大學出版社1996年版，第145頁。

### 六、軍事方面的犯罪

先秦時期，楚國之所以能夠從一個方圓不足百里的蕞爾小邦，發展成為一個滅國最多、拓疆最廣的軍事大國，其原因當然是多方面的，但軍法嚴明，無疑是其中的關鍵因素之一。

#### 1.戰爭失利罪

春秋戰國時期，除了祭祀以外，戰爭是各諸侯國又一大事。戰爭勝利一方，可以奪取對方的軍用物資、土地和人民，擴充自己的實力，從而提高自己在諸侯國中的地位。戰敗一方，不僅損兵折將，而且可能丟城失地，更為嚴重的，還有可能亡國。因此，各諸侯國無不採取種種措施以保證在戰爭中取得勝利，其中很重要一點，就是對戰爭失利負有責任的將領進行刑罰處罰。

楚人以軍事立國，形成了慣征戰、重成敗的尚武習俗。在楚國，戰爭一旦失利，就會苛嚴追究主要將領的刑事責任，無論其地位多高、戰功多大，均一律嚴懲不貸。其中統帥，如有覆軍之敗，往往須自盡以謝國人和君王。雖貴為公子王孫，位至令尹、司馬，戰功赫赫，亦不能免。

據文獻記載，楚武王時，莫敖屈瑕伐羅，敗績，被迫自殺，「縊於荒谷」，「群帥囚於冶父以聽刑」。武王罪己，眾人得以免刑[1]。城濮之戰，楚大敗於晉，楚國屬縣申、息之師損失慘重，成王派人問責於令尹子玉：「大夫若入，其若申、息之老何？」子玉隨即自縊於方城之外。司馬子西也引咎自縊。幸遇繩斷人墜，成王所派的赦使正巧到達，才免於一死[2]。鄢陵之戰，統率中軍的司馬子反醉酒敗事，共王派人去追責，但同時亦表示寬恕他，但令尹子重拿子玉自盡的先例提醒子反，子反最終還是自盡以謝罪。《左傳　昭公

---

① 《左傳　桓公十三年》。
② 《左傳　僖公二十八年》。

六年》記：「令尹子蕩帥師伐吳，師於豫章，而次於乾谿。吳人敗其師於房鍾，獲宮廄尹棄疾。子蕩歸罪於薳泄而殺之。」《左傳　昭公二十三年》記平王十年，吳太子諸樊率軍攻楚，擄走了出居於鄖地的平王夫人與寶器，「楚司馬薳越追之，不及，將死，眾曰：『請遂伐吳以徼之。』薳越曰：『再敗君師，死且有罪。亡君夫人，不可以莫之死也。』乃縊於薳澨」。

楚對敗軍之罪的問責，不僅苛厲於重臣，而且不囿於君王。如楚王對戰爭失利負有直接領導責任，亦不例外，照樣受罰。楚文王時期，文王發兵抵禦巴人失敗後，鬻拳拒不開城門接納，文王亦只有轉而伐黃，將功抵罪。共王臨死之前，仍為鄢陵之敗引咎自責，遺言自稱「不德」，要大夫給他加個「靈」或「厲」的諡號，以昭示後人。《國語　楚語上》記：「恭王有疾，召大夫曰：『不穀不德，失先君之業，覆楚國之師，不穀之罪也。若得保其首領以歿，唯是春秋所以從先君者，請為『靈』若『厲』」。其實，共王執政期間，楚國的綜合國力有了長足的發展，但其至死仍將「失先君之業，覆楚國之師」視為罪，可見楚人戰敗有罪，理當受罰觀念之根深蒂固。

### 2.臨陣脫逃罪

在戰爭中，臨陣脫逃是一種非常可恥的行為，在一定意義上講，性質比戰爭失利還要惡劣，因此，自古以來為軍法所不容。從現有史料來看，楚國法律嚴禁臨陣脫逃，凡違反者，必殺之。

《左傳　莊公十八年》云：

初，楚武王克權，使鬭緡尹之。以叛，圍而殺之。遷權於那處，使閻敖尹之。及文王即位，與巴人伐申而驚其師。巴人叛楚而伐那處，取之，遂門於楚。閻敖遊湧而逸。楚子殺之。

所謂「遊湧而逸」，就是臨陣怯敵，落荒而逃。楚子，即楚文

王。文王殺鬪敖，說明了楚對臨陣脫逃行為的處理態度和懲罰措施。

楚成王時，令尹子上在太子選立的問題上得罪了太子商臣，遭到怨恨。後來子上領兵與晉作戰，因晉使詐，沒有交戰就無功而返。太子商臣遂趁機報復，「譖子上曰『受晉賂而辟之，楚之恥也，罪莫大焉。』王殺子上。」[①]

楚人尚武，一向勇於衝鋒陷陣，死不旋踵，不戰而退，則視為是奇恥大辱，罪莫大焉。商臣正是看准了這一點而趁機「譖」子上，結果是子上雖貴為令尹，亦不能倖免，照樣被處死。楚對臨陣脫逃處罰之嚴厲，由此可見一斑。

又《說苑　立節》載：

楚人將與吳人戰，楚兵寡而吳兵眾，楚將軍子囊曰：「我擊此國必敗，辱君虧地，忠臣不忍為也。」不復於君，黜兵而退，至於國郊，使人複於君曰：「臣請死！」君曰：「子大夫之遁也，以為利也。而今誠利，子大夫毋死！」子囊曰，「遁者無罪，則後世之為君臣者，皆入不利之名而效臣遁，若是，則楚國終為天下弱矣，臣請死。」退而伏劍。君曰：「誠如此，請成子大夫之義。」乃為桐棺三寸，加斧鑕其上，以徇於國。

可見，遁者有罪的觀念已深入人心，遁者伏誅已成為一種法律常態。

### 七、破壞社會管理秩序罪

穩定、良好的社會秩序是鞏固政權、維持統治的前提條件，同時也是一個政權興旺衰敗的重要標誌。因此，歷代統治者都高度重視社會秩序的管理，將其列為刑法重點保護的對象，嚴懲一切破壞

---

① 《左傳　僖公三十三年》。

社會管理秩序的行為。據文獻記載，商代已有妨害社會秩序管理方面的罪名。《韓非子　內儲說上》記：「殷之法，棄灰於公道者，斷其手」。西周時期，法律進一步加強了對社會的控制和管理，增加了群飲罪、聚眾出入罪等妨害社會秩序的罪名。春秋戰國時期，各諸侯國進一步加強了對社會秩序的管理。如《法經》的「雜」法篇規定了一系列維護社會秩序的禁令，有「淫禁」、「狡禁」、「城禁」、「嬉禁」、「徒禁」等內容，違者，都要承擔刑事責任，而且處罰很重[1]。

從現有史料來看，楚國也非常重視對社會秩序的管理，法律也從政治、經濟、社會等多角度、多層面出發，設立了眾多罪名，嚴厲打擊各種侵犯和破壞社會秩序的行為。

### 1.寇盜罪

所謂寇盜，是指農民以武裝鬥爭的方式公開反抗國家統治的行為。歷史上，統治者把農民的這種反抗行為誣之為「盜賊」。由於這種行為直接危及到國家政權的安全，關係到統治階級的存亡，所以，歷來都是刑法明令禁止的，並用最嚴厲的刑罰加以懲治。犯者，一律處死，大部分還會追加株連處罰。

春秋戰國時期，楚對外連年征戰，窮兵黷武，對內苛政重壓，剝削嚴重，從而使得楚國「父子老弱系虜，相隨於路。鬼神孤祥無所食，百姓不聊生，族類離散，流亡為臣妾，滿海內矣」[2]。有壓迫，就會有反抗。楚國統治者對勞動人民的殘酷剝削和壓迫，激起了人民的無比憤怒和強烈反抗。自春秋末年起，楚國的所謂盜賊，即人民起義風起雲湧，接連不斷。他們或相聚於叢林大澤之中，或活動於高山峻嶺之上，嚴重地威脅著楚國政權。史籍上所見的楚國盜賊，比比

---

① 懷效鋒主編：《中國法制史》，中國政法大學出版社1998年版，第22頁。
② 《戰國策　秦策四》。

第二章　刑事法律制度

皆是。《國語　楚語下》曰：楚國「四境盈壘，道殣相望，盜賊司目，民無所放」。《戰國策　韓策二》載：「楚國多盜」，「盜賊公行」。《左傳　定公四年》記，吳師入郢，楚昭王出逃在雲夢。「王寢，盜攻之，以戈擊王。王孫由於以背受之，中肩」。幸虧王孫由於以挺身而出，才得以倖免。楚昭王經此一嚇，再也不敢在雲夢澤中避難，連忙倉皇奔鄖奔隨。進入戰國以後，楚國人民的反抗鬥爭更加激烈和兇猛。《史記　楚世家》記：「聲王六年，盜殺聲王。」《周本紀》及《六國年表》兩篇也有相同記載。一個國君居然為「盜」所殺，無論如何，都是楚國歷史上的一件大事，奇怪的是，史籍居然對此卻沒有更多的記載，楚聲王何時何地，因何故被殺，無從獲知。但不管怎樣，可以肯定的是，統治者對人民起義的鎮壓力度也會加大。

還有一點需要指出，楚國除以「盜」稱呼農民起義外，有時亦用「寇」稱呼。據上博簡《昭王毀室》記載，昭王新宮建成後，服喪者因親人葬在新宮之下而前去交涉，遭到門衛等人的阻攔，服喪者無奈之下，多次以「將召寇」為要脅，最終才得以見到昭王，完成毀室的心願。

### 2.逃亡罪

楚國的逃亡罪，主要包括兩種犯罪行為：一是社會成員沒得到政府許可，沒有取得合法手續而私自離開戶籍所在地逃亡他鄉，違反國家戶籍管理制度的犯罪行為；二是奴隸私人逃亡的行為。逃亡行為，不僅破壞了國家正常的行政管理秩序，而且還給統治階層造成了一定程度的財產損失，因此，歷來也是刑法重點打擊的對象。

據文獻記載，楚國很早就對奴隸逃亡進行了立法管理。《左傳　昭公七年》載：

（楚靈王）為章華之宮，納亡人以實之。無宇之閽入焉。無宇執之，有司弗與，曰：「執人於王宮，其罪大矣。」執而謁諸王。王將

飲酒，無宇辭曰：「天子經略，諸侯正封，古之制也。封略之內，何非君土？食土之毛，誰非君臣？故《詩》曰：『普天之下，莫非王土。率土之濱，莫非王臣。』天有十日，人有十等，下所以事上，上所以共神也。故王臣公，公臣大夫，大夫臣士，士臣皂，皂臣輿，輿臣隸，隸臣僚，僚臣僕，僕臣臺。馬有圉，牛有牧，以待百事。今有司曰：『女胡執人於王宮？』將焉執之？周文王之法曰：『有亡，荒閱』，所以得天下也。吾先君文王，作《僕區》之法，曰：『盜所隱器，與盜同罪』，所以封汝也。若從有司，是無所執逃臣也。逃而舍之，是無陪臺也。王事無乃闕乎？昔武王數紂之罪，以告諸侯曰：『紂為天下逋逃主，萃淵藪』，故夫致死焉。君王始求諸侯而則紂，無乃不可乎？若以二文之法取之，『盜』有所在矣。」王曰：「取而臣以往，『盜』有寵，未可得也。」遂赦之。

「有亡，荒閱」，意即有奴隸逃亡者，就要全力搜捕，交還原主，嚴禁藏匿。杜預注：「僕區，刑書名。」服虔云：「僕，隱也；區，匿也。為隱匿亡人之法也」。顯然，「《僕區》之法」是楚文王仿效周文王「有亡，荒閱」之法而制定的，打擊的對象也是奴隸的逃亡行為。所不同的是，楚「《僕區》之法」，將收藏逃亡奴隸的行為視為一種盜竊行為，不僅加大了處罰力度，而且擴大了處罰範圍，表明了統治者嚴格懲治奴隸逃亡的態度和決心。也正因如此，無宇才敢有恃無恐地闖入王宮，找楚靈王要人。而一向敢做敢為、不太守法的楚靈王也只能自嘲一番，依法放人。

據《周禮　地官　比長》記載，居民離開住所地遷往他鄉，必須經官府同意並辦理相關手續，違者，視為犯罪，要「圜土內之」，監禁起來。從出土資料反映的情況來看，在楚國，居民私自遷往他鄉，也是法律所禁止的。包山簡85記鋶缶公對宋豫等24人提出訴訟，指控他們「受鋶缶人而逃」。陳偉認為，這些人可能是在接受了鋶缶之地居

民的身分擅自離走。骻缶公提起訴訟,正與《周禮》「圜土內之」相當 ①。對簡87無陽大主尹指控口慶等人「受無陽之櫨官」而致逃亡,也應作此理解。如陳偉意見正確,則顯然在楚國,逃亡者也將「圜土內之」,關押起來。

### 3.逾制罪

在宗法等級制度下,一個人的生活方式是由其社會地位決定的,其在祭祀、器物、服儀、婚配等方面均須遵守「貴賤不愆」的等級界限和制度,所作所為都要與其身分成正比。正如《左傳 宣公十二年》記士會論楚國的國情時所說:「君子小人,物有服章。貴有常尊,賤有等威,禮不逆矣。」如不加以節制,恣意超越,就會構成逾制之罪,要處以刑事處罰。《左傳 襄公二十二年》記:

楚觀起有寵於令尹子南,未益祿,而有馬數十乘。楚人患之,王將討焉。子南之子棄疾為王禦士,王每見之,必泣。棄疾曰:「君三泣臣矣,敢問誰之罪也?」王曰:「令尹之不能,爾所知也。國將討焉,爾其居乎?」對曰:「父戮子居,君焉用之?泄命重刑,臣亦不為。」王遂殺子南於朝,轘觀起於四竟。子南之臣謂棄疾,請徙子屍於朝,曰:「君臣有禮,唯二三子。」三日,棄疾請屍,王許之。既葬,其徒曰:「行乎?」曰:「吾與殺吾父,行將焉入?」曰:「然則臣王乎?」曰:「棄父事仇,吾弗忍也。」遂縊而死。

《尚書 大傳》說:「庶人木車單馬」。觀起乃庶人,有馬數十乘,自奉如貴族,顯然是嚴重逾制。子南身為令尹,縱容支持,以為羽翼,無疑是知法犯法。所以,棄疾得知康王要殺子南之時,既沒有異議,也沒有求情,他知道他父親應該受到刑罰處罰。觀起被車裂以

---

① 陳偉:《包山楚簡初探》,武漢大學出版社1996年版,第129頁。

示眾，子南被誅殺於朝中，不僅讓後人看到了處罰的嚴厲與殘酷，而且讓時人感到了威脅和恐怖。

子南被殺後，康王任命薳子馮為令尹。薳子馮也有寵臣八人，「皆無祿而多馬」，其好友申叔豫竟因此嚇得不敢在朝中與他講話。薳子馮到申叔豫家中問原因，申叔豫以子南、觀起之死因提醒，薳子馮頓時醒悟，大懼，竟「自御而歸，不能當道」，一回到家，立即就將這些庶人辭退了，以求安全[1]。

### 4.姦淫罪

姦淫罪，亦稱姦非罪，指男女之間發生不正當的兩性關係。這是一項最古老的妨害風化罪。《路史》前紀卷五載：有巢氏時，「實有季子，其性喜淫，晝淫於市。帝怒，放之於西南。」黃帝時已禁止兄弟姊妹為夫婦，犯者，驅逐於外，這正是父系社會逐漸確立的反映[2]。進入階級社會以後，隨著道德倫理觀念和宗法禮制制度的逐漸形成和發展，男女兩性關係的調整和規範更加具體化、制度化、法律化，凡「男女不以義交謂之淫，上淫曰蒸，下淫曰報，旁淫曰通」[3]。西周時期，法律將姦淫罪列為重罪，處以宮刑。《尚書　大傳》曰：「男女不以義交者，其刑宮。」

據文獻記載，至遲從春秋時期開始，楚人尤其是上層社會不僅產生了貞節觀念和婦德規範，而且還產生了相應的法律規範和條款[4]。《左傳　成公二年》載：

楚之討陳夏氏也。莊王欲納夏姬，申公巫臣曰：「不可。君召諸侯，以討罪也。今納夏姬，貪其色也。貪色為淫，淫為大罰。《周

---

① 《左傳　襄公二十二年》。
② 張晉藩主編：《中國法律史》，法律出版社1995年版，第48頁。
③ 《小雅　廣義》。
④ 宋公文、張君：《楚國風俗志》，湖北教育出版社1995年版，第177頁。

書》曰：『明德慎罰』。文王所以造周也。明德，務崇之之謂也。慎罰，務去之之謂也。若興諸侯，以取大罰，非慎之也。君其圖之。」王乃止。

無可否認，巫臣對莊王的勸阻是有個人目的的，且不可告人，但他所說的「貪色為淫，淫為大罰」，也是毋庸置疑的事實，否則，以莊王之精明是不會就這樣輕易地被說服的。這也說明，在楚國行姦淫之事，是重罪一條，要受到嚴厲的處罰。試想，若不如此，又豈能謂之「大罰」。

《列女傳　貞順傳》云：

伯嬴者，秦穆公之女，楚平王之夫人，昭王之母也。當昭王時，楚與吳為伯莒之戰。吳勝楚，遂入至郢。昭王亡，吳王闔閭盡妻其後宮。次至伯嬴，伯嬴持刃曰：「妾聞：天子者，天下之表也。公侯者，一國之儀也。天子失制則天下亂，諸侯失節則其國危。夫婦之道，固人倫之始，王教之端。是以明王之制，使男女不親授，坐不同席，食不共器，殊椸枷，異巾櫛，所以遠之也。若諸侯外淫者，絕；卿大夫外淫者，放；士庶人外淫者，宮割。夫然者，仁失可複以義，義失可複以禮。男女之失，亂亡興焉。夫造亂亡之端，公侯之所絕，天子之所誅也。今君王棄儀表之行，縱亂亡之欲，犯誅絕之事，何以行令訓民！且妾聞，生而辱，不若死而榮。若使君王棄其儀表，則無以臨國。妾有淫端，則無以生世。壹舉而兩辱，妾以死守之，不敢承命。且凡所欲妾者，為樂也。近妾而死，何樂之有？如先殺妾，又何益於君王？」於是吳王慚，遂退舍。伯嬴與其保阿閉永巷之門，皆不釋兵。三旬，秦救至，昭王乃複矣。

伯嬴的這番拒吳王之語，有理有節，義正辭嚴。既強調了男女

106

授受不親的貞節觀念，表明了自己「以死守之」的決心，又明確指出了「淫為大罰」，諸侯、卿大夫和士庶人外淫於他國、他室，分別應受到「絕」、「放」、「宮割」之刑罰處罰的法律現實，表達了對吳王這一行為的斥責。宋公文等認為，這段文字中所記載的懲治姦淫之罪的條款自然也應是楚王和楚國的法吏釐定下來的。此外，他們還據《淮南子　齊俗訓》：「帝顓頊之法，婦人不辟男子於路者，拂於四達之衢」之記載，認為顓頊為楚人的直系先祖，《淮南子》為漢初的南方黃老家書，因而這託名顓頊的防隔男女的法律條文，也很可能是楚國遺留下來的舊法[①]。結合文獻記載和楚國實際來看，以上論斷應該說是可以成立的。

### 5.破壞國家經濟政策罪

春秋戰國時期，楚之所以能成為一個政治大國、軍事大國，一個關鍵因素就是楚是一個經濟大國，「粟支十年，帶甲百萬」，就是這一歷史地位的生動寫照。而這一成就的取得又是與楚國對經濟建設的重視和管理分不開的。從文獻記載來看，楚國非常重視運用法律手段對農業、手工業生產和商業貿易等經濟活動進行調整和保護，並規定了種種罪名，嚴懲破壞國家經濟政策的犯罪。

### （1）破壞農業生產罪

中國古代，以農立國，所以關於農業生產的刑事立法很早就出現了。據《尚書　胤政》引夏朝的《政典》記載，夏朝時，祭祀鬼神和農田耕種都要嚴格按照曆象之法辦理，違者，即按犯罪處理。又據《尚書　湯誓》記載，商湯討伐夏桀之時，就曾以捨棄農事作為其罪名之一。繼商而起的西周，更是一個典型的農耕社會。自其始祖后稷時代起，周人即以農耕為主要生產生活方式，農業生產在國家經濟中占有主導地位。為保證農業生產的正常進行，西周統治者頗為強調重

① 　宋公文、張君：《楚國風俗志》，湖北教育出版社1995年版，第178頁。

第二章　刑事法律制度

視農時和耕種，規定凡失農時、土不備耕者治以罪。如《禮記　月令》記載，「仲秋之月，乃勸種麥，毋或失時；其有失時者，行罪無赦」。春秋戰國時期，各諸侯國出於富國強兵之目的和需要，進一步大力推行獎勵耕戰的政策，妨害農業生產的行為更是被視為嚴重的罪行[①]。

受傳統重農思想和刑事立法的影響，楚國也非常重視用法律手段保護農業生產。武王時期，為不違農時，特創「荊屍而舉」之良法。晉人士會因此說，楚莊王「荊屍而舉，商農工賈不敗其業，而卒乘輯睦，事不奸矣」[②]。楚平王為公子時，就很注意農業生產的保護問題，曾下令軍隊「禁芻牧采樵，不入田，不樵樹，不采蓻，不抽屋，不強匄。并誓曰：『有犯命者，君子廢，小人降。』」[③]吳起變法時，「禁遊客之民，精耕戰之士」[④]，同時，為加強邊遠地區的開發，「令貴人往實虛廣之地」[⑤]。從上述史料可見，法律對農業生產的保護是比較全面的。

### （2）破壞經濟專利制度罪

為增加國家財政收入，保證國民經濟的安全，中國古代歷代王朝都會實行一定範圍的經濟專利制度，楚國亦不例外。在楚國，所有有關國計民生的物資都掌握在官府手裡，成了國家財政收入的巨大源泉[⑥]。據〈鄂君啟車節銘文〉記載，楚國政府明確規定鄂君啟的商隊「毋載金、革、黽、箭」。這裡的「金」，當係五金的泛稱。就是像鄂君啟這樣的特許貴族商人，也不准經營五金。換言之，五金概由

---

① 懷效鋒主編：《中國法制史》，中國政法大學出版社1998年版，第22頁。

② 《左傳　宣公十二年》。

③ 《左傳　昭公六年》。

④ 《史記　范雎蔡澤列傳》。

⑤ 《呂氏春秋　貴卒篇》。

⑥ 郭仁成：《楚國經濟史新論》，湖南教育出版社1990年版，第4頁。

政府經營[①]。《韓非子　內儲說上》：「荊南之地，麗水之中生金，人多竊採金。採金之禁，得而輒辜磔於市，甚眾，壅離其水也，而人竊金不止。」可見，楚國政府在礦產資源的管理上實行嚴格的專利制度，嚴禁非法開採，違者，「得而輒辜磔於市」，處罰之嚴屬，手段之殘酷，遠遠超出其他刑事犯罪。楚國對經濟專利政策重視之程度，由此亦不難想見。

通過以上對楚國罪名的檢索清理，我們似乎不難獲得以下幾點認識：一、楚國的罪名繁多，內容龐雜，這一方面表明楚國刑法調整的社會關係非常廣泛，另一方面反映了楚國刑法的殘酷性和非理性。二、楚國的罪名較為混亂，體系不夠科學、嚴謹，說明楚國刑法立法技術和手段還很落後，還處於封建法制的初創階段。三、楚國罪名多承襲周代罪名，這既是法律自然發展演變的必然反映，同時，又從一個側面實證了楚國對中原文明的吸收和借鑒。四、侵犯王權的罪名不僅體系相對完整嚴謹，而且規定清晰嚴屬，充分說明了楚國法律以保護專制王權為首要任務。


## 第三節　刑罰制度


刑罰是刑法的重要組成部分，也是刑法區別於其他部門法的重要標誌之一。春秋戰國時期，楚國在承襲前代和參酌列國的基礎上，結合自身發展的實際需要，建立和形成了一套包括生命刑、身體刑、勞役刑、流放刑、恥辱刑、身分刑在內的刑罰體系。從總體上來看，楚國的刑罰不僅種類繁多，體系完備，而且執行手段殘酷、野蠻，因此，在歷史上有「楚多淫刑」之說。

---

① 趙德鑫：《楚國的貨幣》，湖北教育出版社1995年版，第293頁。

作為楚國法律制度的重要組成部分，楚國的刑罰制度對楚國的發展乃至古代法制史的發展產生過重要影響。因此，對其的認識不應僅停留在「楚多淫刑」這一簡單的歷史認知上，應結合文獻記載和出土材料，作進一步的考索和論述。

**一、刑罰的種類**

刑罰是統治階級以國家的名義對違反其階級意志和利益的犯罪行為給予懲罰的一種強制處分。根據犯罪的輕重等級之不同，處分也會不同，於是就有多種刑罰表現形式，每個形式就是一個刑種。在刑法理論上，往往根據刑罰方法的不同性質和特點，特別是刑罰所限制或剝奪的犯罪人的權益的性質為標準，將刑罰方法分為生命刑、身體刑、自由刑、財產刑和資格刑五大類。根據現代刑法學劃分標準並結合古代刑罰的特點來考察，楚國的刑罰種類，不僅涵蓋了上述五大類型，而且還有株連無辜的連坐刑、貶抑人格的恥辱刑等刑種。

**（一）生命刑**

生命刑，又稱死刑或極刑，是剝奪犯罪人生命的刑罰方法，是所有刑罰中最嚴厲的。生命刑實際上是身體刑的一種，所不同的是它以消滅肉體的存在為目的，是最嚴酷的身體刑。此外，生命刑還與緣坐刑中剝奪生命的滅家、滅族等刑種存在著一定的競合關係：都以剝奪人的生命為目的，從這一意義上講，滅家、滅族等緣坐刑實質上就是生命刑。但眾人的生命價值與個體的生命價值畢竟有所區別，因此，有必要將其予以區分，下面僅就剝奪個體生命的刑罰方法予以論述。楚國生命刑的方式多種多樣，因而有著不同的特稱。

**烹** 即煮而殺之。《釋名 釋喪制》曰：「煮之於鑊曰烹，若烹禽獸之肉也。」《漢書 刑法志》：「秦用商鞅，連相坐之法，造參夷之誅；增加肉刑、大辟，有鑿顛、抽脅、鑊烹之刑。」顏師古注：「鼎大而無足曰鑊，以煮人也」。《說苑 奉使》記：解揚背棄約定後，「楚莊王大怒，將烹之」。此事最終雖未成行，但可證楚國有烹

刑。由於烹刑殘酷至極，故很少適用，見之文獻記載的實例，僅有石乞一人。《左傳　哀公十六年》載：白公勝叛亂失敗後，葉公「生拘石乞而問白公之死焉，對曰：『余知其死所，而長者使余勿言。』曰：『不言將烹。』乞曰：『此事克則為卿，不克則烹，固其所也，何害？』乃烹石乞。」《史記　伍子胥列傳》對此事也有記載：「葉公聞白公為亂，率其國人攻白公。白公之徒敗，亡走山中，自殺。而虜石乞，而問白公屍處，不言將亨。石乞曰：『事成為卿，不成而亨，固其職也。』終不肯告其屍處。遂亨石乞，而求惠王複立之。」這裡「亨」通「烹」。從石乞的回答中可知，楚國的烹刑有嚴格的適用範圍，僅適用於謀反叛亂等重罪。

**轘**　又稱車裂，是把犯人處死之後再將其屍體撕裂的一種酷刑。《說文　車部》：「轘，車裂人也。」《玉篇　車部》：「轘，車裂人。」《周禮　秋官　條狼氏》：「凡誓，執鞭以趨於前，且命之，誓僕右曰殺，誓馭曰車轘。」鄭玄注：「車轘，謂車裂也。」杜預注：「車裂曰轘。」《釋名》：「轘，散也，支體分散也。」

從文獻記載來看，在楚國，轘刑是一種常見的刑罰，適用的次數和範圍較烹刑多、廣。《左傳　宣公十一年》載：陳靈公私通夏徵舒之母夏姬，徵舒殺靈公。楚莊王率諸侯來，「殺夏徵舒，轘諸栗門」。《左傳　襄公二十二年》記：「楚觀起有寵於令尹子南，未益祿，而有馬數十乘。……殺子南於朝，轘觀起於四竟」。同篇又說：「昔觀起有寵於子南，子南得罪，觀起車裂，何故不懼？」在楚國厲行變法的吳起也慘遭此刑。

車轘之刑，異名頗多。清人畢沅說：「車裂、支解，春秋時謂之轘，戰國時楚曰支解，秦曰車裂，名雖不一，其刑一也。」[1]

正因如此，關於吳起之死，文獻的記載不盡相同，各有稱謂。

---

[1]　繆文遠：《七國考訂補》卷十二〈楚刑法　轘〉，上海古籍出版社1987年版，第686頁。

第二章　刑事法律制度

《淮南子　繆稱訓》、《韓詩外傳一》說是被「車裂」。《戰國策　秦策三》和《韓非子》的《難言》、《和氏》、《奸劫弑臣》、《問田》、《史記　范睢蔡澤列傳》諸篇則說被「肢解」。

**磔**　又稱辜或辜磔，謂裂其肢體而殺之。《說文》：「磔，辜也。」鄭注：「磔者，開也，張也，刳其胸腹而殺之。」與轘不同，磔不是死後而分屍，而是分裂肢體而後死，比轘更殘酷。作為一種殘酷的處死手段，磔適用於重大的犯罪。《韓非子　內儲說上》記載，荊南產金，凡私采者，「得而輒辜磔於市」，並說「罪莫重辜磔於市」。

**戮**　是一種既剝奪犯罪人的生命又侮辱其人格的刑罰。《說文　戈部》曰：「戮，殺也。」《廣雅　釋詁三》：「戮，辱也。」《玉篇》：「戮，力竹切。辱也，殺也」。《周禮　秋官　司寇》：「掌戮，下士二人，史一人，徒十有二人。」鄭玄注：「戮，猶辱也，既斬殺，又辱之。」戮刑在先秦時期較為常見，既適用於常人，也常用於軍刑。夏、商、周三代均作為重刑使用。《尚書　甘誓》：「弗用命，戮於社。」《尚書　湯誓》：「爾不從誓言，予則孥戮汝。」據學者研究，先秦時期的戮刑有兩種執行方式：一是先活著刑辱示眾，而後再將犯人殺死；二是先斬首，而後用其屍體示眾。

從文獻記載來看，戮刑在楚國也頗為流行，其執行方式與適用對象存在著一定的關聯性。作為常刑，通常是先辱而後殺。作為軍刑，則是先斬首而後示眾。《左傳　昭公四年》記：

（楚靈王）執齊慶封，而盡滅其族。將戮慶封，椒舉曰：「臣聞無瑕者，可以戮人。慶封唯逆命，是以在此，其肯從於戮乎？播於諸侯，焉用之。」王弗聽，負之斧鉞，以徇於諸侯，使言曰：「無或如齊慶封，弑其君，弱其孤，以盟其大夫。」慶封曰：「無或如楚共王之庶子圍，弑其君兄之子麇而代之，以盟諸侯。」王使速殺之。

慶封不是軍人，所以對他的行刑方式，是先辱而後殺之。《韓非子　十過》記載，楚共王與晉厲公戰於鄢陵之後，「共王欲複戰，令人召司馬子反，司馬子反辭以心疾。共王駕而自往，入其幄中，聞酒臭而還，曰：『今日之戰，不穀親傷，所恃者司馬也。而司馬又醉如此，是亡楚國之社稷而不恤吾眾也！不穀無複戰矣。』於是還師而去，斬司馬子反以為大戮」。《淮南子　人間訓》也記之曰：「斬司馬子反為戮。」司馬子反因戰爭失敗而獲罪，所以，對他的執行方式是先斬首而後示眾。

當然，文獻中的「戮」也並非一概指戮刑。先秦時期，戮還有誅殺這一基本意義。《韓非子　外儲說右上》載：楚莊王時，太子違反茅門之法，廷理依法戮其御。《說苑　至公》記，令尹虞丘子因讓賢而有恩於孫叔敖，但虞丘子家中有人犯法時，孫叔敖並沒有徇私枉法，而是嚴格依法處理，「執而戮之」。這裡的戮，就是誅殺的意思。

**殺**　即用刀處死，通常和「刑」連用，即「刑殺」。殺是一種常見的極刑，主要適用一般人犯。《左傳　僖公三十三年》記楚成王時，令尹子上領兵與晉作戰，因晉使詐，未開戰就無功而返。太子商臣趁機「譖子上曰：『受晉賂而辟之，楚之恥也，罪莫大焉。』王殺子上。」《左傳　襄公二年》記：右司馬公子申「多受小國之賂，以逼子重、子辛。楚人殺之」。《左傳　襄公五年》載：「楚人討陳叛故，曰：『由令尹子辛實侵欲焉。』乃殺之。書曰：『楚殺其大夫公子壬夫』。貪也。」《左傳　昭公五年》云：楚靈王時，「屈申為貳於吳，乃殺之」。

**斬**　是與「殺」同類的刑種，所不同的是，斬在處死人犯時使用斧鉞。《說文　車部》：「斬，截也。從車斤，斬法車裂也。」段注：「截者，斷也。」《周禮　秋官　掌戮》：「斬殺賊諜而搏之。」鄭玄注：「斬以鈇鉞，若今腰斬也；殺以刀刃，若今棄市

也。」與殺一樣，斬也是一種常見的極刑，但主要適用於軍人。《周禮　夏官　大司馬》載：「不用命者斬之。」《韓非子　十過》記，楚共王與晉厲公戰於鄢陵之後，「戰既罷，共王欲複戰，令人召司馬子反，司馬子反辭以心疾。共王駕而自往，入其幄中，聞酒臭而還，曰：『今日之戰，不穀親傷，所恃者司馬也。而司馬又醉如此，是亡楚國之社稷而不恤吾眾也！不穀無複戰矣。』於是還師而去，斬司馬子反以為大戮」。同書《十過》與《飾邪》、《呂氏春秋　權勳》、《淮南子　人間訓》均謂「斬子反」。

絞　即絞刑，是用繩索勒死而保留屍體完整的一種死刑執行方法。《說文　糸部》：「絞，縊也。」《釋名　釋喪制》：「懸繩曰縊。縊，阨也，阨其頸也。」西周時期，出於「禮不下庶人，刑不上大夫」的禮與刑的適用原則，奴隸主貴族的死刑，只用絞，稱縊或磬，以全其屍體①。

從文獻的記載來看，楚國的縊刑基本上沿用了這一原則。《左傳　桓公十三年》：「莫敖縊於荒谷。」杜注：「縊，自縊也。」《左傳　文公十年》云：「城濮之役，王思之，故使止子玉曰：『毋死！』不及，止子西，子西縊而懸絕，王使適至，遂止之。《左傳　文公元年》記，楚成王的太子商臣「以宮甲圍成王，王請食熊蹯而死，弗聽。丁未，王縊」。

縊通常指自縊。《廣韻　霽韻》：「縊，自縊。」但也可指被他人絞死。《左傳　昭公元年》：「冬，公子圍將聘於鄭，伍舉為介。未出竟，聞王有疾而還，伍舉遂聘。十一月己酉，公子圍至，入問王疾，縊而弒之。」晉杜預注：「縊，絞也。」孫卿曰：「以冠纓絞之。」《史記　楚世家》亦載：「四年，圍使鄭，道聞王疾而還。十二月己酉，圍入問王疾。縊而弒之。」

---

① 肖永清主編：《中國法制史教程》，法律出版社1987年版，第37頁。

棄市　即在人眾聚集的鬧市執行死刑，以示為大眾所遺棄。《釋名　釋喪制》：「市死曰棄市。市眾所聚，言與眾人共棄之也。」《禮記　王制》：「刑人於市，與眾棄之。」明董說《楚國考》引《亢倉子》云：「楚平王棄左右近席三人於市。」可見，楚有此刑。

炮和爇　炮和爇都屬火刑。炮，即炮烙之刑，即在銅柱上塗油，下加火燒熱，令罪犯在銅柱上走，墜炭中燒死。這是一種非常殘暴的刑罰，相傳為商紂王所創。《史記　殷本紀》云：「百姓怨望而諸侯有畔者，於是紂乃重刑辟，有炮烙之法」。裴駰集解引《列女傳》：「膏銅柱，下加之炭，令有罪者行焉，輒墮炭中。妲己笑，名曰炮烙之刑。」爇，即焚刑，源於炮烙之刑，是用火將犯人活活燒死的酷刑。西周時期，焚刑原則上只適用於殺親犯罪。《周禮　秋官　掌戮》：「凡殺其親者，焚之。」據文獻記載，楚國有這兩種刑罰。《左傳　昭公二十七年》記：

　　郤宛直而和，國人說之。鄢將師為右領，與費無極比而惡之。令尹子常賄而信讒，無極譖郤宛焉，謂子常曰：「子惡欲飲子酒。」又謂子惡：「令尹欲飲酒於子氏。」子惡曰：「我，賤人也，不足以辱令尹。令尹將必來辱，為惠已甚。吾無以酬之，若何？」無極曰：「令尹好甲兵，子出之，吾擇焉。」取五甲五兵，曰：「置諸門，令尹至，必觀之，而從以酬之。」及饗日，帷諸門左。無極謂令尹曰：「吾幾禍子。子惡將為子不利，甲在門矣，子必無往。且此役也，吳可以得志，子惡取賂焉而還，又誤群帥，使退其師，曰：『乘亂不祥。』吳乘我喪，我乘其亂，不亦可乎？」令尹使視郤氏，則有甲焉。不往，召鄢將師而告之。將師退，遂令攻郤氏，且爇之。子惡聞之，遂自殺也。國人弗爇，令曰：「不爇郤氏，與之同罪。」或取一編菅焉，或取一秉稈焉，國人投之，遂弗爇也。令尹炮之。盡滅郤氏之族黨，殺陽令終與其弟完及佗與晉陳及其子弟。

115

需要注意的是，據沈尹戌之言來看，鄢將師是假傳令尹之命，下令進攻郤氏、焚燒其家的。因此，炮和爇在這裡是以一種極端的方式出現的，應該不是一種常用刑。

### （二）身體刑

身體刑，亦稱肉刑，是人為地損傷犯罪者身體的一種刑罰。它「斬人肢體，鑿其肌膚」，「終身不息」。同死刑一樣，身體刑也是古代較為發達的刑罰。身體刑多為酷刑。楚國的肉刑主要有宮、刖、劓、墨等幾種，它們既可單獨適用，也可與其他刑種合併施用。

**墨** 又稱黥，就是刻劃犯人的面部並染以墨色的一種刑罰。一般用於輕罰，其源頭可以溯至原始社會末期，夏、商、周因之。墨刑為五刑中最輕之刑，故列於首。《說文》：「黥，墨刑在面也，從黑京聲。」《周禮 司刑》：「墨刑五百」，鄭玄注：「墨，黥也，先刻其面，以墨窒之，言刻額為瘡，以墨塞瘡孔，令變色也。」在楚國，墨刑的適用非常普遍。《七國考》引劉向《孟子注》曰：「楚文王墨小盜而國不拾遺，不宵行。」包山簡120—123記，余狷指控邡偁犯有殺人之罪後，「陽城公樣罪命剅夫解句，傳邡偁得之」。劉信芳認為，「剅夫解句」就是對邡偁施以黥刑並解押至拘所①。

**劓** 就是割掉犯人鼻子的刑罰。《說文》：「劓，刑鼻也」。孔安國《尚書 呂刑》注：「截鼻曰劓」。劓刑的適用較為廣泛。《周禮 秋官 司刑》曰：「劓罪五百。」《周禮》鄭玄注：「書傳曰，謂易君命，革輿服制度。奸宄盜攘傷人者，其刑劓。」《左傳 昭公十三年》記楚乾谿之亂，公子比派觀從通告楚靈王的部屬「先歸複所，後者劓」。以劓刑來震懾犯罪，必定是劓刑在楚國已經十分流行，否則是起不到想要的威懾效果的，觀從也不會這樣做。

從文獻記載來看，劓刑直至戰國末期還在適用。《戰國策 楚

---

① 劉信芳：《包山楚簡解詁》，臺北藝文印書館2003年版，第111頁。

策四》記：

鄭袖知王以己為不妒也，因謂新人曰：「王愛子美也。雖然，惡子之鼻。子為見王，則必掩子鼻。」新人見王，因掩其鼻。王謂鄭袖曰：「夫新人見寡人，則掩其鼻，何也？」鄭袖曰：「妾知也。」王曰：「雖惡必言之。」鄭袖曰：「其似惡君王之臭也」。王曰：「悍哉！」令劓之，無使逆命。

《韓非子　內儲說下》對此事也有記載，可見此事可信，亦正好佐證戰國晚期楚國仍在適用劓刑。

**刖**　即斷足之刑。《爾雅　釋詁》：「䠊，刖也。」《說文》：「刖，絕也，故刖足曰䠊。」夏、商、周三代均有此刑，但稱謂不一。夏稱臏，商稱刖，《呂刑》稱䠊。《周禮　秋官　司刑》：「刖罪五百。」鄭玄注：「刖，斷足。」

從文獻記載來看，刖刑在楚國經常被適用。《左傳　莊公十九年》載：「初，鬻拳強諫楚子，楚子弗從，臨之以兵，懼而從之。鬻拳曰：『吾懼君以兵，罪莫大焉。』遂自刖也，楚人以為大閽，謂之大伯，使其後掌之」。《左傳　昭公五年》云：楚子欲「以韓起為閽。」杜預注：「刖足使守門。」又《韓非子　和氏》記：

楚人和氏得玉璞楚山中，奉而獻之厲王。厲王使玉人相之。玉人曰：「石也。」王以和為誑，而刖其左足。及厲王薨，武王即位。和又奉其璞而獻之武王。武王使玉人相之。又曰：『石也。』王又以和為誑，而刖其右足。武王薨，文王即位。和乃抱其璞而哭於楚山之下，三日三夜，淚盡而繼之以血。王聞之，使人問其故，曰：「天下之刖者多矣，子奚哭之悲也？」和曰：「吾非悲刖也，悲夫寶玉而題之以石，貞士而名之以誑，此吾所以悲也。」王乃使玉人理其璞而得寶

焉,遂命曰:「和氏之璧」。

東方朔《七諫》、劉向《新序 雜事》、王充《論衡 變動》對此事也有記載,皆言卞和在厲王、武王時獻玉遭刖。按,據《史記 楚世家》記載,楚國沒有厲王,疑為楚武王之前的蚡冒。在這裡我們不對此做更多的考證,因為它不影響我們對刖刑這一問題的認識。是初犯刖左足,再犯刖右足。山西省上郭墓地出土的一件小銅車左門上,即嵌有一斷了左足的守門人,可證文獻所載不誤①。

**宮** 又稱淫刑、腐刑或蠶室刑,是肉刑中最重的刑罰,號稱「次死之刑」,以損毀受刑人的生殖器官,破壞其生殖機能為內容。由於男女生理特徵不同,宮刑對之分別採用不同的方法。《尚書 呂刑》:「宮辟疑赦。」孔安國注:「宮,淫刑也,男子割勢,女人幽閉,次死之刑。」《周禮 秋官 司刑》鄭玄注:「宮者,丈夫則割其勢,女子閉於宮中,若今宦男女也。」《禮記》鄭康成注引張浩說:「受刑者絕生理,故謂之腐刑,如木之腐朽無發生也。」

宮刑原為淫刑,適用於「男女不以義交者」。賈公彥疏云:「男女不以義交者,其刑宮;以義交,依六禮而婚者。」但至春秋時已不盡然,也適用於一般犯罪。

從文獻記載來看,楚法也有宮刑。《左傳 昭公五年》記:楚靈王對大夫說:「晉,吾仇敵也。苟得志焉,無恤其他。今其來者,上卿、上大夫也。若吾以韓起為閽,以羊舌肸為司宮,足以辱晉,吾亦得志矣」。杜預注曰:「加宮刑」。顯然,楚靈王想通過讓晉使者羊舌肸受宮刑的方式來侮辱晉國。此事後經大臣勸阻,最終雖未能成行,但正好從一個側面證明,春秋時期楚、晉等國都流行宮刑。因為如不流行,是起不到任何羞辱作用的。

---

① 石泉主編:《楚國歷史文化辭典》(修訂本),武漢大學出版社1997年版,第150頁。

前引《列女傳 貞順》記伯嬴持刀曰：「若諸侯淫者，絕；卿大夫外淫者，放；士庶人外淫者，宮割。」伯嬴是楚平王夫人、楚昭王母親，其所言當是楚國實際情況的真實反映。因此，從這段文字我們可以清楚地知道，楚國還在一定程度上保留了宮刑的原始功能，常人犯亂倫淫亂之罪，是要處以宮刑的。

**馘** 即割耳之刑，其目的主要是計功。《說文》：「馘，軍功斷耳也。」《春秋》傳曰：「以為俘馘。從耳或聲；域或從首。」《左傳 僖公二十二年》：「鄭文夫人芈氏、姜氏，勞楚子於柯澤，楚子使師縉示之俘馘。」孔穎達疏：「俘者，生執囚之；馘者，殺其人、截取其左耳，欲以計功也。」由此可證，楚有馘刑。

**貫耳** 即穿耳之刑。由馘發展而來。從文獻記載看，貫耳是用來處罰輕微罪過的，只適用於軍事犯罪，穿耳之物為箭。「貫耳」字本作「聝」。《說文》：「聝，軍法，以矢貫耳也。從耳、從矢。」《司馬法》曰：「小罪聝，中罪刖，大罪剄。」《左傳 僖公二十七年》：「子玉複治兵於蒍，終日而畢……貫三人耳。」

**鞭** 即用荊條或株木等痛擊背部或臀部，使犯人肉體遭受痛苦的刑罰。《尚書 舜典》：「鞭作官刑，作教刑。」《國語 魯語上》：「薄刑用鞭樸，以威民也。」《周禮 秋官 條狼氏》：「誓大夫曰敢不關，鞭五百。」孫冶讓《正義》：「系格革於木，以擊人馬，通謂之鞭。」《漢書 刑法志》：「薄刑用鞭撲」。

據文獻記載，在楚國，鞭刑主要用作軍刑。《左傳 僖公二十七年》記，楚令尹子玉治兵於蒍，「鞭七人」。韓嬰《韓詩外傳》卷十記載：「楚莊王將興師伐晉，告士大夫曰：『有敢諫者死無赦。』孫叔敖曰：『臣聞畏鞭棰之嚴而不敢諫其父，非孝子也；懼斧鉞之誅而不敢諫其君，非忠臣也』。於是遂進諫。」《楚史檮杌》所記大體相同，可相互印證。

另據史籍記載，吳師入郢後，伍子胥為宣洩胸中的憤懣和積怨，

曾向死去的平王發難，一說鞭其墓，一說鞭其屍。如《呂氏春秋　首時》曰：「伍子胥……親射王宮，鞭荊平王之墳三百。」《史記　伍子胥列傳》說：伍子胥「掘楚平王墓，出其屍，鞭之三百」。羅運環考證，「掘墓鞭屍」，當係子虛烏有，「鞭墓」之事則或許有之[①]。其實，在這裡是否真有鞭屍、鞭墓之事無關緊要，重要的是，它透露出一個重要資訊，那就是鞭刑在當時的楚國應該是十分流行的。

**笞**　與鞭刑相似的一種刑罰方法，即以束荊等杖擊背部，使犯人肉體遭受痛苦的刑罰。笞刑是對輕微犯罪的一種常用刑罰。笞刑在秦國運用得較為普遍，既是法定的刑罰，還是法定的刑訊手段。

從文獻記載來看，楚國也有笞刑。《呂氏春秋　直諫》記，楚文王一度荒淫不理朝政，葆申依先王之令，認為「王之罪當笞」，「引席，王伏，葆申束細荊五十，跪而加之於背，如此者再，謂王起矣。」《說苑　正諫》也有類似記載。

如何認識笞刑的性質呢？劉玉堂認為大臣對楚王施以笞刑，當然不是實質意義上的鞭笞之刑，與秦國作為身體刑之一種的笞刑顯然有別，因而將其列入恥辱刑[②]。這一做法有其合理之處，但不足之處也是相當明顯的。

無可否認，對楚文王之笞雖然只是「如此者再」，純屬做樣子，象徵意義大於實際意義，但之所以能夠產生象徵意義和警醒作用，實則是在現實生活中確實存在笞刑。對楚文王來說，雖更多的是一種恥辱，但對一般人來說，更多的則是身體上的一種痛苦。《淮南子　人間訓》記，令尹子國「伏郎尹而笞之三百」。令尹子國「輕行而簡禮」，以其品行和地位，鞭笞郎尹，絕對不會是僅作樣子，一定是結結實實地打。這對郎尹而言，身體上的痛苦肯定要超出精神上的痛

① 羅運環：《楚國八百年》，武漢大學出版社1992年版，第249頁。

② 劉玉堂：〈楚秦刑種比較研究〉，載《江漢論壇》，2005年第3期。

苦。因此，筆者以為，楚國的笞刑，與秦國的笞刑一樣，也具有兩種屬性，一般情形下是身體刑，特殊情勢下是恥辱刑。

關於楚國笞刑的大略，吳永章認為，笞的部位為背部，刑具為楚國所產之荊，規格為五十條為一束，最高笞數為三百[①]。結合《淮南子　人間訓》的記載來看，此說可從。《漢書　韓延壽傳》：「民無箠楚之憂」。師古注：「箠，杖也，楚，荊木也。」何崇恩據此認為，古代鞭笞之具，皆用楚地所產之荊木[②]。可從，亦可參證。

### （三）自由刑

自由刑，就是剝奪或限制人身自由的刑罰。自由刑在我國的起源是比較早的。《周禮　秋官　大司寇》：「以圜土聚教罷民」，即為文獻所見中國最早的自由刑。楚國的自由刑基本上繼承自周代，並慢慢發展，到戰國之後逐漸普遍，主要有沒為官奴、放、囚等種類。

**囚** 即拘繫，指將罪犯監禁。《爾雅　釋言》：「囚，拘也。」《左傳　桓公十三年》：「莫敖縊於荒谷，群帥囚於冶父以聽刑。」又《史記　越王勾踐世家》記：「朱公中男殺人，囚於楚。」《史記　楚世家》載：靈王三年八月，「囚慶封，滅其族。」《史記　伍子胥列傳》記，楚平王以費無極之讒，囚伍奢。《史記　楚世家》：張儀「至，懷王不見，因而囚張儀，欲殺之」。綜上可知，楚有囚刑。

西周時期，被囚者除嚴加看管之外，還要依罪行輕重，施加刑具，防止逃跑。《周禮　秋官　掌囚》：「凡囚者，上罪梏拳而桎，中罪桎梏，下罪梏。王之同族拳，有爵者桎，以待弊罪。」桎、梏和拳均為木制刑具。《說文》：「桎，足械也。」「梏，手械也」。《易　蒙》：「利用刑人，用說桎梏。」陸德明《經典釋文》：「在

① 吳永章：〈論楚刑法〉，載《楚文化新探》，湖北人民出版社1981年版，第184頁。
② 何崇恩：〈楚國法律及執法情況述略〉，載《湘潭大學學報》，1988年第2期。

第二章　刑事法律制度

足曰桎，在手曰梏。」從文獻記載和出土材料來看，楚國的囚犯一般也是要加戴桎、梏等刑具的。《左傳　莊公三十年》記：「楚公子元歸自伐鄭，而處王宮。鬭射師諫，則執而梏之。」包山簡141—144記黃欽說：「小人取倉之刀解小人之桎。」二者便是明證。

**拘和執**　類似於後世拘役，是一種短期剝奪人身自由的刑罰。拘和執用於諸多場合。既可以獨立實施，也可以和其他刑種配合使用。《說苑　至公》：「楚令尹子文之族有干法者，廷理拘之，聞其令尹之族也，而釋之。」據《左傳　宣公四年》所載，楚莊王滅若敖氏時，箴尹克黃使從齊歸，自拘於司敗。《左傳　莊公三十年》記：「楚公子元歸自伐鄭，而處王宮。鬭射師諫，則執而梏之。」《呂氏春秋　當務》：「楚有直躬者，其父竊羊而謁之上，上執而將誅之。」由此可見，楚國也有此刑。

**收**　即收孥，就是將有罪者的妻、子收為官奴婢，其實質是一種剝奪自由民身分的刑罰。文獻和出土材料均證明楚國有此刑。《呂氏春秋　精通》記：

> 鍾子期夜聞擊磬者而悲，使人召而問之曰：「子何擊磬之悲也？」答曰：「臣之父不幸而殺人，不得生；臣之母得生，而為公家為酒；臣之身得生，而為公家擊磬。臣不睹臣之母三年矣。昔為舍氏睹臣之母，量所以贖之則無有，而身固公家之財也。是故悲也。」

可見，擊磬者及其母親均是因其父殺人而遭到牽連，被沒為楚國官府奴婢。包山簡120—123記，郎倀供述與場賈等三人共同殺害余睪之後，官府隨即下令拘押場賈等人，並「子收郎倀之奴」。奴讀作孥。陳偉認為，由本簡看，楚國對於殺人致死的罪犯，也處以收孥[①]。

---

① 陳偉：《包山楚簡初探》，武漢大學出版社1996年版，第145頁。

**放與遷**　即將罪犯本人或全家遷徙、放逐到荒蠻邊遠之地或新開闢地區從事苦役的刑罰。放與遷，同屬流刑，但在程度上，遷相對要輕一些。放與遷是對那些有重罪而獲寬宥者所實施的一種處罰，源於原始社會末期，夏、商、周三代因之，楚亦沿用。《尚書・舜典》：「流共工於幽州，放驩兜於崇山。」《春秋・宣公元年》記，晉「放胥甲父於衛」。杜注：「放者，受罪黜免，宥之以遠。」便是明證。《春秋・昭公八年》：「楚師滅陳，執陳公子招，放之於越。」於越即後來的越王勾踐之越，說明放的地方為荒遠之地。又《呂氏春秋・直諫》載，葆申答楚文王后，「趣出，自流於淵，請死罪」。亦可佐證楚是有流放之刑的。《史記・楚世家》記：「觀從從師於乾谿，令楚眾曰：『國有王矣。先歸，複爵邑田室；後者遷之。』楚眾皆潰，去靈王而歸。」由此可見，楚國除有放刑之外，還有遷刑。

## （四）財產刑

　　財產刑是剝奪犯罪人財產的刑罰方法。財產為人們生活所必需，因此，剝奪財產能夠起到令犯罪人痛苦的作用。從文獻記載看，楚國的財產刑是一種附加刑，主要有入宅、取、奪及贖刑等刑種。

　　**入宅**　即沒收犯罪者的房屋。《戰國策・楚策一》云：「郢人有獄三年不決者，故令請其宅，以卜其罪。客因之謂昭奚恤曰：『郢人某氏之宅，臣願之。』昭奚恤曰：『郢人某氏，不當服罪，故其宅不得。』」鮑彪注：「有罪則宅入官，故可請卜測知之也。」可見，在楚國，犯罪者的房屋是要加以沒收的。

　　**取和收**　即沒收犯罪者的全部財產。《左傳・昭公十三年》：「楚子（靈王）之為令尹也，殺大司馬蒍掩而取其室。」這裡的「室」，當如楊伯峻所言：「室恐指其一切財產而言，包括田地與奴隸；奴隸固以室計，《周書》所謂：『一室之祿』，『千室之祿』是也。」《呂氏春秋・上德》載：「荊王薨，群臣攻吳起，兵於喪所，陽城君與焉。荊罪之，陽城君走，荊收其國」。

第二章　刑事法律制度

**奪**　即收奪犯罪者的食邑。《左傳　昭公十三年》記，楚靈王「及即位，奪蔿居田……奪鬭韋龜中蔿，又奪成然邑而使為郊尹」。這是文獻所見楚王直接收奪貴族食邑的最早實例。

　　**贖**　就是以錢贖罪，即判令犯有某種罪行的人繳納一定數量的財物以代替應受的刑罰。《尚書　舜典》云：「金作贖刑。」這裡的「金」指的是青銅。上古時期青銅是非常貴重的金屬，多數時候作為貨幣而廣泛應用於流通領域。贖刑產生較早。據文獻記載，夏朝時就已出現，如《尚書　呂刑》中，就有關於西周穆王「訓夏贖刑」的記載。根據《尚書　呂刑》及其他史料的記載，西周時期的贖刑制度已經比較完備。此後各個時期都有贖刑，用於贖刑的財物各個時期不盡相同。前引《呂氏春秋　精通》記，楚之擊磬者說：「量所以贖之則無有，而身固公家之財也」。說明楚國也有贖刑。不過，由於贖刑只是對於有產者才具有實際意義，因此，實行贖刑的結果，往往導致「富者得生，貧者獨死，是貧富異刑而法不一」[①]。擊磬者因本身就是「公家之財」而無力贖其母，便是明證。可見，贖刑之制只是為少數有產者以錢買刑提供了合法的途徑，實際上是一種保障少數有產者特權的制度。

## （五）身分刑

　　身分刑是剝奪犯罪者的爵位、官職等政治身分的刑罰。楚國的身分刑主要有錮、黜、貶、廢等四種。

　　**錮**　就是終身剝奪充任官吏的政治權利。《左傳　成公二年》載，楚共王時，楚人巫臣貪於夏姬美色，投奔敵國晉國，「晉人使為邢大夫。子反請以重幣錮之。」杜預注曰：「禁錮勿令仕。」孔穎達正義：「《說文》云：『錮，鑄塞也』。鐵器穿穴者，鑄鐵以塞之，使不漏。禁人使不得仕官者，其事亦似之，故謂之禁錮。今世猶

---

① 《漢書　肖望之傳》。

然。」可見，東漢以後盛行的禁錮之法，早在春秋時楚已有之<sup>①</sup>。

**黜**　即罷免犯罪者的官職。《說苑　至公篇》記：

> 楚令尹子文之族有干法者，廷理拘之，聞其令尹之族也，而釋之。子文召廷理而責之，曰：「夫立廷理者，將以司犯王令而察觸國法也。夫直士持法，柔而不撓，剛而不折，今棄法而背令，而釋犯法者，是為理不端，懷心不公也。豈吾有譽私之意也，何廷理之駁於法也？吾在上位以率士民，士民或怨，而吾不能免之於法。今吾族犯法甚明，而使廷理因緣吾心而釋之，是吾不公之心明著於國也。執一國之柄，而以私聞，與吾生不以義，不若吾死也。」成王聞之，不及履而至於子文之室，曰：「寡人幼少，置理失其人，以違夫子意。」於是黜廷理而尊子文，使及內政。

子文清正廉明，奉公守法，受到禮遇重用，使及內政，廷理趨炎附勢、徇私枉法，結果自毀前程，遭到罷黜。

《列女傳　楚江乙母》載，楚宣王時，「乙為郢大夫，有入王宮中盜者，令尹以罪乙，請於王而黜之。」江乙作為郢之長官，負有維持郢都治安的重責，在其轄區發生了王宮被盜這樣的大案，明顯是失職。令尹依法追究，江乙遂被罷官。

**貶**　即降低犯罪者的官職。《左傳　僖公二十八年》載，城濮之戰敗北後，楚成王赦免了司馬子西的死罪，但將其貶為商公。後子西又擅離職守，偷偷入郢，楚穆王發現後，又將其貶為工尹，以掌百工。這說明楚國對犯罪的官員是要給予降職處分的。

**廢**　即免去官職和爵位。《左傳　昭公六年》記：楚公子棄疾如晉……誓曰：「有犯命者，君子廢，小人降」。楚悼王時，吳起變

---

① 吳永章：〈論楚刑法〉，載《楚文化新探》，湖北人民出版社1981年版，第185頁。

法，「廢公族疏遠者」①，「罷無能，廢無用，損不急之官，塞私門之請」②。

### （六）連坐刑

連坐刑是指因一人犯罪而株連他人坐罪受罰的一種刑罰方法。連坐之法，古已有之。《史記　孝文本紀》：「民不能自治，故為法以禁之，相坐坐收。所以累其心，使重犯法，所從來遠矣。」馬端臨《通考　職役考一》曰：「秦人所行什伍之法，與成周一也」，明確指出早在西周時期就有連坐之法了。從文獻記載看，秦國的連坐刑已經體系化、制度化了，不僅細分為親族連坐、鄰里連坐、職務連坐和軍事連坐四種，而且明確了構成要件和相應責任。而楚國的連坐刑則顯得較為粗糙和原始，從文獻記載看，似乎只有親族連坐一種③。

親族連坐，即一人犯罪，就要刑及父母、兄弟、妻子及其他親族等親屬。它既包括族刑等剝奪生命的刑罰，也包括收等剝奪自由的刑罰。前文所引《呂氏春秋　精通》記楚之擊磬者及其母，就是因父親犯罪而遭株連，沒為官奴，失去自由。

族刑，即一人犯死罪，盡誅其親族。通常而言，族刑適用對象相當廣泛，人們對此沒有任何爭議，但其具體適用範圍，即「族」的範圍，則向來是莫衷一是。不僅有「三族」、「五族」、「七族」、「九族」、「十族」之說，而且對其的理解也不盡相同。因此，族刑本身有著不同的說法，如「夷三族」、「誅九族」等。從文獻記載來看，楚國的族刑主要有滅家、滅族、夷三族、夷宗等說法。

---

① 《史記　孫子吳起列傳》。
② 《戰國策　秦策三》。
③ 鄒芙都認為，《繹史》卷一〇七〈列女傳〉記楚江乙為郢大夫時，有盜王宮之物者，江乙不知，但仍遭連坐處罰。參見〈楚國法律調控特徵略論〉，載《中華文化論壇》，2006年第4期。私見以為，這是一種誤判。江乙身為郢大夫，保衛王宮安全是其應有之職責。任職期內，王宮被盜，顯然是一種失職，理應受罰，與其主觀意志無任何關係。其實，這事發生在今天，也是一種失職，也要受處罰，沒人會抱怨是遭連坐之刑。

《呂氏春秋　貴卒》：「荊國之法，麗兵於王屍者，盡加重罪，逮三族。」《史記　楚世家》：「銷人曰：新王下法，有敢饟王從王者，罪及三族。」《戰國策　楚策四》：「園死士夾刺春申君，斬其頭，投之棘門外。於是使吏盡滅春申君之家。」《左傳　昭公十四年》：楚子「殺鬬成然，而滅養氏之族。」又據《史記　楚世家》載：「靈王三年，囚慶封，滅其族。」《史記　吳起列傳》：「坐射起而夷宗死者七十餘家。」由此可見，楚國不但有族刑的立法，而且在實踐上被廣泛地加以應用。

### （七）恥辱刑

恥辱刑是指對於輕微的犯令者，通過貶抑、毀損其人格，以示懲戒的刑罰方法。從現有的史料來看，楚國恥辱刑主要有笞和髡。

**笞**　此處的笞刑是一種象徵性的懲罰方法，通過略施薄罰，以達到懲前毖後的目的。據《呂氏春秋　直諫》記，楚文王一度荒淫不理朝政，葆申承先王之令，認為「王之罪當笞」，「乃席王，王伏，葆申束細荊五十，跪而加之背，如此者再，謂王起矣」。葆申以大臣身分對楚王施以笞刑，無論如何都不敢實打，他所依據的只是一種習慣法，他所期望的，也只是通過這種象徵性的方式來懲戒和激勵楚王。

**髡**　一種剃去頭髮的刑罰。古人以蓄髮、蓄須為美，把髮須剃去，被認為是一種不齒於同類的侮辱。《楚辭　九章》：「接輿髡首兮，桑扈裸行。」洪興祖補注云：「接輿，楚狂接輿也。髡，剔也。首，頭也，自刑身體，避世不仕也。桑扈，隱士也。去衣裸裎，效夷狄也。」楚狂接輿以自剃其髮的方式來懲罰自己，表明楚國是有髡刑的。

### 二、楚國刑罰制度的特點

通過以上對楚國刑罰種類和量刑制度的檢索清理，並結合秦律進行比較考察，我們不難獲得以下幾點印象：

第一，楚國的刑罰制度具有明顯的雙重性。一方面繼續沿用奴隸制五刑，大量適用肉刑和死刑，行刑方式繁雜多樣，如墨、劓、刖、宮、殺、斬、烹、轘等刑種，而且野蠻殘忍，表現出極端的落後性，另一方面又根據時代發展的需要，創造了一些新的刑罰方法，如入宅之法等財產刑，尤其是贖刑被廣泛適用，並出現了徒刑，代表了後世刑罰的發展方向，表現出一定的先進性，標誌著刑罰開始從野蠻走向文明。

第二，秦深受法家思想影響，行急法峻令，用重典治國，立法密如凝脂，繁似秋荼，刑罰繁雜多樣，殘暴酷虐，廣為後人批駁。與之相比，楚深受道家思想浸潤，立法上少有作為，雖不及秦律苛嚴，但也絕非良法，刑罰也是殘酷異常，較秦遜色不多。因此，春秋時即有人指責楚國多淫刑。《左傳　襄公二十六年》記蔡大夫聲子至楚，與令尹子木會談，當言及晉楚兩國政事與人才優劣時，聲子說：「今楚多淫刑，其大夫逃死於四方，而為之謀主，以害楚國，不可救療。」後世史家論及楚國政治時也認為楚國刑罰苛嚴，不僅一般臣民動輒觸禁受刑，甚至令尹等重臣，也「少自償事，旋其誅死」。可以說，楚法和秦律繁複苛嚴，缺乏謙抑精神和人文關懷，實乃楚國和秦國政治制度的最大弊端之一[①]。

第三，楚、秦刑罰制度都在承襲三代的刑罰制度基礎上有所發展，在施刑上，數刑並用，出現了刑上加刑的現象，並大量運用自由刑、財產刑和身分刑，反映了生產關係發展的要求和法律文化的進步，標誌著刑罰開始從野蠻走向文明。但由於立法思想的不同和立法技術及經驗的差異，楚法在刑罰制度的設計和建構上不及秦律，如在徒刑的設計和運用上，秦律已經形成了一套完整的體系和規範，楚法則基本上是一片空白。無怪乎，後世只有「漢承秦制」之說，而無

---

① 劉玉堂：〈楚秦刑種比較研究〉，載《江漢論壇》，2005年第3期。

「漢承楚制」之說。

第四，楚人先民在商代長期居於中原南部，與殷人為鄰，因此，深受殷人重刑思想的浸染和影響。《左傳　哀公十一年》記伍子胥說：「《盤庚之誥》曰：『其有顛越不共，則劓殄無遺育，無俾易種於茲邑』，是商所以興也。」這種影響反映在刑罰制度上，表現為一方面繼續沿用商朝的酷刑，如炮刑和蒸刑，另一方面還別出心機地創制了一些酷刑。如明人董說在《七國考　楚刑法》中一針見血地指出：「秦詛楚文：楚王暴虐不辜，刑戮孕婦，幽刺親戚，拘圉其叔父，置諸冥室檻棺之中。余按：戮孕婦則桀、紂故事。冥室檻棺，楚法之極創者也。」這一見解基本上是符合楚國刑罰制度實際情況的。

吳永章認為，楚的刑罰和我國歷代剝削階級所實行的刑罰一樣，也是極端殘酷的。楚國的刑罰，承襲自商、周，並與春秋戰國時期中原各國大致相同，從中可見楚與中原地區的密切關係[①]。筆者認為，這一論述完全符合歷史事實和邏輯規律。

最後，需要說明的是，在專制主義制度下，有許多罪名和刑罰都不在法律規定的範圍之內，而是隨君主之意欲而定，充分體現了專制主義法制的性質。

① 吳永章：〈論楚刑法〉，載《楚文化新探》，湖北人民出版社1981年版，第185頁。

第二章　刑事法律制度

# 第三章　經濟法律制度

　　春秋戰國時期，為求得生存和發展，各諸侯國均將富國強兵作為首要任務，以應付激烈不斷的戰爭。為實現這一目的，各國統治者在經濟建設上紛紛奉行國家主義，高度重視對國家經濟的管理和調控。尤其是進入戰國以後，隨著法家思想的流行，各國統治者積極運用法律對新產生的社會經濟關係進行調整，這些法律涉及土地制度、農業制度、手工業制度、商業制度、賦稅制度、金融制度、度量衡制度等各個方面，對於保障和促進經濟和社會的穩定與發展，維護新的經濟關係都發揮了重要的作用。從文獻記載和考古發現來看，楚國在經濟建設上也奉行法家路線，積極運用法律對國民經濟各部門進行管理和調控，對楚國經濟和社會的發展起到了良好的促進作用。其歷史經驗和教訓，值得批判和繼承。

## 第一節　農業管理①

　　農業是古代世界決定性的生產部門。東周時期楚國之所以能夠

---

① 這裡的農業是從廣義上說的，包括我們通常所說的農業即耕作農業和林、牧、漁業。

成為一個政治大國、軍事大國，一個重要原因就是楚國是一個農業大國，擁有相當發達的農業文明。東周時期楚國農業，無論是在生產工具的製造和使用上，還是在農田水利的規劃與建設上，以及在糧食生產水準和能力上均走在列國的前列，登上了那個時代的最高峰。《戰國策 楚策一》記蘇秦遊說楚威王曰：「楚，天下之強國也⋯⋯地方五千里，帶甲百萬，車千乘，騎萬匹，粟支十年，此霸王之資。」這裡的粟不是實指，而是糧食的代稱。偌大國家，兵多將廣，馬匹輜重，數以萬計，所需要的糧食供應無疑是巨大的，然而就是在這種情形下，楚國儲備的糧食居然能夠供給十年，其農業生產實力之雄厚，由此可見一斑。又據《史記 越王勾踐世家》記載，楚威王時期，越國趁齊楚矛盾激化之機，興兵伐齊，齊為轉移戰爭，則遣使者遊說越王，唆使其攻打楚國，說辭中特意提到「讎、龐、長沙，楚之粟也」。意思就是說，這三個地區是楚國重要的糧食產地。由此可見，至少在戰國中期，楚國已經將某些農業生產條件優越的地區建為重要的糧食生產基地。楚國農業之所以能夠取得如此驕人成就，關鍵原因在於農業經濟被納入中央政府的掌控之中，中央政府注重從整體上運用各種政策和法律，積極協調農業經濟的發展。

**一、建立農業行政管理部門，強化對農業生產的指導和管理**

中國古代社會以農業為立國之本，歷朝歷代都極為重視。據學者研究，春秋戰國時期，為了發展農業生產，各諸侯國都設置了專門管理農業的官吏，農官已成為常設之官[①]。

據《國語 鄭語》和《史記 楚世家》記載，楚人的祖先是祝融。祝融既是火神，又是雷神，兼為農神，司職觀象授時，負責農業生產[②]。由此可見，楚國農業生產管理的歷史非常悠久。東周時期，

---

① 樊志民：〈戰國秦漢農官制度研究〉，載《史學月刊》，2003年第5期。
② 張正明：《楚文化史》上海人民出版社1987年版，第4—7頁。

楚國農業生產管理取得了長足進展，在師法周制，參酌諸夏的基礎上，根據自身發展的實際和需要，建立了主管農業生產的行政管理部門，在中央和地方設置了各級專司農事之職的官吏，以加強農業生產的領導和管理。

從文獻記載和考古發現來看，在中央，令尹是負責領導和管理全國農業生產的最高行政長官。據《史記　循吏列傳》載，孫叔敖「秋冬勸民山采，春夏以水，各得其所便，民皆樂其生」。學者指出：「這裡已不僅僅是『恤民』而是直接關心並指導農業生產，勸告農夫按季節安排生產活動了」[①]。所言甚是。宋公文在論及楚令尹的內政權時指出：「關心、指導社會生產，推動各業經濟的發展是楚令尹的首要職責和任務。孫叔敖十分關心農業生產。他上任後參與修定了當時楚國的曆法，『敬援民時』以指導農業生產，使農民能夠做到不誤農時，這對保障農業生產的發展，無疑起有一定的積極作用。更重要者，是他在農田水利建設方面的貢獻。任職期間，他發動組織勞力，在廣袤的國土上，『宣導川谷，陂障源泉』，『作塘以溉田，農獲其利』，為楚莊王霸業的建立創造了堅實的物質基礎。」[②]

另據包山楚簡貸金簡記載，令尹多次親自參與糴種活動。這些固然反映了楚國統治者對農業生產的重視，但也正好說明這是令尹的職責所在。包山楚簡貸金簡亦記載子司馬、大師等中央官員也參與了貸種事件，說明他們對農業生產也負有一定的領導和管理職責。

在令尹之下，楚國設有藍尹、陵尹、芉尹、莠尹、豚尹等各類農官來輔佐令尹管理農業生產。董說《七國考　楚職官》引《楚書》云：「藍尹、陵尹分掌山澤，位在朝廷。」竹田光鴻《左氏會箋》云：「莠尹蓋治田之官，農重擇種，務在耕耨，以去莠為義，故名莠

---

① 劉玉堂：《楚國經濟史》，湖北教育出版社1995年版，第155頁。
② 宋公文：《楚史新探》，河南大學出版社1988年版，第101頁。

第三章　經濟法律制度

尹耳。」左言東《職官表》以為「莠尹，掌楚王苑囿」①。關於芋尹，雖有多種釋讀，但多數以為與農業有關②。郭仁成指出，由於文獻失載，想來類似的官職還有不少，考古出土的古璽中也可見到楚農官的印章③。如《古璽彙編》錄有「郢粟客璽」、「群粟客璽」（5549、0160）。對照文獻來看，粟客為主管糧食的官吏④。劉玉堂亦指出，另據《古璽彙編》5550著錄的「呈粟之璽」和0276著錄的「傷邦客璽」來分析，楚國從中央到地方都配有粟客⑤。這反映了楚國對糧食生產和管理的高度重視。

在地方，地方行政長官是司職農業生產管理的第一責任人。包山楚簡貸金簡所記，清楚地表明農業貸種的事情為地方執政長官負責辦理。「至於地方貸越異之金，也由最高執政長官出面負責」⑥。包山楚簡貸金簡同時也反映出各地的主要官員如莫敖、連敖、司馬、攻尹等也參與了計畫和具體辦理。這表明，這些官員至少在一定程度上參與了農業生產管理。另據許道勝、鄭忠華考證，包山楚簡所記喬尹、陂尹也似屬地方農業官員⑦。

既然設置有這麼多的農官，就必定有一套相應的管理機構和管理制度。遺憾的是，由於文獻闕載，法律對這些官員的要求以及相關管理制度的具體情況已無從知曉。但若考慮到先秦時期各國在制度文明之間相互借鑒、交流和移植頻繁，我們似乎有理由相信，應該與秦的制度措施相去不遠。

---

① 左言東主編：《先秦職官表》，商務印書館1994年版，第321頁。
② 詳見趙曉斌：《春秋官職研究——以宗法禮治社會背景為研究》，浙江大學2009年博士學位論文，第396頁。
③ 郭仁成：《楚國經濟史新論》，湖南教育出版社1990年版，第56頁。
④ 石泉：《楚國歷史文化辭典》（修訂本），武漢大學出版社1997年版，第400頁。
⑤ 劉玉堂：《楚國經濟史》，湖北教育出版社1995年版，第259頁。
⑥ 黃盛璋：〈包山楚簡中若干重要制度發展與爭論未決諸關鍵字解難、決疑〉，載《湖南考古輯刊》第四輯，《求索》1997年增刊。
⑦ 許道勝、鄭忠華：〈楚官新得〉，載《楚文化研究論集》第9集，上海古籍出版社2011年版。

據雲夢秦簡《田律》記載，秦國法律要求各專職官吏及時掌握農時，關注農業生產，以保證國家正常的農業收益。下了及時雨和穀物抽穗，掌管農事之官應書面報告受雨、抽穗的頃數和已開墾而沒有耕種的田地頃數；禾稼生長後下了雨，也要立即報告雨量多少和受益田地的頃數；如有旱災、暴風雨、澇災、蝗蟲、其他害蟲等災害損傷了莊稼，也要報告受災頃數；距離近的縣，文書須專程遞送，距離遠的縣由驛站傳送，並須在當年八月底以前送達。如前面的推論成立，顯然，秦簡《田律》所規定的這些，也是楚國農業官員的職責所在。據文獻記載，楚國經常採取一些「撫民」措施，其中重要的一項就是減災救災，減免受損地區和農民的賦稅，而要做到這些，就得有人專門負責統計和上報。現在看來，這些事情是由農業官員具體來負責的。

## 二、加強土地管理，鼓勵開墾耕種

春秋戰國時期，為圖存爭霸，各諸侯國紛紛從「足食足兵」之目的出發，重視和強調提高農業生產。《管子 國蓄》云：「凡五穀者，萬物之主也。」作為自然資源最重要組成部分的土地，則被視為是「萬物之本原，諸生之根苑」[1]。管仲明確指出，欲「王天下」，必須「國富而粟多」[2]。當時把土地管理的效果好壞，農業收成的豐歉，看做是治國安邦的大事。《管子 五輔》云：「善為政者，田疇墾而國邑實，朝廷閒而官府治，公法行而私曲止。」基於以上認識，管仲向齊桓公建議行「盡地利」之政策，加強土地管理，充分發揮土地的潛力，開墾荒地，增加糧食生產。同時注意「無奪民時」[3]。如果說齊國正是以上述思想為指導，制定土地管理政策與法規的，從而促進了農業生產的發展，為富國強兵打下了物質基礎，並且成為春秋「五霸」之首，那麼，楚國則是在此基礎上根據自身的特點作了相應調整

---

① 《管子 水地》。
② 《管子 治國》。
③ 《國語 齊語》。

第三章 經濟法律制度

和改良①，從而一舉奠定了楚國農業大國的顯赫地位。

合理地分配土地給耕種者，是發展農業生產的前提條件。楚國亦秉持管子「盡地利」之治國理念和李悝「盡地力之教」的法治思想，在堅持土地國有的前提下，大面積授田給農民，以發揮土地的潛力，並按照授田之數量來徵收賦稅，以實現富國強兵之目的。同時嚴格控制貴族食田規模，積極保護小土地者的私有權。關於楚國土地所有制和所有權的問題，詳見第四章第二節，這裡不展開。

除注重土地制度管理之外，楚國還非常注重土地的科學規劃和合理利用。《左傳　襄公二十五年》載：

楚蒍掩為司馬，子木使庀賦，數甲兵。蒍掩書土田，度山林，鳩藪澤，辨京陵，表淳鹵，數疆潦，規偃豬，町原防，牧隰皋，井衍沃，量入修賦。賦車籍馬，賦車兵、徒兵、甲楯之數。既成，以授子木，禮也。

「庀賦」，杜預注云：「庀，治。」孔穎達《左傳正義》說：「庀訓為具而言治者，以下說治賦之事，治之使具，故以庀為治也。」顯然，這是楚國對全國土地進行了一次新的規劃和分類，在合理認識土地的自然屬性的基礎上，將全國土地分為山林、藪澤、京陵、淳鹵、疆潦、偃豬、原防、隰皋、衍沃等九種類型。據《周禮　大司徒》記載，西周時期，曾將土地分為山林、川澤、丘陵、墳衍、原隰等五種類型，大致相當於蒍掩所分的山林、藪澤、京陵、隰皋、衍沃等五者，相較之下，楚國多淳鹵、疆潦、偃豬、原防四類。可見，楚人對土地的劃分比北方諸夏更細，說明楚國在師法中原的同時，充分考慮了長江流域特殊的地理狀況，從而大大提高土地規劃的科學性。

---

① 蒲堅主編：《中國法制通史　夏商周卷》，法律出版社1999年版，第457頁。

需要指出，蒍掩的這次土地規劃活動，從開始到完成，只用了不到一年的時間，這固然與楚人的行政效率有關，但如沒有以往的基礎、資料、資訊以及經驗等的支援，即便是現代化的今天，仍是一件無法完成的事情。唯一合理的解釋就是楚國在此之前，肯定是有過幾次像這樣大規模的全國性的土地規劃立法活動。這似乎也就表明楚國在土地規劃和利用上已經制度化了，楚國此後可能也有過這樣的活動，只有文獻沒有記載罷了。

為提高土地的耕種率，楚國還採取各種法律措施鼓勵墾荒屯田。學者指出[1]，春秋戰國時期，楚國兵制與中原諸夏基本一樣，仍然保持西周以來那種「寓兵於農」，軍民不分的制度。此外，楚軍還在征戰中實行屯田制度，以求克敵制勝。《左傳　宣公十五年》載，楚莊王圍宋，九月不克，無計可施，只好準備撤轉罷兵。申叔時僕向楚王獻策「築室反耕者，宋必聽命」。楚軍在兩國交兵之際，仍有迅速開墾土地的能力，以致引起敵國的恐懼。從中，可看到楚國是怎樣把先進的農業技術巧妙地與軍事戰爭結合起來的。這種「離兵於農」、「軍民合一」、「戰不誤農」的做法，亦可證楚國統治者對農業的重視。此論所言極是。然筆者以為，從上述論述中，我們還可以清楚地獲知楚國很早就實行軍屯制度了，否則是不可能在這麼短的時間內形成如此強大的生產力，因為這裡面更多涉及到的是制度層面的東西，技術因素的作用不是太大，如同今天一樣。而制度的成熟與規範，絕不可能是一蹴而就的，它需要長時期的積累和總結。

此外，楚國一方面從法律上「禁遊客之民，精耕戰之士」[2]，另一方面「令貴人往實虛廣之地」[3]。以上這些做法，不僅擴大了土地的耕種面積，而且提高了土地的耕種效率，提升了邊境要地的經濟實力和

---

① 向安強：〈試論楚國農業的發展〉，載《中國農史》，2000年第4期。
② 《史記　范雎蔡澤列傳》。
③ 《呂氏春秋　貴卒》。

軍事實力。

### 三、採取法律手段，保證農業生產的時間和安全

保證農業生產時間，是發展農業生產的關鍵所在。在這一點上，先秦時期統治者和思想家有著高度的一致。管子強調「勿奪農時」，孟子亦主張「不違農時」。受傳統重農思想和刑事立法的影響，楚國也非常重視用法律手段保護農業生產。武王時期，為不違農時，特創「荊屍而舉」之良法。此後，更是成為一個法律傳統。晉人士會因此說，楚莊王「荊屍而舉，商農工賈不敗其業，而卒乘輯睦，事不奸矣」[①]。楚平王為公子時，就很注意農業生產的保護問題，曾下令軍隊「禁芻牧采樵，不入田，不樵樹，不采蓺，不抽屋，不強匄。并誓曰：『有犯命者，君子廢，小人降』」。由此可見，楚國對破壞農業生產的行為處罰是非常嚴厲的，統治者對農業生產的重視，也由此可見一斑。

### 四、制定各種「撫民」、「寬民」政策和改革賦稅制度來保護農業生產者的積極性，以促進農業生產的發展

「夫從政者，以庇民也。[②]」楚國統治者歷來將「恤民」、「寬民」、「撫民」、「庇民」等寬農政策，當做執政的首要任務。正是這種「撫民」、「寬民」政策，為楚國農業的發展及經濟的繁榮創造了良好的條件。楚國所謂的「民」當時被稱為「庶人」，以農奴為主體，他們既是生產的生力軍，又是戰鬥的主力。從楚武王時起，貴族統治集團中的有識之士就注意改善與庶人的關係了。在他們看來，執政的首要任務是「恤民」、「寬民」、「撫民」、「庇民」。楚莊王時將「惠恤其民而善用之」作為基本國策，十分注重民生。經常以「民生之不易」訓導國人，並告誡國人說「民生之勤，勤則不匱」，

---

① 《左傳　宣公十二年》。
② 《國語　楚語下》。

教育國人發揚先君艱苦創業的精神。楚平王以逞欲勞民的楚靈王為戒實行「撫民」政策。《左傳　昭公十四年》記：

　　楚子（平王）使然丹簡上國之兵於宗丘，且撫其民。分貧，振窮；長孤幼，養老疾；收特介，救災患；宥孤寡，赦罪戾；詰奸慝，舉淹滯；禮新，敘舊；祿勳，合親；任良，物官。使屈罷簡東國之兵於召陵，亦如之。好於邊疆，息民五年，而後用師。

　　其撫的「民」，可能既有庶人也有貴族，但要撫的主要指庶人。「簡兵」與「息民」，利在庶人，利在農業生產的發展。

　　楚國還注意運用減免稅收等經濟槓桿來調整和促進農業生產。春秋戰國時期，隨著生產力的快速發展，生產關係發生了一系列深刻變化，為了適應富國強兵的需要，這一時期各諸侯國紛紛改變賦稅制度，並以此作為對土地管理和發展農業生產的措施。《左傳　襄公二十五年》記，楚康王時期，司馬蒍掩在令尹子木的授意和支持下，對原有的賦稅制度進行了大規模治理和整頓，並在此基礎上，重新制定了一套完整的賦稅徵管制度。其基本原則與《國語　齊語》所記的管仲在齊國的「相地而衰徵」完全一致，明確規定無論公田和私田，一律按收入徵收賦稅，即普行於一切土地而無所豁免。這種賦稅制度不僅打破了貴族和平民的界限，縮小了國人和野人的差別，而且「使入和賦構成了一種函數關係。入是引數，賦是應變數，應變數的函數值是官方和民間都能接受的。先前以戶計徵或以口計徵，對上等貴族最寬，對下等貴族較寬，對平民較苛，對農奴最苛，久而久之，成為積弊，使軍賦受損，軍費供給匱乏，使士氣受挫，軍隊戰鬥力下降。蒍掩所推行的改革基本上糾正了畸輕畸重的偏差，是一種調適行為，對上等貴族有所損，對平民和農奴有所益，從而有效地激發了農民的生產積極性，能夠保證國家得到較多的軍賦，士卒維持較高的士

氣，無疑是一種良法」①。

此外，楚國還適時地實施各種稅收優惠政策，對一些特定的人群實行減免，以保護農業生產的積極性。有學者指出：楚國腹地江漢平原以及淮河流域，湘沅諸流域，多低平易水患之地，為提高農民的生產積極性，楚國對沼澤堰瀦之地，實行減免賦稅制度，以有利於促進這些地區的經濟開發。②

## 五、制定並實行各種農業扶持政策和制度，以幫助地方和農民積極發展農業生產

據雲夢秦簡記載，為穩定和促進農業生產，秦國以法律的形式保證為農業發展提供必要的種子和鐵制農具等生產資料和工具。考古發現表明，楚國也以法律的形式保證政府為發展農業生產提供充足的資金和資料。包山簡103—114記載的就是楚國政府發放信貸，支持農民購買種子和其他生產資料的活動③。有學者認為，包山楚簡提供的楚國已有國家發放「貸種糧」的制度，是世界農業信貸史上的最早記錄④。關於楚國政府貸金貸種的具體情況，詳見本書第四章第三節。此不展開。

## 六、加強水利建設管理，為農業發展保駕護航

春秋戰國時期，各諸侯國都把興修水利當做發展農業生產的重要措施。據文獻記載，當時各國都曾徵調大批役夫從事「通溝恤」⑤工程。楚地處水鄉澤國，在享受水利資源豐富的同時，又常受洪澇之災。隨著青銅、鐵制工具的出現，楚人開始大力興修各種農田水利工程以興利除弊，發展農業，水利灌溉事業由此逐步發展起來。楚

---

① 張正明：《楚史》，湖北教育出版社1995年版，第181頁。
② 劉信芳：〈包山楚簡司法術語考釋〉，載《簡帛研究》第2輯，法律出版社1996年版。
③ 具體內容及探討，參見后德俊：〈糶種考〉，載《中國農史》，1995年第4期。
④ 向安強：〈試論楚國農業的發展〉，載《中國農史》，2000年第4期。
⑤ 《荀子　王制》。

國農田水利設施包括堤防工程、蓄水工程和排灌工程，其中以蓄水工程最負盛名。春秋中期，楚人在廣泛吸收和綜合利用南北農業精華的基礎上，創建了築陂蓄水的水利工程，這是他們對古代中國農業發展的一項巨大貢獻。陂是一種以蓄水為主要功能的水利設施的通稱。陂的產生與稻作農業相聯。上古水稻的種植，必須相察地形的高低，以便於蓄水或引水灌溉。這就是《周禮　地官　稻人》所謂的「以瀦蓄水」。排灌是農業生產中的重要環節，楚人對排灌工程的興建也格外重視，他們興建了一套以溝、渠和浦（人工河）為主要設施的排灌系統，其體系之完備為列國所罕見。

《說苑　辨物》載：「昔者莊王伐陳，舍於有蕭氏。謂路室之人曰：『巷其有不善乎？何溝之不浚也。』」這則記載清楚地告訴我們，此時的楚國已經有了一套比較完善的溝、渠水利系統設施和管理制度，否則莊王不會一見積水馬上聯想到「溝之不浚」。同時，還說明莊王不僅具備水利方面的知識，而且非常重視溝、渠的開挖和疏浚，這當是楚國排灌工程獲得較大發展的重要因素之一。孫叔敖在出任令尹前已主持興建了大型的水利工程——期思陂，出任令尹後也以規劃工程和主管政務見長。凡此，都說明統治者非常重視水利建設和管理。

據文獻記載，楚國興辦大型水利工程除上述期思陂外，還有芍陂、無錫湖陂、申浦、木渠等。《淮南子　人間訓》說：「孫叔敖決期思之水，而灌雩婁之野。」期思在今河南固始縣北境，雩婁在今河南固始縣南境。其規模之大，受益農田之多，可想而知。因此，《孫叔敖碑》稱譽期思陂水利設施「鍾天地之美，收九澤之利」。此項工程後代屢有整飭維修，以饗其利。明嘉靖《固始縣志》盛讚期思陂說：「固始之富饒蓋賴此。」

期思陂在中國農田水利史上具有極其重要的意義，它是我國亙古以來第一個社會性的農田水利工程，比我國歷史上早期的著名水利

工程——魏國的西門渠、秦國的都江堰和鄭國渠，分別要早約200多年、300年和360年，堪稱我國上古農田水利建設事業上第一座不朽的豐碑。楚頃襄王時期子思主持修建的楚國歷史上另外一個更大的水利工程。是《水經注》卷三十二「肥水條」下載：水「逕白芍亭東，積而為湖，謂之芍陂。陂周一百二十許里，在壽春縣南八十里⋯⋯陂有五門，吐納川流」。芍陂的興建不僅給戰國晚期處於衰退之中的楚國經濟帶來了些許活力，而且為此後當地農業經濟的發展奠定了良好的基礎。後世稱譽芍陂「水旱之所不害」，使「官民有蓄」和「軍國富饒」實為「淮南田賦之本」。芍陂在淮南地區所產生的巨大效益，於此不難想像。

《越絕書 越絕外傳記吳地傳》云：「無錫湖者，春申君治以為陂，鑿語昭瀆以東到大田，田名胥卑。鑿胥卑下以南注大湖，以瀉西野。」劉玉堂認為，此水利工程保證了太湖及其周圍地區的農業不受損失和人畜安全，表明楚國水利建設已經達到綜合治理、統籌兼顧的水準[1]。

綜觀楚國整個的水利建設，一如司馬遷在《史記 河渠書》中生動而準確的描述：「楚，西方則通渠漢水、雲夢之野，東方則通溝江、淮之間」。這裡所說的主要指戰國時期的情況，但也包括春秋時期在內。這說明春秋時期楚國是不乏大型排灌工程設施的。正是楚國堪稱發達的水利事業，收到了「百姓饗其利」的效果[2]，有力地促進了楚國農業的大發展、大繁榮。

水利建設是一個龐大而複雜的社會系統工程，需要有相應的管理機制作為保障。與楚國堪稱發達的水利事業相適應，楚國擁有一套成熟高效的農田水利管理機制，既包括農田水利建設機構和官吏的設

---

① 劉玉堂：《楚國經濟史》，湖北教育出版社1995年版，第150頁。
② 《漢書 溝恤志》。

置，又含有水利工程與灌溉用水管理的制度，是楚國農田水利高效運轉的制度保障。據賈兵強研究，楚國不僅設有農田水利的職官，而且初步形成相應的管理體制，從而確保了農田水利事業的持續發展。在楚國農田水利工程建設和管理中，在中央，主要是由司馬和司徒負責，在地方，縣尹（公）是地方農田水利灌溉主要官員，對本地區的灌溉工程的組織、維護、建設以及用水管理負首要責任[1]。這一論斷基本上是正確的，但需要加以補充。私見以為，在楚國，令尹是負責農田水利建設的最高行政長官和第一責任人。司馬和司徒是其左右副手，而封人、司徒則是負責技術的主要官員。理由有二：第一，從文獻記載來看，楚國許多重大水利工程都是在令尹親自主持下完成的[2]。其中，孫叔敖更是因為修建了期思陂而被莊王發現，任命為令尹。第二，楚國令尹都以規劃工程和主管政務見長，如吳起、春申君。當然，孫叔敖更是一個典範，實際上，其兄蔿艾獵也不錯。其任令尹時，在沂這個地方築城時顯示了卓越的才幹[3]。

### 七、注重生產過程管理，規範耕作管理制度

從雲夢秦簡的記載來看，秦國非常注意農業生產的過程管理，對土地的耕作有一套嚴格的技術管理規範，嚴禁違反。從現有史料來看，楚國尚未發現這一類的規定。但相關資料可以間接地說明，楚國似乎也有這樣一套規章制度。劉玉堂對此有清楚的總結，為便於理解，徵引如下：

《呂氏春秋》關於農業生產技術和經驗的論述，主要是來源於以《神農》為代表的楚國農學，但也吸收了其他國家如秦國的農業生產

---

① 賈兵強：〈略論楚國農田水利技術與管理機制〉，載《廣西民族大學學報》（自然科學版），2010年第3期。
② 具體詳見劉玉堂：《楚國經濟史》，湖北教育出版社1995年版，第135—152頁。
③ 張正明：《楚文化史》，上海人民出版社1987年版，第49頁。

技術與經驗。因此，似乎可以這樣認為：《呂氏春秋》中〈任地〉、〈辨土〉、〈審時〉諸篇，在一定程度上反映了楚國的農業生產的技術成就和經驗水準。

從《呂氏春秋》的〈任地〉、〈辨土〉、〈審時〉諸篇看，當時楚國對農業生產的各個環節能夠比較嚴格地把握，形成了一整套耕作制度，並能在此基礎上進行科學的理論總結。

據〈任地〉記載，楚人非常注重精耕細作，即「五耕五耨，必審以盡，其深殖之度，陰土必得」。為了調節地力，楚人保留了傳統的休耕制度：「息者欲勞，勞者欲息」，並且創造了調茬輪作的先進耕作方式：「今茲美禾，來茲美麥」。同是在〈任地〉篇中，又記述有楚人多糞肥田的經驗與技術：「地可使肥，又可使棘，人肥必以澤，使苗堅而地隙」。在這裡，楚人不僅總結了施肥的經驗，而且對施肥的方法也提出了具體要求。《老子》曰：「天下有道，卻走馬以糞」。說明楚人對施肥有著長期的經驗。

據〈辨土〉記載，楚人非常重視田間管理。如對於通風與間苗，楚人的作法是：「故畮欲廣以平，甽欲小以深，下得陰，上得陽」；還應做到「衡（橫）行必得，縱行必術，正其行，通其風」；更須注意：「其耨也，長其兄而去其弟」。可見，楚人對田間管理的任何一個操作過程都有嚴格的標準。這也是楚人農業生產水準發達的標誌①。

總之，從某種意義上說，以許行為代表的農家學派誕生於楚國而非其他國家，這本身就說明，楚國具備孕育這一學派的理想土壤。而《呂氏春秋》論農諸篇之所以對楚國的農學格外推崇以至精心擷錄，則標誌著楚國農業已達到當時農業的最高水準。

---

① 劉玉堂：《楚國經濟史》，湖北教育出版社1995年版，第169—170頁。

任何理論都是從實踐中來並用於指導實踐的。楚國農學經驗的理論總結也不例外，應該是得到了官方的認可，並在實際生產中得到了有力執行的。

## 八、在加強土地管理的同時，注意山林川澤的管理

春秋戰國時期，楚國對山林川澤實行國有政策，政府設官專司其事。董說《七國考　楚職官》引《楚書》云：「藍尹、陵尹分掌山澤，位在朝廷」。《周秦古璽精華》著錄有楚國《陸官之璽》一枚，據有關學者考證，「陸官」或即楚國徵收皋陸之地賦稅的官員[1]。所謂「皋陸之地」，即山地丘陵，簡稱之「山林」。說明楚有掌山林川澤之稅的官吏。據《呂氏春秋　孟冬》載：「令水虞、漁師收水泉池澤之賦。」《呂氏春秋》雜采列國之事，故楚國也應置有此類官員[2]。劉信芳以為，包山簡149所記「陵迅尹」，是管理山林的職官，兼有徵收賦稅之職，與《周禮　地官》：「山虞」、「山衡」相類。楚國置官分掌山林川澤，並徵收山林川澤之稅，說明山林川澤是由中央政府直接管轄和經營的。

楚是如何管理和經營山林川澤，史籍沒有明確記載，但我們可以從零星的、分散的記載中，窺見其大略。前引《繹史》卷五十七引《孫叔敖碑》記孫叔敖為令尹，「布政以道，考王象以度，敬授民時，聚藏於山，殖物於藪……鍾天地之美，收九澤之利，以殷潤國家，家富人喜。」所謂「收九澤之利」，即收山林川澤之所產以為稅；所謂「以殷潤國家，家富人喜」，即將稅收上交國家財政，以實現國強民富。《史記　循吏列傳》也說孫叔敖「秋冬勸民山采，春夏以水，各得其所便，民皆樂其生」。可見，百姓只要向國家繳納一定數量的稅款，便可以依法自由地經營山林川澤之利。

---

① 黃錫全：〈古文字中所見楚官府官名輯證〉，載《文物研究》第7輯，黃山書社1991年版。
② 劉玉堂：《楚國經濟史》，湖北教育出版社1995年版，第45頁。

這也就意味著，在實際管理和經營中，楚國已經通過收稅的方式實現了山林川澤的所有權與使用權的適當分離。百姓只要繳納一定的山林川澤之稅，便可以依法享有一定範圍內的山林川澤的使用權。從「殷潤國家，家富人喜」，「民皆樂其生」來看，這一做法不僅較好地解決了老百姓的民生問題，而且很好地解決了國家的收入問題，算得上是一個兩全其美的好辦法。而「布政以道，考王象以度，敬授民時」，「秋冬則勸民山采，春夏以水」，則清楚地說明楚國統治者已經在嚴格地依照自然規律指導和調控林、漁等生產活動。統治者的直接目的固然是為了保護林業、漁業等副業生產，但在客觀上也具有防止水土流失、保護自然環境和維持生態平衡作用，從而有利於農業的可持續性發展。孟子向梁惠王提出建議：「不違農時，穀不可勝食也；數罟不入洿池，魚鱉不可勝食也；斧斤以時入山林，材木不可勝用也。穀與魚鱉不可勝食，材木不可勝用，是使民養生喪死無憾也。養生喪死無憾，王道之始也。」[1] 說的就是這個理。

最後，有必要簡單介紹一下楚國的畜牧業管理。楚發祥於江漢平原，後雄踞半個南中國，從嚴格意義上講，不是一個傳統的畜牧業國家，但文獻記載和考古材料顯示，楚國不僅非常重視畜牧業的發展和管理，而且取得了驚人的成就，儼然一個畜牧業大國。

從現有資料來看，同農業管理一樣，楚國對畜牧業發展也設置專門官員進行管理。在現有的文獻和考古材料中，所記載的官員以這類為最多。楚國的畜牧業官員種類齊全，數量眾多，職責明確。大致說來，主要有監馬尹、馬尹、豚尹、疇尹、宮廄尹、宮廄令、廄尹、廄右馬等職官 [2]。正因如此，楚國的畜牧業，尤其是養馬業取得了驕人

---

① 《孟子‧梁惠王》。
② 參見顧久幸：《楚制典章——楚國政治經濟制度》，湖北教育出版社2001年版，第57—58頁；石泉主編：《楚國歷史文化辭典》（修訂本），武漢大學出版社1997年版。

的成績。

《戰國策　楚策一》記蘇秦云：「楚天下之強國也⋯⋯帶甲百萬，車千乘，騎萬匹。」《資治通鑒　周紀二》稱楚「騎萬匹」。《左傳　襄公二十二年》載，「楚觀起⋯⋯未益祿而有馬數十乘」，又說「有寵於薳子者八人，皆無祿而多馬」。

從考古發現來看，在今湖北、湖南、河南、安徽等省各地發掘出的車馬坑，都發現有不同數量的車和馬的遺物或遺骸。尤其值得關注的是，2002年冬在湖北棗陽九連墩戰國楚墓車馬坑中，發現有33輛車、72匹馬。2006年8月以來，在湖北荊州熊家塚墓地發現有車馬坑共34座，分布在主塚和陪塚的兩側，大體呈南北向排列。車馬坑大小不一，其中最大的一座長132公尺、寬12公尺左右，已發掘出80輛戰車，300多匹馬遺骸。同時，在今荊州荊門、當陽隨州、雲夢等地楚墓中，經常出土有牛、羊、豬、雞、狗、鴨等遺骸。此外，在馬王堆漢墓中不僅出土有家畜羊、牛、桐（犢）、豕、豚、犬、馬等，還出土了一種《相馬經》，與傳世的伯樂《相馬經》不同，饒有楚地的特色[1]。這些資料足以說明楚國的畜牧業，特別是養馬業相當發達。這既是楚國畜牧業發達的一個重要標誌，同時也是楚國農業發達的一個顯著特徵。

## 第二節　手工業管理

文獻記載和考古資料均表明，春秋戰國時期，隨著社會生產力的顯著提高，楚國的手工業生產取得了長足發展，空前發達，不獨以門類齊全、規模宏大播揚於列國，更以技術先進、水準高超聞達於諸侯，驚豔於後世。《荀子　議兵》云：「楚人鮫革、犀、兕以為甲，

---

① 郭仁成《楚國經濟史新論》，湖南教育出版社1990年版，第78頁。

堅如金石；宛鉅鐵鉈，慘如蜂蠆。」唐楊倞根據徐廣和楊雄說法注曰：「言宛地出土此剛（鋼）鐵為矛，慘如蜂蠆，言其中人之慘毒也。」從生產的技術水準來看，楚國手工業生產種類和生產環節都表現出很高程度的分工和水準，出現了各種類型的手工作坊。從生產主體的性質來看，楚國手工業絕大部分是官營，民間手工業則只是其基礎和補充。從生產管理的角度看，楚國不僅有著完備的工官制度和合理的官吏配置，而且有著比較嚴格的生產技術監督和產品品質檢驗規章，甚至還在一定範圍內推行了生產責任制。而這些正是楚國手工業高度發達的主要表現和重要原因。

## 一、工官管理制度

手工業生產特別是官營手工業的迅速發展，必需有一大批官員來擔任行政管理和技術監督、指導的角色，某些身分較低的官吏甚至還要親自參加生產。所有這些官吏，往往被統稱為「工官」。據文獻記載，早在西周時期，統治者就已經建立了一套相當成熟的工官管理制度，用以指導和管控整個手工業生產。《周禮　考工記》云：「司空掌營城郭、建都邑、立社稷宗廟、造宮室車服器械，監百工。」所謂「百工」，即手工業者的通稱。春秋戰國時期，各諸侯國的手工業管理基本上都沿襲了周制，楚國也不例外。但通過文獻記載和文物資料的鉤沉索隱，我們發現楚國的工官制度更加完善些，舉凡採礦、冶煉、青銅器與鐵器鑄造、紡織、漆木器和玉器製作、城市建築、工程建設、武器製作、色彩工藝、鑄錢乃至釀酒等主要生產部類，都有相應的官員專司，而且官制更完整、職掌更分明、官吏配置更合理，既有全面負責的行政長官「尹」，又有側重負責技術工作的副職「令」、「師」或「佐」。這在一定程度上能夠避免因主管官員因不熟悉業務而造成的損失，有效地保證了手工業生產的健康發展。下面，試就傳世文獻和文物資料所見的楚國管理與技術職官，作一簡單分類並擇要簡介之：

### （一）綜合性行政管理職官

**工尹** 即管理百工的長官。先秦文獻上稱管理百工的職官為司空，周代銘文中則稱作「司工」或「司攻」。《周禮　考工記》云：「司空掌營城廓、建都邑、立社稷宗廟、造宮室車服器械，監百工。」進入春秋以後，中原諸國多稱工正，唯南方楚國獨稱工尹。楚國也有工正，但另有所司。《左傳　文公十五年》記：「王使（子西）為工尹。」杜預注：「掌百工之官。」《左傳　成公十六年》記：「郤至三遇楚子之卒，見楚子必下，免冑而趨風。楚子使工尹襄問之以弓。」又《左傳　昭公十二年》記：「楚子次於乾谿……工尹路請曰：『君王命剝珪以為鏚秘，敢請命！』王人視之。」從其負責贈送弓和破珪玉以飾斧柄的活動來看，工尹無疑為掌管百工之官[①]，負責總管全國手工業的生產。另據楚《邢客銅量》銘文和包山簡106、107、110等記載分析，楚國地方政府也設有工尹一職。

**大工尹** 戰國時期楚國是否有大工尹，先秦文獻中沒有記載，但出土的地下古文字資料證明有。如1957年安徽壽縣城東丘家花園出土的鄂尹啟節，屬於戰國中期的對象。其銘曰：「……大攻尹睢以王命命集尹……為鄂君啟之府商鑄金節。」劉玉堂以為，據《鄂君啟節》銘文和曾侯乙墓出土竹簡記載，大工尹的職權當與被稱為百工之長的工尹相當。它很可能為限制工尹職權而專設或臨時增設，但也可能是對工尹的尊稱[②]。有的則以為，大工尹位在諸工尹之上，是楚國中央主管百工的最高官職[③]。

**工佐** 據楚《邢客銅量》銘文和曾侯乙墓竹簡記載，楚設有工佐一官。從工佐排名緊列工尹之後推測，很可能係工尹副職，意為工尹之輔佐。

---

① 張正明主編：《楚文化志》，湖北人民出版社1988年版，第214頁。
② 劉玉堂：《楚國經濟史》，湖北教育出版社1995年版，第185頁。
③ 石泉：《楚國歷史文化辭典》（修訂本），武漢大學出版社1997年版，第11頁。

**少工佐** 據楚《邯客銅量》銘文記載，楚在工佐之下，設有少工佐一職。劉玉堂根據排名之次序，認為其只能以工佐之技術助理視之[①]。其說可從。

**集尹** 楚集尹不見於文獻，但據《鄂君啟節》銘文和楚《邯客銅量》分析，楚設有集尹一職，其地位低於工尹（或大工尹），很可能是工尹或大工尹的副手或直接下屬。集尹的主要職責有兩項：一是傳達和落實。工尹（或大工尹）從楚王那裡獲得製作器指令之後，即向集尹和其他有關官員傳達，集尹等再往下落實給有關工官去負責具體製作；二是專職負責監造青銅器，也包括監造青銅符節印信等。除此之外，有學者認為集尹似乎有時還兼管其他事務，如河南信陽戰國楚墓出土的貼金木當轤的背面有一「集」字，同墓出土銅匕木柄上也有「集」字，這些「集」字說明這些木器為集尹所監製[②]。

**少集尹** 據楚《邯客銅量》銘文分析，少集尹為集尹的副職，其職責當為協同集尹監造青銅器服等。同集尹一樣，楚少集尹也不見於文獻。

### （二）具體行業的行政管理和技術職官

#### 1.玉器製造

**玉尹** 專門掌管玉器生產和製造的官員。《新序》卷五有荆人卞和「奉玉璞而獻之（楚）武王，武王使玉尹相之」。明董說《七國考　楚職官》載：「玉尹，掌玉之官也。」可證。另據包山楚簡記載，楚國似乎還設有玉令一職。根據楚國官員配置規律來分析，當為玉尹之副職，主要職責是協助玉尹管理玉器的生產和製造。

#### 2.金屬冶鑄

**銅官（尹）** 《七國考》引《圖書記》云：「楚設銅官，鑄錢洲

---

① 劉玉堂：《楚國經濟史》，湖北教育出版社1995年版，第185頁。

② 郝本性：〈試論楚國器銘中所見的府和鑄造組織〉，載《楚文化研究論集》第1集，荊楚書社1987年版。

上，遂名銅官（洲）。」按《嘉慶重修一統志》：「銅官渚在湖廣長沙府城北六十里，有洲。舊傳楚鑄錢處。」可見，銅官即楚鑄錢作坊。按照楚國部門長官多稱「尹」的慣例，銅官應置有銅官尹，或許還置有協助其工作的銅官令和其他技術助理類官員。

**陵尹**　《左傳　昭公十二年》記：「（楚子）使蕩侯、潘子、司馬督、嚻尹午、陵尹喜帥師圍徐以懼吳。」明董說《七國考》引《楚書》說陵尹與藍尹為分掌山澤之官，而藍尹很可能執掌天然染料的提煉與染涷，那麼，陵尹就應掌管山陵之事了，疑即掌開礦之事。因為從礦石中提煉染料與開礦都同山澤有關。《周禮　地官　僕人》賈公彥疏云：「此官不造器物，直取金錫玉石以供冬官百工。」陵尹所掌大概就是這等事務[1]。

**連尹**　《左傳　宣公十二年》載：「射連尹襄老，獲之。」《國語　晉語七》載：「獲楚公子穀臣與連尹襄老。」但連尹的職能，文獻未詳。孔穎達疏引服虔云：「連尹射官，言射連相屬也。」其說過於牽強附會，無人信從。關於連，《史記　貨殖列傳》載：「長沙出連錫。」裴駰《集解》引徐廣曰：「連音蓮，鉛之未煉者。」又《廣雅　釋器》云：「連，鉛礦」。但《漢書　食貨志》云：「鑄作錢布，皆用銅，散以連錫。」師古注引李奇云：「鉛錫璞名曰連。」綜上可見，連不獨指鉛礦，還包括錫礦在內。由於鉛、錫是青銅器和錢幣的主要原料，因而需要大量開發連，連尹也正是為管理鉛錫礦的開發而設的工官[2]。《古璽彙編》0145號有「連尹之璽」。文獻記載春秋時楚有連尹，到戰國時文獻無連尹的記載，連尹之璽證明，戰國時楚有連尹一職。戰國時期的連尹可能與春秋時期的連尹職掌相似，也是職掌礦藏的中央職官[3]。

---

① 郭仁成：《楚國經濟史新論》，湖南教育出版社1990年版，第185頁。
② 郭仁成：《楚國經濟史新論》，湖南教育出版社1995年版，第185頁。
③ 譚黎明：《春秋戰國時期楚國官制研究》，吉林大學2006年博士學位論文，第63頁。

**裁尹**　根據《鄂君啟節》銘文記載,楚還有稱作「裁尹」的官員。學界有多種解讀,但以劉玉堂的最為可信。他認為裁尹的職責或許與監管鑄造有關,但也可能不限於此。裁尹的地位應略低於集尹。

**裁令**　從《鄂君啟節》銘文來看,楚還有稱作「（裁）令」的官員。同樣根據楚國工官設置的管理,裁令應該是裁尹的副職,其職責可能側重於技術層面的具體工作。

**冶師和冶佐**　據《三代吉金文存》著錄的楚《佘感鼎》和《佘感鐈鼎》銘文的記載,楚有冶師和冶佐的職官。劉玉堂以為,冶師應為負責青銅器冶鑄的基層技術官吏,冶佐當為冶師的技術助理一類官員,與冶師一同具體負責青銅器的冶鑄工作[①]。

**新造尹**　《戰國策　楚策一》記:「昔與楚戰於柏舉……秦王聞之:『子孰誰也?』莽冒勃蘇對曰:『臣非異,楚使新造尹。」「新造尹」,鮑彪注云:「楚官」。董說《七國考　楚職官》云:「戰國官號之奇者,如新造尹、犀首是也。」隨州曾侯乙墓出土竹簡也有「新造尹」的記載,繆文遠《七國考訂補》認為「或即《戰國策》所云之『新造尹』」。此說可取。從其有「造」字分析,新造尹的職責當與造器的監製有關。

另據肖毅考證,楚國似乎還設有職鑄和鑄錢客之官職,前者當為掌管鑄造之官,後者則指掌管貨幣鑄造的工官[②]。

### 3.食品生產

**集酶（尹）**　據楚辭〈招魂〉、〈大招〉等記載,楚國飲酒之風甚熾,這說明楚國釀酒業相當興盛,釀酒的作坊必定不少,當然也就會產生相應的管理機構。楚國現存3件有「集酶」銘文的銅器,據學者考證,集酶為楚王室總管釀酒的機構[③]。劉玉堂認為,而依楚制,部門長

①　劉玉堂:《楚國經濟史》,湖北教育出版社1995年版,第189頁。
②　肖毅:〈古璽所見楚系官府官名考略〉,載《江漢考古》,2001年第2期。
③　陳秉新:〈壽縣楚器銘文考釋拾零〉,載《楚文化研究論集》第1集,荊楚書社1987年版。

官多稱「尹」，因此，楚或許有集酭尹一官，很可能還置有集酭令為之副職①。此言甚是。

**集廚尹** 天星觀一號墓出土竹簡有「集胚尹」一官，胚或釋為廚，或據《廣雅　釋言》訓作饌，可知集胚乃總管王室膳饈的機構，集廚尹為其長。

**庖宰、監食** 《七國考》引《賈子》云：「楚惠王食寒菹而得蛭，因遂吞之，腹有疾而不能食。令尹入問曰：『王安得此疾？』王曰：『吾食寒菹而得蛭，念譴而不行其罪乎？是法廢而威不能立也，非所聞也。譴而行誅，則庖宰監食者，法皆當死，心又不忍也。故吾恐蛭之見，遂吞之。』」可見，庖宰、監食是職掌御膳之事。從對楚王飲食安全之如此重視，我們似乎有理由相信，在楚國其他食品生產作坊中，也應設有此類官員。

**4.絲織刺繡**

**鍼尹** 《左傳　定公四年》記：「楚子取其妹季羋畀我以出，涉睢。鍼尹固與王同舟，王使執燧象以奔吳師。」《說文》：「鍼，所以縫也，從金咸聲。」可見，鍼尹應為主管縫紉之官。

**藍尹** 《左傳　定公五年》載：「王之奔隨也，將涉於成臼，藍尹亹涉其帑，不與王舟。」《周禮　冬官　考工記》載：「㡛氏涑絲以涗水漚其絲七日，去地尺暴之，晝暴諸日，夜宿諸井，七日七夜，是謂水涑。」鄭玄注：「漚，漸也。楚人曰漚，齊人曰涹」。郭仁成據此推斷，既然《考工記》的作者從楚稱而不從齊稱，可見這一套涑絲的技術以楚國為最佳。或者，藍尹就是職掌染涑之官。之所以稱藍尹，大約由於藍為最主要的染料，故以之代表染涑之事②。此說可從。

**織室（尹）** 根據《古璽彙編》等所著錄的《織室之璽》、《中織

---

① 劉玉堂：《楚國經濟史》，湖北教育出版社1995年版，第194頁。
② 郭仁成：《楚國經濟史新論》，湖南教育出版社1990年版，第185頁。

室璽》和《東織室璽》等楚璽來分析，楚中央政府設有織室，為楚國紡織手工業的監製機構。根據楚國部門長官慣常稱「尹」分析，織室應當設有織室尹之職，很可能還配置有織室令等副職官員。同理，根據《中織室璽》和《東織室璽》推測，楚「中地」和「東地」也設有主持地方織室工作的長官。

**司衣** 據包山楚簡89簡記載楚有「司衣之州」。從包山楚簡關於州的記載來看，州前面多冠以官名，簡書中共出現41處州，而冠以官名的多達一半以上。可見，這裡的「司衣」應是官名。《周禮 春官 司服》云：「司服掌王之吉凶、衣服，辨其名物，與其用事。」據此，我們認為，司衣很可能與司服相當，是專門負責王室服飾的官員。劉玉堂以為，州以官命名，有兩種可能：一是此州屬於司衣，如同「邸陽君之州」；二是由於某種原因以紀念「司衣」，猶如漢代州名「司州」，是因漢以司隸校尉督察畿輔，後世於畿內置「司州」。此說需作進一步辨析。羅運環和陳偉對此也有探討，可參考①。此不作過多討論。

**襄官** 《古璽彙編》014著錄有楚《襄官之璽》。湯餘惠認為，「襄官」似可讀如「纕官」，可能與衣帶的製作和管理有關。《楚辭 離騷》：「既替餘以蕙纕兮，又申之以攬茝。」王逸注：「纕，佩帶也。」《集韻》云：「纕，一曰馬服帶。」另外楚簡遣策中記載有各種帶名。劉玉堂因此以為，此襄官當為楚國中央政府管理製作各種佩帶的職官。此外，《古璽彙編》0309著錄的《下蔡戠襄璽》中的戠襄，當為楚國地方政府專營佩帶生產的手工業作坊，其長官或稱戠襄令②。

**工正** 《左傳 宣公四年》記：「及令尹子文卒，鬬般為令

---

① 詳見：羅運環：〈包山楚簡中的楚國州制〉，載《江漢考古》，1991年第3期；陳偉：〈包山楚簡初探〉，武漢大學出版社1996年版，第86—93頁。
② 參見劉玉堂：《楚國經濟史》，湖北教育出版社1995年版，第183、190頁。

尹，子越為司馬。蒍賈為工正，譖子揚而殺之，子越為令尹，己為司馬。」這是楚官工正見於《左傳》的唯一記載。吳永章認為，工正的職責與工尹責相類似，應同為掌百工之官。其理由有二：一、《左傳 莊公二十二年》載，陳公子完奔，齊桓公「使為工正」。杜預注：「掌百工之屬。」工尹，杜預也說是掌百工之官，故其職責應相類似；二、又據《爾雅 釋詁》郭注：正，「謂官長」，即古時一官之長曰正，故從字義上講，工正與工尹也相類似[①]。張正明在《楚文化史》中說，「孫叔敖之父賈為工正，主管工程」[②]，似乎也持這一觀點。劉玉堂不同意這一觀點，認為按照吳氏的說法，工正與工尹或是一官二名，如同《湖北通志》所說：「工尹掌百官之長，又有工正亦其類也。」事實上，這是以中原職官比附楚官，中原諸國工正管百工不假，楚國工正則另有所司。在楚國工正應為主司車服製造的官吏，並兼管理車服裝備。理由如下：《左傳 昭公四年》記：「夫子為司馬，與工正書服。」孔穎達疏云：「工正……掌作車服，故與司馬書服。」又《左傳 襄公九年》記：「使皇鄖命校正出馬，工正出車。」杜預注：「工正主車」。孔穎達疏：「夫子為司馬與工正書服，是諸侯之官司馬之屬有工正主車也。」再聯繫到《左傳 宣公四年》記芳賈「為工正」後升為司馬之屬的說法，即可得出上述結論[③]。綜合楚國官制與中原官制相較，具有名同責異的特點來考察，劉玉堂之說似更可信些。

### 5.漆器製造

**吏臣**　漆器製造業是楚國手工業生產中一個有著鮮明特色的重要部類，無論如何都應當設有官員專司其職。但由於文獻闕如，我們對楚國漆器生產管理方面的情況知之甚少，幸有地下出土文物在一定

---

① 吳永章：〈楚官考〉，載《中華文史論叢》，1982年第2輯。
② 張正明：《楚文化史》，上海人民出版社1987年版，第49頁。
③ 詳見劉玉堂：《楚國經濟史》，湖北教育出版社1995年版，第187頁。

程度上彌補了這一遺憾。繆文遠《七國考訂補》引長沙楚漆窗刻銘：
「廿九年六月□日作造，吏臣向、右工師向、工六人臺。」這當是楚
國漆木器行業中管理者和生產者的標記。其中，吏臣大概為負責漆木
器製造業的行政長官；右工師或許為執掌此行業的技術官吏；工，即
工匠，即具體生產者。可見，春秋戰國時期的楚國從漆器生產到管理
都具備一整套較為完整的體制[①]。

**右工師** 前引長沙楚漆奩刻銘謂楚有「右工師」。這裡的右工
師，其地位可能相當於中原諸夏之工師，楚國慣常分置官職為左、
右，以示尊卑。《禮記 曲禮上》孔穎達疏引干寶云：「凡言師者，
訓其徒也。」可見，工師與工匠之間，一般是隸屬兼師徒關係。而工
師與工尹的主要區別在於：前者是從工匠中遴選出來負責技術指導和
生產管理的技術官員，而後者則是手工業生產的行政管理官員。所以
《管子 立政》云：「使刻鏤文采，毋敢造於鄉，工師之事也」，
《荀子 王制》亦云：「論百工，審時事，辨功苦，尚完利，便備
用，使雕琢文采不敢專造於家，工師之事也。」在生產過程中，工師
還負有監工的任務。如《禮記 月令 季春之月》曰：「百工咸理，
監工日號」。鄭玄注云：「於百工皆理治其事之時，工師則監之，日
號令之。」又《考工記 梓人》云：「凡試梓飲器，鄉衡而實不盡，
梓師罪之。」鄭玄注：「梓人之長罪於梓人焉。」賈公彥疏：「梓師
是梓官之長，不可自受罪，故為梓師罪梓人也。」這則史料表明：工
師乃是通名，梓師才是梓官的實名。因此，我們似乎可以推測，在不
同的生產部門，工師的名稱也各不相同[②]，其職司也彼此互異。具體到
這裡的漆奩刻銘中的「右工師」，則很可能是工師在漆木器生產部門
的名稱。

① 劉玉堂：《楚國經濟史》，湖北教育出版社1995年版，第191頁。
② 郭仁成：《楚國經濟史新論》，湖南教育出版社1990年版，第87頁。

### 6.工程建築

**司徒** 《左傳　宣公十一年》記：「令尹蒍艾獵城沂，使封人慮事，以授司徒。量功命日，分財用，平板榦，稱畚築，程土物，議遠邇，略基趾，具餱糧，度有司，事三旬而成，不愆於素。」杜預注：「司徒掌役。」孔穎達疏：「《周禮》，大司徒掌庶人之政令，小司徒凡用眾庶，則掌其政教。凡國之大事致民，是司徒掌徒役也。」《左傳　襄公二十五年》記鄭伐陳，陳屈服，最後鄭一毫不取，「司徒致民，司馬致節，司空致地，乃還。」又《尚書　牧誓》偽孔傳云：「治事三卿：司徒主民，司馬主兵，司空主土。」綜合分析，司徒主掌徒役。徒役主要指在王宮、貴族和地方政府手工業作坊中服役的工奴，但也包括在軍中做一些帶有技術性和後勤性質工作的人，如修理車輛者和做飯、采樵者等。另據《荀子　王制》云：「司徒知百宗城郭立器之數」，表明司徒不僅專司管理工奴一事，同時還兼管城建和器服製造之事，否則他是不會知道也無須知道「城廓立器」的具體數目的。

**封人** 上引《左傳　宣公十一年》記：「令尹蒍艾獵城沂，使封人慮事，以授司徒。」杜預注：「封人，其時主築城者。慮事，謀慮計功。」《正義》云：「周禮封人，凡封國封其四疆，造都邑之封域者之。」《周禮　地官　封人》說：「封人，掌詔王之社壝，為畿封而樹之。凡封國，設其社稷之壝，封其四疆。造都邑之封域者亦如之。」可見，封人是職掌城郭建築的職官，負責大型建築工程的工程規劃設計和建築材料、工期以及經費的預算等工作，隸屬於司徒。又《荀子　堯問》也記有楚孫叔敖答繒丘封人問之事。此繒丘封人，或即地方政府主管建築工程的官員。

**司城** 包山楚簡記有「司城」。劉玉堂認為，「司城」當為主管城市建設的官員。又曾侯乙墓出土竹簡中有「宋司城」。過去一直認為司城即司空或司工，為宋獨有，是宋因武公名司空，遂改司空為司

157

城。現在看來，這種看法是錯誤的，須加以修正 ①。

### 7.其他雜類

**市攻**　「市攻不見於文獻記載，僅見於考古發現。其中「市」字與《鄂君啟節》「市」字的寫法類同，裘錫圭釋為「市」，以為「市攻」當讀為「市工」，意即市所屬的工官或工匠 ②。劉玉堂在此基礎上，根據《史記　循吏列傳》有關楚國「市令」的記載，認為市令為一市的最高行政長官，猶如一縣之縣令，市工則系一市主管手工業生產的官員 ③。結合相關材料來考察，私見以為，劉玉堂的這一觀點是正確的。

邵鴻在《商品經濟與戰國社會變遷》中指出：「先秦時期市場的主要形式，是官府在各城邑內設置的『市』。『市』既是社會上交換與貿易的主要場所，同時也是國家直接管理工商業和工商業者的基本機構。市場管理機構往往因利乘便設置手工作坊，製造多種手工業產品出賣贏利。這是戰國官府手工業中從事商品生產的主要部分之一……戰國時期亭、市作坊生產的種類，除了最常見的制陶、制漆外，可考見者還有釀酒業。」據其考證，《呂氏春秋　精通》記擊磐者「昔為舍氏，睹臣之母」，實際上就是居市而見「為公家為酒」的母親，正說明市府轄有釀酒作坊並在市上出售其產品。此雖記春秋事，但亦必為呂書寫作時社會上存在的現象 ④。可見，楚國也是存在著市場手工業的。既然有市場手工業，就會有相應的管理者。市工應是其中之一。聶菲亦指出：「從楊家灣楚墓漆耳杯上的『市攻』印文得知，南楚的官市兼營包括漆器製造業在內的手工業，而且設有兼管漆器生產的工官——『市工』。楊家灣出土的漆器應是南楚官市的產

---

① 劉玉堂：《楚國經濟史》，湖北教育出版社1995年版，第191頁。
② 裘錫圭：〈戰國文字中的「市」〉，載《考古學報》，1980年第3期。
③ 劉玉堂：《楚國經濟史》，湖北教育出版社1995年版，第187頁。
④ 邵鴻：《商品經濟與戰國社會變遷》，江西人民出版社1995年版。第85、86頁。

品，以此亦印證南楚手工業尤其是官營漆器手工業發展的速度與規模。」①

**胥師**　《左傳　宣公十四年》記：楚莊王伐宋，「屨及於窒皇，劍及於寢門之外，車及於蒲胥之市」。《正義》云「闕名窒皇及市名蒲胥，義皆未聞，蓋謂郢都之市耳。」《周禮　地官　司市》云：「以賈民禁偽而除詐。」鄭玄注：「賈民，胥師、賈師之屬，必以賈民為之者，知物之情偽與實詐。」郭仁成認為：「蒲胥之『胥』，似是胥師之謂，則蒲胥之市，應即是蒲席之市了。因為楚地多產蒲席，在郢都辟有專門市場，而以胥師管理之。」劉玉堂據此進一步指出，胥師應為楚國管理蒲席市場的下層官吏，同時還可能兼監理蒲席生產。因為按鄭玄之說，胥師必「知物之情偽與實詐」，而要想做到這一點，就必須對蒲席的生產過程有較深的了解，而這正是蒲席製造業行政管理者和技術官員所必須具備的基本業務素質②。

## 二、生產管理政策與措施

春秋戰國時期，楚國對手工業的管理，不僅在宏觀政策上完全照搬西周制度，實行嚴格的國家壟斷政策，設不同規模和種類官營作坊直接進行手工業生產，以保證王室和貴族的需要，而且在管理制度和措施上基本上也是效法周制，除設置各級專職官吏負責日常行政和技術管理之外，還對產品責任制和生產的管理監督制度都作了嚴格規定，以保證產品的品質安全和生產的有序與正常進行。

《禮記　月令》記：「（季春）命工師令百工，審五庫之量，金、鐵、皮、革、筋、角、齒、羽、箭幹、脂膠、丹漆，毋或不良，百工咸理，監工日號，無悖於時，無或作為淫巧，以蕩上心……（孟冬）命工師效功，陳祭器，案度程，毋或作為淫巧，以蕩上心，必功

① 聶菲：〈關於湖南地區楚漆器的生產、管理和產地問題的再討論〉，載《楚文化研究論集》第9集，上海古籍出版社2011年版。
② 劉玉堂：《楚國經濟史》，湖北教育出版社1995年版，第193、194頁。

第三章　經濟法律制度

致為上。物勒工名，以考其誠。功有不當，必行其罪，以窮其情。」有學者認為這實際上就是有關產品格式、百工考績方面的立法。每年年終，工官之長將百工所造器物一一登記成冊，並在貴重器物上鑄刻鑄器者的姓名，一方面便於考察器物容量的大小和圖案樣式是否合乎法定標準及禮制要求，另一方面根據器物的物主姓名和鑄器者姓名核實產品品質，進行獎懲[①]。由此可見，西周時期國家非常重視生產管理和產品品質問題，已經初步建立了產品責任制和生產管理監督考核制度。目前還尚未發現楚國有這樣的立法記載，但這不表明楚國沒有這樣的管理制度和措施。相反，考古發現表明，楚國手工業生產不僅有著相當完善的生產流程管理制度，而且有著較為嚴格的技術監督與考核制度和產品品質檢驗制度，同時還在生產領域實行重點產品責任制。所有這些不僅保證了生產的有序與正常進行，而且確保了產品的品質和安全，使得楚國手工業產品享譽列國，流芳百世。

關於楚國手工業的生產程序和流程管理，文獻沒有記載，但考古發現能為我們提供諸多相關資訊。

《鄂君啟節》車節記：「大司馬昭陽敗晉師於襄陵之歲，夏尿之月，乙亥之日，王處於茂郢之游宮。大工尹□以王命命集尹糩、裁尹逆、裁令阢，為鄂君啟之府商鑄金節」；《鄂君啟節》舟節記：「大司馬昭陽敗晉師於襄陵之歲，夏尿之月，乙亥之日，王居於栽郢之游宮。大工尹□以王命，命集尹糩、裁尹逆裁邵令阢為鄂君啟之府商鑄金節。」

從車節和舟節不厭其煩地記載同一件事，我們至少可以獲得兩點啟示：一、楚國的手工業生產有一套相應完善的工作流程及其管理制度。楚國器物的製作，至少須經過發出生產指令、傳達生產指令、製作具體器物三個階段，而且每一階段的落實情況都進行了記錄和備

---

① 胡留元、馮卓慧：《西周法制史》，陝西人民出版社1988年版，第229頁。

案。二、記載的內容非常全面、具體。我們看到在這裡時間已經具體到了年、月、日，官員具體到了官職和姓名。楚國生產過程的登記制度，不僅有效地管理了手工業生產的有序和正常進行，而且強化了各級官吏的監督管理責任。

從考古發現資料來看，楚國官營作坊和工官大多持有印璽，如《造府璽》、《織室之璽》、《右斯政璽》、《鑄錢客璽》等[①]。在一些重要器物上，不僅勒有生產機構名或主管官員名，如《鄂君啟節》，而且同時刻有工匠的，即「客」或「工」名字。如長沙左家塘44號楚墓出土的褐色矩文錦，不僅錦面上鈐蓋著織造機構的標誌，而且在其黃色絹邊上刻有工匠伍氏女子的署名——「女五氏」三字[②]。長沙出土的一件楚漆盒，其刻銘，工官「吏臣向、右工師向」與國工「工六人臺」的名字依次而列。在壽縣出土楚銅器銘文中屢見「鑄客」之名，如有二豆一缶銘曰：「鑄客為王后六室內為之。」又有一匜銘曰：「鑄客為禦室為之」。在故宮博物院所藏《室客匜》腹部，有銘文「楚王室客為之」，底部有銘文：「食客」二字。結合周代「物勒工名，以考其誠」制度考慮，並參酌雲夢秦簡有關手工業的立法來看，我們有理由相信楚國手工業生產不僅有著相當完善的技術監督與考核制度，而且有著較為嚴格的產品品質檢驗制度，並且已經在一些優勢生產領域實行重點產品責任制[③]。

通過以上簡要考察，我們似乎可以獲得這樣一個印象，即楚國的手工業生產管理制度基本上承襲周制而來，毫無創新和特色所言。

① 先秦時期，楚國官營作坊往往既是生產機構，同時又是管理機構。關於楚官府官名之璽，更多地可參見羅福頤主編：《古璽彙編》，文物出版社1981年版。吳振武：〈《古璽彙編》釋文訂補及分類修訂〉，載《古文字論集》初編，香港中文大學1983年版。鄭超：〈楚國官璽考述〉，載《文物研究》第2輯，1986年12月。黃錫全：〈古文字中所見楚官府官名輯證〉，《文物研究》黃山書社，1991年版。肖毅：〈古璽所見楚系官府官名考略〉，載《江漢考古》，2001年第2期。

② 熊傳新：〈楚國的絲織業〉，載《江漢論壇》，1982年第8期。

③ 劉玉堂：《楚國經濟史》，湖北教育出版社1995年版，第196頁。

其實不然。與中原列國相比，楚國官營手工業制度的特色是非常鮮明的。具體來說，主要表現在用工制度上。

第一，實行人才雇傭制度，積極引進和重用外來人才和技術。郭仁成指出，春秋戰國時期，中原封建諸侯的官府工廠中禁令特多，所有這些都是為了束縛百工的手腳，使他們凡事率由舊章，不得稍有創新，楚國較中原為後起，保守思想較中原淡薄，守舊習俗較少，技術上比較講求創新①，所以他們大力推行人才雇傭制度，積極引進和重用外來人才和技術，以求創新和發展。安徽壽縣出土楚銅器銘文中屢見「鑄客」之名，並有銘文「食客」二字。這些所謂的「鑄客」、「食客」等客，均為外來技術工匠②。春秋以來，諸侯國之間工匠的自由交流是普遍存在的，鑄客係招徠的有鑄造特長的雇工，要著客籍，官府給以一定的俸祿③。其他工種，雖未見史料，想亦有這種相互交流的事實，在楚國官府工廠中，肯定還有各種工客，他們與工廠顯然是雇傭關係④。

劉玉堂指出，他們不僅能夠進入王室，直接為宮廷鑄造器物，而且有的還得以參與關係楚國國計民生的鑄錢業，足見楚國對外來技術人才是十分重視的，是能充分信任並大膽使用的。外國技術人用於楚國，主要是通過以下三條途徑：一是誠心聘請，二是自動流入，三是異國派遣⑤。

據《越絕書》卷十一記載：「（楚王）於是乃命風鬍子之吳見歐冶子、干將，使之作鐵劍。歐冶子、干將鑿茨山，洩其溪，取鐵英

① 郭仁成：《楚國經濟史新論》，湖南教育出版社1990年版，第96頁。
② 關於客的認識，學界意見不一。裘錫圭、李學勤、郝本性等均認為是外來高級雇工。李家浩和陳偉則認為是「某客」或「某某客」是楚國特有的一種官名，並非外來人才。詳見陳偉：《包山楚簡初探》，武漢大學出版社1996年版，第120—124頁。
③ 石泉主編：《楚國歷史文化辭典》，武漢大學出版社1996年版，第407頁。
④ 郭仁成：《楚國經濟史新論》，湖南教育出版社1990年版，第93頁。
⑤ 劉玉堂：《楚國經濟史》，湖北教育出版社1995年版，第198—201頁。

作為鐵劍三支：一曰龍淵，二曰泰阿，三曰工布。」作為楚人聘用的著名鑄客，歐冶子、干將與楚王之間顯然是一種雇傭關係。或許正是得益於因為他們悉心傳教，楚人造出了足以令諸夏震懾的鐵劍，以至連秦昭王也發出「吾聞楚之鐵劍利」[1]的感慨。又據《禮記　檀弓》載：「季康子之母死，公輸若方小。斂，般請以機封，將從之。公肩假曰：『不可……般，爾以人之母嘗巧，則豈不得以？其毋以嘗巧者乎？則病者乎？噫！』弗果從。」「機封」，孔穎達疏云：「以轉動機關窆而下棺」，顯然是一項重要的技術革新，具有較大的應用價值，但公肩假不僅不予以支持，反而譏之為「以人之母嘗巧」，即以他人的母親作試驗品。然而，這位不為故國所容的巧匠公輸般到楚國後，卻受到特別的禮遇，他的技術也得到了充分的應用。在楚國，公輸班運用自己的技術為楚國制舟戰之器，「作鉤繩之備」，「造雲梯之械」，為楚國軍事技術裝備的改善和提高作出了巨大的貢獻。《墨子　魯問篇》云：「公輸般自魯南游楚焉，始為舟戰之器，作為鉤拒之備，楚人因此若勢，亟敗越人。」同書〈公輸篇〉曰：「公輸般為楚造雲梯之械，成，將以攻宋。」又據《左傳　成公十二年》記：「楚侵（魯）及陽橋，孟孫請往，賂之以執斫、執針、織紝，皆百人。」以善織「屨」、「縞」名聞天下的魯國，其織紅技術當也為列國之冠。魯國縫紝之類的工匠入楚，無疑給楚國的紡織刺繡業帶來了新的技術，這不能說不是楚國紡織刺繡水準至戰國時期已技壓群芳的重要因素之一。正是由於楚人能夠重用外國的人才和技術，最大限度地發揮異國技術人才的聰明才智，吸取當時國際上最先進的技術成果，因而贏得了手工業生產的高速發展和技術水準的全面提高[2]。

---

① 史記　范雎列傳》。
② 劉玉堂：《楚國經濟史》，湖北教育出版社1995年版，第200、201頁。

第三章　經濟法律制度

第二，百工享有一定的自由權利。春秋戰國時期，楚國官府工廠的工匠，絕大部分不是工奴，而是自由民。但在中原各國，工匠的社會地位卻是卑下的，人身自由受到種種限制，身分不能改變，不能做官，甚至不能與讀書人同等對待。《禮記　王制》曰：「凡執技以事上者，不貳事，不移官，仕於家者，出鄉不與士齒。」孔穎達正義云：「非但欲使專事，亦為技藝賤薄，不是道德之事，故不許之。」又曰：「以其賤，故出鄉不與士齒。」而楚國，情況卻大不一樣。前面已經提到，楚國實行人才雇傭制度，來自各國的外來工匠如魯班以及為數眾多的鑄客等，不僅來去自由，而且受到尊重。即便是楚國國內的工匠，也享有自由遷徙的權利，甚至可以走出國門，跨國經營手工業生產。《左傳　定公四年》記：「（楚）鑪金初宦於子期氏，實與隨人要言。」這個鑪金，就是由楚入隨的從事青銅鑄造的手工業者，他原在楚時「宦於子期氏」。此外，《季木藏陶》所輯陶文有「楚城遷蕫里賑」、「楚城遷蕫里祁」、「楚城遷蕫里姁」等。據學者考證，「蕫里」是齊國里巷名，而「賑」、「祁」是陶工之名，「姁」則可能是女陶工之名[1]。顯然，他們都是從楚國遷去的，而敢於自標「楚城」字樣，說明他們的遷徙是得到政府許可的，也就是說他們的遷徙是合法的，否則他們是不會也不敢標注自己的籍貫的。

　　正是由於重視人才和技術的引進，並賦予工人以自由發展的權利和空間，使楚國官營手工業制度與中原相比，更富有生命力、創造力，成為楚國手工業後來居上的根本原因和重要保證。這些特色不僅當時就給予北方諸國以積極影響，而且對後來的秦漢手工業的發展，特別是秦漢工官的設置，起了先行的作用[2]。

①　陳直：〈讀金日劄（選錄）〉，載《社會科學戰線》，1980年第1期。
②　郭仁成：《楚國經濟史新論》，湖南教育出版社1990年版，第97頁。

## 第三節　商業管理

與堪稱發達的農業和手工業相比，楚國的商業顯得更為興旺，更為繁盛。其標誌不僅在於它有著興旺發達的商品貿易、數量眾多的商業都會與運轉天下的交通網絡，而且在於商人在楚國具有一定的社會地位，更重要的還在於有著一套相對完善的管理制度、獨特的貨幣系統和完備的度量衡制。

### 一、管理機構

楚國的商業管理機構及其職責，典籍所載無多。所幸劉玉堂在《楚國經濟史》一書中，設專文對這一問題進行了詳見探討，從而使我們對楚國的商業管理機構及其職責有一個大體上的認識。

大致來說，楚國的商業管理機構主要由國家和王室兩大體系組成。其中，屬於國家行政系統的主要有大府、高府、高庫、錢府等，歸屬於王室行政系列的有事室、集脰、大廄、集糈、集廄、脰官、肴等①。除此之外，楚國的一些大的貴族與封君似乎也設有自己的商業管理機構——府，但均只以爵名或官名命名，如鄂君啟之府和司馬之府。

在對楚國管理機構及其職責與職官配備進行考察之後，劉玉堂指出：一、從楚商官的類別來看，大抵門類齊全，即既有全面主持綜合性商業管理機構事務的高級職官，又有分管財務、稅收、飲食、商檢等行業的部門官吏。二、一般來說，楚國中央政府設有某一職官，地方政府也設有相應職官，這對於政令能否順利貫徹實施尤為重要。三、大致上，同一商業機構中既有主管長官即正職官員，又有副職即屬官，不同職務的官員各有所司，有利於提高辦事效率②。其說可從。

---

①　具體論證及其職責參見劉玉堂：《楚國經濟史》，湖北教育出版社1995年版，第249—261頁。

②　劉玉堂：《楚國經濟史》，湖北教育出版社1995年版，第261頁。

由此，我們不難發現，楚國商業管理機構不僅較為健全，而且職官配置也比較合理，運轉也較為高效，這表明楚國已經初步形成了一套相對完善的商業監督制度。

## 二、重商政策

如眾周知，楚人重商。但古今論楚人重商者，幾乎都是拿晉人隨武子對楚國「四民」[①]的排列順序作論證，並進一步認為，楚人之所以要以商為「四民」之首而又商賈並列，只能歸因於楚人對商業的重視以及商賈在楚國社會經濟生活中占有的特殊地位[②]。劉玉堂對此持不同意見，並進行了商榷[③]。其實，關於楚人重商的問題，我們完全可以從楚國的商業政策中找到更多的實證。

第一，政策和法律允許商人在一定範圍內和一定條件下參與國家的政治生活。

《韓詩外傳》卷八記：

吳人伐楚，昭王去國，國有屠羊說從行。昭王反國，賞從者及說，說辭曰：「君失國，臣所失者屠；君反國，臣亦反其屠。臣之祿既厚，又何賞之？」辭不受命。君強之，說曰：「君失國，非臣之罪，故不伏誅；君反國，非臣之功、故不受其賞。吳師入郢，臣畏寇避患，君反國，說何事焉？」君曰：「不受，則見之。」說對曰：「楚國之法：『商人欲見於君者，必有大獻重質，然後得見。』今臣智不能存國，節不能死君，勇不能待寇，然見之，非國法也。」遂不受命，

---

① 《左傳　宣公十二年》記晉隨武子談論楚伐鄭之因時說：「會聞用師，觀釁而動。德、刑、政、事、典、禮不易，不可敵也，不為是征。楚君討鄭，怒其貳而哀其卑。叛而伐之，服而舍之，德、刑成矣。伐叛，刑也；柔服，德也；二者立矣。昔歲入陳，今茲入鄭，民不疲勞，君無怨讟言，政有經矣。荊屍而舉，商農工賈不敗其業，而卒乘輯睦，事不奸矣」。在這裡，隨武子將商賈列為四民之首。而《管子　小匡》則稱：「士、農、工、商四民者，國之石民也。」

② 郭仁成：《楚國經濟史新論》，湖南教育出版社1990年版，第1頁。

③ 具體參見劉玉堂：《楚國經濟史》，湖北教育出版社1995年版，第262—264頁。

入於澗中。昭王謂司馬子期曰：「有人於此，居處甚約，議論甚高，為我求之，願為兄弟，請為三公。」司馬子期舍車徒求之，五日五夜，見之，謂曰：「國危不救，非仁也；君命不從，非忠也；惡富貴於上，甘貧苦於下，意者過也。今君願為兄弟，請為三公，不聽君，何也？」說曰：「三公之位，我知其貴於刀俎之肆矣；萬鍾之祿，我知其富於屠羊之利矣。今見爵祿之利，而忘辭受之禮，非所聞也。」遂辭三公之位，而反乎屠羊之肆。

《莊子　讓王》對此也有記載，足見可信。由此推知，一是楚國商人經常參與國家的政治生活，若非如此，身為個體工商戶的屠羊說是絕無可能參與護衛昭王這一行動的。原因很簡單，不外乎兩點：一、如不是經常介入政治生活，屠羊說就不可能有這方面的素質和經驗，也就不會在如此生死存亡的緊急關頭，挺身而出，冒著生命危險，不辭辛苦地參與護衛國君的行動；二、若不是政策和法律允許商人參與政治生活，屠羊說即便有此愛國之心，也恐怕是報國無門。因為，出於安全和維繫體制等諸多原因，楚王和身邊的大臣是絕對不會准許這樣一個小人物跟在身邊的。而屠羊說一路跟隨，顯然表明在楚國統治階層早已對商人參政習以為常了。

第二，對商人制定有特殊的保護政策和法律。

「楚國之法；商人欲見於君者，必有大獻重質而後得見。」這是楚國唯一所見的「四民」見君之法。運用法律對「見君」這一行為進行規範和調整，本身就表明了國家對這一行為的高度重視。儘管嚴格規定了見君必須以犧牲經濟利益為條件，但畢竟還是從法律上對商人介入國家政治生活進行了確認，這無疑大大提高了商人的社會和政治地位，表明楚國非常重視發展商業，同時也從側面說明楚國已經在加強對商業的監管。因為，任何法律都是具有管制和規範目的的。郭仁成進一步指出：既曰國法，當然是由來已久。由此可以窺見商賈與國

君的經濟關係，找到楚人重商的一個原因，楚君是通過這種朝見取得稅收以外的巨額貢獻，而商賈則借此換取政府特許的種種優惠待遇，以便牟取更大的利潤[①]。

另據《左傳　定公四年》記載，昭王奔隨後，幸虧隨君曲意保護，才脫離險境。而隨人之所以要這樣做，一個重要原因就是楚國當時有一個個體戶小爐匠爐金在隨國經商，他因為「初宦於子期氏，實與隨人要言」。昭王既脫險，「喜其意，欲引見之以比王臣，且欲使盟隨人。」楚王敢於把與他國結盟的重任交給一個小商人，顯然是對商人參與國家政治生活的一種高度認可和積極鼓勵。

楚國不僅器重本國商人，而且對外國在楚經商兼從事外交活動者也優禮有加[②]。《左傳　成公三年》記：「（晉）荀罃之在楚也，鄭賈人有將實諸褚中以出。既謀之，未行，而楚歸之。」楚人發現鄭賈人的所作所為後，不但沒有怪罪他，反而讓他回國。這說明在楚人眼中，商人參與國事活動是一種非常正常、也是十分普遍的現象。

第三，重點扶持官商，積極發展中小商業。

為重點扶持官商，幫助其做大做強，楚國專門為官商制定了其一系列優惠政策和法令。關於這一點，我們可以從《鄂君啟節》銘文中找到足夠的證據和資訊。具體來說，楚國給予大官商享受的優惠政策主要有：一是提供全國性的市場和國際性的經營空間。從銘文記載來看，鄂君啟的車隊和船隊不僅暢行於全國各地，而且可以進入四方鄰國。二是放寬經營規模的限制。一般而言，為防止商人勢力坐大，影響國家政治、經濟的安全，從鞏固政權和維護社會穩定出發，古代政府常常嚴格限制商人的經營規模。楚國亦不能例外。但為扶持官商，楚國有意識地放寬了限制，准許其在政府可控制的範圍內最大限度地

---

① 郭仁成：《楚國經濟史新論》，湖南教育出版社1990年版，第2頁。
② 劉玉堂：《楚國經濟史》，湖北教育出版社1995年版，第265頁。

擴大其經營規模。正因如此，我們看到鄂君啟不僅擁有一支規模龐大的商隊，走陸路可帶車五十乘，走水路則可帶船一百五十艘，而且設有掌管經濟收入和開支，並主持各項經濟活動，包括在全國範圍內經營商業的機構——鄂君之府[①]。三是享受部分免稅特權。鄂君啟商隊周流全國各地，只要出示金節，便一律免徵關稅。載馬、牛、羊出關，雖須將稅交給大府，但關稅同樣減免。郭仁成以為，既然鑄成金節，當係一種固定的制度[②]。此說甚是。這也就意味著，以上這些政策不獨為鄂君啟所享受，其他官商，均可一應共用。這也說明以貴族身分而兼營商業的在當時已經成為一種普遍的現象。

值得注意的是，楚國重點扶持官商的同時，也積極發展中小商業。對於中小商賈和小生產者的商業活動，楚國政府也採取獎勵和扶持的政策。

據《史記 循吏列傳》記載，孫叔敖為楚相時，「秋冬則勸民山采，春夏以水（乘多水時而出材竹），各得其所便，民皆樂其生。」《鄂君啟節》車節銘文說：「如載馬、牛、羊以出內關，則徵於大府，勿徵於關。」意即馬、牛、羊在國內流通，政府只徵收一次畜產稅，以後通過所有關卡都不再徵稅。這樣做，顯然是為了獎勵這三種關係人民生產生活甚大的牲畜能在全國範圍內自由流通。因此，這種優待恐怕不會限於對大商人，也會及於中小商賈[③]。另據《管子 輕重戊》記：「桓公即為百里之城，使人之楚買生鹿，楚生鹿當一而八萬，楚民即釋其耕農而田鹿。」楚國農民見養鹿的利潤遠遠高於種田，便紛紛棄農養鹿，不難理解，也不值得關注，因為追求利益的最大化，是很自然的事情。真正值得我們關注的是，這一現象的背後國家和政府的態度與作為。我們知道，在傳統統治模式中，即便是放在

① 何浩：〈戰國時期楚封君初探〉，載《歷史研究》，1984年第5期。
② 郭仁成：〈楚國商業初探〉，載《江漢論壇》，1984年第5期。
③ 郭仁成：《楚國經濟史新論》，湖南教育出版社1990年版，第5頁。

今天，沒有官方的肯定和支持，這一現象也是絕無可能出現的。《管子‧輕重戊》又云：「管子告楚之賈人曰：『子為我致生鹿二十，賜子金百斤，什至而金千斤也。』」楚國的生鹿交易之所以能夠獲得迅速發展，顯然得到了楚國政府的肯定和支持。

正是在這一政策的支配和引導下，楚國的中小商賈也得到相應的發展。資料顯示，楚國的中小商賈不僅數量眾多，而且種類齊全。《史記‧循吏列傳》所記載的楚莊王以為幣輕，更以小為大，結果「市亂，民莫安其業」、「百姓不便，皆去其業」的那些「民」或「百姓」，就是從事商品交換活動的中小私營商人，並非官商巨賈。大致說來，楚國的中小商賈可分為四種類型：第一種是專職商販，主要從事農副產品的收購、販運工作。《韓非子‧內儲說下》記：「（楚）昭奚恤令吏執販茅者而問之。」這種販茅者正是農副產品的收購與販運者。同書《外儲說左上》稱：「楚人有賣其珠於鄭者」，又同書《難一》稱「楚人有鬻盾與矛者」，這兩個商人不僅從事國際貿易，而且經營的是昂貴的珠寶和兵器，其實力之雄厚，可謂是鉅賈了。二是零售商人，他們主要是從官商手裡或上述商販那裡批發貨物，然後列肆零售。《莊子‧外物》所謂的「索我於枯魚之肆」，指的就是這類鹹魚零售店。三是亦工亦商者。前引《左傳‧定公四年》所記的爐金和《韓詩外傳》卷八所記的屠羊說，就是這一類商人的典型。《莊子‧則陽》所云：「孔丘之楚，舍於蟻丘之漿」。這裡的「蟻丘之漿」，也就是經營豆漿的作坊和店鋪。四是非固定性的工農業小生產者，他們出賣自己的產品主要是為了換取必需的生活資料。他們雖然不是地道的商人，但仍然參與了商業活動。楚國政府對此不僅不加制止，反而鼓勵他們這樣做①。《孟子‧滕文公上》所載「以粟易械器」者和《說

---

① 劉玉堂：《楚國經濟史》，湖北教育出版社1995年版，第267頁。

苑　貴德》所記楚之獻魚者就是這一類的代表。

　　從一定意義上來說，正是楚國這種官商和私商並重的政策，成就了楚國商業都會的繁華與喧鬧。桓譚《新論》在描繪郢都的繁華與喧鬧說：「楚之郢都，車轂擊，民肩摩，市路相排突，號為朝衣鮮而暮衣弊」①。據文獻記載，郢都城內，店肆林立，商賈雲集：有出售蒲席的「蒲胥之市」②、有出售鹹魚的「枯魚之肆」③、有「屠羊之肆」④、有賣漿之家⑤等列肆，也有販生鹿者⑥、販茅者⑦等行商，還有漁者自售鮮魚的⑧，真可謂「商賈大者積貯倍息，小者坐列販賣，操其奇贏，日游於市」⑨。

　　第四，堅持對內、對外兩手抓，為商業的發展創作良好的國內、國際條件。

　　為保護和促進商業的發展，楚國始終堅持對內、對外兩手抓，積極開拓國內、國際市場。對內，採取「撫民」政策，以讓利於民。如《左傳　成公二年》載，楚將起師伐魯，「乃大戶，已責，逮鰥，救乏，赦罪，悉師」。對外，與他國訂立通商條約，以保證國際貿易的正常往來。如《左傳　成公十二年》記晉楚盟於宋：「凡晉楚無相加戎……交贄往來，道路無壅」。劉玉堂指出，儘管被撫之「民」不限於商人，但商人因此所得到的實惠往往大於農、工。這是因為，商業是超國界的，其發展尤其需要比較安定的國內、國際環境。而「撫民」的最主要措施是緩和徵戰和減輕徭役，

---

① 《太平御覽》卷七七六引。
② 《左傳　宣公十四年》。
③ 《莊子　外物》。
④ 《莊子　讓王》。
⑤ 《莊子　則陽》。
⑥ 《管子　輕重戊》。
⑦ 《韓非子　內儲說下》。
⑧ 《說苑　貴德》。
⑨ 《漢書　食貨志》。

這無疑為改善國內和國際環境創造了條件①。

### 三、市場管理

市場是商人活動的舞臺，因此，對商業的管制離不開對市場的管理。在古代，市場主要集中在城市，稱為「市」。據文獻記載，春秋戰國時期，市已較普遍地分布於各地的城邑中。隨著楚國經濟的迅猛發展，楚國的商業都會無論是在數量和規模上，還是在繁盛程度上，均居領先地位。與之相適應，楚國形成了一套較為完善的市場管理制度。

據文獻記載，早在西周時期，周人就已建立了市肆制度，設置官吏加強管理。地官其屬六十，其中分管市場的官職有十餘個，統歸司市管理。司市為市官之長，掌理市肆之一切政務，其餘各職官，則各司其職，各盡其責。

春秋戰國時期，楚國承襲了這一制度，市里劃肆交易，並設市官來管理市場。從文獻記載來看，楚國已經對市場進行了簡單的分區和集中管理，市中交易分商品歸類。如楚郢都的市內，不僅有「枯魚之肆」、「庸肆」、「屠羊之肆」、「賣漿之肆」雜陳其間，而且還有專門售賣某一種商品的貨攤集中於一區，如「蒲胥之市」，當然，亦有其他各種大宗貨物之市。從文獻記載來分析，楚國的市場管理官員大致可分為行政官員和技術官員兩大類，一般而言，技術官員多從屬於相對應的行政官員。

據文獻記載，楚國管理市場的最高行政長官叫做市令，其具體職責有三：一是管理市場的商業秩序和日常政務；二是負責對市場徵收市稅；三是及時收集和回饋市場的經營動向。《史記　循吏列傳》記載：「莊王以為幣輕，更以小為大，百姓不便，皆去其業。市令言之相曰：『市亂，民莫安其處，次行不定。』相曰：『如此幾何頃乎？』市

---

① 劉玉堂：《楚國經濟史》，湖北教育出版社1995年版，第265頁。

令曰：『三月頃。』相曰：『罷，吾今令之複矣。』後五日，朝，相言之王曰：『前日更幣以為輕。今市令來言曰：『市亂，民莫安其處，次行之不定』。臣請遂令複如故。』王許之，下令三日而市複如故。」顯然，在這次市場危機的處理中，作為市場之總管的市令，發揮了關鍵作用。這表明，楚國的這一套市場行政監管體制是非常有效的。又據《真仙通鑒》云：「宋來子，楚莊公時市長。」由於無相關文獻可徵證，這裡的市長具體所指，已很難確定。郭仁成以為，或者這是市令的別稱 ①。顧久幸、趙德鑫亦持這一觀點 ②。不妨留存。

　　為加強對商品品質的監管，楚國設置了眾多技術管理官員來輔助行政官員管理市場。《左傳　宣公十四年》記：「楚子聞之，投袂而起，履及於窒皇，劍及於寢門之外，車及於蒲胥之市。」《周禮　地官　司市》云：「以賈民禁偽而除詐。」鄭玄注：「賈民，胥師、賈師之屬，必以賈民為之者，知物之情偽與實詐。」郭仁成認為：「蒲胥之『胥』，似是胥師之謂，則蒲胥之市，應即是蒲席之市了。因為楚地多產蒲席，在郢都辟有專門市場，而以胥師管理之。」劉玉堂以為，結合鄭玄胥師「必以賈民為之者，知物之情偽與實詐」之說考慮，我們認為，胥師的職責更多是負責檢驗蒲席的品質，也就是說應為市場技術監督人員。

　　又據《莊子　知北遊》記：「正獲之問於監市，履狶也，每下愈況。」劉玉堂以為，這段話是說監市向屠宰者詢問有關牲豬肥瘦的問題，屠宰者回答說：越往下腿踩越清楚。這說明監市為負責商品檢驗的官員，否則就不會對有關專業知識如此重視。筆者以為，這只說對了一半。將這段話理解為行政官員「正」與技術官員「監市」之間對話，似乎更為順當些，也更符合楚國官職設置的慣例。如這樣理解無

①　郭仁成：《楚國經濟史新論》，湖南教育出版社1990年版，第14頁。
②　顧久幸：《楚制典章——楚國的政治經濟制度》，湖北教育出版社2001年版，第179頁；趙德鑫：《楚國的貨幣》，湖北教育出版社1995年版，第405頁。

第三章　經濟法律制度

誤，則表明楚國行政管理官對商品品質的管理也負有一定的義務。此外，考慮到蒲胥之市設有胥師，屠宰之市設有監市，我們似乎有理由結合楚國在手工業生產管理中，每一生產部門均設有相應技術管理官員這一制度安排來推測，楚國很有可能在每一專業市場或性質大致相同的專業市場各設有一名技術監督官員。

熊賢品指出，在包山楚簡中經常見到一些「市」，還記載有楚國市場中的管理官吏，如「市令」、「市工」等；另外出土有「市人之璽」，「市人」當為「市令」的下屬專門負責陶器經營的官吏，這些都是楚國市中的管理人員。包山簡95記載的「米思人」之「思」，為市中管理機構。「米思人」也當是管理市場的官吏①。如這些論斷無誤，則可以作為上述推測的一個有力佐證。

### 四、量衡器管理

度量衡是商品交易中必不可少的工具。其完備與否，對商業的發展有著重要意義和影響，同時也是反映商業發達程度的一個重要尺規。春秋戰國時期，我國度量衡漸趨成熟，日臻完備。在這一歷史進程中，楚國的度量衡制走在了時代的前列，已經逐漸走向定型化和制度化。關於楚國的度量衡制度，學者已經作過很多研究，並取得了諸多成果，故這裡不作討論，僅就學者們很少關注的度量衡器物在製造和使用過程中的管理問題談點想法，以期引起注意。

如眾周知，作為市場上商品交換的必備器具，度量衡器的準確程度直接關係到買賣雙方的利益。商人出於逐利本性和職業習慣，總是會想方設法在度量衡器上作文章，這不僅有損交易的公平，而且會激起社會矛盾，既影響商業的正常發展，又危害社會的安全與穩定，因此，歷代統治者都非常重視這一問題，不僅明令禁止，而且對情節嚴

---

① 熊賢品：《〈包山楚簡〉所見戰國晚期楚國社會制度研究》，河南大學2011年碩士學位論文，第44頁。

重的刁商奸徒還要繩之以法，以維持公平和正常的交易秩序。

據文獻記載，西周時期，統治者就已非常重視度量衡的管理。《周禮　天官　內宰》記：「陳其貨賄，出其度量淳制」。同書《秋官　大行人》載：「十有一歲，達瑞節，同度量，成牢禮，同數器」。又同書《地官　質人》云：質人「同其度量，一其淳制，巡而考之」。降至戰國時期，有關度量衡器物管理更為全面、更為嚴格。李悝所著《法經　雜法》載：

> 諸校斛、斗、秤、度不平，杖七十；監校者不覺，減一等；知情與同罪。
>
> 諸私作斛、斗、秤、度不平，而在市執用者，笞五十。因有增減者，計所增減准盜論。即用斛、斗、秤、度出入官物而不平，今有增減者，坐贓論。入己者，以盜論。其在市用斛、斗、秤、度雖平，而不經官司者，笞四十。

可見，無論公、私，只要更改、私制或使用度量衡器不公平，影響財物數量比實際有所增減，均要根據其情節輕重予以懲處，一律用刑，或杖七十，或笞五十；情節嚴重的，處罰更為嚴厲，因為「以盜論」，也就意味著最高可以處死刑。這樣嚴格管理度量衡器，既有助於計量單位標準化，也有利於交易的公平和市場的繁榮。

由於缺乏文獻記載，楚國度量衡器的管理制度我們已經無從具體了解，但可以肯定的是，楚國也一定有著非常嚴格、細緻的管理制度。理由有三：

第一，文獻記載和考古發現表明，楚國的度量衡器具齊備，制度完善，在春秋戰國時代我國度量衡日臻完備的歷史進程中處於領先地位[1]。

---

① 劉玉堂：《楚國經濟史》，湖北教育出版社1995年版，第306頁。

而度量衡制的成熟與完善，則又是和度量衡器具的管理制度密切相關的，因為二者之間是相輔相成、缺一不可的。

第二，楚人在制度建設上，一向堅持承襲周制、參酌中原這一基本原則。在度量衡制度的建設上，亦不例外。如出土的兩件楚國銅尺，一件長22.5公釐，一件長23公釐，與代表中原度制的洛陽金村出土的戰國銅尺長23公釐基本相合。可見，楚國度制與中原列國無明顯區別。既然在度量衡標準的建設上師法了華夏，想必在度量衡器的管理上也會一併師法。

第三，春秋戰國時期，各國的法制建設是相互吸收和影響的。《晉書 刑法志》說：

秦漢舊律其文起自魏文侯師李悝。悝撰次諸國法，著《法經》。以為王者之政，莫急於盜賊，故其律始於《盜》、《賊》。盜賊須劾捕，故著《網捕》二篇。其輕狡、越城、博戲、借假不廉、淫侈、逾制，以為《雜律》一篇，又以《具律》具其加減。是故所著六篇而已，然皆罪名之制也。商君受之以相秦。

考慮到楚國一貫的立法傳統，李悝《法經》所記的具體條文，絕大部分也應能在楚國找到相應的身影。

當然，以上這些，只是一種建立在一定論據上的邏輯推論，談不上具體的論證，其合理與恰當與否，只能由讀者來評說。最後，還需要強調一點，這只是筆者的一種簡單想法，先將問題拋出來，希望能有學者來關注它、論述它。

### 五、調控和限制

楚國在推行「重商尚賈」的政策的同時，絲毫沒有放鬆對商業的調控和限制。為保證國家的整體利益，楚國採取了諸多宏觀調控和限制措施。

大致說來，楚國宏觀調控和限制措施主要分為經濟手段和行政手段兩種。經濟手段主要是通過稅收制度和貨幣制度來實現的。前面講到過，楚國為扶持官商，曾在稅收政策上給予優待，但這種優待是有限制的。如鄂君啟節在規定給予鄂君啟商隊免稅的同時，明確規定了最高的免稅限額，超出的部分仍須照章納稅。所載馬、牛、羊等貨物，仍須依法納稅，不能減免。此外，還明確規定了免稅的期限為一年。年限期滿後，須重新申報，不能自動延長。

據學者研究，為控制物價，楚國政府始終沒有像別的諸侯國一樣，把鑄幣權給予商賈，而是嚴格把它掌握在自己手裡，不讓私人染指。他們不但壟斷鑄造，而且經由多種管道特別是商業的管道，回收鑄幣，把大量的通貨與物資儲存在國家手中，以便用它們來控制物價，進而指導商品的流通[1]。

除此之外，楚國還採取官貸制，以控制物價。從包山楚簡的記載來看，楚國的官貸主要以種子和貨幣為主。這種官貸不僅在一定程度上防止了大商人乘人之急巧取豪奪，使國家在客觀上有效地調控了物價，而且有效地增加了國家的財政收入。另據郭仁成研究，楚國為了解決徵收實物的轉運困難，同時滿足政府增加收入的要求，「已經把田賦的徵收跟官商的活動結合起來，在各郡縣分置均輸機構和糧倉，就地儲藏徵收來的田賦穀物，由官商待價而賈；而郢都和其他人口集中的地方，所需口糧則就地由官商於下價時收購。這樣，政府既節省了往來轉輸的巨額用費，又從賤買貴賣中獲得了大筆底利。這種初期的均輸法後來逐漸與齊國創造的准平法、魏國發展的平案法相結合，並擴大範圍到糧食以外的各種貨物，就形成了漢代的均輸與平准法」[2]。

---

① 郭仁成：《楚國經濟史新論》，湖南教育出版社1990年版，第11頁。

② 郭仁成：《楚國經濟史新論》，湖南教育出版社1990年版，第50、51頁。

第三章　經濟法律制度

通常來說，為保證國家安全和核心利益，政府一般都會以行政手段作出一些行業性的限制性或禁止性規定，以加強對商業流通領域和過程的管制。從現有的資料來看，楚國也非常重視這方面的立法，政府已經以法律的形式對商人販運貨物的種類、數量、時間和規模做出了明確的限制性規定。如《鄂君啟節》銘文明確載有「毋載金、革、箭、箭」的禁止性規定。金，泛指製作兵器的原材料銅、鐵。革，指製作甲冑的原材料皮革。箭，即箭竹，製作箭杆的優質原材料。這些在當時都是軍用物質，出於國家安全上的考慮，故法律嚴禁私人經營和販運。此外，鄂君在長途販運貨物、從事商業貿易活動時，通過楚國關卡所必須持有並出示免稅符節，否則，不予免稅。且其有效期為一年等等。就這樣，通過以上種種行政手段，楚國政府就成功地將商業活動的流通過程嚴格地控制起來了。

　　為保證國家攫取超額利潤，古代政府常常推行專利政策，對某些影響到國計民生的商品實行專賣制度，禁止私人進入。鹽業專賣制度是其中最為主要的一項，至今仍在堅持。據文獻記載，這一制度最早起源於有濱海之利的齊國。《國語　齊語》載，管仲命「澤立三虞，山立三衡」①，實行鹽鐵專賣，寓稅於價，很快就達到了「見予之形，不見奪之理」，「王霸之君，去其所以強求……故天下樂從也」②之功效。其專賣舉措為後世所沿用。據包山楚簡記載，楚國也實行鹽業專賣制度。包山簡147記：「陳緐、宋獻為王煮鹽於海，受屯二擔之食、金鏵二鏵。將以成收。」這是目前所能見到的有關楚國制鹽業的唯一資料。王穎認為「從這條記錄來看，陳、宋二人應是楚國負責鹽務的官員或煮鹽的技師，他們『為王煮鹽於海』，說明楚國的鹽業是由國家掌管的。因為製鹽獲利豐厚，所以這個行業一般都被

---

① 《史記　平准書》記管仲：「通輕重之權，徼山海之業。」《管子　海王》云：「唯官山海為可耳。」
② 《管子　國蓄》。

國家壟斷。」[1] 結合楚國禁止私人從事黃金開採等經濟政策來考慮，王穎這一看法是可信可從的。

## 第四節　賦稅制度

賦稅是國家生存的基礎之一。國家出現以後，就產生了賦稅制度。《史記　夏本紀》云：「自虞夏時，貢賦備矣。」春秋戰國時期，楚國在承襲周制的基礎上，又根據實際有所損益，從而形成了種類齊備、特色鮮明的賦稅制度。總的來說，楚國的賦稅制度，主要包括軍賦、田賦、地租、戶口稅、關市稅和貢賦幾種形式。

### 一、軍賦

軍賦，又稱兵賦，是楚國最主要的賦稅之一。

楚國的軍賦開始於春秋早期，完善於春秋晚期。關於楚國早期的軍賦制度，史無明文記載，但一些相關資料則透露出諸多這方面的資訊。

《左傳　成公七年》記：「楚圍宋之役，師還子重請取於申、呂以為賞田，王許之。申公巫臣曰：『不可。此申、呂所以邑也，是以為賦，以禦北方。若取之，是無申、呂也。晉鄭必至於漢。』王乃止」。杜預注：「言申、呂賴此田成邑耳。不得此田，則無以出兵賦，而二邑壞也。」這則史料講的是楚共王時期，令尹子重率軍取得了攻打宋國的勝利後，依法請求楚王從申縣和呂縣拿出一部分土地，作為有功將士的賞田。結果遭到申縣縣公巫臣的堅決反對。其理由是如果把從申、呂兩縣劃出一部分土地作為賞田，那麼，申、呂這兩個

①　王穎：〈從包山楚簡看戰國中晚期楚國的社會經濟〉，載《中國社會經濟史研究》，2004年第3期。

第三章　經濟法律制度

邊防重鎮的土地就要減少，這樣一來，勢必減少申、呂二縣的軍賦，削弱申、呂二縣的軍事實力，難以成為縣，也無力抵抗北方諸國的進犯，招致「晉鄭必至於漢」的嚴重後果。共王最終接受了這一意見，這說明申公巫臣的意見是正確的。由此分析，我們至少可以得知以下幾點認識：

第一，「楚圍宋之役，師還」發生在魯宣公十四年（前595），這也就是說，至遲在春秋中期，楚國已有了比較完備的軍賦制度。

第二，申、呂原為小國，滅於楚後設縣，所謂「是以為賦，以禦北方」，表明縣邑的軍賦由國家通過縣這個政權機構直接向土地占有者徵收的。日常的徵收管理工作主要由縣公負責，縣公對縣內兵賦的徵收和使用具有一定的支配權。因為楚縣在邊境獨自承擔抵禦外部侵略的戰爭，需要縣公掌握有一定的支配兵賦的權力，才能做到，否則難以為繼①。

第三，楚國軍賦是從田不從戶的。杜預注：「不得此田，則無以出兵賦。」而賞田或曰封邑的軍賦，則由貴族代為徵收。也正因如此，申公巫臣要堅決反對割出一部分土地作為賞田。

從文獻記載來看，貴族的食邑（或賞田）向楚王納軍賦的主要方式，是由領主率其私卒或私屬從徵。城濮之戰中，楚子玉所率「若敖之六卒」②，就是由其宗人和私屬所組成。《左傳　宣公十二年》記：「楚熊負羈囚知罃，知莊子以其族反之，廚武子御，下軍之士多從之。」杜預注：「族，家兵。」《國語　楚語》韋昭注云：「族，部屬也。」無論家兵，還是部屬，都是私卒的意思。《左傳　襄公二十五年》記楚吳之戰中，子彊伐舒鳩時對令尹子木說：「請以其私卒誘之，簡師，陳（陣）以待我。……從之，五人以其私卒先擊吳

---

① 顧久幸：《楚制典章——楚國的政治經濟制度》，湖北教育出版社2001年版，第169頁。
② 《左傳　僖公二十八年》。

師。」私卒也可稱屬。《左傳 昭公十七年》記，吳伐楚，令尹卜戰不吉。司馬子魚要求改卜。改占後的卜辭曰：「舫（即子魚）也以其屬死之，楚師繼之，尚大克之。」這裡的自願效死疆場的「屬」，亦即私卒。

楚康王時期，司馬蒍掩在令尹子木的授意和支持下，對全國國土資源進行了全面調查和統計，並在此基礎上對軍賦進行了大規模整頓和改革，重新制定了一套完整的徵管制度。《左傳 襄公二十五年》載：

楚蒍掩為司馬，子木使庀賦，數甲兵。蒍掩書土田，度山林，鳩藪澤，辨京陵，表淳鹵，數疆潦，規偃豬，町原防，牧隰皋，井衍沃，量入修賦。賦車籍馬，賦車兵、徒兵、甲楯之數。既成，以授子木，禮也。

「庀賦」，杜預注云：「庀，治。」孔穎達《左傳正義》說：「庀訓為具而言治者，以下說治賦之事，治之使具，故以庀為治也。」

從這段傳、注中，我們至少可以得到以下幾點啟示：

第一，楚國對全國的土地進行了一次新的分類和統計，換算為井後並造冊登記，亦即「量入」，然後以此作為徵收軍賦的依據，即按山林、藪澤、京陵、淳鹵、疆潦、偃豬、原防、阻皋、衍沃九種不同土地，定出「賦稅品差」，或說「量九土之所入而治理其賦稅」，亦即「修賦」。按《周禮 大司徒》將土地分為山林、川澤、丘陵、墳衍、原隰等五種類型，大致相當於蒍掩所分的山林、藪澤、京陵、隰皋、衍沃等五者，相較之下，楚國多淳鹵、疆潦、偃豬、原防四類。可見，楚人對土地的劃分比北方諸夏更細，說明楚在師法中原的同時，充分考慮了長江流域特殊的地理狀況。

第二，楚國軍賦徵收的內容非常廣泛，既包括人力兵員，又包括武器裝備，即所謂的賦車籍馬，賦車兵、徒兵、甲楯。需要注意的是，不論是「賦車籍馬，賦車兵、徒兵、甲楯之數」也好，還是「賦皆千乘」也好，並不意味著要納稅人直接交付車馬、兵器、甲盾，而是納稅人可以用自己生產的糧食和其他物品充數。史書稱以甲楯兵器等為賦，這只是以其作為計算單位而已。《睡虎地秦墓竹簡》的有關記載即可證實這一點。在湖北雲夢睡虎地秦墓出土的竹簡中，經常出現「貲　甲」、「貲　盾」的記載，此處甲、盾正是作為罰款多少的衡量尺度而言的，並非意味著要被罰者直接交納「　甲」或「盾」，而只須以糧食和物品代替。可見，直至秦代仍流行以兵器甲杖作為價值的計算單位。究其原因，當是其時戰事連綿不斷，國家對武器裝備的需求量十分大，於是，人們就把經常使用的戰爭工具，作為一般等價物來對待了。由此也就不難理解，所謂「賦千乘」與「貲甲」，其義是一致的，即「乘」與「甲」，都是作為計算單位出現的。換言之，軍賦雖是按土田的高下多寡而定的，但卻不能直接用土田的出產的計量單位而必須將其折合成軍備單位來交納[①]。這也是當時各國通行的辦法。這實際上也就意味著凡土田上出產的一切可供軍用的物資，均屬於徵收的範圍。所以，史籍對楚國的賦制情況有這樣的記載：「又有藪曰雲連徒洲，金木竹箭之所生也。龜、珠、角、齒、皮、革、羽、毛，所以備賦，以戒不虞者也。所以共幣帛，以賓享於諸侯者也。」[②]

　　第三，改革了軍賦的徵收辦法和標準。春秋早期和中期，楚國所徵軍賦的分配也不大均衡，其中，大部分出於縣鄙之地，小部分出自貴族的食邑或者賞田。蒍掩整頓賦稅以後，無論公田和私田，

① 吳永章：〈楚賦稅制初探〉，載《江漢論壇》，1982年第7期。
② 《國語　楚語下》。

一律按收入徵收賦稅，即軍賦普行於一切土地而無所豁免。這種軍賦制度不僅打破了貴族和平民的界限，縮小了國人和野人的差別，而且使入和賦構成了一種函數關係，從而使得軍賦的承擔和繳納顯得相對公平合理些。誠然，量入修賦的辦法會在一段時間內將增加楚國統治者的工作量，但從楚國的長遠利益來看，則無疑會增加軍賦的總收入，而且對下層農戶來說，卻不是一種不分輕重的增加負擔的做法。所以，楚國的量入修賦不論是對周朝的徵賦辦法還是對中原諸侯國的徵賦辦法而言，它都是一種進步①。總之，「量入修賦」不僅是楚國賦稅制度的一次重大改革，而且在中國賦稅制度史上有著不容忽視的地位②。

春秋時期楚國所徵軍賦的總額，文獻語焉不詳。但從楚靈王與令尹子革的一段對話中，我們可以獲得一些資訊。《左傳　昭公十二年》載：

王曰：「昔諸侯遠楚而畏晉，今我大城陳、蔡、不羹，賦皆千乘，子與有勞焉，諸侯其畏我乎？」對曰：「畏君王哉！是四國者，專足畏也。又加之以楚，敢不畏君王哉？」

這裡的不羹，包括東、西兩個不羹，故稱陳、蔡、不羹為四國。其時，此四國均為楚滅，成了楚國的四個大縣，故又稱之為「大城」。

這段記載明白地告訴我們，楚靈王時，此四縣「賦皆千乘」，則共為四千乘。依《司馬法》，每乘包括甲士十人，徒卒二十人，共計三十人，則四千乘共有十二萬兵力。這也意味著，僅此四個縣本身，

① 顧久幸：《楚制典章——楚國的政治經濟制度》，湖北教育出版社2001年版，第167、168頁。
② 劉玉堂：《楚國經濟史》，湖北教育出版社1995年版，第42頁。

就要承受十多萬兵力的兵役和軍備負擔。一縣擁有「千乘」的兵力，或許有誇大之處，但楚國縣的兵力十分強大則是不爭的事實。《左傳　成公六年》載，楚公子申、公子成曾率「申、息之師」救蔡，申、息之師能解救處於重圍的蔡國，足見其軍隊實力之雄厚。及至戰國，楚國軍賦較春秋時期更重了。《戰國策　楚策一》謂楚國「地方五千里，帶甲百萬，車千乘，騎萬匹，粟支十年，此霸王之資也」。軍隊如此龐大，所需軍賦是何等的繁重，由此不難想見。

需要指出，在楚國，庶人雖不是土地的主要擁有者，但卻是土地的主要耕種者，因此，他們也是楚國軍賦的主要承擔者。《戰國策　楚策三》記蘇秦對楚王說：「今王之大臣父兄，好傷賢以為資，厚賦斂諸臣百姓，使王見疾於民，非忠臣也。」蘇秦遊說之辭難免有誇張的成分，但所云「厚賦斂諸百姓」卻是不爭之事實。正由於庶人承擔的兵賦繁重，所以楚國統治者經常在戰爭前採取寬鬆的撫民政策，以免生大患。如《左傳　昭公十四年》記：「楚子使然丹簡上國之兵於宗丘，且撫其民。……使屈罷簡東國之兵於召陵，亦如之，好於邊疆。息民五年，而後用師，禮也。」《左傳　昭公二十四年》記：「楚子為舟師以略吳疆，沈尹戌曰：『此行也，楚必亡邑。不撫民而勞之，吳不動而速之，吳踵楚而疆場無備，邑能無亡乎？」這表明統治集團中有識之士已清醒認識到撫民與強國的辯證關係。

劉玉堂指出，楚國的軍賦制度與周制相比，可謂是同異互見。《國語　魯語》載孔子之言：「先王制土……賦里以人，而量其有無……有軍旅之出則征之，無則已。其歲（注云：有軍旅之歲也），收田一井，出稷禾、秉芻、缶米。」《五經異義》釋云：「有軍旅之歲，一井九夫百畝之賦，出禾二百四十斛，芻秉二百四十觔，釜米十六斗。」周制的「賦里以人，而量其有無」與楚蔿掩「量入修賦」甚合，即都是根據土地的級差和數量徵收軍賦，這是二者的相同之處。但周制是「有軍旅之出則征之，無則已」，楚則將其制度化、經

常化了，無論有無「軍旅之出」皆征不免，這是二者的不同之處①。其實，這正好反映了楚國的軍賦制度既承襲周制而又有所損益這一重要的歷史特徵。

吳永章認為，楚國的軍賦制度與其後的漢代相比，軍賦之來源迥異。因楚之軍賦按田計，而漢則規定以按人計的算賦用來治庫兵車馬。如漢初規定，十五歲至五十六歲男女每人每年向國家繳納一百二十錢。可見，楚之軍賦較前有增而較後也為重。這種情況的產生並非偶然，這是由於春秋戰國時期各國間征戰不息，加上楚又是尚武國家所造成的②。此論所言極是，我們可以將其視為是楚國軍賦制度的又一重要特徵。

## 二、田稅

田稅，也稱田賦，但田賦是後起之名，故似以稱田稅為宜③。與軍賦一樣，田稅也是按土田的占有情況來徵收的。因此，在楚史研究乃至先秦史研究中，不少學者或以為楚國田稅（賦）同軍賦是同名異稱，或以為田稅是軍賦的一個子目。事實上，在楚國，田稅與軍賦是兩種不同的賦稅形式。儘管軍賦與田稅徵收的對象同為土地占有者，但二者在徵收時間和徵收目的上卻判然有別。軍賦一般是出於戰爭需要而徵收的，所以具有不定期性，軍賦只能用於軍事建設，而不能挪作他用，只能充實國家兵力，並不能增強國家財力。而田稅則是為了保證國家機構的正常運轉，保證官員的俸祿和國之大事的舉行而徵收的，所以具有固定性。田稅是國家主要的財政收入，可供軍事以外的各項開支。此外，軍賦和田賦在徵收內容上還存在著一定的區別，軍賦通常由人力和物資兩部分組成，而田稅則只有物資而無人力。前者以加強國家軍事實力為鵠的，後者則以增強國家經濟實力為旨歸的。

① 劉玉堂：《楚國經濟史》，湖北教育出版社1995年版，第42頁。
② 吳永章：〈楚國賦稅制初探〉，載《江漢論壇》，1982年第7期。
③ 劉玉堂：《楚國經濟史》，湖北教育出版社1995年版，第42頁。

第三章 經濟法律制度

楚田稅始於何時，文獻無明確記載，學界也是意見不一。郭仁成認為，隨著賞田及其他具有某種私有性質的土地日益增多，楚王直接控制的土地自然相對減少，這當然要影響政府的財政收入。為了彌補這個損失，一種由政府向土地占有者徵收的田稅便應運而生。魯宣公十五年（前594）的初稅畝，正是這種新稅目。楚國在子重請賞田的時候，即魯宣公十四年（前595）以前就可能已經有田賦了，比魯國還早一年[①]。劉玉堂看似秉持這一看法，但實則是含混不清的。他在探討這一問題時，所徵引和所闡述的，基本上都是從郭仁成而來，未做新的結論，所以從這一點上來看，他應是支持郭仁成這一觀點的，但他在引證田稅和辨析田稅與軍賦的區別之時，又明確指出孫叔敖為楚莊王相時，楚國已經開徵田稅了[②]。顯然觀點前後衝突，具體指向模糊不清，這亦從一個側面反映了這個問題的複雜性。顧久幸雖未就這一問題展開專門探討，但其關於楚國田稅的一段論述，實際上已經將其觀點清楚地表達出來了。為便於理解，現徵引如下：

　　田稅一般是按土地的占有來徵收，山澤之地自然也包括在土地之中。楚莊王時期的孫叔敖作令尹時，廣泛地開闢山林資源，以利徵稅。他「聚藏於山，殖物於藪……鍾天地之美，收九澤之利，以殷潤國家」。即收各種土田上的出產以為稅，上交給國家。這樣看來，田稅以糧食為主，還有各種土地上的土特產品。田稅有多種用途，其中主要是供祭祀之用和作為百官的官祿以及舉事之費。春秋中晚期，楚國出現俸祿制，有的有功者可以達到祿萬擔，這萬擔之祿所用的糧食就應該是田稅中所得。[③]

① 郭仁成：《楚國經濟史新論》，湖南教育出版社1990年版，第49頁。
② 詳見劉玉堂：《楚國經濟史》，湖北教育出版社1995年版，第43—44頁。
③ 顧久幸：《楚制典章——楚國的政治經濟制度》，湖北教育出版社2001年版，第177頁。

可見，顧久幸認為楚國在楚莊王時期已徵收田稅了。

有趣的是，劉玉堂在考論楚國有田稅時，所徵引的也是這條史料。可見，對這條史料的理解和詮釋決定著我們對田稅的認識。《繹史》卷五十七引《孫叔敖碑》記孫叔敖為令尹，「布政以道，考王象以度，敬授民時，聚藏於山，殖物於藪，……鍾天地之美，收九澤之利，以殷潤國家，家富人喜。」劉玉堂認為所謂「收九澤之利」，即收各種土田之所產以為稅，所謂「以殷潤國家，家富人喜」，即上交國家財政，以保國富民安。

私見以為，顧久幸和劉玉堂的理解實際上是一致的，也是正確的。換句話說，也就是至遲在春秋中期，田稅就已出現了。之所以如此認為，原因有三：一、這一時期，楚國國家機構已經充分建立起來了，對國家的財政收入產生了巨大的需求；二、楚王越來越習慣於將土地作為賞田獎勵給功臣，使得國家直接控制的土地相對減少了許多；三、春秋中期，生產力有一個很大的發展，使得私有土地日益增多，從而又進一步減少了國家實際占有的土地。如郭仁成所述，為彌補這一損失，田稅就應運而生。從孫叔敖執政期間的執政理念和風格來看，田稅在孫叔敖為相之前應該已經出現了，孫叔敖所做的應該是對其進行了有效的改革，使其制度化和經常化了，這也是其執政期間改革的一個重要內容。正因為田稅是國家最主要的一種經常性稅收，所以，觀射父在回答楚昭王關於先王遺制的提問時說：「天子之田九畡，以食兆民，王取經入焉，以食萬官。」[1]韋昭注：「經，常也；常入，徵稅也。」可見，此「經入」即指經常性的田稅。觀射父的這一席話不僅道出了周天子稅收的來源和目的，即徵於土地，而用於百姓之衣食與百官之俸祿，而且指出了楚國也是按照這一規矩來做的，這實際上也是楚國徵收田稅的一個明證。

---

① 《國語　楚語下》。

戰國時期，楚國繼續實行田稅制度。《墨子　貴義》載：

子墨子南游於楚，見楚獻惠王，獻惠王以老辭，使穆賀見子墨子，子墨子說穆賀，穆賀大說。謂子墨子曰：「子之言則成善矣，而君王天下之大王也，毋乃曰賦人之所為，而不用乎？」子墨子曰：「唯其可行，譬若藥然，草之本，天子食之，以順其疾，豈曰一草之木而不食哉！今農夫入其稅於大人，大人為酒醴粢盛，以祭上帝鬼神，豈曰賤人之所為而不享哉！」

所謂「農夫」，是指自耕農、農奴和其他依附農民，他們是土地的實際耕種者，因此，負有向「大人」納田稅的義務。所謂「大人」，意即楚王及地方官吏，他們憑藉國家的名義，享有按土地面積徵收田稅的權利，以保障軍事以外的各項開支。考古資料中也有楚國在戰國時期仍徵收田稅的明證。如包山簡81記：

冬栾之月癸丑之日，周賜訟鄗之兵虘（甲）執事人邑司馬競丁，以其政其田。旨（幾）甲戌之日。郯路公壴戠之，浞[illegible]爲李。

「政」借作正，即徵。《周禮　夏官　司勳》：「惟加田無國正。」鄭玄注引鄭司農云：「正，謂稅也。」陸德明釋曰：「正，本亦作徵。」由田稅徵收問題引起訴訟，至少可以說明兩個問題：一、楚國非常重視田稅的徵收和管理，稅務執法是十分嚴格的；二、楚國的田稅制度已經相當健全，不僅就徵收對象、徵收範圍、稅率等實體問題做了規定而且就糾紛的解決等程序問題作了規定，否則，訴訟根本無從提起。遺憾的是，由於資料的缺乏，我們無法作進一步深入的探討，只好暫且存而不論了。

從文獻記載來看，戰國時期，田稅在楚之賦稅收入中占有極其

重要的地位。田稅主要徵收穀物，是糧食儲備的主要來源。《戰國策　楚策》和《史記　蘇秦列傳》都說楚國「粟支十年」。《越絕書　越絕外傳記吳地傳》記：「吳兩倉，春申君所造。西倉名曰『均輸』，東倉周一里八步。」足見楚國糧倉儲備之豐裕，而這些糧食當絕大部分來自田稅。

由於山澤也屬土田範圍，故山澤的物產也在田稅之列。楚國自然條件優越，物產富饒。《漢書　地理志》謂：「楚有江漢川澤山林之饒」，《呂氏春秋　有始》說楚有被列為天下「九藪」之一的雲夢。《墨子　公輸》所言尤詳：「荊有雲夢、犀兕、麋鹿滿之，江漢之魚、鱉、黿、鼉為大下富……荊有長松、文梓、梗枏、豫章」。《墨子　尚賢》云：「收斂關市山林澤梁之利，以實官府。」楚國也不例外。據《國語　楚語》載楚王孫圉對晉趙簡子說「山林藪澤，足以備財用，則寶之」。而楚國之寶則「有藪曰雲連徒州，金、木、竹、箭之所生也。龜、珠、齒、革、羽毛，所以備賦，以戒不虞也」。此處所謂「備賦」、「備財用」與墨子所說的「收斂」、「實官府」，意思完全相同，都是指從中徵稅以實國用之意，這清楚地證明楚有山林藪澤之稅。顯然，從這些山林池澤中取稅，既是楚國田稅的內容之一，也是楚國一項重要的財政收入。

既有山林藪澤之稅，當設官專司其事。明人董說《七國考　楚職官》引《楚書》說：「藍尹、陵尹，分掌山澤，位在朝廷。」若《楚書》所云真實，則表明楚山澤之賦稅歸藍尹、陵尹分管。《周秦古璽精華》著錄有楚國《陸官之璽》一枚，據黃錫全考證，「陸官」或即楚國徵收阜陸之地賦稅的官員①。所謂「阜陸之地」，即山地丘陵，簡稱之「山林」。說明楚有掌山林之稅的官吏。另據《呂氏春秋　孟冬》載：「令水虞、漁師收水泉池澤之賦。」《呂氏春秋》雜采列國

---

① 黃錫全：〈古文字中所見楚官府官名輯證〉，載《文物研究》第7輯，黃山書社1991年版。

之事，楚國想必也應置有此類官員。

### 三、地租

關於楚國地租問題，學界意見不一。總的來說，目前主要有三種看法：第一種觀點認為楚國自武王翦滅「漢陽諸姬」始，便從周人那裡接過其先進的地租制度[①]；第二種觀點認為楚國自始至終只有田稅，未有地租。第三種看法認為楚國既不是從武王時期開始就有地租，也不是至始至終未有地租，而是在發端於春秋末葉，茁長於戰國中期。楚國的地租最遲只是在私有土地中施行，後來則逐步擴大到王田和其他土地之中。至於戰國中期以後楚國地租是與田稅並存，還是取代了田稅，由於缺乏可靠的材料，只得存疑[②]。結合文獻資料來綜合考察上述三種意見，私見以為，第三種看法似乎更符合楚國的歷史實際，但尚有進一步探討的空間。

一定的賦稅制度決定於一定的土地制度。正如馬克思所指出的：「如果不是私有土地所有者，而像在亞洲那樣，國家既作為土地所有者，同時又作為主權者而且同直接生產者相對立，那麼，地租和賦稅就會合為一體。」[③]因此，要考察楚國的地租制度，必須考察楚人的土地制度。

如眾周知，楚人是從原始社會直接進入封建社會的，與之相適應，楚人土地制度是從原始社會脫胎而來的，並跨越了奴隸社會的土地制度範式，而周人土地制度則是由奴隸社會發展而來的，並具有典型意義。二者基礎迥異，不僅決定了土地管理模式的不同，而且決定了與之相適應的剝削形態的不同。武王以前尚處於原始社會，這無疑

---

① 詳見郭仁成：《楚國經濟史新論》，湖南教育出版社1990年版，第46—48頁。
② 郭仁成認為祿田的存在是與地租出現的前提和基礎。因此楚國是否有祿田，是考察楚國是否有地租的關鍵所在。參見郭仁成：《楚國經濟史新論》，湖南教育出版社1990年版，第46—48頁。詳見劉玉堂：《楚國經濟史》，湖北教育出版社1995年版，第45—48頁。
③ 《馬克思恩格斯全集》第25卷，人民出版社1974年版，第891頁。

決定了它缺乏西周那樣的土地制度和剝削形態的基礎。因此，武王以後，無論它的社會形態是奴隸社會抑或封建社會，它都不可能迅速並且完全效法周人的地租制度。此外，考察楚國的土地制度，我們不得不承認楚國並無祿田。既然無祿田，也就不存在佃耕祿田繳納地租以為百官俸祿[①]。楚國百官的俸祿從何而出呢？春秋以至戰國中期以前，楚國百官的俸祿主要從公田收取的田稅中支付，這在前文已經討論過，此不贅述。

　　誠如劉玉堂所言，楚人雖未迅速接受周人先進的地租制度，並不等於說楚國自始至終未能出現地租制度。戰國中期以降，隨著土地兼併的加劇，工商業的發展，小私有土地獲得了較大發展，與之同時，因軍功而獲得土地者也日見其多。新興地主階級逐漸產生了。於是，「土地所有的雙重性日益明顯，公法上的土地國有和私法上的土地私有便逐漸分離了」[②]，但國家對私有土地的賦稅反而加重了，於是，獲得土地的新興地主便把賦稅負擔轉嫁到新興的農民身上，而理想的轉嫁形式便是向農民收取地租。春秋末葉發端至戰國中晚期盛行的以「畛」、「頃」、乃至「國」、「縣」為封地計算單位，正是楚國地租從萌芽至茁長這一過程在土地制度上的反映[③]。但劉玉堂同時認為楚國的地租開始只是在私有土地中施行，後來則逐步擴大到王田和其他土地之中。至於戰國中期以後楚國地租是與田稅並存，還是取代了田稅，由於缺乏可靠的材料，只得存疑[④]。私見以為，這一看法太過於謹慎，戰國中期以後楚國地租是與田稅並存的，不存在取代田稅的問題。理由有三：一、田稅和地租實際上是兩個不同的稅種，可以並存不悖；二、田稅的徵收和管理主體相對單一，主要是國家，而地租的

①　劉玉堂：《楚國經濟史》，湖北教育出版社1995年版，第47頁。
②　郭仁成：《楚國經濟史新論》，湖南教育出版社1990年版，第47頁。
③　劉玉堂：《楚國經濟史》，湖北教育出版社1995年版，第48頁。
④　劉玉堂：《楚國經濟史》，湖北教育出版社1995年版，第48頁。

第三章　經濟法律制度

徵收和管理主體則呈多樣化，既有國家，又有個人，可能還有組織；三、山林川澤之稅是田稅的重要內容之一，而這一部分稅收從來都不是，也不可能是以地租形式出現的。原因很簡單，山林川澤從來都是歸國家所有的，任何人都不能隨意染指。

### 四、戶口稅

與列國一樣，春秋戰國時期，楚國也開徵有戶口稅。所謂戶口稅，是指以戶為徵稅單位，以口為收稅標準，並非戶稅之中又包含口稅，也並非按人和戶為單位徵收的兩種稅收的合稱。

據文獻記載，楚國至少在春秋中期已經開始徵收戶口稅了。《楚史檮杌・虞丘子》記：「（莊王）賜虞丘子菜地三百（戶），號曰國老。」《史記・滑稽列傳》也稱楚莊王封孫叔敖之子「寢丘四百戶」；同書又稱，莊王馬死，優孟請「奉以萬戶之邑」。毋庸諱言，學界對《史記・滑稽列傳》的可靠性尚有爭議，認為其有誇飾的成分自有其合理之處，但若以此來作全盤否定其不當之處也是明顯的。封贈既然以戶來計算，只能說明一個問題，那就是此時已出現在封域內徵收戶稅的制度，否則就毋須以戶計了。

另據《左傳・成公二年》載，楚令尹子重為陽橋之役以救齊，將起，子重曰：「先君莊王之屬曰：『無德以及遠方，莫如惠恤其民而善用之。』」子重「乃大戶，己責，逮鰥，救乏，赦罪，悉師。王卒盡行」。「大戶」，杜預注為：「閱民戶口」。即對戶籍重新清理檢閱，並在此基礎上，視具體情況採取免除逋欠、寬宥孤寡、賑濟貧窮等「惠恤」楚民的措施。這和《管子・國蓄》所記：「以正戶籍，謂之養嬴」的做法基本上是一致的，即「大戶」與「正戶籍」，均屬清理戶籍與徵收戶籍的舉措。又據《左傳・昭公十四年》載，楚平王即位後，為鞏固其統治地位，也採取了大規模的「撫民」措施，即「分貧賑窮，長孤幼，養老疾，收介特，救災患，宥孤寡，赦罪戾，詰奸慝，舉淹滯」。「宥孤寡」，杜預注：「寬其賦稅」，孔穎達疏：

「孤子寡母，寬其賦稅」。《孟子　梁惠王下》曰：「幼而無父曰孤。」賦稅的減免，與「孤子寡母」緊密地聯繫在一起，顯然表明，這裡所減免的「賦稅」，當係戶口稅，因為它不僅僅限於成人，而且及於孤兒。

還有一條史料，似乎也可作楚有戶口稅的證據。《左傳　昭公二十七年》記：楚「左司馬沈尹戌帥都君子與王馬之屬以濟師。」杜預注：「在都邑之士有複除者。」複除即指免除其徭役與賦稅，由此不難推測，一般都邑之士原本均是承擔一定賦稅的，而這其中，顯然就包括有無論大人或小孩均需繳納的戶口稅。

由於文獻記載和考古資料的缺乏，對楚之戶口稅的稅額與徵收辦法等詳情，均難以確知。只有企盼未來考古發現可能提供的新材料了。

### 五、關市稅

春秋戰國時期，各國均有「關市之徵」[1]。西周時期，楚國的商業還不甚發達，乏善可陳。到了春秋中期，開始與手工業的發展同步，商業日臻繁盛。及至戰國中晚期，楚國商業已經處於發展的巔峰，領先於列國。隨著商品經濟的迅速發展，向工商業徵收的關市稅，日益成為楚國賦稅收入的一個極其重要的來源。

### （一）關稅

所謂關稅，是指對進出關的商賈、行人及所攜帶的貨幣、貨物徵收的一種通過稅。據文獻記載，西周及春秋戰國時期，各國普遍使用節作為商旅及其貨物行李出入關門的主要通行憑證。若沒有「節」，遇到各類關卡的稽查，就寸步難行，並要依法懲處。所以，「節」實際上就是通關文書[2]。

---

① 《孟子　滕文公下》。
② 黃天華：〈試論我國古代關稅的起源〉，載《社會科學》，2008年第8期。

1957年，安徽壽縣出土了楚懷王六年（前323）所制的《鄂君啟節》。此節分舟節與車節，用青銅鑄成，上均有錯金銘文。其銘文內容大意為楚懷王派昭陽大破魏國襄陵後，為鄂君啟從事商貿販運而特命鑄此節。凡鄂君啟經往的水陸關卡均須憑此節實施檢查、免稅、優待及通報等管理職責。正是這些銘文，不僅以實物的形式印證了文獻的記載，而且為我們管窺楚國的關稅制度提供了寶貴資料。

通觀舟、車兩節銘文，我們可清楚地獲得以下幾點認識：一、至遲在戰國中期楚國就已實行關稅制，凡載貨出入關者，除持有特殊的通行證外，一律要按貨收稅。此即銘文所謂的「得其金節則勿徵」，「不得其金節則徵」。二、楚國的關稅徵收機構，由「大府」和「關」組成。「大府」為中央稅收、財政機關，直接負責徵收少數重要物資如馬、牛、羊等的過關稅。「關」為最基層的徵稅機構，負責徵收大多數普通貨物的稅收。三、銘文明確表示此節系奉楚懷王之命製作，表明免稅的權力為楚王直接掌握。四、銘文規定鄂君啟的商隊，無論用舟、用車，每做完一次長途販運的生意，都要前往郢都去，且有效期一年，說明楚國在關稅徵收的監管上也作有制度性安排。五、能獲得免稅特權的，只能是鉅賈大賈，這類人多為官商。顯然這是楚國為了刺激商品經濟的發展而採取的一種讓利政策，它表明楚國已經在嫻熟地運用稅收這一經濟杠杆來調整和刺激經濟發展。六、銘文顯示當時楚國水陸稅關遍布各地，凡較大的商品集散地和關卡都有稅官駐守。以上種種，充分說明楚國的關稅機構是比較健全的，關稅制度也是相當規範和完善的。

## （二）市稅

市稅，是在市肆徵收的商品貨物之稅，是楚國政府的重要財政來源之一。春秋戰國時期，隨著城市和商業的發展，各諸侯國均在城中設「市」作為交易場所，並設「市吏」對市進行管理。《禮記　月令》對市場的管理、市稅的徵收作了如下記述：「易關市，來商旅，

納貨賄，以便民事；四方來集，遠鄉皆至，則財物不匱，上無乏用，百事乃遂。」據文獻記載，楚國管理市場的官員為「市令」。《史記 循吏列傳》載，楚莊王更換幣制，引起市場混亂，民棄其業。「市令」將此情察之於相，相複言之於王，王從其計，許複之，一度混亂的市場又恢復了穩定。市令既然為市場之總管，徵收市稅則當責無旁貸。可見楚之「市令」，即韓非子所說的「市吏」，其名雖有別，其職則一。

楚人重商，市場經濟相當發達，在楚國集市上，各類專業市場一應俱全。據《左傳 宣公十四年》載，楚郢都有「蒲胥之市」。《莊子 外物》說到楚有「枯魚之肆」和「庸肆」，《韓詩外傳》稱楚有「屠羊之肆」。《莊子 則陽》記「孔丘之楚，舍於蟻丘之漿」，是指孔子就舍於賣漿之肆。可見，楚市是店鋪林立，貨物充盈，而政府所獲得的市稅自然也是十分豐厚的。

綜合相關文獻記載分析，楚國還有「廛布」之屬的工商稅。《孟子 滕文公上》記楚人許行「自楚至滕，踵門而告文公曰：『遠方之人，聞君行仁政，願受一廛而為氓。』文公與之處，其徒數十人，皆衣褐，捆屨織席以為食」。許行一到滕國，即向滕文公提出希望能得到「一廛」，顯然是比照楚國的受「廛」之制，否則不會憑空提出這一要求。《荀子 王制》：「順州里，定廛宅」，注：「廛謂市內百姓之居」。廛如果用來存放貨物，所收之稅即為「廛布」。既然楚國有受「廛」之制，或許也有「廛布」之稅[1]。

## 六、貢納

楚的貢納之制早年師法周制，後雖有所損益，但沒有本質區別。因此，與周制一樣，楚貢納也可分為邦國之貢和萬民之貢兩類。

① 劉玉堂：《楚國經濟史》，湖北教育出版社1995年版，第54頁。

### （一）邦國之貢

所謂邦國之貢，是指屬國或曰附庸國對宗主國的貢獻，它導源於周制「九貢」。《周禮　太宰職》云：「以九貢致邦國之用，一曰祀貢，二曰嬪貢，三曰器貢，四曰幣貢，五曰材貢，六曰貨貢，七曰服貢，八曰斿貢，九曰物貢。」賈公彥疏：「諸侯國內得民稅，大國貢半，次國三之一，小國四之一，所貢者市取當國所出善物。」可見，春秋戰國時期，大國和強國往往通過貢納的方式，對小國和弱國巧取豪奪，索取的貢品既有金珠玉帛，也有方物特產，甚至還有奴婢工匠。

春秋戰國時期，楚國雄踞半個南中國，地方五千里，滅國六十多，而這些國家大多以屬國的名義長期存在過[1]。因此，楚國從眾多的弱小屬國中獲取了豐厚的貢納。文獻對此多有記載。《左傳　僖公二十一年》記：「黃人不歸楚貢。冬，楚人伐黃。」次年，「黃人恃諸侯之睦於齊也，不共楚職……夏，楚滅黃」。這裡的「職」與「貢」同義。《左傳　襄公二十八年》有「共其職貢」之語，即可為證。職貢在當時對於朝貢雙方來說具有重要的政治意義和經濟意義。政治上，意味著雙方存在一種較為固定的藩屬關係，附庸國負有按時進貢的義務，否則宗主國有權進行征討；經濟上，則意味著附屬國要按時入貢奇珍異寶，宗主國能定時獲得一筆豐厚的收入。黃人不歸楚貢，楚國加以征討，就是這一關係的典型事例。

另據《左傳　襄公二十七年》載，西元前546年，晉、楚為平分霸權，召開了有十四個國家參加的「弭兵」會議，在犧牲小國利益的前提下達成協議，規定除齊、秦兩大國外，其餘中小國家宋、魯、鄭、衛、曹、許、陳、蔡等都要同時向楚、晉兩國進貢。有十二個國家同時進貢，楚國貢賦收入之豐厚，由此不難想見。

楚國對屬國徵收的貢賦十分苛重，故時常引起屬國的不滿或抵

---

① 何浩：《楚國滅國研究》，武漢出版社1989年版，第9頁、102頁。

制。據《左傳　襄公三十一年》載，鄭國子產說：「以敝邑褊小，介於大國，誅求無時，是以不敢寧居，悉索敝賦，以來會時事。」杜預注：「誅，責也。」這雖是子產與晉臣之間的一段對話，但矛頭所指則是包括楚國在其中的。因為當時鄭國正好是「介於」楚、晉兩個超級大國之間，為求得和平和生存，不得不拼盡全力滿足晉、楚的輪番「悉索」貢賦以應付其無時的「誅求」。

　　據文獻記載，楚國索取貢品的範圍十分廣泛，既及於物，還及於人。同樣，從文獻記載來看，作為貢品之物的範圍也是非常廣泛的，馬匹、皮革、黃金、玉帛等奇珍異物一應俱全。如《左傳　昭公六年》記楚公子棄疾如晉過鄭，鄭伯勞之。棄疾見鄭伯「如見王，以其乘馬八匹私面」，即是以馬為貢物。《左傳　襄公二十八年》記鄭伯使游吉如楚致辭曰：「寡君是故使吉奉其皮幣，以歲之不易，聘於下執事。」據《孟子》趙岐注，皮為狐貉皮，幣為繒帛之貨。這是以狐皮繒帛為貢物。《左傳　定公三年》記：「蔡昭侯為兩佩與兩裘以如楚，獻一佩一裘於昭王」，意即以玉佩和輕裘為貢物。《戰國策　楚策》云：「飯封祿之粟，而載方府之金。」鮑彪注：「方，四方；金，其所貢。」這是以金為貢物。《七國考》引許慎《淮南注》：「楚合諸侯，魯趙皆獻酒於楚。」這是以美酒為貢物。據文獻記載分析，作為貢品之人的範圍亦很廣泛，既包括奴婢，又包括技術工匠。《吳越春秋　勾踐伐吳外傳》載越王勾踐曰：「邦國南則拒楚，西則薄晉，北則望齊，春秋奉玉帛子女以貢獻焉，未嘗敢絕。」又《韓詩外傳》卷八稱「越王勾踐使廉稽獻民於荊王」。可見，當時各國不僅僅向楚國進貢玉帛，而且貢獻奴婢。另《左傳　成公二年》載，魯孟孫曾「賂楚人以執斫、執針、織紝皆百人」，這就是以技術工匠為貢納。

## （二）萬民之貢

　　所謂「萬民之貢」，是指各行各業的收益稅或物產稅，也即廣義的貢納，它是包括賦稅於其中的。萬民之貢導源於《周禮》的

「九職」，賈公彥疏：「太宰以九職任萬民，謂任使萬民各有職事，有職事必有功，有功即有貢。」故萬民之貢也有九項：「任農以耕事，貢九穀；任圃以樹事，貢草木；任工以飭材事，貢器物；任商以市事，貢貨賄；任牧以畜事，貢鳥獸；任嬪以女事，貢布帛；任衡以山事，貢其物；任虞以澤事，貢其物；凡無職者出夫布」[①]。在楚國，農圃之貢即指軍賦和田稅，工、商、嬪屬於關市稅範圍，只有牧、衡、虞三者向國家財政機關或楚王室進獻的物產，才屬嚴格意義的貢納範疇。《國語 楚語下》記楚王孫圉對晉趙簡子說：「山林藪澤，足以備財用，則寶之」，而楚國之寶「有藪曰雲連徒洲，金木竹箭之所生也，龜、珠、齒、革、羽毛，所以備賦」。這裡所備之「賦」，即指貢賦。需要說明的是，此處所謂「山林藪澤」，并非蔿掩所書「土田」之屬的「山林」、「藪澤」，前者分別是牧民、山民、漁民的經營範圍，後者則是農夫經營的範圍。

事實上，貢納也不限於「九職」，萬民對楚王室的貢獻幾乎是無所不包。《戰國策 楚策四》記：「昭魚曰：『王不聽是知困而交絕於後也！』『然則，不買五雙餌，令其一善，而獻之王』」；又載：「有獻不死之藥於荊王者」；《新序》稱：「楚人有獻魚於王者」；《左傳 昭公二十七年》記：「進胙者莫不謗令尹」等等，都是楚國臣民對王室貢獻的事例。不過，上述貢納似乎更多的是出於自願，而不一定是官方規定的制度。

在賦稅制度中，除賦稅種類之外，稅率及其稅收的減免等徵收管理也是其核心內容和重要組成部分，所以也應是重點探討的對象。遺憾的是，由於資料的極度匱乏，我們即便是想進行一個較為清晰的大致的勾勒，都很困難。好在程濤平、吳永章、郭仁成、陳偉、晁福林

---

① 以上引文分見《周禮 天官 太宰》和《周禮 地官 司徒》。

等學者均在文章中曾從細微之處做過這方面的努力，可供我們參考。這裡不作徵引和進一步探討。

綜上所述，並結合楚國八百餘年的載沉載浮之歷史考察，我們不難發現楚國的賦稅制度具有以下兩個顯要特徵：

第一，無論是從賦稅專案的完備程度，還是從賦稅與土地之關係，以及賦稅徵收者與繳納者之間的關係來看，楚國賦稅制度都表現出鮮明的封建社會的特徵，這也從一個側面說明了楚國社會的封建性質。此外，楚國在賦稅政策上始終依靠縣邑，抑制貴族、封君的政治地位和經濟實力，即王家直接掌握的縣地越多，中央政府直接徵收的賦稅也就越多，而貴族的采邑則始終未能得到長足的發展。這也是楚國王權始終非常強大，同貴族較量中始終處於優勢地位的經濟根源，也是楚國王權呈現專制和集權特點的物質基礎和制度保證之一。

第二，楚賦稅制度的健全與否同楚之興衰存亡密切相關。楚國之所以能在戰火紛飛、滅國無數的東周時代，從一個一個「土不過同」、「僻在荊山，篳路藍縷」的蕞爾小邦，發展成為一個「地方五千里，帶甲百萬，車千乘，騎萬匹，粟支十年」的東方第一大國，很大程度上要歸功於楚國賦稅提供了雄厚的財力物力基礎。

一般而言，當政治清平時，楚賦稅制也趨於合理，不僅能夠滿足連年征戰的需要和耗費，而且還能使民眾安居樂業。如楚莊王時，雖「昔歲入陳，今茲入鄭」，但卻能使「民不罷勞」；雖「荊屍而舉」，亦能使「商農工賈不敗其業」[②]。此外，楚國統治階級為了緩和國內矛盾，調動勞動者的積極性，常常採取「撫民」措施[③]，如楚平王

① 參見程濤平：〈春秋時期楚國的平民階層〉，載《歷史研究》，1983年第6期；郭仁成：《楚國經濟史新論》，湖南教育出版社1990年版；陳偉：〈《鄂君啟節》與楚國的免稅問題〉，載《江漢考古》，1989年第3期；晁福林：〈《九店楚簡》補釋——小議戰國時期楚國田畝制度〉，載《中原文物》，2002年第5期。

② 《左傳　宣公十二年》。

③ 《左傳　昭公十四年》。

實施的「宥孤寡」的賦稅寬免政策，就取得了積極的效應。

然而，隨著楚國統治集團日益腐化，楚國稅制也日趨苛重，楚國庶民承擔的賦稅一日重甚一日，不僅進一步激化了社會階級矛盾，而且嚴重削弱了楚國國力，是最終釀成其滅亡的重要因素之一。對此，當時的有識之士已有洞察，並作過透闢分析。據文獻記載，早在春秋末年，鬭且廷就已一針見血地指出，若楚國統治集團繼續奉行「積貨滋多，蓄怨滋厚」的做法，楚國就會「不亡何待」？《國語　楚語下》記：

鬭且廷見令尹子常，子常與之語，問蓄貨聚馬。歸以語其弟，曰：「楚其亡乎？不然，令尹其不免乎？吾見令尹，令尹問蓄聚積實，如餓豺狼焉，殆必亡者也。夫古者聚貨不妨民衣食之利，聚馬不害民之財用。國馬足以行軍，公馬足以稱賦，不是過也；公貨足以賓獻，家貨足以共用，不是過也。夫貨馬郵則闕於民，民多闕則有離叛之心，將何以封矣……今子常，先大夫之後也，而相楚君無令名於四方，民之羸餒，日已甚矣，四境盈壘，道殣相望，盜賊司目，民無所放。是之不恤，而蓄聚不厭，其速怨於民多矣。積貨滋多，蓄怨滋厚，不亡何待？」

進入戰國，各國之間的兼併和競爭更趨激烈，近乎殘酷，隨之而來的就是國家物質和財富耗費的劇增。為保證自身既得利益的不受損失和最大化，楚國統治者千方百計地將這些沉重的負擔轉嫁到賦稅承擔者身上，進一步加劇和激化了統治集團與廣大民眾之間的矛盾，人們或消極逃亡，或暴力抗爭。更可怕的是，整個社會的民心已經渙散，士氣低迷不振，民眾不再以國事為重，不再以殉國為榮。秦將白起拔郢之後，在論及楚敗秦勝之因時，曾一針見血地指出：「是時楚王恃其國大，不恤其政」，「百姓心離」，楚兵「各有散心，莫有鬥

志」，故秦「是以能有功也」①。顯然，是楚國統治集團的濫加徵取、厚斂於民，直接造成了「百姓心離」、「莫有鬥志」這一結果，而這是最終導致楚國滅亡的重要原因之一。

孟子在探討天下得失，總結歷史經驗教訓時，明確指出：「得天下有道：得其民，斯得天下矣；得其民有道：得其心，斯得民矣」②，而要得民心，則必須「取於民有制」③。吳永章指出，孟子這一經典論斷，完全適用於楚國的實際情況。楚的全部歷史證明：當楚民的賦、役適度（即「有制」）時，楚國力就得到增強；當楚統治者厚斂於民、濫用民力時，楚勢就遭到削弱以至衰亡④。

## 第五節　貨幣制度

貨幣作為一般等價物，是民事主體之間進行民事活動的主要支付手段，不僅關係民事主體之間經濟交往的規範與切身利益，而且事關整個社會的經濟運行秩序，並會影響國家安全和財政收入，因此，歷代統治者都非常重視對貨幣進行宏觀調控和立法管理。春秋戰國時期是中國古代社會經濟劇烈變動的時代，也是金屬鑄幣廣泛流通及貨幣經濟確立的時期，因而楚和齊、秦等列國也都紛紛結合本國實際制訂了相應的貨幣管理法令和制度⑤。

### 一、貨幣的種類

《史記　平准書》說：「農工商交易之路通，而龜貝金錢刀布之

① 《戰國策　中山策》。
② 《孟子　離婁上》。
③ 《孟子　滕文公上》。
④ 吳永章：〈楚役制初議〉，載《江漢論壇》，1983年第12期。
⑤ 趙德鑫：《楚國的貨幣》，湖北教育出版社1995年版，第405頁。

幣興焉。」貨幣的發展，經歷了一個由實物貨幣到金屬貨幣的演進過程。與之相適應，楚國的法定的貨幣形式也先後經歷了實物貨幣和金屬貨幣兩個歷史階段。

實物貨幣的早期形態是自然物貨幣，楚國的早期貨幣，就是天然貝（主要是海貝）。1978年，河南淅川下寺時代為春秋中期前段的二號楚墓出土海貝多達4432枚 ①。1990年，河南淅川時代為春秋晚期的和尚嶺一號墓出土海貝160枚，二號墓出土海貝15枚，蚌貝25枚，徐家嶺九號墓出土海貝6枚 ②。這些表明楚國曾經使用或當時仍在使用天然貝。隨著生產和商品交換的發展，實物貨幣的形態逐漸從自然物擴大到生產物。楚國的生產物貨幣，主要有豬、布匹、賤金屬塊以及加工簡單的賤金屬工具。其中，又以後兩者最具代表意義 ③。自春秋中期起，金屬貨幣開始廣泛鑄造和使用。受中原地區先進貨幣制度的影響，楚國很快就完成了從金屬器具（一般商品）蛻變為貨幣（特殊商品）的過渡 ④，也開始鑄造和使用金屬貨幣，並憑藉豐富的礦產資源、先進的冶煉技術以及發達的商品經濟，很快就後來居上。楚國的金屬貨幣，現在已知有金幣、銀幣、銅幣三種，這就是所謂「三錢」。

---

① 河南文物考古研究所等：《淅川下寺春秋楚墓》，文物出版社1991年版。
② 河南文物考古研究所等：《淅川和尚嶺與徐家嶺楚墓》，大象出版社2004年版。
③ 趙德鑫：《楚國的貨幣》，湖北教育出版社1995年版，第9頁。在楚國穀、粟實際上也在一定意義上充當了法償貨幣的角度，有等同的貨幣資格。如貴族官員的俸祿是用糧食支付的。《呂氏春秋　異寶》記楚王懸賞「得伍員者，爵執珪，祿萬擔，金千鎰。」《孟子　滕文公上》記載了孟子與許行弟子陳相的一段對話：曰：「自織之與？」曰：「否。以粟易之。」……曰：「許子以釜甑爨，以鐵耕乎？」曰：「然。」「自為之與？」曰：「否。以粟易之。」從這段對話中，我們可以清楚地看到，粟整個交易中是作為一種貨幣在使用的。
④ 關於楚國是否經歷過生產物貨幣階段，學界有不同認識。如俞宗漢《楚文化志》、劉玉堂《楚國經濟史》均認為楚國因受黃河流域先進貨幣制度的影響，跳越了從金屬器具（一般商品）蛻變為貨幣（特殊商品）的階段，直接以金屬鑄幣。筆者認為，受貨幣產生規律和當時社會經濟條件所限，楚國是不可能直接跳過這一歷史階段的。一、黃河流域也經歷了生產物貨幣這一階段；二、從總體上看，在西周晚期和春秋早期，楚國不僅經濟類型與中原各國相同，而且經濟水準最多是與之相持平，這時的楚無論是在經濟上還是在文化上，更多的是借鑒和吸收為主。而這正是楚國後來在諸多方面後來居上的原因之一。

金、銀、銅三錢齊備，在先秦諸國中，唯楚獨有。蟻鼻錢的以個計值和鑄刻文字，在當時銅幣圜、布、刀、貝四大體系中亦居於領先地位。而金、銀鑄幣，在列國中更是僅見的。因此，無論是幣形、幣材，還是幣值、幣文，楚國的貨幣都特色鮮明、別具一格，有異於同時其他各國的貨幣，從而形成獨特的貨幣系統，成為楚文化在經濟領域中最顯著的特徵[①]。

## 二、貨幣的管理

與楚國相對活躍的貨幣經濟相適應，楚國初步形成了一套相對完善的貨幣管理制度，以保證國家經濟的安全和穩定，同時攫取超額的經濟利益。從文獻所反映的情況來看，楚國的貨幣管理制度，主要由兩大部分組成：一是貨幣的製造與發行制度；二是貨幣流通與管理制度。

### 1.貨幣的製造與發行

貨幣的製造與發行是貨幣經濟中關乎利害與治亂關係的最核心問題。一部貨幣史證明，各種貨幣形態最初都是由民間自發地製造和發行的，但後來都被政府奪走其權利，政府強行壟斷了貨幣的鑄造和發行。從文獻的記載來看，至遲在春秋早中期，楚國就已將鑄幣權和發行權收歸王室。

《史記　循吏列傳》記：

莊王以為幣輕，更以小為大，百姓不便，皆去其業。市令言之相曰：「市亂，民莫安其處，次行不定。」相曰：「如此幾何頃乎？」市令曰：「三月頃。」相曰：「罷，吾今令之複矣。」後五日，朝，相言之王曰：「前日更幣，以為輕。今市令來言曰，市亂，民莫安其處，次行不定。臣請遂令複如故。」王許之，下令三日而市複如故。

---

① 　趙德鑫：《楚國的貨幣》，湖北教育出版社1995年版，第324頁。

這是中國貨幣史上有文獻可查的第一次幣制改革，比西元前524年引出單旗著名的「子母相權」的貨幣理論的周景王「將鑄大錢」①的幣制改革要早七十多年。必須承認，從文獻記載的市場混亂、人民驚慌失措的情況來看，莊王的這次貨幣改革無疑是失敗的，但這不是我們所關注的，我們所注意到的是，楚王室（中央政府）不僅牢固地掌握錢幣的鑄造和發行權，而且還對貨幣的流通進行了積極的干預和管理，儘管失敗了，但它卻清楚地證明了當時的楚國已經有了一套相對完善、成熟的貨幣管理機制。這裡所說的完善，主要指在鑄造、發行、流通等環節均有監管。所謂成熟，主要指在監管過程中，問題的回饋很暢通，問題的處理也很及時。

對楚王室壟斷鑄幣權這一觀點，學界沒有異議，但對楚王室如何行使鑄幣權的問題，學界則有不同意見。趙德鑫認為楚王室除自行鑄幣之外，有時還授權封君鑄造，但這種權利是有限制的，封君只能就王室給予的黃金、銅或本地產的黃金、銅鑄造，不可從外地販運黃金、銅來製造。黃德馨則認為楚王室只准許一部分由王室直接控制的縣鑄造金幣，而不准許封君鑄造金幣②。郭仁成似乎也持這一觀點③。而吳良寶則認為鑄幣權完全由楚國政府掌握，所謂的楚國逐漸下放了貨幣鑄造權的說法是不準確的。至於楚國封君可以鑄造貨幣的問題，目前還沒有直接的證據能夠證明此推測。④就現有資料來綜合判斷，吳良寶的說法似乎更符合歷史實際。據文獻記載，楚國對金屬幣材實行壟斷政策，而這正是政府禁止私家鑄幣的反映，也是國家為壟斷鑄幣權而採取的一項措施。《左傳 僖公十八年》云：「鄭伯始朝於楚，楚子賜之金，既而悔之，與之盟曰：『無以鑄兵』。故

① 《國語 周語》。
② 黃德鑫：《楚爰金研究》，光明日報出版社1991年版，第71—72、77頁。
③ 郭仁成：《楚國經濟史新論》，湖南教育出版社1990年版，第38頁。
④ 吳良寶：〈戰國楚金幣新考〉，載《江蘇錢幣》，2010年第1期。

以鑄三鍾。」即便是作為國禮贈送，也要指定其用途，由此我們完全有理由相信，在國內，銅及其使用權更是掌握在楚王手中。從〈鄂君啟車節〉銘文中「毋載金、革、黽、箭」的記載來看，「金、革、黽、箭」等物資是禁止封君或者個人運輸、販賣的。這裡的「金」，當是五金的泛稱。而金之所以列為這些禁運物資的首位，除它是製造兵器的材料之外，還在於其又是鑄造貨幣的材料。金不僅價高利大，而且事關國家安全與財政收入[1]。如果說，以上材料證明管控之全面與嚴格，那麼，下面的史料則充分展示了其殘忍、野蠻的一面。《韓非子　內儲說上》說：「荊南之地，麗水之中生金，人多竊採金。採金之禁，得而輒辜磔於市，甚眾，雍離其水也，而人竊金不止。」私采砂金，居然要碎屍萬段；為令行禁止，不惜殺人如麻，以至屍堵河流，真可謂恐怖至極。可見，楚國幣材的控制不僅全面、嚴格，而且近乎野蠻、殘忍。既然花了這大氣力來壟斷和掌控金屬幣材，想必楚王室是不會輕易將鑄幣權下放給封君或地方政府的。

既然錢幣只能由官府鑄造，那麼，私人鑄錢顯然是法律嚴禁與加重處罰的犯罪行為。由於史料的闕失，尚未見到具體法律條文，但有一則史料為我們提供了相關資訊。《太平御覽》卷八三五「資產」部十五「錢」引《楚漢春秋》，記項梁部下私鑄大錢。由此可見，對楚人來說，私鑄大錢一向是違反法律的事。這透露了中國早在戰國時期就禁止私人鑄幣[2]。

### 2.貨幣的流通與管理

貨幣產生之後，只有進入市場，參與流通，才能發揮職能，實現價值。而進入市場，參與交換，就必然涉及到貨幣的規格、幣值、比價等幣制方面的問題，以及對貨幣市場如何監管的問題。

---

① 趙德鑫：《楚國的貨幣》，湖北教育出版社1995年版，第293頁。
② 趙德鑫：《楚國的貨幣》，湖北教育出版社1995年版，第405頁。

第三章　經濟法律制度

迄今為止，楚國具體的貨幣法令尚未發現。但從現存楚國貨幣及同時代其他國家貨幣法令的內容推測，它可能已經就貨幣的種類，金幣、銀幣、銅幣、布幣以及其他各種貨幣的規格（品質）和相互之間兌換的比率（比價）等問題作了制度安排和明確規定。除此之外，楚國可能還有關於政府運作貨幣的法令，內容主要包括貨幣的儲藏、存放與出納規則等。[①]因為離開了這些，市場無法運轉，天下就會大亂。前引莊王的幣制改革，就是因為這些問題沒處理好而引發市場混亂，結果導致改革受挫甚至失敗。此後，楚國似乎再也沒出現過這種情況，至少從史料上看應該是如此，這說明楚國已經很好地解決了這些問題。

　　一般而言，政府要實現管理貨幣的職能，必須通過一定的管理機構來完成。貨幣從鑄造到發行，從流通到貯藏，環節眾多，按常理而言，必定擁有一批相應的管理機構及其官吏各司其職。但是，由於文獻記載的闕失和出土資料的有限，我們難以理清楚國究竟設置了多少貨幣管理機構，無從知曉具體的相關管理制度和法規。我們所能做的，就是從現有史料出發，盡可能客觀地來推測和勾勒楚國貨幣管理機構的大概輪廓。

　　**三錢之府**　《史記　越王勾踐世家》：「每王（楚王）且赦，常封三錢之府。」裴駰《集解》引或曰：「錢幣至重，慮人或知有赦，盜竊之，所以封錢府，備盜竊也」。可見，「三錢之府」當是國家專門負責貯存貨幣的機構。為何稱為「三錢之府」呢？裴駰《集解》引東漢賈逵云：「金幣三等：或赤，或白，或黃；黃金為上幣，銅錢為下幣。」金幣三等之說也見於《史記　平准書》，但二者皆是從《禹貢》「金三品」之說發展而來。孔安國以為指「金、銀、銅」，鄭玄以為指「銅三色」。郭仁成和劉玉堂認為，當以孔說為是，因為以當

---

① 　趙德鑫：《楚國的貨幣》，湖北教育出版社1995年版，第405、406頁。

時技術水準而論，辨別金、銀、銅已經很不容易，要區分銅之三色，就更難了。從考古發現來看，楚國確有金、銀、銅三種不同金屬成分的貨幣，可證，「三錢之府」即楚國負責貯藏和管理金、銀、銅三種貨幣的機構[①]。趙德鑫通過一番考證後，亦認為，「三錢之府」中的「錢」，是對金屬貨幣的通稱。所謂「三錢」是指金、銀、銅三錢，「三錢之府」是楚國政府貯存和管理貨幣的機構[②]。綜上可見，三錢之府當是楚國政府最大的貯存和管理貨幣的機構。

　　**方府**　《戰國策　楚策四》：「莊辛謂楚襄王曰：君王『左州侯，右夏侯，輦從鄢陵君與壽陵君，飯封祿之粟，而載方府之金，與之乎馳騁乎雲夢之中，而不以天下國家為事」。明代董說在《七國考》中寫道，楚國因產金之地甚多，把四方所貢之金藏之於方府。由此可見，方府是專門儲藏和管理金幣的機構。趙德鑫認為「方府」是貯存、管理貨幣的機構，但其歸屬權卻屬於楚王室，並根據楚既有「三錢之府」，又有「方府」推斷，楚國已將國家財政和王室財政分開。筆者認為，這一看法有失偏頗。理由有二：一、從現有史料來看，方府似乎只專司黃金及其製品的貯藏與管理，沒有任何證據表明還兼管銅、銀二錢；二、就當時所處的歷史階段而言，楚國應該沒有能力將國家財政與王室財政區別開來。就方府的地位和性質而言，筆者更傾向於其是具有相對獨立地位的黃金專營管理機構，類似於現代的國家專業銀行。

　　**爰正府**　《古璽彙編》0133著錄有楚《口（爰？）正府璽》一枚，第一字不清，劉玉堂認為疑似「爰」，若可以此字釋，則爰正府或即楚國專司爰金貯備與舊爰金回收的機構。

　　**銅官**　董說《七國考》引《圖書記》云：「楚設銅官，鑄錢洲

---

① 劉玉堂：《楚國經濟史》，湖北教育出版社1995年版，第252頁。

① 劉玉堂：《楚國經濟史》，湖北教育出版社1995年版，第252頁。
② 趙德鑫：《楚國的貨幣》，湖北教育出版社1995年版，第373、374頁。

上，遂名銅官。」可見，銅官是專門負責貨幣製造的管理機構①。《一統志》：「銅官渚在（長沙）縣西北銅官山下，一作銅官浦，舊傳楚鑄錢處。」劉玉堂認為長沙是戰國時期楚國南部的經濟中心，其地恰好位於楚國產銅基地今大冶銅綠山和麻陽九曲灣之間，原材料轉運十分便利，且處於戰爭後方，楚人在此設有大型造幣作坊是完全可能的。考慮到楚國商業的繁榮，貨幣流通量大，楚國的鑄錢作坊當不止此一處②。若此論成立，則給我們提出了這樣一個尖銳的問題：銅官究竟是管理機構，還是鑄造作坊？就現有資料來看，無法判定。我們推測：銅官很可能既是管理機構，又是生產單位，即集生產與管理職能於一身。根據全國多處置有銅官來看，其行政級別不高，很可能屬中央駐地方機構。此外，還存在著一個全國性的管理機構，來具體管理分散在各地的銅官。這一機構可能是中央政府的獨立部門，或隸屬於中央政府某個職能部門。

除上述機構之外，趙德鑫認為，在儲存、管理金屬貨幣的「三錢之府」之外，楚國可能還有儲存、管理布幣的機構，以及統管這個機構和「三錢之府」的部門。

從楚國置有爰正府，並結合政府職能行使之便利和效率考慮，這一論斷應是符合楚國實際情況的。關於楚國儲存、管理布幣的機構，筆者以為，很可能是由大府來充任。理由有三：一、布幣是一種實物貨幣，流通量不大，當其不參與流通時，更多表現為一種消費物資，即普通的布匹，國家沒有必要設專門機構對其貯藏和管理。二、作為一種消費物資，布匹通常是國家賦稅的主要徵收對象。三、大府是楚國中央掌管財政稅收和負責物資收藏與調配的最高權力機構③。

通常來說，凡設一機構，必賦予其一定職能，並配備若干不同

---

① 趙德鑫：《楚國的貨幣》，湖北教育出版社1995年版，第404頁。
② 劉玉堂：《楚國經濟史》，湖北教育出版社1995年版，第179頁。
③ 具體論述詳見劉玉堂：《楚國經濟史》，湖北教育出版社1995年版，第249—250頁。

級別和職事的職官。遺憾的是，上述機構的職能及其職官，現沒有明確的文獻記載，趙德鑫從出土文物及某些史料推測，它們要管理貨幣制度的設計與改革，鑄幣全過程的組織與實施，貨幣的儲藏與發行，稱量金銀幣使用衡器的製造與檢驗，很可能還負責幣材的開採、冶煉與運輸，以及有關貨幣立法的擬定[①]。這一結論雖未經過嚴格的實證分析，但卻是建立在充分的邏輯推理的基礎上，其合理性是不言而喻的。至於職官設置的詳細情況，則只能等待新的發現。

① 趙德鑫：《楚國的貨幣》，湖北教育出版社1995年版，第404頁。

# 第四章　民事法律制度

　　現代法學意義上的民法，是指「一定社會調整特定的財產關係和人身關係的法律規範的總和」，「是民法規範所調整的財產關係和人身關係在法律上的表現，如所有權關係、合同關係……繼承關係等」[①]。在以重農抑商為基本國策的中國古代社會，是不可能產生現代意義上的民法概念的，但由於在現實社會生活中，財產關係和人身關係的客觀存在，事實上很早就出現並一直存在著調整上述關係的法律規範。因為，民法在本質上是社會經濟生活的法律表現，正如恩格斯所指出：「民法準則只是以法律形式表現了社會的經濟生活條件」[②]。

　　從文獻記載和考古發現來看，在楚國的法律體系中，民法亦是一個很重要的部門。它調整民事法律主體之間的財產關係與人身關係，對於維護社會的經濟秩序、保證商品的正常交換與流轉，都起著極為重要的作用。綜合文獻典籍和出土文物資料分析，我們可以發現，春秋戰國時期，楚國的民事法律涉及到所有權、債權、繼承權等諸多領域。本章主要闡述民事主體和客體、所有權、債權和繼承中的一些問題，婚姻關係由於具有一定的特殊性，放在下一章作專題探討。

---

① 《中國大百科知識全書　法學卷》，第412、417頁。
② 《馬克思恩格斯選集》第4卷，人民出版社1972年版，第248—249頁。

## 第一節　民事主體和客體

現代法律意義上的民事法律關係，由民事主體、權利和義務關係、民事客體三部分組成，缺一不可。而民法對社會關係的調整和規範，也正是通過對民事法律關係的調整來完成的。

### 一、民事主體

民事主體，又稱民事權利主體，是指參與民事法律關係，享受民事權利和承擔民事義務的人。現代民法學認為，構成現代民事主體一般有自然人、法人和合夥等組織，國家在一定的條件下也可以成為民事主體。從楚國的歷史實際出發，我們認為，楚國的民事主體也主要是由個人（單個的自然人）和一些特殊的組織構成。

### （一）個人

馬克思指出：「在過去各個歷史時代，我們幾乎到處都可以看到社會完全劃分為各個不同的等級，可以看到由各種不同社會地位構成的整個階梯」，「並且幾乎在某一個階級內部又有各種獨特的等第」[①]。先秦時期的楚國社會也是一個等級嚴格的社會，人們的法律地位和社會地位，因其階級、身分、職務、性別的不同而不同，人們享受民事權利的能力和具有的民事行為能力亦因此而不同。

據文獻記載，楚國人分「十等」。《左傳　昭公七年》載：

（楚靈王）為章華之宮，納亡人以實之。無宇之閽入焉。無宇執之，有司弗與，曰：「執人於王宮，其罪大矣。」執而謁諸王。王將飲酒，無宇辭曰：「天子經略，諸侯正封，古之制也。封略之內，何非君土？食土之毛，誰非君臣？故詩曰：『普天之下，莫非王土；率土之濱，莫非王臣。』天有十日，人有十等。下所以事上，上所以共

---

① 馬克思：〈共產黨宣言〉，載《馬克思恩格斯全集》第4卷，人民出版社1958年版，第466頁。

神也。故王臣公，公臣大夫，大夫臣士，士臣皂，皂臣輿，輿臣隸，
隸臣僚，僚臣僕，僕臣臺。馬有圉，牛有牧，以待百事。今有司曰：
『女胡執人於王宮？』將焉執之？周文王之法曰：『有亡，荒閱』，
所以得天下也。吾先君文王作《僕區》之法曰：『盜所隱器，與盜同
罪』，所以封汝也。若從有司，是無所執逃臣也。逃而舍之，是無陪
臺也，王事無乃闕乎？昔武王數紂之罪以告諸侯曰：『紂為天下逋逃
主。萃淵藪。』故夫致死焉。君王始求諸侯而則紂，無乃不可乎？若以
二文之法取之，『盜』有所在矣。」王曰：「取而臣以往。『盜』有
寵，未可得也。」遂赦之。

　　申無宇所謂「人有十等」，顯然是一個約數。因為就按申無宇
所說的，也不止十等。十等之外，有圉，有牧，還有陪臺，總計應有
十三等。關於這段記載，學術界有不同的理解，爭議的焦點有二：一
是這段文字反映的究竟是階段關係還是等級關係，二是對前「十等」
人的身分的認定[①]。孰是孰非，我們這裡不作探討，因為它不影響我們
對楚國民事主體的認識，我們只需知道楚國是一個等級嚴格的社會就
行了。總體說來，楚國個人類民事主體又可分為以下幾類：

### 1.楚王、貴族、封君、官僚、地主

　　楚王、貴族、封君、官僚、地主是楚國社會主要生產資料土地的
所有者和占有者，是物權和債權的主要享有者。法律不僅明文規定他
們享有民事特權，而且保護他們的特權。他們在此權利的保護下，為
了聚斂財富而熱衷於參與民事流通活動。

　　楚王是楚國的最高統治者和代表者，作為自然人，他是特殊的民
事主體，無論是在身分、物權，還是婚姻、家庭、繼承上，都不同於

---

① 　具體可參見劉玉堂：《楚國經濟史》，湖北教育出版社1995年版，第70—76頁；羅運環：
　　〈楚芋尹無宇「人有十等」新解〉，載《鄂州大學學報》，2008年第1期。

第四章　民事法律制度

一般的主體，享有各種特權。「封略之內，何非君土？食土之毛，誰非君臣？」從法理上看，楚王完全承襲「普天之下，莫非王土；率土之濱，莫非王臣」①的傳統，是名義上的國家土地的所有人。事實上，楚王不僅掌握了大量國有土地，而且還擁有大量私田。《史記楚世家》載張儀曰：「（懷王）私於於以為富」。此外，楚王還擁有諸多宮廷作坊。為攫取更多的經濟利益，他們經常藉此進入民事流通流域，直接參與民事活動。當然，這些民事活動一般都是由他人代為辦理。如包山簡150就記載了一起有5人借貸「王金」而「不賽」的事件。黃盛璋認為，「上林之王金」應為王私府所藏之金，是楚王也以王府之金放高利貸，而由上林之客以為管理，故貸上林王金不還，上林之客上告，併發引以傳審。按法處理，賽為報神福，引申用於還貸金，並不是單純之還，而必須厚報酬償，亦即高利息②。王准亦認為，「王金」是楚懷王的貨幣財產，而具體負責經營此事的不是楚王本人，而是楚王的臣屬，即簡文中的「上林之客」③。另據《越絕書》卷十一記：「（楚王）於是乃命風鬍子之吳見歐冶子、干將，使之作劍。歐冶子、干將鑿茨山，泄其溪，取鐵英作為鐵劍三支：一曰龍淵，二曰泰阿，三曰工布。」從民事法律角度來看，楚王在這裡實際上就是以雇主的身分參與民事活動的。不僅如此，楚王還以民事主體的身分通過進貢、賀禮等形式聚斂財富。

貴族、封君、官僚是繼楚王之後的又一類特殊民事主體，他們在衣、食、住、行、婚、喪、祭、繼等民事性活動中，依據各自的身分等級而享有不同規格的權利，不得隨意僭越。此即所謂「君子小人，

---

① 《詩經　小雅　北山》。

② 黃盛璋：〈包山楚簡中若干重要制度發複與爭論未決諸關鍵字解難、決疑〉，載《湖南考古輯刊》第6輯，《求索》增刊1994年。

③ 王准：〈包山楚簡所見楚國「里」的社會生活〉，載《中國社會經濟史研究》，2011年第2期。

物有服章，貴有常尊，賤有等威，禮不逆矣」[1]。與楚王相比，貴族、封君、官僚參與民事活動的記載更是屢見不鮮。

在楚國，封君、貴族、官僚的經濟收益不僅來源於土地，而且來源工商業。他們憑藉特殊身分和行政權力，或直接從事手工商業，或與工商業者相勾結，或以其資財贏利等多種管道，攫取超額的經濟利益。《國語　楚語下三》記：

闘且廷往見令尹子常，子常與之語，問蓄貨聚馬。歸以語其弟曰：「楚其亡乎？不然，令尹其不免乎？吾見令尹，令尹問蓄聚積實，如餓豺狼焉。殆必亡者也！夫古者聚貨不妨民衣食之利，聚馬不害民之財用。國馬足以行軍，公馬足以稱賦，不是過也；公貨足以賓獻，家貨足以共用，不是過也。夫貨馬郵則闕於民，民多闕則有離叛之心，將何以封矣。」

令尹子常貪婪無厭固然可憎，但從其主動向闘且諮詢蓄貨聚馬之事來看，想必闘且在這方面一定是有過人之處，且成績斐然，否則，子常是不會以令尹之尊而「不恥下問」的。子常、闘且均身居高位，見面不以國事為主，而大談生財之道，當是當時官場盛行經商之風的結果和反映。居廟堂之高，尚且如此，處江湖之遠，自不用說。楚國官僚熱衷於投身民事活動，由此可見一斑。《淮南子　人間訓》載：「白公勝卑身下士，不敢驕賢，其家無管籥之信，關楗之固。大斗斛以出，輕斤兩以內。」顯然，白公勝在從事借貸活動。

另據《鄂君啟節》反映，鄂君啟不僅是一個大貴族，而且是一個大封君，更是一個大商人。他不僅擁有一個龐大的商隊，可交通四海，而且設有一個經營管理機構，專門司職商貿活動，更重要的還得

---

① 《左傳　宣公十二年》。

到了楚王的認可和支持。可見，貴族和封君從事民商活動，以經營天下之利在楚國是得到官方支援的，自然也是十分普遍的現象。對此，郭仁成明確指出，「戰國之世，楚封君經營工商業的風氣更盛，眾所周知的鄂君啟的龐大水陸商隊在當時固然可謂舉世無雙，而他的前輩鄂君子晳據傳說也可能是一位大官商」。《說苑　善說》說他「泛舟於新波之中也，乘青翰之舟，極莆花，張翠蓋，而檢犀尾，班麗桂」，也是帶有一支商船隊前往南越或從那裡返回。春申君有「客三千人，其上客皆躡珠履」，如果不是幫忙做生意，要這麼多客人做什麼？且又如何從南海賺來這麼多的珍珠？[1]之所以會出現如此現象，當是楚人奉行「重商尚賈」理念和政策的結果。

春秋以來，楚封君、貴族養馬之風甚盛。《左傳　襄公二十二年》記：康王時，「楚觀起有寵於令尹子南，未益祿而有馬數十乘」；蒍子馮繼為令尹，有寵臣八人，也「皆無祿而多馬」。下人居然擁有這麼多馬匹，身為主人的令尹子南、蒍子馮想必擁有更多的馬匹。這些馬匹從何而來呢？當是與楚國經商之風甚盛有直接關係，推測很有可能是這兩位令尹利用主管國事的機會和職權，指使心腹爪牙直接從事馬匹的養殖和經商獲利而來，而這些下人也乘機中飽私囊。

地主是封建社會財富的主要所有者。他們雖未及仕，但擁有諸多的土地和逼人的財富。他們聚集財貨，參與市井之利，也是民事活動的主要參與者。戰國中晚期，隨著楚國封建領主制向地主制轉化，楚國貴族集團開始出現分化。其中上層中部分人分化為地主，屬於貴族集團下層而又居於「士」之上層者中，不少人因軍功獲得土地而成為新興地主，攻蔡有功的子發即是其中的代表性人物。而原屬於皂、輿之類的「士」之下層者中，也不乏因戰爭而變為小地主者。由於工商業的發展，一些豪商巨賈尤其是類似於鄂君啟但地位較之略低的官

---

[1]　郭仁成：〈論楚國社會經濟形態的基本特徵〉，載《求索》，1989年第5期。

商，當會憑藉資金和權力的結合兼併土地。而屬平民階層中的中小工商業者也會出現一些轉營或兼營土地者。此外，少部分自耕者也可能躋身小地主的行列①。

### 2.商人、手工業者

商人和手工業者屬於楚國的庶民階層，但他們尤其是商人在楚國民事法律關係中有一定特殊性。由於楚國實行「重商尚賈」國策，商人的民事行為能力不受限制，他們可以在法律規定的範圍內自由地從事各種經營活動。「是以富商大賈，周流天下，交易之物莫不通，得其所欲」②。知名者，如《韓非子　外儲說左上》所記的「有賣其珠於鄭者」。商人之中，最不濟者，亦能或「坐列販賣，操其奇贏，日游於市」③，或「坐市列肆，販物求利」④。如前面講到的出售鹹魚的、賣豆漿的以及販陶器者等。更有甚者，因行動自由，加上經濟無憂，而參與國事，從而獲得楚王的重任和重賞。代表者，如前文講到的屠羊說和爐金。而楚國為了增加財政收入，以及穩定和拉攏商人，從法律上對富商大賈給予了一定的政治優待。如《韓詩外傳》卷八記：「楚國之法，商人欲見於君者，必有大獻重質，然後得見。」

春秋戰國時期，由於楚國王權始終十分強大，政府幾乎控制了所有的重要生產行業和部門，但是由於生產力的持續發展及由此引發的社會關係變化的加劇加深，楚國的民間手工業仍然獲得了一定的發展，產生了一批以生產商品為目的的私營手工業和獨立個體手工業者。《墨子　尚賢上》：「雖在農與工肆之人，有能則舉張之。」

① 劉玉堂：《楚國經濟史》，湖北教育出版社1995年版，第122—123頁。
② 《史記　平准書》。
③ 《漢書　食貨志》。
④ 《史記　平准書》。

童書業認為「這是指自由小生產者」①。郭仁成認為，這一解釋是正確的，在楚國普遍存在著這種自由生產的小手工業者，其中，以從事紡織業的為最多②。

他們不僅是楚國手工業的優秀代表者，而且是楚國民事活動的積極參與者，當然也是楚國物權和債權的重要主體。其實，即便是在官營手工業作坊中，直接從事手工業生產的國工，「在被徵發之前為有手工技能的庶人，其身分與農奴相當，而略高於奴隸。他們享有某種程度的人身自由，其姓名可與專司官吏印記一同署在產品之上」③。署名權本身就是一項重要的民事權利，國工擁有署名權，顯然表明在楚國國工也是重要的一類民事權利主體。他們有人身自由，靠自己的勞動和技藝自由地謀生。

### 3.農奴、自耕農、雇農

農業是楚國的立國之本和經濟基礎。據學者研究，楚國農業的直接生產者主要有農奴、自耕農、雇農④。

農奴是楚國最主要的直接生產者。他們儘管附著於土地之上，耕種王田和貴族食邑的土地，向王室或貴族交納賦稅，並服兵役和勞役，但也有著自己的家室婦子之私，有相對獨立的經濟生活⑤，因而有著相對獨立的人身自由和獨立的民事行為能力，可以通過自己的民事行為為自己設立一定的民事權利和義務。總之，他們既是楚國最主要的生產者，又是楚國數量最大的一類民事權利主體。

春秋中期，楚國已出現了自耕農。戰國中期以後，自耕農民規模越來越大。他們占有小塊土地，自耕而食，世代相傳，成為一家一

---

① 童書業：〈戰國秦漢時代的手工業和商業〉，載《文史哲》，1958年第2期。

② 郭仁成：《楚國經濟史新論》，湖南教育出版社1990年版，第94頁。

③ 劉玉堂：《楚國經濟史》，湖北教育出版社1995年版，第197頁。

④ 劉玉堂：《楚國經濟史》，湖北教育出版社1995年版，第83頁。

⑤ 劉玉堂：《楚國經濟史》，湖北教育出版社1995年版，第84頁。

戶為生產單位的個體經濟，《史記　楚世家》記：「靈王於是獨傍徨山中，野人莫敢入王」。這裡的「野人」，即是在「山中」自耕的農夫。《吳越春秋　勾踐陰謀外傳》記楚善射者陳音自稱：「臣，楚之鄙人」。如《莊子　天地》所記子貢南游於楚所見「漢陰丈人」，同書《則陽》所記公閱休，《史記　孔子世家》所記子路在陳蔡間所見的荷篠丈人，《韓詩外傳》所稱楚莊王遣使聘請的北郭先生等，都屬於這類自耕農。《楚史檮杌》記楚莊王築臺勞民傷財，有一個叫諸御已的，「違楚百里而耕」，挺身而出，前去諫阻楚莊王，臨走之前，把耕種任務交給「其耦」者，其身分也很像一個自耕農。《史記　滑稽列傳》記孫叔敖之子歌曰：「山居耕田苦，難以得食」，這類居於深山苦耕且難以果腹者，很可能也是一些擁有小塊貧瘠土地的自耕農。《史記　楚世家》所記申叔時引鄙語云：「牽牛徑人田，田主奪之牛」。這位田主就是正在自耕的自耕農。《孟子　滕文公上》所記楚國「為神農之言者許行」，主張「賢者與民並耕而食」，他代表的就是小私有農民的利益，他的追隨者「其徒數十人」，以及「負耒耜而自宋至滕」的「陳良之徒陳相與其弟辛」，當是自耕農。《管子　輕重戊》載，齊桓公「使人之楚買生鹿，楚生鹿當一而八萬」，「楚民即釋其耕農而田鹿」。這些可以自由決定經營方式的民眾實際上也是自耕農。

此外，一些出身下層貴族的人，由於種種原因流落或隱居鄙野，過著自食其力的「躬耕」生活，他們的身分實際上也是自耕農。如《荀子　非相》記：「楚之孫叔敖，期思之鄙人也」。《呂氏春秋　贊能》所記相同。《莊子　人間世》記孔子適楚，楚狂接輿遊其門而歌。郭注引皇甫謐云：「接輿躬耕」。這個佯狂不仕的接輿，其身分也可以自耕農視之。《韓詩外傳》記：「楚有士曰申鳴，治園以養父」。申鳴「治園」以養父，說明他非自耕農莫屬。「總之，在楚國自耕農之中，確有一部分人出身於貴族。他們數量雖然不大，但曾一

度成為楚國直接生產者則是不容忽視的事實」①。從法律上看，這些自耕農是具有完全民事行為能力的人，儘管他們負擔著沉重的國家賦稅，又常受天災人禍等侵擾，參加民事流通的範圍極為有限，但終究還是擁有獨立的民事權利主體資格。他們有完全的人身權利、財產權利和婚姻權利，還有單獨立戶的權利。

從文獻記載來看，楚國在農業生產中，還存在著雇農和佃農。自春秋以來，隨著土地私有化的出現和加速，雇工耕種已成為必然，農業中使用雇用勞動的事也屢見不鮮了。到了戰國時期，雇傭關係更加普遍了。《韓非子　外儲說左上》對這一時期的農業雇傭關係作了深刻描述：「夫賣庸而播耕者，主人費家而美食，調布而求易錢者，非愛庸客也，曰：如是，耕者且深，耨者熟耘也。庸客致力而疾耘耕者，盡巧而正畦陌畦時者，非愛主人也，曰：如是，羹且美，錢布且易之也」。楚國雖然缺乏這方面的直接史料，但某些資料卻能間接說明這個問題。《說苑　善說》記「莊周謂文侯曰：『今周以貧故來貸粟，而曰預我邑粟來也而賜臣，即來，亦求臣傭肆矣」。莊周為楚人，他見到專門為賣庸而設的「傭肆」，當是在楚國。既然手工業者中已存在「雇工」現象，楚國農業中也應該存在這種雇傭勞動者②。

進入戰國以後，隨著封建領主的地主化，一部分農奴逐漸轉化耕種新興地主土地的為佃農。《楚辭　九辯》云：「農夫輟耕而容與兮，恐田野之蕪穢。」王逸注：「愁苦賦斂之重數也。」白起拔郢後，在分析楚人失敗的原因時指出：「楚人自戰其地，咸顧其家，各有散心，莫有鬥志。」郭仁成以為，「現在，這些作田人已不再被稱為『甿』，而被稱為『農夫』了，他們對地主只承擔賦斂，而在自己耕作的田地上可以自由地『輟耕以容與』了。這些

---

① 劉玉堂：《楚國經濟史》，湖北教育出版社1995年版，第91頁。

② 郭仁成：《楚國經濟史新論》，湖南教育出版社1990年版，第78頁。

『咸顧其家』的戰士，顯然不是自耕農，便是佃農了。」①其說甚是。與自耕農相比，雇農與佃農的地位和處境較低。但從法律上看，他們一樣擁有相對獨立的人身自由，可以自由地遷徙，可以到任何地方去受雇或佃耕。當時的雇主如果是一般的地主或富裕農民，他們與雇農之間雖有貧富之分，但無等級之異。雇農和佃農在民事流通領域主要發生的是租佃關係和雇傭關係②。

### 4.婦女

在楚國，婦女具有獨立的民事行為能力，是楚國民事權利主體中重要而特殊的一類。正如學者所指出，婦女地位尊貴，是楚國家庭組織與生活習俗中的一項重要內容和特點。楚婦人尊貴的表徵有二：一是君夫人神聖不可侵犯，二是婦人可以幕後參與、謀劃政事，三是尋常婦女參與外事③。楚國婦女之所以能夠有此地位，一個重要原因就是楚國婦女尤其是普通婦女經常參與各種生產勞動，在家庭生活乃至整個社會生活中確實能起到頂半邊天的作用。

歷史唯物主義告訴我們，一個人在家庭中的地位往往是由其為家庭經濟貢獻的大小決定的。

楚國婦女，尤其是廣大下層婦女，是個體家庭的基本勞動力，她們不僅要養蠶紡織，有時還要像男人一樣下田耕作。春秋戰國時期，楚以軍事立國，不僅征戰頻繁，而且大興土木，因此，丈夫經常要外出服兵役和徭役，妻子不得不承擔起全部農田勞動，以維持整個家庭的生存，無疑便成為整個家庭的頂樑柱。此外，楚國地廣人稀，勞動力的缺乏與國家的生存和發展產生了尖銳的矛盾，需要女子也與男人一樣下田耕作，進行農業生產。楚國婦女除了下田勞作，還要進行自己必修的主業「紡織」。

① 郭仁成：《楚國經濟史新論》，湖南教育出版社1990年版，第73頁。
② 孔慶明、胡留元、孫季平編著：《中國民法史》，吉林人民出版社1996年版，第112頁。
③ 宋公文、張君：《楚國風俗志》，湖北教育出版社1995年版，第180—185頁。

第四章 民事法律制度

紡織作為古代婦女日常生活的衣食之本，不僅是小農家庭經濟的兩大支柱之一，而且是國家財政收入的主要來源之一，因而一直受到統治者的重視。楚國紡織業發達，婦女功不可沒。如前引長沙左家塘44號墓出土矩紋錦的黃色絹邊上即有墨書「女五氏」三字，熊傳新認為，這可能就是一位生產商品的個體紡織女工的名字[1]。又《列女傳》記載，白公勝之妻在家「紡織不嫁」，已經成為了一個家庭手工業生產者。由此足見婦女在紡織業中的地位。陳直認為，從《季木藏陶》所輯陶文「楚城遷蕈里姁」來看，楚國婦女還從事陶器的生產與製作[2]。另據聶菲考證，楚國漆器業中也出現了女性漆工[3]。正是因為楚國婦女亦耕亦織，或靠一技之長，來維持家庭的生存，所以她們能夠在經濟上擁有相對獨立的地位，並且在家庭財產方面擁有一定的所有權，從而獲得了民事權利主體的資格和能力。《韓詩外傳》卷二記：

楚狂接輿躬耕以食，其妻之市，未返，楚王使使者齎金百鎰造門曰：「大王使臣奉金百鎰，願請先生治河南。」接輿笑而不應，使者遂不得辭而去。妻從市而來曰：「先生少而為義，豈將老而遺之哉！門外車軼，何其深也！」接輿曰：「今者，王使使者齎金百鎰，欲使我治河南。」其妻曰：「豈許之乎？」曰：「未也。」妻曰：「君使不從，非忠也；從之，是遺義也。不如去之。」乃夫負釜甑，其妻戴織器，變易姓字，莫知其所之。

接輿「其妻之市」，顯然是在從事買賣之類的民事活動。而接輿聽從其妻之言，歸隱而去，則表明其妻在家庭大事上亦有相當的發言

---

① 熊傳新：〈楚國的絲織業〉，載《江漢論壇》，1982年第8期。
② 陳直：〈讀金日劄（選錄）〉，載《社會科學戰線》，1980年第1期。
③ 聶菲：〈關於湖南地區楚漆器的生產、管理和產地問題的再探討〉，載《楚文化研究論集》第9集，上海古籍出版社2011年版。

權。而這正是其享有民事權利主體資格的一個重要表現。

### 5.外國人

春秋戰國時期，諸侯國之間的政治、經濟、文化的交流與往來頻繁活躍，與之相適應，各國人民之間的往來也日趨頻繁。楚國經濟發達、交通便利，再加上一向堅持「撫有蠻夷，以屬華夏」的民族政策，所以，一直是各種國際人才的主要集中地和目的地。如前面講到，楚國手工業生產中就擁有大量的外來客匠。楚國重客士。從文獻記載來看，楚國自春秋以後，曾大量吸收外來人才，不僅從法律上給予了這些人以國民待遇，使他們和楚國百姓有同樣的人身、財產、婚姻、家庭的權利，而且還根據其身分和地位，分別給予了不同的優待，使他們享受拜爵、為官的政治權利。《史記　孔子世家》載：楚「昭王將以書社地七百里封孔子」。莊蹻爵獲執圭，而吳起更是被楚悼王聘為令尹，厲行變法。關於楚國的客卿制度，羅運環有專文予以探討[①]，這裡不作展開。

### （二）組織

#### 1.國家和各級官府

春秋戰國時期，楚國存在著大量的國有財產，它們又為各級政府機構所實際掌握和管理。為實現國家的管理職能和財產的增值，法律必須許可這些政府機構在法定範圍內，代表國家同個人或非國家組織發生借貸、買賣，租賃、賜贈等各種民事關係。此外，楚國還經常採取「撫民」政策，寬免一部分困難百姓的債務，這時的國家也是以民事權利主體的身分出現的。不僅如此，楚國在官營手工業作坊中，還雇有大量工匠，而且國家財產受到損害或私人財物受國家侵害，依法要發生侵權賠償關係，而這時的國家及其各級官府實際上是處於民事權利主體地位的。

---

① 羅運環：〈論楚國的客卿制度〉，載《武漢大學學報》，1990年第3期。

223

第四章　民事法律制度

## 2.戶

　　文獻記載和考古發現均表明，春秋戰國時期楚國已經實行了嚴格的戶籍管理制度。戶籍登記的內容詳細具體，包括家庭內成員的姓名、性別、住所、身高、年齡、身分、財產、身體的健康狀況、婚姻狀況及賦稅役事的完成情況、家內成員的變動情況等等①。戶在民事法律關係中具有重要意義。因為法律確認戶是共有一定數量財產的親屬集團，它就同自然人一樣，在財產上成為權力和義務的主體，既有權利能力，又可承擔義務。就占人口絕大多數的農戶說來，戶不僅是一個共有財產的親屬集團，而且是一個最基本的生產單位。在授田時，政府是按丁男的人數授田給戶，由戶按授田面積向官府交納田賦。在封贈時，政府也是以戶來計算的。《楚史檮杌　虞丘子》稱：「（莊王）賜虞丘子采地三百（戶），號曰國老」；《史記　滑稽列傳》也稱楚莊王封孫叔敖之子「寢丘四百戶」；同書又稱，莊王馬死，優孟請「奉以萬戶之邑」。此外，在楚國的賦稅制度中，還設有戶口稅，也是以戶為徵收單位。不僅如此，在楚國的「撫民」措施中，凡涉及到荒年減免租稅的，也都是以戶為單位的。可見，在楚國是以戶為單位來享受權利和承擔義務的。

　　通過以上對楚國民事主體的簡要考察，我們可以獲得這樣一個簡單的認識或啟示：一、楚國民事主體是一呈金字塔形的多層次結構。楚王高居塔尖，而廣大庶民蝸居塔底。二、與急劇變革的時代相適應，楚國民事主體相對開放，給予外國人國民待遇，一定程度優待商人。從一定意義上來說，這正是楚國開放性等級社會在民法上的反映。

---

① 楊曉華：〈楚國戶籍制度簡論〉，載《黑龍江教育學院學報》，2010年第12期。此外，關於楚國的戶籍制度，彭浩、陳偉、熊賢品等人均作有一定的探討。具體可參見：彭浩：〈包山楚簡反映的楚國法律與司法制度〉，《包山楚墓》附錄二二，文物出版社1991年版，第548—550頁；陳偉：《包山楚簡初探》，武漢大學出版社1996年版，第108—131頁。熊賢品：《〈包山楚簡〉所見戰國晚期楚國社會制度研究》，河南大學2011年碩士學位論文，第35—42頁。

## 二、民事權利客體

民事權利客體又稱民事法律關係的客體，是指民事主體所享有的民事權利和民事義務所指向的共同對象。從歷史事實出發，先秦時期楚國的民事權利客體可以粗分為物、人（奴婢）和行為三類。

### （一）物

民法意義上的物，是指存在於自然人身體之外，能夠滿足人們某種需要，並且能夠為人力所支配或控制的、具有稀缺性的物質實在。民法意義上的物不同於物理意義上的物，民法意義上的物不僅具有自然屬性，而且具有法律屬性。在民法中，物是民事法律關係最主要、最普遍的客體，涉及一切財產關係。在民事法律關係中，物權關係的客體只能是物，債權關係的客體大多數也是物（如買賣、租賃、借貸等），繼承權關係的客體（遺產）也主要是物。因此，要對民事法律制度進行考察，離不開對物的考察。

借用現代民法學理論，對楚國的社會生活進行考察，不難發現，為了促進和保障社會經濟的發展，繁榮和調節商品經濟，楚國法律大致對物作了如下分類：

### 1.流通物和限制或禁止流通物

流通物又稱融通物，指法律允許在民事主體之間流轉的物，大部分物為流通物。限制流通物又稱不融通物，指依據法律的規定，在民事流轉過程中受到一定程度限制或禁止自由流轉的物。將物劃分為流通物和限制流通物的意義，在於明確不同物品的可流通程度和範圍，由此來判斷具體交易行為的效力。作為民事法律關係標的物，應該是法律不禁止流轉的。以法律禁止或限制流轉物作為標的的民事行為，不能產生行為人所預期的法律後果。

結合文獻記載和考古發現來推斷，楚國限制流通物主要有以下幾種：

第一種是專屬於國家的自然資源財產。根據有關法律的規定，山

林、川澤、礦藏等資源財產專屬於國家所有，不得買賣、出租、抵押或者以其他方式非法轉讓。據文獻記載，楚國已設立專門機構負責管理這些財產。董說《七國考・楚職官》引《楚書》云：「藍尹、陵尹分掌山澤，位在朝廷」。另據《呂氏春秋・孟冬》載：「命水虞、漁師收水泉池澤之賦」。學者指出，《呂氏春秋》雜采列國之事，故楚國也應置有此類官員[①]。楚國置官分掌山林川澤，並徵收山林川澤之稅，說明山林川澤是直接由中央政府直接管轄和經營的。需要指出，自由民可以根據法律規定對這些資源享有一定的使用權，但任何人不能轉移這類資源的所有權。

第二種是非專屬國家所有，但其流通受到限制的財產。如土地、國家擁有的固定資產等。它們可依法交給個人、組織使用、收益或經營管理，但不得買賣、抵押或以其他形式非法轉讓。土地是傳統社會最重要的生產資料。楚國法律明確規定土地所有權屬楚王所有，禁止任何人私自處分和自由流通。但隨著土地私有化歷史進程的出現和加快、加深，這一制度受到嚴重挑戰和衝擊，楚國社會生活中，出現了大量的土地流轉現象，私下交換的有之，私下出賣的亦有之，但不管怎樣，在形式上它仍然受國家法律的限制。

第三種是兵器及軍用物資。為保障治安安全和國防安全，法律對兵器及軍用物資的流通作了嚴格限制，禁止在民間自由流通。如《鄂君啟節》銘文明確載有「毋載金、革、箭、箭」的禁止性規定。關於兵器的流通問題，文獻有不同記載。據《禮記・王制》記載，西周時期武器在禁售之列，而《周禮・地官・質人》卻說允許流通。學界多支持前說，否定後說。

從相關文獻記載來分析，楚國也是嚴禁兵器自由流通的。《淮南子・道應訓》記：「白公勝得荊國，不能以其府庫分人……葉公

---

① 劉玉堂：《楚國經濟史》，湖北教育出版社1995年版，第45頁。

入，乃發大府之貨以予眾，出高庫之兵以賦民，因而攻之，十有九日而禽白公。」同是此事，《呂氏春秋 分職》載：「乃發太府之貨以予眾，出高庫之兵以賦民。」《禮記 曲禮》云：「在府言府，在庫言庫。」鄭玄注：「府謂寶藏貨賄之處也，庫謂車馬兵甲之處也。」顯然，楚國的武器是有專門管理機構來負責貯藏和管理的。又《左傳 莊公四年》載：「楚武王荊屍，授師子焉，以伐隨」。「子」者，杜預引揚雄《方言》釋為戟。據此，清人顧棟高在《春秋大事表 丘甲田賦記》中說：「楚武王授師子焉，以伐隨，則甲杖兵器皆出自上，可知矣。」可見，楚國對武器的管理非常嚴格，平時是刀槍入庫，戰時才因人授予。正因為在市場上買不到武器，所以無論是白公叛亂，還是葉公平亂，二人首先要解決的問題，就是打開倉庫，武裝自己。葉公做了，所以勝了，白公沒做，故而敗了。其實，推斷楚國是禁止兵器在民間自由流通的，還有一個很簡單的理由。那就是連製造武器的軍事物資金、革、簹、箭等都被禁止流通了，武器的流通又豈有不禁之理。

第四種是貴族專用物和神用物。前面多次講到過，楚是一個堅持和強調「君子小人，物有服章，貴有常尊，賤有等威，禮不逆矣」的等級社會。西周時期為防止普通百姓僭越身分等級，法律明確規定了圭璧金璋、命服命車之類的具有標明身分作用的器物，均為貴族所專用，不得流通。而宗廟之器和犧牲之物，都是祭祀神靈祖宗所用的神用物，不僅一般庶民不能保存，而且貴族中也只有宗子才有保存權和使用權[1]。楚國禮制多承襲周制，想必在這類問題上，法律也會作如此規定。

### 2.動產和不動產

現代民法習慣將物分為動產和不動產。動產是指可以移動而不損

---

① 胡留元、馮卓慧：《西周法制史》，陝西人民出版社1988年版，第131—132頁。

害其經濟用途和經濟價值的物，一般指金錢、器物等，如牛馬布帛；不動產指不能移動或移動就會改變性質、損失經濟價值的有形物，包括土地及其附著物，如房屋等。

從嚴格意義上來說，中國傳統法律沒有動產和不動產的概念，但與之相近似的概念很早就形成了。據文獻記載，早在西周時期，就有動產與不動產的區分。動產一般稱為「財」、「貨」或「貨財」以及「器」等等。不動產中，土地稱作「田」、「土」，房屋稱為「宮室」和「室」、「廟」。家庭關係的建立，是以不動產為主，動產為次的。西周中期以前，不動產是禁止買賣的，不僅土地，房屋也一樣。中期以後，情況才有所改變①。

從文獻記載來看，楚國直接沿用了西周這一套概念和制度。土地、房屋均被視為不動產，多以田、土、地和宅、宮、室來相稱。如《淮南子　人間訓》稱：「楚莊（王）謂共雍曰：『有德者受吾爵祿，有功者受吾田宅』」。《呂氏春秋　知士》：「（楚相）昭陽請以數倍之地易薛」。《戰國策　楚策一》：「郢人有獄三年不決者，故令請其宅，以卜其罪。」《史記　楚世家》記，觀從在乾谿對楚軍將士說：「國有王矣，先歸，複爵邑田室。」《左傳　莊公二十八年》記：「楚令尹子元欲蠱文夫人，為館於其宮側，而振萬焉。」《左傳　昭公七年》載：楚靈王「為章華之宮，納亡人以實之」。另《上海博物館藏戰國楚竹書》中就有一篇名為〈昭王毀室〉，這裡的室，指的就是昭王新落成的行宮。

對於不動產，楚國法律是禁止和限制流通的。對於動產，楚人亦多以貨來稱呼。如《國語　楚語下》記：「鬭且廷見令尹子常，子常與之語，問蓄貨聚馬。」韋昭注云：「實，財也」；「貨，珠玉之屬」。這些通貨性質的金珠玉帛和馬匹之類的貴重物資，均屬於動

---

① 胡留元、馮卓慧：《西周法制史》，陝西人民出版社1988年版，第132頁。

產。總體而言，楚國法律上的動產種類繁多，包括錢財、雜物、衣物、畜產和奴婢等，一般都能自由流通。

### 3.原物和孳息

原物是指產生孳息之物，孳息是指由原物所產生的收益。在民法上，孳息分為天然孳息和法定孳息。天然孳息指因物的自然屬性而獲得的收益，如果樹結的果實、母畜生的幼畜。法定孳息指因法律關係所獲得的收益，如出租人根據租賃合同收取的租金、貸款人根據貸款合同取得的利息等。區分原物和孳息的意義在於確定孳息歸何人所有。學者指出，「關於孳息所有權歸屬問題，西周時期的規定比較特殊。原物為國家所有的，孳息物所有權歸國家。如山林、川澤為國有，則山林、川澤孳息的林木、水產、礦藏也為國家所有。但是，西周法律又規定，在法律允許範圍內，人民也可以得到一定的孳息權。例如，春秋季節，經國家法律許可，「斬木不入禁」[①]；反之，不在春秋兩季，「凡竊木者，有刑罰」[②]。如果原物為私人所有，則孳息所有權就歸私人了[③]。從文獻記載來看，這一結論完全可以適用於楚國。如《史記　循吏列傳》記孫叔敖為相執政時，曾「秋冬勸民山采，春夏以水，各得其所便，民皆樂其生」。至於因法定孳息，自然歸原物所有人所有。如楚國在撫民時，就曾多次免去困難百姓的債務及其利息。

### 4.有主物與無主物

有主物是指有確定的所有人的物。與有主物相對，無主物是指沒有所有人或者所有人不明的物。在無主物中，所有人不明的物，是指無法明確所有人，而不是指訟爭之物。區分有主物和無主物，對於確定物的歸屬具有重要的法律意義。對無主物，傳統法律的處分原則

---

① 《周禮　地官　山虞》。
② 《周禮　地官　林衡》。
③ 胡留元、馮卓慧：《西周法制史》，陝西人民出版社1988年版，第132頁。

第四章　民事法律制度

229

和精神與現代民法一樣。法律沒有特別規定時，一般是按先占原則取得所有權，在法律有特別規定時，從其規定。據文獻記載，西周時期法律就已經確定了先占原則，春秋戰國時期各國繼續沿用這一基本原則，楚國亦不例外。

### （二）奴隸

奴隸是楚國特殊的民事權利客體。楚國是從原始社會直接進入封建社會的，跨越了奴隸社會這一歷史階段，因此，作為一個階級的奴隸是不存在的，但這並不意味著楚國沒有奴隸。從文獻記載和考古發現來看，楚國也存在大量的官、私奴隸。《呂氏春秋　精通》記：

鍾子期夜聞擊磬者而悲，使人召而問之曰：「子何擊磬之悲也？」答曰：「臣之父不幸而殺人，不得生；臣之母得生，而為公家為酒；臣之身得生，而為公家擊磬。臣不睹臣之母三年矣。昔為舍氏睹臣之母，量所以贖之則無有，而身固公家之財也。是故悲也。」

這裡的擊磬者和其母，顯然就是官家奴隸。

據學者研究，包山楚簡所載的臣、妾、奴、佢多為奴隸，他們不僅隸屬於官員而且隸屬於平民。由此推測，楚國私家奴隸見於文獻記載的雖然不多，但其存在恐怕比較普遍。如包山簡7—8記載反映，臧王之墨一人至少擁有4個奴隸[①]。郭仁成亦指出：楚國官府工廠的百工中，罪隸占相當比重，其中又分為兩部分：一部分是戰俘，另一部分為罪人家屬沒入的官奴，《周禮》稱為隸、奚，宮廷手工作坊中的女工、女酒、女漿等，便都是有專門技術的女奴。《左傳　昭公七年》記楚申無宇所謂「人有十等」，自隸以下包括僚、僕、臺，都是罪人為奴的，他們主要任役使或當苦差，有技術的則到

---

① 參見陳偉：《包山楚簡初探》，武漢大學出版社1996年版，第113—115頁。

官府工廠做工[①]。

　　同這一歷史時期所有的奴隸一樣，楚國的奴隸沒有獨立的人格，沒有人身自由和任何政治權利、財產權利，甚至婚姻權利也是不完全的，完全依附於主人，沒有也不可能享有與其他人一樣的權利。在民事法律關係中，他們不具有主體資格，處於客體的地位，是權利和義務指向的對象，與器物、牲畜等沒什麼區別，只不過是會說話而已。奴隸主將其視為私有財產，可以隨意買賣、贈與，或賠償、抵債和繼承。正如學者指出：中國的家奴「一旦屬於主人以後，便完全喪失其自由及人格，成為一種商品，具有經濟及勞動價值，或留供勞役，或當做商品轉讓出賣，全由主人任意處分」[②]。此論所言極是。前引楚國擊磬者云「量所以贖之則無有，而身固公家之財也」，顯然表明他們也清楚地知道自己不過是「公家之財」而已，無力支配自己的命運，只能任由主人處分，故而放悲痛苦。值得注意的是，楚國把奴隸的後代作為孳息物，規定由父母的主人所有。陳偉對此早有警示：「一家四代都給一人作奴隸，都是值得注意的。」[③]

　　此外，還有一點是要特別指出的，楚國法律承認奴隸兼具人和物雙重屬性，主人雖可以自由處分奴隸，但是不能隨意殺死奴隸。陳偉認為，包山簡83、84指控殺害臣妾，尤其是簡84以「殺其兄、臣」並列，顯示對臣妾即奴隸不得隨意殺戮[④]。此言所論極是。楚國這一立法對後世傳統立法影響深遠，如漢唐法律均承襲了這一立法原則，承認奴婢兼具人和物兩重屬性，在民事法律上將其視為物，但在刑事法律上則賦予其一定的人格尊嚴。

①　郭仁成：《楚國經濟史新論》，湖南教育出版社1990年版，第93、94頁。
②　瞿同祖：〈中國法律與中國社會〉，載《瞿同祖法學論著集》，中國政法大學出版社1998年版，第246頁。
③　陳偉：《包山楚簡初探》，武漢大學出版社1996年版，第115頁。
④　陳偉：《包山楚簡初探》，武漢大學出版社1996年版，第133頁。

與物和奴隸不同，行為是民事權利的普通客體。作為權利客體的行為是指權利人行使權利和義務人履行義務的活動。行為主要是債權債務關係的客體，有「給」、「做」和「提供」三種形式，涉及的債權債務關係主要有交換、買賣、借貸和保管等類型。它們廣泛存在於楚國社會生活之中，具體情況我們放在後面加以探討。

　　最後還想交待一點，那就是有學者指出，從出土史料來看，在秦代的權利客體中可能已經出現了代表技術產權的標誌。其理由是咸陽出土秦代陶器上有列印民營作坊戳記的數十件，每件器物上均印咸陽市亭名、里名、作器人名。不但見於盆、罐、壺、甕等陶器上，而且見於陶拍、陶墊等制陶工具上。這不是《秦簡》所抄秦律的內容，而只是一種自發形成的民俗傳統。由此，他們認為這種傳統在商品經濟的進一步發展中，可能產生商標法律規範，即以商標標示和保護智慧財產權①。其說頗有道理，如以此立論，楚國的民事權利客體也出現了代表技術產權的標誌，因為楚國也出土了一些刻有作坊戳記和地名人名的器物。郭仁成更是據此認為楚國此時已經在實行名牌戰略了：「從《月令》有關「物勒工名」的內容看，它是為了監督工匠使之不敢「作為淫巧」的，但在楚國，卻發展成為名牌思想的標記：《十鍾山房印舉》載有一印，一面刻「鄧人」，另一面刻「信期」。很湊巧，在馬王堆漢墓的遣策上也出現了「信期繡」的名稱。不難推想，這種「信期繡」乃是楚人織造的一種名牌產品，以致流傳到了漢代，而那顆「鄧人信期」的印章，就是這種名牌貨的標記②。

---

① 孔慶明、胡留元、孫季平：《中國民法史》，吉林人民出版社1996年版，第89頁。
② 郭仁成：《楚國經濟史新論》，湖南教育出版社1990年版，第97頁。

## 第二節　所有權

現代民法認為所有權是指財產所有人即所有權主體依法對自己的財產享有占有、使用、收益、處分的權利。所有權是最重要的物權形式，是一切財產權利的核心和基礎。馬克思曾經明確指出過：「法律的精神就是所有權」[①]。

### 一、所有權的種類

概括而言，春秋戰國時期，楚國的所有權由土地所有權和其他財產所有權兩大部分組成。其中，土地所有權又可分為國家土地所有權和私人土地所有權兩類。

### （一）土地所有權

中國古代以農業立國，土地不僅是最主要的生產資料，而且是最重要的社會資源和流通商品，因此，中國古代民法特別重視土地的所有權問題，將其視為所有權的核心和基礎，積極運用各種法律手段來保護和調整各種形式的土地所有權關係。土地的所有權問題也因此成為中國傳統社會最大的經濟和社會問題，歷朝歷代的治亂興衰、生死存亡莫不與此直接關聯。因此，從一定意義上講，土地的所有權問題，自古以來就是中國歷史上的核心問題，是觀察和理解中國歷史上自西周以來三千年歷代治亂相循的重要鑰匙。

所有權和所有制密切相關，是一定歷史時期的所有制形式在法律上的具體表現，並以保護有利於統治階級的所有制為首任[②]。春秋初期以前，楚君對周天子具有經濟附庸關係，楚國的土地從名義上說為周天子所有，楚人則只是佔用土地。春秋初期以後，楚國逐漸脫離了周王朝的控制，楚王公開以蠻夷自居，並聲稱「不與中國之號諡」[③]，

---

① 《馬克思恩格斯全集》第26卷，人民出版社1958年版，第368頁。
② 王立民：《古代東方法研究》，學林出版社1996年版，第227頁。
③ 《史記　楚世家》。

第四章　民事法律制度

233

從此，楚國的土地所有制走上了一條與周王朝判然有別的國君所有制與里社占有制、領主占有制、自耕農占有制相結合的道路[①]，儘管這其中也遺留有不少周代制度的痕跡。受這一土地所有制的制約，國家土地所有權成為楚國土地所有權的最主要表現形式，占有絕對優勢，私人土地所有權只是作為一種補充形式得以存在。

**1.國家土地所有權**

所謂國君所有制，是指楚國的土地從法律名義上全部歸國君所有，楚王是土地的最高所有者。《左傳　昭公七年》記載申無宇同楚靈王議論楚國土地制度時，說過這麼一段話：

天子經略，諸侯正封，古之制也。封略之內，何非君土？食土之毛，誰非君臣？故《詩》曰：「普天之下，莫非王土；率土之濱，莫非王臣。」

可見，楚人心目中「封略之內」的「君土」，與周人詩中「普天之下」的「王土」不僅文詞類似，而且含義相同，即楚王是土地的最高所有者[②]。顯然，楚國土地所有制在根本原則上仍保留了西周的封建土地所有制，即在土地所有權的歸屬問題上，楚國與周王室一樣，堅持了國君所有，即國家所有原則。反映到法律關係上，就表現為國家土地所有權。這種所有權的主體是國家，國家對其所占有的這部分土地有完全所有權，它可以充分行使占有、使用、收益、處分等各項權能。這種所有權是排它性的，除了國家之外，私人無權享有。

在土地所有制上，楚人與周人在根本原則上雖無本質區別，但在所有權的行使和經營方式上，楚國卻完全是按照自己的意志和實際需

---

① 劉玉堂：《楚國經濟史》，湖北教育出版社1995年版，第10頁。
② 何浩：〈試論西周春秋時期的楚國土地占有制度〉，載《江漢論壇》，1983年第4期。

求去做的，絲毫不受周代封建制的影響，一如楚人所號稱的「不與中國之號諡」。

正如學者指出的，土地對楚人來說，是一種能使他們產生特殊偏愛的東西。他們早年屈辱的歷史和坎坷的經歷，使得他們對土地格外看重。當他們經過多年的發奮圖強，運用自己的力量得到大片土地以後，對其自然是珍愛有加，他們不會像周天子那樣一擲千金地把大塊土地劃給自己的下屬，而不管他們去如何地經營，甚至釀成擁兵自重的結果。楚國歷代君王，無論是明智的，還是昏庸的，都會牢記這一點[1]。馬克思亦指出：「土地所有權的前提，一些人壟斷一定量的土地，把它作為排斥其他一切人的、只服從自己個人意志的領域。」[2]所以，從一開始，楚王就將全國大部分土地緊緊地掌握在自己的手中，僅承認很小一部分可以歸他人所有。在楚國，楚王代表國家幾乎壟斷了全國的所有土地，這些土地不僅包括京畿和縣邑土地，而且包括設縣的邊防要地、被沒收的貴族的賞田或封邑，還包括全國的山林和川澤。

一般來說，國家在經營國有土地的過程中，會將所有權的權能進行適當的分離，以實現土地的經濟價值。楚國亦不例外。

大致說來，春秋戰國時期，楚國對國有土地的占有權的行使，按照土地性質的不同可以分為兩種：一是對耕地以外的土地的占有。民眾只要依法繳納一定的賦稅，便可以在法定範圍內使用這些土地或從土地上取得孳息。《繹史》卷五七引《孫叔敖碑》說：「布政以道，考王象以度，敬授民時，聚藏於山，殖物於藪……鍾天地之美，收九澤之利，以殷潤國家，家富人喜。」二是對可耕地的占有。這種占有方式又可分為三類：一是王田由各級官府占有，分給百姓耕種，官府

---

①　顧久幸：《楚制典章——楚國的政治經濟制度》，湖北教育出版社2001年版，第145頁。
②　《馬克思恩格斯全集》第25卷，人民出版社1974年版，第695頁。

直接徵收田稅<sup></sup>[1]。二是將部分王田作為食田，封賜給王公貴族和功勳之臣，由他們自己經營管理。但他們並不完全擁有所有權，他們所能享有的只是法律上的一種占有權、使用權和收益權，而沒有處分權。但處分權恰恰是所有權中最關鍵的權能，只有擁有對某一財產的完整處分權，才真正意味著取得了對該項財產的所有權。在楚國，對這一國有土地享有最終處分權的，只有楚王一人。三是組織軍民在邊境地帶對國有荒地進行屯田。軍屯制度，國家相當於經營地主，屯田士卒是農奴。他們過的是「且佃且守」的生活。民屯是封建國家有組織地督導農民耕種邊防國有土地，國家向他們徵收田租。屯用土地，屯田者只有占有權，不得買賣[2]。據學者研究，春秋戰國時期，楚國兵制與中原諸夏基本一樣，仍然保持西周以來那種「離兵於農」，軍民不分的制度[3]。楚軍還在征戰中實行屯田制度，克敵制勝。據《左傳　宣公十五年》載：楚莊王圍宋，九月不克，無計可施，只好準備撤轉罷兵。申叔時僕向楚王獻策：「築室反耕者，宋必聽命」。楚軍在兩國交兵之際，仍有迅速開墾土地的能力，以至引起敵國的恐懼。從中，可看到楚國是怎樣把先進的農業技術巧妙地與軍事戰爭結合起來的。這種「離兵於農」、「軍民合一」、「戰不誤農」的做法，亦可證楚國統治者對農業的重視[4]。其實，從上述論述中我們更應當看到楚國很早就實行軍屯制度了，否則不可能在那麼短的時間內形成強大的生產力，因為這裡面更多涉及到的是制度層面的東西，技術因素的作用不是太大，如同今天一樣。而制度的成熟與規範，絕不可能是一蹴而就

① 關於楚國的授田制度，具體可參見李學勤：〈包山楚簡中的土地買賣〉，載《中國文物報》，1992年3月22日；程濤平：〈春秋時楚國貴族對土地的占有及所受的限制〉，載《中國社會經濟史研究》，1984年第2期；熊賢品：《〈包山楚簡〉所見戰國晚期楚國社會制度研究》，河南大學2011年碩士學位論文，第46頁。
② 孔慶明、胡留元、孫季平編著：《中國民法史》，吉林人民出版社1996年版，第120頁。
③ 楊范中、祝鑫賢：〈春秋時期楚國集權政治初探〉，載《江漢論壇》，1981年第4期。
④ 向安強：〈試論楚國農業的發展〉，載《中國農史》，2000年第4期。

的，它需要長時期的積累和總結。此外，吳起變法時曾「令貴人往實廣虛之地」①，私見以為，這實際上就是一種民營屯田的做法。

同是將土地封賜給貴族作為食邑，楚人的做法與中原華夏大相徑庭，有顯著的不同。

如眾所知，西周及春秋時期，中原各諸侯國的貴族對所占有的土地實行世襲制度。如楊寬認為：「在西周、春秋間的貴族中，各國的卿大夫是個比較重要的階層。他們世襲卿大夫的等級地位，世襲著封土和采邑」②。趙光賢也指出：「貴族占有之土地，往往是一代一代地世襲下去」③。然而，這些卻不能適用於楚國。楚國法律明確規定封邑傳承不得超過二世。《韓非子‧喻老》曰：「楚邦之法，祿臣再世而收地」。《淮南子‧人間訓》云：「楚國之法，功臣二世而奪祿。」《呂氏春秋‧異寶》亦云：「楚功臣封二世而收。」《藝文類聚‧卷五十一》說：「楚國之法，祿臣再一世收。」《楚史檮杌‧寢丘第二十七》也說：「楚國之俗，功臣二世而奪其爵。」

不僅如此，楚王還對貴族食邑規模嚴加限制。中原諸夏的通例，如《左傳‧襄公二十七年》所記是「卿備百邑」。楊伯峻據《齊子仲姜鎛銘》，指出還有一次所賜邑近三百個。而在楚國，就連相當於上卿的令尹，食邑也不多、不大，通常只有一個或兩個。功大名高如孫叔敖，死後楚王以寢丘為其子食邑，也不過四百戶。因平定白公之亂有大功於國的葉公諸梁，也只得田六百畛，而按《戰國策‧楚策》的評價，這還是特殊照顧的「豐其祿」的獎勵。與北方諸國相比，這是很少的。應當指出，楚國的邑，一般要比齊國的邑大些。但是齊國一次可以授三百個邑，儘管其規模小得多，但總數高達三百，其面積加起來肯定要比楚國的一兩個食邑大得多。

---

① 《呂氏春秋‧貴卒》。

② 楊寬：《古史新探》，中華書局1965年版，第118頁。

③ 趙光賢：《周代社會辨析》，人民出版社1960年版，第61頁。

除此之外，楚王常常借政治上的衝突，隨時剝奪貴族的食邑。《左傳　昭公十三年》記：「楚子（靈王）之為令尹也，殺大司馬蒍掩而取其室。既即位，奪蒍居田……奪鬭韋龜中犫。又奪成然邑而使為郊尹。」這是目前所見楚王直接收奪貴族食邑最早的一次。另一次更大規模剝奪貴族食邑發生在楚悼王至肅王之際。先是楚悼王任用吳起實行變法，「令貴人往實廣虛之地」[①]，「使封君之子孫三世而收爵祿」[②]；後是肅王借貴族射殺吳起「加於王屍」事件進行鎮壓，「夷宗死者七十餘家」[③]。《呂氏春秋　上德》載：「荊王薨，群臣攻吳起，兵於喪所，陽城君與焉。荊罪之，陽城君走，荊收其國。」顯然，這些被誅殺的貴族的食邑，重新被收歸國有，由楚王直接掌控。除採取上述措施之外，楚王還採取了限制封土地域和減少賞田對象的手段來限制貴族對土地的占有和控制[④]。這些既是楚王實際掌握了國家土地所有權的具體表現，又是楚國國家土地所有權的經營方式。

馬克思在論及亞細亞的財產形態時說道：「在大多數亞細亞的基本形式中，凌駕於所有這一切小的共同體之上的總和的統一體表現為更高的所有者或唯一的所有者，實際的公社只不過表現世襲的占有者」[⑤]。綜上可見，在楚國，楚王就是這種唯一的所有者，而且直接掌控著所有權，對於土地握有予奪的權力，貴族、封君、里社、自耕農僅僅只是土地的占有者，而非所有者，對土地只享有占有權和使用權、收益權，不能世襲，不能自由處置，更不能自由買賣。所有這些，既是楚國王權專制和強大的表現，同時，又是保證楚國王權絕對

---

① 《呂氏春秋　貴卒》。

② 《韓非子　和氏》。

③ 《史記　孫子吳起列傳》。

④ 詳見程濤平：〈春秋時楚國貴族對土地的占有及所受的限制〉，載《中國社會經濟史研究》，1984年第2期。

⑤ 馬克思：〈資本主義生產以前的各種形式〉，《馬克思恩格斯全集》第46卷，人民出版社1980年版，第473頁。

的政治和經濟地位的必要條件和物質基礎。

　　考古發現及其材料顯示，西周中葉以後，隨著周王室統治力量逐漸衰微，土地王有的制度開始動搖，社會上出現了各級貴族自由處分土地的現象，土地逐漸進入私人交互領域。春秋戰國時期，隨著鐵制農具的出現和使用，牛耕的出現與推廣，土地私有化程度進一步加快、加深，改革原來的土地制度，從法律上對這一進程和結果進行確認成為歷史的趨勢和必然。西元前594年，魯國實行「初稅畝」制度，規定公、私土地一律按畝計稅，率先從法律上公開承認了土地私有的合法性。此後，各諸侯國出於爭霸或自存之目的，也紛紛對土地制度進行改革，但改革的重點已不是簡單地從法律上確認土地的私有，而是將土地與戶籍、賦稅緊緊地捆綁在一起，強調提高農業生產，以保證國家的稅收和兵源，以期富國強兵。如齊國「相地而衰征」[①]，「作內政而寄軍令」[②]。晉國「作爰田」[③]，「作州兵」[④]。鄭國「作封洫」[⑤]，「作丘賦」[⑥]。商鞅相秦後，秦厲行變法，「改帝王之制，除井田，民得買賣」[⑦]，正式確立以私有制為基礎的土地制度和獎勵耕戰的基本國策，無論是國家賞賜給軍功者的土地，還是國家統一分配給農民的土地，土地所有人都可以自由耕種，自由買賣。

　　必須承認，隨著生產力的迅速發展和社會關係的急劇變革，楚國固有的土地制度與經營方式也不可避免地受到了土地私有化這一歷史潮流的挑戰和衝擊，戰國中期以後尤為嚴重。從文獻記載和考古發現來看，至遲在戰國中期，伴隨著自耕農的出現和增多，貴族之間兼併

---

① 《國語　齊語》。
② 《國語　齊語》。
③ 《國語　晉語三》。
④ 《左傳　僖公二十五年》。
⑤ 《左傳　昭公六年》。
⑥ 《左傳　昭公四年》。
⑦ 《漢書　食貨志》。

與爭奪的加劇，土地私人化程度也日益加深，土地交易終於在楚國發生了。

《左傳　成公七年》載：「子重、子反殺巫臣之族子閻、子蕩及清尹弗忌及襄老之子黑要，而分其室。子重取子閻之室，使沈尹與王子罷分子蕩之室，子反取黑要與清尹之室。」楊伯峻注云：「室，恐指其一切財產而言，包括田地與奴隸；奴隸固以室計，《周書》所謂『一室之祿，千室之祿』是也」。這種兼併和爭奪所產生的一個嚴重後果就是土地的私占，而土地私占的發生實際上也正是土地私有的前奏[1]。《呂氏春秋　知士》記：「（楚相）昭陽請以數倍之地易薛。」這次土地交易後雖因薛地主人不同意而未果，但薛地既為私邑，那麼昭陽也應當是以私邑易之。考古資料也間接反映了土地交易的存在。劉玉堂指出：包山簡67記載一件由歸不歸田引起的案例，反映了楚國存在著土地轉借的現象，而轉借也是交易的一種形式。由此可見，至遲在戰國中晚期，楚國貴族階層已擁有一定數量的私地並進行交易了。而既然土地交易已成為事實，土地買賣就不是沒有可能的了[2]。郭仁成則明確地提出：「以地易地的流行說明，土地的買賣可能已經開始，而土地的私有制度由來已久了」[3]。

從法律角度來看，土地買賣的發生和實現有一個非常重要的前提條件，那就是出賣人必須完全擁有土地的所有權。也就是說，要正確認識楚國的土地買賣問題，就必須考察楚國的土地私有權問題。在這一問題上，劉玉堂用力最深，論述豐富，論證有力，見識獨到。為便於理解和分析，現將相關論述簡要徵引如下：

事實上，楚國的封邑本來是規定「二世而收」的，後來，由於封

---

① 殷崇浩：〈春秋戰國時期楚國土地制度的變革〉，載《江漢論壇》，1985年第4期。
② 劉玉堂：《楚國經濟史》，湖北教育出版社1995年版，第23頁。
③ 郭仁成：《楚國經濟史新論》，湖南教育出版社1990年版，第69頁。

君實力的增強，漸漸向世襲制過渡。對此，考古材料提供了確鑿無疑的證據。時代為戰國中晚期的湖北荊門包山二號楚墓出土竹簡，就記載有食邑世襲的情況。如第151、152簡文記：「左馭番戌食田於邡國噬邑城田，一素畔畹。戌死，其子番步後之；步死，無子，其弟番黯後之；黯死，無子，左尹士命其從父之弟番歟後之。歟食田，病於責，骨償之。左馭遊，晨骨賈之。有五節，王士之後郢賞間之，謂番戌無後，右司馬適命左令歕定之，謂戌有後。」簡文大意是左馭番戌死後，其食田因相繼繼承的嫡子、庶子死而無後，左尹士令番戌之侄繼承，從而引起訴訟，最後經左尹裁定，仍由番戌之侄繼承。由此可見，至遲在戰國中晚期，楚國的食邑（食田）世襲已成為現實了。文獻記載也提供了這方面的資訊。如《越絕書》卷七載：「昔者范蠡其始居楚，曰范伯。自謂衰賤，未嘗世祿，故自菲薄，飲食則甘天下之無味，居則安天下之賤位。」此「世祿」，即世襲。據此可知，范蠡居楚或更早的時候，楚國已出現事實上的世襲制，故范蠡才會因衰賤以至不能享此厚遇而傷感[①]。

當然，同諸侯國相比，當時楚國食邑世襲只是一種失控現象，至少在法律上還不見有食邑世襲的規定。吳起這樣做，只不過是在傳統的「二世而收」的制度與事實上的世襲制之間尋求的一種折中方案，遺憾的是這一方案隨著吳起變法的夭折而流產。大約從戰國中期開始，楚國食邑世襲已由原來事實上的失控變為法律上的許可，前引《包山楚簡》所記由番戌食邑世襲引起的訴訟案，充分證明戰國中晚期楚國已用法律的形式來保證食邑世襲了[②]。

值得注意的是，在包山楚墓出土竹簡中，有兩條因擴大土地面積而引起訴訟的案例記錄：第77簡記：「爨月辛未之日， 赴命人周甬受

---

①　劉玉堂：《楚國經濟史》，湖北教育出版社1995年版，第13頁。
②　劉玉堂：《楚國經濟史》，湖北教育出版社1995年版，第15頁。

正李園玒以戲田於章寙（國）□邑」，又第94簡記：「九月乙酉之日，苛獲訟聖蒙之大夫范暨以齋田」。《淮南子　氾論》：「強弱相乘。」注：「加也」。此指擴大土地面積。根據簡文分析，似乎並非貴族間兼併土地，也不像是民間巧取豪奪。這些擴大土地的方式，很可能是通過轉讓和買賣，大概由於土地買賣在楚國並未得到法律的認可，只是民間私下進行，才會引起訴訟。①

綜觀以上，不難發現，在土地私有及其買賣問題上，劉玉堂的前後解讀和認識雖有些衝突之處，但這些論述實際上可以用一句話來概括，那就是楚國法律允許食邑世襲，公開承認土地私有，但不允許土地買賣。

筆者認為，這一意見值得商榷。既然法律承認了土地可以私有，也就沒有任何理由禁止土地買賣了。此外，包山簡151—152實際上不僅涉及到了食田的繼承問題，而且涉及到了土地的買賣問題，劉玉堂受行文目的制約，沒有對這部分進行解讀。但李學勤進行了深刻解讀，他認為，簡書中「食田」大致屬於「授田」的範疇，是當時楚國實行授田制以及存在土地買賣的反映②。陳偉對此亦有解讀，認為推尋文意，倘若番戌無後，這食田便不能買賣，結果自然由國家收回③。劉金華也對此進行了解讀，認為推尋文意，所謂「有後」、「無後」也即是否有合法繼承人，若其侄子並非番戌之合法繼承人，也就不具備繼承該項田產的資格，自然也就無權出賣該食田，這項田產就可能作為無主財產而收歸國家所有④。這顯然是從陳偉之說發展而來。熊賢品則認為，三世之後，國家要對食田的情況進行查驗。由此簡反映的

① 劉玉堂：《楚國經濟史》，湖北教育出版社1995年版，第24頁。
② 李學勤：〈包山楚簡中的土地買賣〉，載《中國文物報》，1992年3月22日。
③ 陳偉：《包山楚簡初探》，武漢大學出版社1996年版，第73頁。
④ 劉金華：〈從包山楚簡看楚國的民事法律關係〉，載《江漢考古》，2001年第2期。

情況，我們可以看出，一旦出現三世之後無繼承人的情況，食田將被國家收回。而《韓非子 和氏》史載楚悼王時期吳起在楚國實行對封君子孫「三世而收爵祿」的改革，包山簡中的這項制度，也當與吳起在楚國的改革有關。但隨後接著又指出，當時官員的食田存在土地流轉的情況，而國家則採取了默許的監管政策，表明當時土地私有化的趨勢在不斷增強。包山楚簡反映楚國土地私有制在戰國時期已經獲得了重大發展，儘管楚國在春秋時期採取手段抑制土地私有制的發展，但土地私有化已成為歷史發展的趨勢①。

綜觀以上幾家意見，筆者認為均有一定道理，但彼此之間乃至自身內部又相互衝突，這本身就表明這些觀點存在一定的不圓滿性。私見以為，終楚國之世，楚國的土地所有制和土地所有權應如劉玉堂在他處所指出的，由於楚國王權的強大，楚王依然對土地握有予奪的大權，貴族的食邑尚未出現普遍重新分配的現象。因此，楚國土地所有制的根本性質並未改變②。與之相適應，楚國國有土地所有權實際上也從未下移。楚國法律既不允許也不承認貴族對土地的世襲占有，即實質上的私有，更不准許土地的自由買賣。當然，對於民間已經私下存在或流行的土地買賣，法律是否作干預或默許，則是另外一回事了。

還有一點需要指出，凡認為楚國法律允許土地自由買賣的，無一例外地都要拿包山簡151、152所記作為論據，以為法律最終認定番戌有後，也就意味著法律承認了番戌之侄出售食田的行為，如彭浩就指出：「經調查，確認了番戌之子的繼承權。番出售番戌的食田似乎沒有受到政府方面的干涉，也未被告劾，這說明番對這塊土地擁有完全的所有權。至此，番戌的食田完全變成了異姓人的私有

① 熊賢品：《包山楚簡所見戰國晚期楚國社會制度研究》，河南大學2011年碩士學位論文，第46頁。
② 劉玉堂：《楚國經濟史》，湖北教育出版社1995年版，第20頁。

土地」①。

其實，彭浩這一段解讀，實際上已經指出還存在著另外一種與此截然相反的解讀。那就是番出售番戌的食田似乎也有可能受到政府方面的干涉，並被他人告劾。簡文壓根沒有這方面的記錄，本身就說明這兩種解讀都有可能是正確的。而從法律角度看，簡文之所以沒有記載，原因很簡單，這根本就是兩個性質完全不同的法律關係。法律只需對繼承權的問題作出裁決，而無需也無權對另外一件事作出判決。簡文也說得很明白，訴訟請求是依法判定番戌是否有後，所以，判決也很清楚，只有一個裁決，即有後。由此可見，以此來推斷政府是否對番出售番戌的食田的行為進行了干涉，是不符合法理邏輯和法律程序的。因為在民事活動中，法律所奉行的一個基本原則就是不告不理。具體到這件事上，就是如彭浩所言，我們看到的是，番出售番戌的食田似乎既沒有受到政府方面的干涉，也未被告劾。此外，彭浩指出，楚王對於食田之類的土地的賞賜是明確指出其四至範圍，並以此來認定這些食田具有私有性質②。私見以為，這既表明這些土地是楚王賞賜的食田，也表明國家對食田在行使實際管理權，並且具有強大的掌控能力。

應該指出，面對土地私有化的歷史浪潮，楚國雖表現出了一如既往的強大，但同時又對原來政策和制度作了適當微調。吳起變法時，「使封君之子孫三世而收爵祿」③。劉玉堂認為，這是在傳統的「二世而收」的制度與事實上的世襲制之間尋求的一種折中方案，遺憾的是這一方案隨著吳起變法的夭折而流產。此言說對了一半，

---

① 彭浩：〈包山楚簡反映的楚國法律與司法制度〉，《包山楚墓》附錄二二，文物出版社1991年版，第550—551頁。
② 彭浩：〈包山楚簡反映的楚國法律與司法制度〉，《包山楚墓》附錄二二，文物出版社1991年版，第551頁。
③ 《韓非子·和氏》。

這確實是一種面對土地私有化浪潮而出臺的妥協調整方案，但筆者認為這一方案並沒有隨著吳起變法的夭折而流產，相反，它應是得到了較好的執行。吳起臨死之前，為自己的變法作了最後一把努力，那就是使得楚國七十餘家大貴族為自己陪葬。這實際上也是一件大事業，可惜的是人們常常忽視了這一點。理由很簡單，這些貴族均是當時楚國國內最大的貴族，他們被連根清除，無疑大大增強了楚王的經濟實力和專制力量，同時也保證了楚王對國有土地所有權的絕對掌控。這也是楚國中晚期後，楚國能夠實行徹侯制度和只給封君稱號而無封地之實的「封君」制度的一個重要原因。《戰國策 楚策一》記：江乙說於安陵君，「君無咫尺之地，骨肉之親，處尊位，受厚祿，一國之眾，見君莫不斂衽而拜，托委而服，何以也？」這個安陵君就是沒有封地的封君。如此看來，這種封君只不過是政治上的一種殊榮罷了。

此外，從包山楚簡151—152號簡文記載來看，筆者以為看不出食田已經世襲的跡象。因為，從左馭擁有食田到訴訟的發生，期間並沒有超出法律規定的三代，既然是在三代之間，法律是允許其自由支配的。劉金華認為如最終確定左馭無後，這項田產就可能作為無主財產而收歸國家所有，這一意見無疑是正確的。至於范蠡哀歎「衰賤，未曾世祿」，這其實恰恰說明了楚國法律是不允許食田世襲的。正是因為有了這一規定，范蠡的三代以上祖先即便是曾大富大貴過，也無法將曾經擁有的食田傳承下來。范蠡三代以內的祖先，即便是封侯封君，但依此時之法律，亦無食田可授。這樣看來，范蠡要埋怨的，更多的應是埋怨楚國這一國有土地所有權制度。

需要指出，楚國嚴格限制土地私有的政策和制度，是與歷史的發展不相符的。尤其是秦實行徹底的土地私有化後，楚國這一國有土地所有權制度越來越成為阻礙楚國發展的桎梏。楚國最終在與秦的抗衡中敗亡，是與固守這一制度分不開的。舉一個例子，就可以很好地

理解這一點。秦國將領每有戰功，就多請以田宅以「為子孫業」①，所以能拼命奮勇殺敵。而在楚國，無論戰功多麼顯赫，亦不能「為子孫業」，只能徒增虛名，所以楚國將帥均鬥志盡失，不求有功但求無過。也正因如此，陳軫能以三寸不爛之舌而退楚昭陽百萬之師②。所謂畫蛇添足，當是對這一制度的後遺症的生動寫照。但話又得說回來，楚國這一制度，一定意義和程度上抑制了土地的兼併，保證楚國百姓的土地安全。所以，我們能看到楚國有鄂君啟這樣的大官商，卻很少能找到像這樣的大地主，也很少發現楚國民眾因土地問題而揭竿而起的歷史場景，而這些則在秦以後的中國成為了一種歷史的常態和必然。這其中的原因，值得深思。

### 2.私人土地所有權

允許私人擁有一定數量的私有土地是一切私有制社會的普遍性法律現象。春秋戰國時期，楚國法律也確認私人可以擁有一定數量的土地所有權。

這種私有土地最初是以宅地的形式表現出來的。《左傳紀事本末　晉楚爭伯　補遺》引《尸子》載：「天雨雪，楚莊王披裘當戶，曰：『我猶寒，彼百姓賓客甚矣。』乃遣使巡國中，求百姓、賓客之無居宿、絕糧者，賑之。」仔細解讀這則史料，我們至少可以獲得兩點啟示：一是楚國法律允許楚人擁有一份宅基地。既然有「無居宿」、「絕糧」的無宅地者，那麼與之相對應，肯定會有居宿而不缺糧的有宅地者；二是楚國政策和法律是保證楚人擁有一份宅基地。「求百姓、賓客之無居宿、絕糧者，賑之」，顯然說明，無宅基地者可以向政府提出用地申請，而政府也有責任滿足這一用地要求。

又《戰國策　楚策一》載：「郢人有獄三年不決者，故令請其

---

① 《史記　白起王翦列傳》。
② 《戰國策　齊策二》。

宅，以卜其罪。客因為之謂昭奚恤曰：『鄒人某氏之宅，臣願之。』昭奚恤曰：『鄒人某氏不當服罪，故其宅不得。』」這則史料不僅說明自春秋中期以降楚國都中大部分人都是有宅地的①，而且說明楚人可以自由處分自己的宅地，國家沒正當理由亦無權徵收。

另據《說苑　辨物》載：「昔者莊王伐陳，舍於有蕭氏，謂路室之人曰：『巷其不善乎？何溝之不浚也？』」莊王停留之地似在野地，說明野人中也有人有小塊宅地。又如《史記　楚世家》所記，觀從在乾谿對楚軍將士說：「國有王矣。先歸，複爵邑田室。」田室主要包括私人田宅，宅是家私的，若無變故，則世代相傳②。

縱觀中國古代民法史，承認並保護私人宅地的所有權一直是中國古代土地所有權堅持的一個基本原則。究其原因，當是房屋不僅是人們主要的生活場所，而且是最重要的物質財富之一，是人們在私有社會中得以安身立命的最為重要的物權支撐和最後的避難所。只要不從根本上剝奪對宅地的占有，儘管百姓有時窮得蓋不起房，會發出「安得廣廈千萬間，大庇天下寒士俱歡顏」的呼喚，但終究總能安定下來，搭個草棚茅屋，從事社會生產和勞作，慢慢地發展起來。也許正因為這直接關係到一個國家和王朝的穩定和發展，所以，深諳治國之道的莊王要「乃遣使巡國中，求百姓、賓客之無居宿、絕糧者，賑之」。此後這似乎成為了楚國法律的常制和傳統。

從考古發現來看，楚國法律似乎也承認並保護私人墓地的所有權。據上博簡《昭王毀室》記載，昭王將一座新宮殿建在了他人的墓地上，就在昭王召集群臣飲酒慶祝落成之際，這家墓地的主人闖入新宮，指控昭王所建宮殿侵犯了他家墓地的所有權。無奈之下，昭王只好下令改到坪水的邊上飲酒，把新建的宮殿拆除。誠然，簡

①　劉玉堂：《楚國經濟史》，湖北教育出版社1995年版，第20頁。
②　劉玉堂：《楚國經濟史》，湖北教育出版社1995年版，第21頁。

文中的這位「君子」曾以招寇相威脅，但如若沒有法律的支持，他是不可能有找上門告狀的底氣和勇氣的。而昭王也絕不會僅因其一句恐嚇之語而下令拆除。他之所以願意如此做，也應是出於對法律的尊重。更何況這對「知大道」的昭王來說，不是一件難事，而是一件很自然的事。因為楚國王室素有尊崇法治的傳統，如文王和莊王一樣，昭王也算得上是一位賢明的國君，愛民遵法自是其樂於做的。另包山簡91記載了一起因佔用墓地而引起的訴訟，彭浩據此指出，戰國時期，國家承認各家對墓地的所有權，並在法律上給予保護 ①。這一說法無疑是正確的。

當然，除宅地、墓地之外，楚國私人土地所有權還包括耕地所有權。據學者研究，春秋中期，楚國已出現了自耕農民。戰國中期以後，自耕農民規模越來越大。有自耕農民當然就有小私有土地。作為小私有土地的耕地的主要來源有三：一是貴族子孫，由於被人侵佔或不善經營等緣故，所占土地越來越少，最後只有躬耕自給。二是自動流入的鄰國之民被分給小塊土地，而且複除賦役。三是因故被遷的貴族所開墾的荒地，自然歸己所有 ②。降至戰國中晚期，與春秋戰國之際的社會制度和階級關係領域發生的深刻的歷史變化相適應，楚國封建領主制開始向地主制轉化。「原來屬於『族有』性質的農奴逐漸脫離領主的束縛，其中一部分人占有了他們所使用的土地，變成了『自耕農』；另一部分人則成為耕種新興地主土地的佃農。而原來束縛於縣邑的屬於『國有』性質的農奴，隨著里社組織的逐步鬆弛，也逐漸變成了農民。過去業已存在的依附農民，除少數上升為小地主外，大多數則依然保持著小生產者的身分地位。總之，春秋至戰國早期的農奴階級至此變成了農民階級。原來領主階級與農奴階級的對立，被地

---

① 彭浩：〈包山楚簡反映的楚國法律與司法制度〉，載《包山楚墓》附錄二二，文物出版社1991年版，第551頁。

② 劉玉堂：《楚國經濟史》，湖北教育出版社1995年版，第20、21頁。

主階級與農民階級的對立所替代」①。

需要指出，根據占有形式的不同，楚國私人土地所有權在性質上又可以分為三個類別：一、個人土地私有權。這種個人土地所有權的權利主體範圍非常廣泛，上至達官貴人，下至鄉野農夫，都在其間。其主要特徵是所有權為個人所私有，不存在有任何共有成分在裡面；二、私人集體共有土地私有權。這種土地所有權的權利主體不是某一個人，而是一個共有組織。在楚國，這一共有組織主要就是里社。這實際上就是里社占有制在法律上的一種反映，有些類似於今天的集體土地所有權。三是宗族、家族土地所有權。這種私有土地所有權的所有人為宗族或家族，在性質上是一種共有的合有財產權。考古資料中經常講到的家族墓地，就是這一所有權較為常見的一種表現形式。

### （二）其他財產所有權

其他財產是指除土地之外的動產與不動產，主要包括房屋、貨物、資產、奴隸等。這些財產所有權按照所有人的歸屬也可以分為國家所有權和私人所有權兩種。與土地所有權在名義和法律上均有所限制不一樣，這一類型所有權的所有人對自己所有的財產，無論是動產，還是不動產，包括被看成是物產的奴隸，各級封建領主乃至自由民，都擁有完全的所有權，可以進行自由的交換、買賣。

春秋戰國時期，以楚王為代表的國家佔據了絕大部分社會和自然財富。不僅山林川澤、礦產資源為國家所有，而且國家還從中央到地方設置了各種各樣的官營生產和經營機構，直接從事採礦、冶鐵、鑄幣、制鹽、兵器製造等產業，同時還從事壟斷性的商貿活動。其他如布、麻、糧食等生活資料也都集中於國家手中。因此，在其他財產所有權中，國家所有權實際上也是佔據了主導地位，而私人所有權只是一種補充形式。

---

① 劉玉堂：《楚國經濟史》，湖北教育出版社1995年版，第121—123頁。

第四章 民事法律制度

249

但需要指出的是，楚國法律允許人們擁有一定的生產資料，如馬、牛、羊及生產工具等，承認人們衣食住行所必需的房屋、衣服、糧食、傢俱、車輛、裝飾用品、手工產品等生活資料的私人所有權。

還有一點是值得注意的，法律在承認私人所有權的同時，還設置了諸多限制。一是主體的限制。受身分等級的制約，所有權人在權利上並不是人人平等的，而是有明顯差別的。一部分民事財產領域只允許少部分人進入，其他各色人等，一律不准進入。二是客體的限制。與主體的限制相對應，法律也對所有權人所能擁有的財產進行了限制，明確規定了一些專有財產只能專屬於部分特殊人群。違者，不僅行為無效，而且還要視情節之輕重，給予不同的處罰。

## 二、所有權的取得和消滅

財產私人所有權是一切私有制社會的普遍性法律問題。而私人所有權的正常取得和消滅，則是民法所要調整的重要權利義務關係[①]。

所有權取得是物權取得的一項重要內容。所謂所有權的取得，是指民事主體根據一定法律事實獲得某物的所有權，從而在該特定主體與他人之間發生以該物為客體的所有權法律關係。現代民法認為，所有權的取得有原始取得和繼受取得兩種方式。

所謂原始取得，是指根據法律的規定，因一定的法律事實，財產所有權第一次產生或者不以原所有人的所有權和意志為根據，而直接取得所有權。現代民法學一般認為，原始取得主要形式包括：勞動生產、收益、孳息、添附、無主財產、拾得遺失物、漂流物、失散的飼養動物、發現隱藏物、埋藏物、先占、善意取得、沒收、徵收、稅收、徵用。結合楚國的歷史事實來考察，我們發現，這些原始取得主要形式也同樣適用於楚國。如先占取得，國家承認在法律允許的時間、空間內開墾荒原，砍伐林木，以及漁獵物的所有權，同時也承認

---

① 孔慶明、胡留元、孫季平：《中國民法史》，吉林人民出版社1996年版，第89、90頁。

「孳息」的所有權。《史記　循吏列傳》記孫叔敖「秋冬勸民山采，春夏以水，各得其所便，民皆樂其生」。顯然，楚國法律承認並保護狩獵、捕魚等的先占取得。

關於先占取得原則，楚人也有著同商鞅一樣精彩而形象的比喻。《說苑　建本》記楚人屈建曰：「夫一兔走於街，萬人追之；一人得之，萬人不復走。分未定，則一兔走，使萬人擾；分已定，則雖貪夫知止。」《商君書　定分》記商鞅說：「一兔走，百人逐之，非以兔可分以為百也，由名分未定也。夫賣（兔）者滿市，而盜不敢取，由名分已定也。」雖然屈建和商鞅不可能從物權法理角度去解釋所有權，但他們顯然有一種「先占取得」所有權的初步認識[1]，而這也正好代表了當時人們對這一問題的普遍認識。

至於其他形式，是任何一個正常有序的社會都會予以承認並保護的，茲不贅述。

繼受取得，又稱傳來取得，是指通過某種法律行為從原所有人那裡取得對某項財產的所有權。這種方式是以原所有人對該項財產的所有權作為取得的前提條件的。楚國所見到的繼受取得方式主要有買賣、贈予、繼承等三種：

**1.買賣**。這是取得所有權最為常見，也是最為重要的一種方式。出賣人一方將出賣財產交給買受人一方所有，買受人接受此項財產並支付價款。通過買賣，由買受人取得了原屬出賣人的財產所有權。春秋戰國時期，楚國商品經濟活躍，市場繁榮，國內國際貿易發達，買賣也因此成為最重要的財產流轉方式和所有權取得方式。關於這類記載，在前文楚國的商業部分已經有所論述，此不贅述。

**2.贈予**。贈予人自願將其財產無償轉移給受贈人所有。需要指出的，在楚國，楚王的封賜實質上也屬於這一方式。

---

① 徐世虹主編：《中國法制通史　戰國秦漢卷》，法律出版社1999年版，第96頁。

**3.繼承**。繼承人按照法律的直接規定或者合法有效遺囑的指定，取得被繼承人死亡時遺留的個人合法財產。古今中外，繼承都是一種常見的所有權取得方式。楚國亦不例外。前引包山簡151—152，已經初略講到繼承問題。至於具體情況，我們放在後面的章節再作探討。

　　由於繼受取得主要是通過民事主體之間的財產流轉的方式實現的，而這一過程又更多地表現為債權債務關係，所以，關於這一部分內容，我們放在下一節債權中具體加以探討。

　　任何權利都有一個產生和消滅的過程，所有權亦不例外。既然有所有權的取得，就會有使用權的消滅。現代民法中，所有權的消滅，是指通過某種法律事實，而使所有權喪失或與所有人脫離的一種法律現象①。一般而言，所有權的消滅可以分為兩種：一是所有權的絕對消滅，主要是所有物本身的滅失；另一種是所有權的相對消滅，主要是所有人失去對物的占有與支配但原物尚存之情形。

　　具體說來，春秋戰國時期，在楚國民事法律制度中，引起所有權消滅的原因，大致有所有物的喪失、所有權主體的消滅、所有權轉讓和所有權的強制消滅等幾種。所有權的構成有三要素：主體、客體和內容，缺一不可。因此，所有物和所有權主體的消滅必然引起所有權的消滅。楚國法律承認這一法律事實。在楚國由所有物喪失而引起所有權消滅的，最具典型意義的莫過於楚共王遺弓。《說苑　至公》載：「楚共王出獵，而遺其弓，左右請求之。共王曰：『止。楚人遺弓，楚人得之。又何求焉？』仲尼聞之曰：『惜乎，其不大』，亦曰，『人遺弓，人得之而已，何必楚也。』仲尼所謂大公也。」其實，這則史料同時也說明了與此相對的另一個問題，即遺失物所有權的取得。而所有權主體的消滅，則意味著所有權的立即轉移。這種所有權的轉移，在西周最明顯的表現，是家庭中父親死亡後實行的嫡長

①　胡留元、馮卓慧：《西周法制史》，陝西人民出版社1988年版，第254頁。

子繼承制。父親死亡，所有權便落入嫡長子手中。如無嫡長子，則依法律規定轉移其歸宿。繼父與繼子之間也適用這種所有權關係的轉移規定①。這些原則和規定同樣適用於楚國。如包山簡151—152所記的左馭番戌死後的食田繼承糾紛就是實證。

## 第三節　債權

民事法律調整的財產關係，主要有物權關係和債權關係。民法中的債是指依照法律規定或契約的約定以及由損害原因而在當事人之間產生的一種權利和義務關係。債權則是債權人所享有的權利。債權關係是同財產私有制度密切相關的。債的觀念在中國歷史上形成很早②。學者指出：在西周時期，隨著私田的出現和商品經濟的進一步發展，相對成熟和穩定的債權逐漸形成。與這種形式相適應，調整這種債權債務關係的法律規則，也開始豐富起來。據史籍記載，「債」的稱謂在西周時期已經出現，稱為「責」。《周禮　秋官　朝士》云：「凡有責者，有判書以治則聽。」這裡的「判」，通「半」。即是說，如果債權人有雙方各執一半的債務契約，官府即可受理這一債務糾紛③。

春秋戰國時期，隨著生產力的顯著提高和生產關係的急劇變革，財產流轉關係也迅速發展起來，調整這些債權債務關係的法律規範也逐步增多，並規範起來。從文獻資料和考古資料所反映的情況看，東周時期，楚國債權債務關係的發生，主要有侵權行為之債和契約之債兩類，其中，後者是主要的表現形式。

---

① 胡留元、馮卓慧：《西周法制史》，陝西人民出版社1988年版，第254頁。
② 懷效鋒主編：《中國法制史》，中國政法大學出版社1998年版，第32頁。
③ 曾憲義：《中國法制史》，北京大學出版社、高等教育出版社2000年版，第54、55頁。

### 一、侵權行為之債

侵權行為是指故意或過失不法侵害他人財產或人身權益的行為。受害人有權請求賠償損失，而加害人必須承擔因侵權造成的債務，主要是要補償受害人的損失①。從嚴格意義上來講，中國古代法律並無侵權的概念。在古代中國人的傳統觀念中，權利一詞被運用於貶義，常被置於與「仁義」相對立的位置。但由侵權而發生的損害賠償之債，則是屢見於古文獻記載和史料檔案的②。

據文獻記載，早在西周時期，隨著經濟與法律文化的進步，因侵害而賠償的民事制裁方式已經出現。《周禮　地官　調人》：「調人掌司萬民之難而諧和之。」同書又云：「凡過而殺傷人者，以民成之。」鄭玄注：「因過失殺傷人，以鄉里之民共和解之。過失殺傷人之畜產者，也是如此。」賈公彥疏：「過失殺傷……人之鳥獸，若鷹隼、牛馬之屬，亦以民平和之。」所謂「和之」或「和解之」，即是用賠償的方法來調解糾紛，平息事端。出土文物也提供了諸多實證。如《曶鼎》銘文記載，小奴隸主匡季搶去一奴隸主曶禾十秭，結果以禾二十秭作為賠償。《散氏盤》銘文也記載了一個因損害賠償而產生的債權關係。該銘文記載說，一個名叫「矢」的貴族侵犯了另一貴族散氏的地盤，並且造成了實際損害。有關官員根據受害者提出的賠償要求，判決「矢」賠償散氏眉田與井邑田，並派人踏勘地界，繪製了田界圖，簽訂了契約券書，最後盟誓以示履行而了結③。儘管這種民事賠償責任是帶有懲罰性的，但它畢竟「把一般的侵權與偷盜搶劫區分開來，這種民事與刑事的區分，

---

① 胡留元、馮卓慧：《西周法制史》，陝西人民出版社1988年版，第153頁。

② 張晉藩：《清代民法綜論》，中國政法大學出版社1998年版，第169頁。

③ 參見胡留元、馮卓慧：《長安文物與古代法制》，法律出版社1989年版，第9—10頁；胡留元、馮卓慧：《西周法制史》，陝西人民出版社1988年版，第153—154頁。孔慶明、胡留元、孫季平：《中國民法史》，吉林人民出版社1996年版，第27、29頁。

表明了當時法律的發展程度，說明民法已經獨立存在」①。

　　春秋戰國時期，楚國沿襲了周人的這一做法，將侵權行為與犯罪行為作了嚴格區別，一般只承擔民事責任，而不追究刑事責任。關於楚國的侵犯行為之債，文獻沒有直接的記載，但間接的記載還是有的。《左傳　宣公十一年》記：

　　楚子為陳夏氏亂故，伐陳。謂陳人無動，將討於少西氏。遂入陳，殺夏徵舒，轘諸栗門，因縣陳。陳侯在晉。申叔時使於齊，反，覆命而退。王使讓之曰：「夏徵舒為不道，弒其君，寡人以諸侯討而戮之，諸侯、縣公皆慶寡人，女獨不慶寡人，何故？」對曰：「猶可辭乎？」王曰：「可哉！」曰：「夏徵舒弒其君，其罪大矣，討而戮之，君之義也。抑人亦有言曰：『牽牛以蹊人之田，而奪之牛。』牽牛以蹊者，信有罪矣；而奪之牛，罰已重矣。諸侯之從也，曰討有罪也。今縣陳，貪其富也。以討召諸侯，而以貪歸之，無乃不可乎？」王曰：「善哉！吾未之聞也。反之，可乎？」對曰：「可哉！吾儕小人所謂取諸其懷而與之也。」乃複封陳，鄉取一人焉以歸，謂之夏州。故書曰：「楚子入陳，納公孫寧、儀行父于陳。」書有禮也。

　　這裡申叔時講到的「牽牛以蹊人之田，而奪之牛」，實際上就是一起侵犯賠償案例。值得注意的是，申叔時對這一結果是持否定態度的，因為他認為「牽牛以蹊者，信有罪矣；而奪之牛，罰已重矣。」所以他故意拿此事做文章，說給莊王聽。從莊王聽後的態度和最後決定來看，莊王顯然是認可他的這一意見，這表明莊王對「牽牛以蹊人之田，而奪之牛」這一處理結果，也是持否定態度的。從君臣二人均否定此事來推論，我們有理由相信楚國在處理民事侵權行為時，應該

---

① 　孔慶明、胡留元、孫季平：《中國民法史》，吉林人民出版社1996年版，第27、29頁。

第四章　民事法律制度

255

是堅決摒棄了按習慣用類似同態復仇的報復措施施之於侵權者的原始做法，更多的是堅持了罪責相適應的民事責任原則，運用民事賠償方法解決糾紛。

考古發現也為我們提供了足夠的證據。包山簡就記載了多起民事侵權賠償案例。如簡91載：

九月戊申之日，佶大敃六令周霖之人周雁訟付舉之關人周瑤、周敚，謂㕦於其土，瑤、敚與雁成，唯周貜之妻子㕦焉。疋忻敢之，郘從為李。

這是因被告周瑤、周敚二人侵犯周雁土地私有權而引起的糾紛，雙方經官方調解後最終達成協議，使案件得以了結。由於簡文的記載過於簡單，協定的具體內容已無從知曉，但這並不影響這一行為性質的認定，因為，民事調解本身就是對刑事處罰的否定，而對侵權行為進行民事調解，也是一種典型的民事處理方法。至於賠償與否，以及大小多少，只是與民事責任大小的有關，而與民事責任的性質無關。

值得注意的是，在包山竹簡中，也記錄有兩條因侵犯土地所有權而引起的訴訟案例。第77簡記：「爨月辛未之日，辻命人周甬受正李圏耴以敤田於章國□邑。」又第94簡記：「九月己酉之日，苛獲訟聖蒙之大夫范覺以贅田」。原釋文以為，「贅」，讀如乘。《淮南子　氾訓》：「強弱相乘。」注：「加也。」此指擴大土地面積。陳偉等以為讀作「掇」，有掠奪之含義。不管該怎樣釋讀，根據簡文分析，這些行為均只是簡單地被當做一般的民事侵權行為在處理，而沒有當做刑事案件來追究。

## 二、契約之債

契約是雙方當事人以發生、變更、擔保和消滅債的法律關係為目

的的協定，是商品交換的法律形式，也是民法的起始狀態①。馬克思說過：「先有交易，後來才由交易發展為法制……這種通過交換和在交換中產生的實際關係，後來獲得了契約這樣的法律形式。」②

春秋戰國時期，楚國經濟發達，商業繁盛，商品貿易空前活躍，與之相適應，因契約關係而產生的債權債務關係大量發生，成為楚國最主要的債。大致說來，楚國常見的契約有如下幾種：

## （一）交換契約

這是以物易物的交換形式在法律上的反映，是商品交換早期的契約形式，在文字產生以前就早已存在了。其基本特徵是一方用貨幣以外的財產與他方的另一種財產相互交換。交換契約是雙務性、諾成性和有償性的。其法律後果是雙方當事人轉移交換財產的所有權。從出土銅器銘文提供的材料來看③，交換契約在西周時就已普遍存在，交換標的有土地、奴隸、車馬及貴重物品。在交換中，凡重大交換契約的訂立，如涉及公田交換，都要報告官方，由國王派官吏監督，以保證國家對契約的干預。一般交換契約的訂立，如純屬私田及非重要動產交換，可不經過官府成交，只要有證人在場，就可以成立了。

春秋戰國時期，楚國商業迅猛發展，貨幣經濟亦相對發達，因此，以貨幣媒介的商品交換成為財產流轉的主要形式。但以物易物為主要內容的交換契約，並沒有完全退出楚國的生活。《孟子　滕文公上》記載了孟子與許行弟子陳相的一段對話：

孟子曰：「許子必種粟而後食乎？」曰：「然」。「許子必織布

---

① 孔慶明、胡留元、孫季平：《中國民法史》，吉林人民出版社1996年版，第147頁。
② 《馬克思恩格斯全集》第19卷，人民出版社1980年版，第423頁。
③ 如《五祀衛鼎》、《九年衛鼎》、《格伯簋》。參見參胡留元、馮卓慧：《西周法制史》，陝西人民出版社1988年版，第154─159頁；孔慶明、胡留元、孫季平：《中國民法史》，吉林人民出版社1996年版，第23、24頁；懷效鋒主編：《中國法制史》，中國政法大學出版社1998年版，第32、33頁。

而後衣乎？」曰：「否，許子衣褐。」「許子冠乎？」曰：「冠。」曰：「奚冠？」曰：「冠素。」曰：「自織之與？」曰：「否，以粟易之。」曰：「許子奚為不自織？」曰：「害於耕。」曰：「許子以釜甑爨，以鐵耕乎？」曰：「然。」「自為之與？」曰：「否，以粟易之。」「以粟易械器者，不為厲陶冶；陶冶亦以其械器易粟者，豈為厲農夫哉！」

這裡，所謂「以粟易械器」，是農民的交易活動，而「以械器易粟」，則是手工業者的交易活動。顯然，在楚國的農村存在著較為普遍的以物易物的交換行為。究其原因，劉玉堂有精闢分析：「許行所代表的是只求溫飽的楚國農民，他們對市場的需求是不多的。《史記 貨殖列傳》記『楚越之地』可『不待賈而足』是專就『饒食』而言的。民以食為天，與饒食相比，其他都是次要的。商品只求合用，價格只求平穩，精粗美惡在所不計。而且一般的農民未必擁有貨幣，即使擁有貨幣，其數量也不會大。他們所進行的商品交換，通常就像許行那樣，只是以物易物。在楚國的農村，商品經濟只是自然經濟的補充。」[①]

另據《呂氏春秋 知士》記載：「（楚相）昭陽請以數倍之地易薛」。這實際上也是一個土地交換行為。儘管這次土地交換最終因薛地主人不同意而未能成交，但無疑反映出當時楚國肯定存在土地交換的客觀現實。遺憾的是，這則史料所能提供的歷史資訊太少了，以致我們不得不放棄對楚國土地交換契約的訂立程序和內容要件探討作出努力。

### （二）買賣契約

買賣契約是大眾生活中最普遍、最經常的民事行為。買賣契約是

---

① 劉玉堂：《楚國經濟史》，湖北教育出版社1995年版，第268—269頁。

隨貨幣的產生而出現的。它是當事人雙方因買賣而訂立的契約關係，出賣人根據契約把原屬於自己所有的財產轉移給買方所有，買方則將約定的價金交給出賣人。買賣契約是商品交換最普遍的形式，也是雙務性、有償性和諾成性的，一般情況下是非要式的。

春秋戰國時期，楚國推行重商政策，國家開闢市場，進行內外貿易，與商業的繁盛相適應，買賣法律關係空前發達。從文獻記載和考古發現來看，這一時期楚國的買賣契約總體說來，表現出以下幾個特徵：

第一，買賣的標的物種類齊全，範圍廣泛。既有生活資料，又有生產資料，還有奴婢；既有穀粟、食鹽、布帛、絲絮、麻縷、冠履、衣袍、竹木、陶器、銅器、鐵器、牲畜、皮革等大宗物資，又有珠璣、犀角、象齒、丹砂、黃金等貴重物品，還有雲夢犀兕麋鹿、江漢魚鱉黿鼉等林木魚牧土特產品。與此同時，還有大量的進口商品，如齊魯食鹽、秦篝齊縷、鄭衛妖玩、晉制犀比、吳戈、秦弓等①。

第二，買賣的主體層次多樣，分布廣泛。在重商政策的支持和鼓勵下，在興旺的商貿活動的刺激和影響下，楚國全國上下掀起了一股全民經商熱，各種民事主體積極參與市場買賣活動。他們中間既有來自鄉村鄙野的農夫漁民，又有身處城市都會的市民商賈，還有達官貴人活躍其間。

第三，對外貿易發達，涉外主體廣泛。東周時期，楚國不僅形成了國內市場體系，而且與中原、嶺南、西南鄰邦各國有頻繁的貿易往來。其中楚向中原輸出的商品有礦產資源和林牧漁產品，輸入的有齊魯食鹽、鄭衛妖玩、秦弓等日常生活用品；向嶺南、西南輸出的主要為手工業產品，輸入的則為海產品和某些金屬產品。不僅如此，楚還與當時北方境外諸國有貿易往來，尤其值得一提的是，楚還與地中海

---

① 參見劉玉堂：《楚國經濟史》，湖北教育出版社1995年版，第269—278頁。

沿岸國家和地區也建立了商貿關係[①]。

此外，有兩種買賣關係在當時是受到限制的。一是鹽、礦產、貨幣等由國家專營，私家參入，法律關係只能是買方主體；二是各種兵器和戰略物資是嚴禁私人販運和自由買賣的。

由於目前尚未發現楚國具體的法律條文和買賣契約，以及詳細的買賣過程記錄，我們對買賣契約的具體內容、格式及其形式等諸多問題的探討，只能留待後續。最後，還要說明一點，買賣契約及其相關調整原則和規範，一般多是自發產生的，且一經產生後，便具有相當的穩定性和普遍意義[②]。換句話說，西周時期產生的買賣交易規則，及其同時期中原各國廣為適用的調整規範，一般都是可以適用於楚國買賣行為的。這實際上也就意味著諸如誠實信用、公平買賣、瑕疵擔保、重大買賣須訂立書面契約等當時已經廣為適用，時至今日仍在適用的買賣原則來評論楚國的買賣法律關係仍然視為具有法律約束力。當然，這些只是法理上的推論，還須作進一步的論證。

## （三）租賃契約

租賃是商品經濟發展之後出現的一種新的財產流轉關係。西周時期，已經產生租賃和租賃契約。租賃契約是出租人將出租財產交付承租人使用，承租人向出租人支付租金，並在租賃關係終止時返還所租賃物的協議。它也是雙務性、有償性、諾成性的契約。租賃契約並不產生所有權的轉移，而僅僅是雙方當事人商定對租賃物的有償使用。租貸關係終止時，承租人必須返還原物[③]。據周厲王時期青銅器《□

---

① 鄒芙都：〈從出土文物看楚國的商業與商品經濟〉，載《衡陽師範學院學報》，2003年第4期。

② 關於先秦時期債法的具體內容，尤其是買賣契約的內容和形式等問題，具體可參見張培田、陳金全：〈先秦時期債流轉的史實探析〉，載《法學研究》2005年第2期；以及孔慶明、胡留元、孫季平：《中國民法史》，吉林人民出版社1996年版，張晉藩主編《中國法制通史》（一、二卷），法律出版社1999年版等相關章節。

③ 胡留元、馮卓慧：《西周法制史》，陝西人民出版社1988年版，第162頁。

攸從鼎》記載，貴族攸衛牧向貴族兩從租種田地，因沒有按照約定交齊租金而引起爭訟。官府受理後判決攸衛牧敗訴，責令其立誓，如不向兩從交付租金，願受流放的處罰。前面說過，戰國中晚期楚國已經出現了地主和佃農，在國家賦稅制度中也開徵有地租，這些至少可以說明，在楚國土地租賃已經是一種非常普遍的法律現象。既然在土地等不動產上出現了租賃現象，想必在動產上也會發生租賃法律關係，因此，這相較於土地來說，要容易得多。

### （四）借貸契約

借貸契約是指出借人按照約定把錢物借給借用人所有，借用人在約定的時間內按時歸還錢物，並交付利息的協議。借貸契約也是最常見的大眾契約類別。在西周時期，與買賣契約並列為兩大重要契約。春秋戰國時期，隨著商品貨幣經濟的發展，借貸關係日益複雜。楚國更是如此，文獻資料和考古發現材料均對此作有許多記載，並表明楚國法律在繼承周制的基礎上，參酌實際國情，對借貸種類、雙方的權利義務關係、違約處理等作了全面規定，反映出借貸契約在這一時期發生的深刻變化。

從法律主體上看，楚國法律規定的借貸分為官方借貸和私人借貸兩種。從現有資料來看，這一時期的私人借貸較為盛行，數額也較大。一般私人之間的借貸，都能按約履行。貴族官員也多以私人身分參與借貸，成為借貸主體，從而使得借貸關係複雜化。

據《淮南子　人間訓》記：「白公勝卑身下士，不敢驕賢，其家無筦籥之信，關楗之固。大斗斛以出，輕斤兩以內，而乃論之。」白公勝這樣做，顯然是借放貸之名，行收買之實。關於這一點，稍有警覺的人都看出來了，如屈建就說：「此乃所以反也」。奇怪的是，朝廷居然沒有覺察出來。究其原因，當是貴族、官員等參與民間借貸已經氾濫，而官方對這一行為也採取了放任態度，所以，對白公勝的借貸活動壓根就沒去理會，更別說去盤查其背後的

第四章　民事法律制度

目的和用心了。

　　此外，在包山簡中也記載有一些私人借貸的資料，如第43、44、98簡所記載的是地方私人之間的借貸。另有學者認為，第150簡記載的是一起因正易等地的五個人沒有及時償還貸金而引起的訴訟，這五個人借的都是「王金」，是私人向公家借貸，這說明私人借貸在戰國時已經很普遍了[1]，是一種很值得注意的現象[2]。筆者以為這類借貸還是應當歸屬於官方借貸，因為國家才是放貸人，百姓只是借貸人，確定借貸的性質應當根據放貸人而不是借貸人來判斷。王准也持這一觀點：「由簡150，我們可以得知楚國將政府財產交由『上林』管理，『上林』將其進行商業借貸以收取利息、尋求資產增值，而貸款的對象多為里中居民（里人）。」[3]但是據此推斷私人借貸在戰國時期已經很普遍了，則是正確的，因為國家都參與了借貸活動，其他富有階層肯定會因逐利而主動跟進，而民間也正好有此需求，否則就不會向國家借貸。

　　楚國政府也積極參與錢物借貸，或以國家財庫本錢放債。由於楚國政府壟斷了貨幣發行和經營，所以向民間貸款收息的事情也普遍起來。據文獻記載，楚國最早的金融借貸就發生在官民之間。《左傳成公二年》載，楚將起師伐魯救齊，子重勸共王遵從莊王「無德以及遠方，莫如惠恤其民而善用之」的囑咐，「乃大戶，已責，逮鰥，救乏，赦罪，悉師。王卒盡行」。這裡的「責」同「債」，即已債，杜預注：「棄逋債，」即免收從征戰士欠政府的債，以解除其後顧之憂。顯然，在此之前政府已經放貸於民。而借貸者主要是從征的

①　王穎：〈從包山楚簡看戰國中晚期楚國的社會經濟〉，載《中國社會經濟史研究》，2004年第3期。

②　熊賢品：《包山楚簡所見戰國晚期楚國社會制度研究》，河南大學2011年碩士學位論文，第49頁。

③　王准：〈包山楚簡所見楚國「里」的社會生活〉，載《中國社會經濟史研究》，2011年第2期。

自由民 ①。

出土材料包山楚簡中記載了更多的官方借貸活動。包山簡53、73、149所記「不量廡下之貸」、「不量駐奉」、「不量其關金」，就是官方借貸的一種 ②。從簡103到簡109，共17枚，記載的則是楚國官方「貸金糴種」的活動 ③。此外，還有簡44、48、146、150均涉及到此。對於這些「貸金」簡，學者們進行了廣泛、深入、持久的研究，取得豐碩的成果 ④。

綜合這些成果，並結合簡文記載來考察，筆者認為，這些簡文所反映的實際上就是國家發放專門農業信貸的記錄，類似於今天的做法。由於這筆款項是專門用於幫助地方政府發展農業生產，所以國家高度重視。因此，我們看到，在這類借貸活動中，放貸的指令和計畫通常是由中央政府直接下達。而為了爭取到這筆貸款，各級地方政府和官員也是積極參與，但並不是都能成功，因為國家要對每一筆借貸活動進行審核。根據后德俊先生的考證，《包山楚簡》中「貸金糴種」的記錄一共有十一條，其中有六筆貸款是如數貸到，有三筆貸款只貸到一部分，還有兩筆沒有貸到。這與今天的地方政府爭取國家專項農業貸款的實際情形也是相一致的。影響官府「是否借貸」以及「借貸數量」的決定有很多因素，其中重要的一條就是債務方的具體

① 趙德鑫：《楚國的貨幣》，湖北教育出版社1995年版，第396頁。

② 劉信芳：〈包山楚簡司法術語考釋〉，《簡帛研究》第2輯，法律出版社1996年版。

③ 具體簡文參見：陳偉等：《楚地出土戰國簡冊十四種》，經濟科學出版社2009年版，第47—48頁。

④ 后德俊：〈糴種考〉，載《中國農史》，1995年第4期；湯餘惠：〈包山楚簡讀後記〉，載《考古與文物》，1993年第2期；夏祿：〈讀包山楚簡偶記〉，載《江漢考古》，1993年第2期；王穎：〈從包山楚簡看戰國中晚期楚國的社會經濟〉，載《中國社會經濟史研究》，2004年第3期；羅俊揚：〈從包山楚簡貸金史料論楚國之金融〉，載《金融經濟》，1997年第12期；陳偉：《包山楚簡初探》，武漢大學出版社，1996年版；姜軍：《戰國官營借貸活動初探》，吉林大學2007年碩士論文；羅運環：〈包山楚簡貨金簡研究〉，載《湖北錢幣專刊》，2005年總第4期；黃盛璋：〈包山楚簡中若干重要制度發複與爭論未決諸關鍵字解難、決疑〉，載《湖南考古輯刊》第6輯，《求索》增刊1994年。

第四章　民事法律制度

情況，包括償還能力、借貸用途等等。既然是貸款，當然也就會涉及到利率和借貸期限等問題。利率問題一般都是變動的，法律無法也沒有必要對此作出明確的硬性規定，所以簡文沒有反映出來，這是正常的。至於借貸期限的問題，簡文有明確反映。湯餘惠指出，簡文中的「訛期不賽金」的「賽」，應同「服」，為償還之意①。「訛期不賽金」，意即到了期限不還金。而根據簡文記載，過期不還是要受法律制裁的。由於貸款的目的是說明農業生產，所以借貸的期限主要是圍繞著農業生產實際來設定的，陳偉認為是一年②，可從。考慮到簡文本身就是一種有著固定格式的信貸記錄，我們認為官方在與借貸人簽訂借貸契約時，採取的應是書面形式，而且很有可能高度格式化了，就像今天的一樣。王准在這方面的的探討可供參考。現徵引如下：

簡103—119是一本記錄簿冊，記錄了在「大司馬昭陽敗晉師於襄陵之歲」，楚國司馬以楚王之命向地方貸出「越異之黃金」的詳細金額、經手人等。我們可以從中看出，此次借貸有四個特點。其一，簿冊特別標明了貸款用途。「以翟種（種）」的字樣在簡103、105—114中共出現11次，每次都緊接在貸款金額之後，表示前列金額必須用於購買農作物種子的用途，其用意當是防止貸款被挪作他用。其二，貸入方標明是當地行政長官，多為莫囂（敖）、攻尹、司馬等職，表明貸款並非貸給個人，而是集體借貸給當地政府，再由地方長官與相關機構發放給個人。其三，貸出方不是楚王個人，而是楚國中央政府，所以在簡103、115中，真正處理此事的是楚國「司馬」（未署其名）、「命（令）尹士」、「大帀（師）子缯（佩）」等人。其

---

① 湯餘惠：〈包山楚簡讀後記〉，載《考古與文物》，1993年第2期。
② 陳偉：《包山楚簡初探》，武漢大學出版社1996年版，第3頁。

四，貸出的款項有兩種稱呼：一曰「越異之黃金」，同樣在簡103、105—114中共出現11次；一曰「越異之金」，在簡115—119中出現共8次。兩者同義。「越異」，劉信芳先生認為其本義為度災，此處作官府名，是楚特設的救災機構。其說可從。「越異之黃金」、「越異之金」幾乎每次出現時都在貸款金額之前，表示此款項的性質是用於救災。雖然文字多次重複，但在帳簿中從未曾省略，其作用與第二點所說類似，應該是防止款項挪用的。以上四點，明白表示此批貸款為中央政府的官方貸款，有指定的中央負責人（司馬、令尹等人），有指定的地方負責人（地方行政長官），有著固定的貸出專案（度災），且有著嚴格的指定用途（購買種子）。[1]

總之，從文獻記載和考古發現來看，「楚國法律當包括有借貸法，《受期》簡53有「不量下之貸」正是楚法有借貸法之證，所以才有「既發竽」之舉，至於農貸則由王下令，交王官執行。地方貸越異之金，也由最高執政長官出面負責，可能也以王府之金放高利貸，並設官府、官吏以管理之」[2]。

### （五）雇傭契約

雇傭契約是指當事人一方（受雇者）向對方（雇主）提供勞動力以從事某種工作，由對方提供勞動條件和勞動報酬的契約。據文獻記載，春秋戰國時期，雇傭關係已經廣泛存在於各種生產領域當中，甚至還出現了傭工市場。《管子 治國》記：「耕耨者有時而澤不必足，則民倍貸以取庸矣。」顯然，這農夫為抗旱需要借高利貸去雇工車水。同書〈地數〉記：「聚庸而煮鹽」。可見，齊國已經大規模雇

---

① 王准：〈包山楚簡所見楚國「里」的社會生活〉，載《中國社會經濟史研究》，2011年第2期。

② 黃盛璋：〈包山楚簡中若干重要制度發複與爭論未決諸關鍵字解難、決疑〉，載《湖南考古輯刊》第6輯，《求索》增刊1994年。

用工人從事鹽業生產。又同書〈山至數〉還對債務的結算進行了記載:「就庸一日而決」,意即以傭工抵債一日一算。而《韓非子　外儲說左上》則對戰國時期的雇傭關係作了更加全面而生動的描述:「夫賣庸而播耕者,主人費家而美食,調布而求易錢者,非愛庸客也,曰:如是耕者且深,耨者熟耘也。庸客致力而疾耕耘者,盡巧而正畦陌畦畤者,非愛主人也,曰:如是,羹且美,錢布且易云也。」顯然,這段材料已經涉及到了雇傭契約中的報酬和工作品質等內容,同時也表明自春秋以來,農業中使用雇用勞動已是很普遍的現象。《說苑　善說》引莊子的話有「傭肆」之說。《管子　山至數》和《荀子　議兵》均有「市傭」之說。

　　春秋戰國時期,楚國的雇傭關係也相當發達,廣泛地存在於農業、手工業等各個領域。《說苑　善說》記:「莊周謂文侯曰:『今周以貧故來貸粟,而曰頃我邑粟來也而賜臣,即來,亦求臣傭肆矣』。莊周為楚人,他見到專門為賣庸而設的「傭肆」,很可能是在楚國。前文已經論述過,楚國在手工業生產中大量使用雇傭工人,其中還有不少是外國工匠。既然手工業生產中廣泛存在「雇工」現象,想必農業生產中也應存在著一定數量的這種雇傭者①。

### (六)保管契約

　　保管契約是寄託人把需要保管的物品交給保管人保管,保管人在一定期限內返還保管物的協議。保管合同以物的保管為目的,保管人為寄存人提供的是保管服務。保管合同的履行,僅轉移保管物的占有,而對保管物的所有權、使用權不產生影響。故保管人應按約於一定期限內將保管物返還寄託人。保管契約是實踐性的,僅有當事人雙方意思表示一致,契約還不能成立,還必須有寄存人將保管物交付給保管人的事實,契約方能成立。保管契約可以是有償性的,也可以是

---

① 郭仁成:《楚國經濟史新論》,湖南教育出版社1990年版,第44頁。

無償性的。據學者研究①，保管契約在西周時期就已出現。寄託人一般為商賈，保管人則是官方。官方在市場上專門設立邸舍，接受商賈的委託，為他們保管貨物。西周時期的保管契約是有償性的，保管人為寄託人保管貨物，到期返還原保管物，要寄託人支付一定的保管費。因為西周保管事業是官方經營，所以保管費以稅收形式交付保管人，稱為「廛布」。

《孟子　滕文公上》記楚人許行「自楚之滕，踵門而告文公曰：『遠方之人，聞君行仁政，願受一廛而為氓。』文公與之處，其徒數十人，皆衣褐，捆屨織席以為食」。許行一到滕國，就立即向滕文公提出希望能得到「一廛」，顯然是受到楚國受「廛」之制的啟示，否則不會憑空提出這一要求。《荀子　王制》：「順州里，定廛宅」，注：「廛謂市內百姓之居」。廛如果用來存放貨物，所收之稅即為「廛布」。既然楚國有受「廛」之制，或許也有「廛布」之稅②。既然有「廛布」之稅，當然也就有保管行為了。既然有保管行為，肯定就會有保管契約。一般來說，易地貿易的活躍是推動委託保管契約出現的核心動力。楚國商品經濟發達，長途販運和國際貿易尤為活躍，楚國政府也慣於且善於經商，有了這些需求和條件，楚國不大力發展委託保管寄存業是怎麼也說不過去的。

### （七）贈與契約

贈與契約是指贈與人把自己的財產無償地送給受贈人，受贈人同意接受的協議。贈與合同通常是單務合同，即合同生效後，贈與方負有將贈與物交給受贈人的義務而不享有任何權利；受贈方享有領取贈與物的權利而不承擔義務。贈與也可以附條件，即贈與一方要求受贈方履行某種義務，受贈方不履行義務贈與方有權撤銷贈與。但這種

---

① 胡留元、馮卓慧：《西周法制史》，陝西人民出版社1988年版，第166頁。
② 劉玉堂：《楚國經濟史》，湖北教育出版社1995年版，第55頁。

條件一般是與贈與人的利益無關的條件，而不是要求有償地贈送。如果將某種物送給他人並要求給付一定的金錢就不是贈與關係。從文獻記載來看，贈與契約也是楚國常見的一種大眾契約類型，贈與主體的範圍非常廣泛，上至王公貴族，下至普通百姓，均置身其中。如《左傳 僖公十八年》記，「鄭伯始朝於楚，楚子賜之金，既而悔之，與之盟曰：『無以鑄兵。』故以鑄三鍾」。顯然，這是發生在楚成王和他國君之間的一個附條件的贈與關係。又《左傳 昭公六年》載，楚公子棄疾如晉過鄭，見鄭伯「如見王，以其乘馬八匹私面；見子皮如上卿，以馬六匹；見子產，以馬四匹；見子大叔，以馬二匹。」棄疾出手如此闊綽大方，無怪乎「鄭三卿皆知其將為王也」。另有《說苑 貴德》記：「孔子之楚，有漁者獻魚甚強。孔子不受，獻魚者曰：『天暑遠市，賣之不售，思欲棄之，不如獻之君子』。」這個贈與者，顯然是以賣魚為業之類的小生產者。《呂氏春秋 說林上》亦載：「有獻不死之藥於荊楚王者，謁者操以入」。這個贈與者的身分雖不詳，但受贈者的身分卻值得我們注意。私見以為，這一事例很好體現了民事法律關係的特徵，即任何權利主體一旦進入到民事活動領域中來，其法律地位在此時是平等的。在這起贈與契約中，獻藥者與荊楚王就是一對等的民事權利主體。

需要指出，從法律意義上來看，楚王對大臣的賞賜也可視為是一種贈與行為，只是行政色彩較民事色彩稍顯濃厚些。

綜上所述，並結合西周時期的契約制度和現代契約制度考察，我們不難發現，春秋戰國時期，楚國通過各種契約形式表現了法律對於債權債務關係的廣泛調整。在雙方意思表示一致的條件下，有口頭契約，也有書面契約，前者適用於標的小的經濟活動，後者適用於大宗的買賣與交換。就契約種類而言，以買賣和借貸契約居多，其他契約相對少些。為了維護財產流轉關係的穩定，法律注意保證債的履行，重視保護債權人的利益。當發生糾紛時，允許債權

人提起訴訟，尋求法律支持。楚國依契約所發生的債的變更、消滅近似於現代民法的相關規定，有因當事人意志的變更，有因債的清償、抵消或免除而消滅。

此外，現代民法認為，除侵權行為之債和契約之債之外，債的種類還有無因管理之債和不當得利之債兩種。有學者認為，這兩種債在西周時期也已經出現，並為秦漢法律所繼承。從法理學的角度進行推測，在楚國的社會生活中，也應該出現了這些債權債務關係。由於史料的闕載，我們在這裡只能是點到為止。


## 第四節　繼承

繼承制度是私有制的產物，與血緣和婚姻制度有著密切的關係。與現代繼承權以財產為內容不同，中國古代繼承的內容十分豐富而又非常複雜，既涉及財產，又涉及身分地位，集身分繼承與財產繼承於一身。在宗法等級制度的精神與原則的主宰下，中國傳統繼承制度首先是身分繼承，其次才是財產繼承，其中，身分繼承又包括宗祧繼承和封爵繼承。東周時期，楚國的繼承也分身分繼承和財產繼承兩種。與西周時期一樣，楚國的身分繼承制度原則上實行的也是嫡長子繼承制，與當時的中原各國乃至後世歷代王朝的身分繼承制度基本一致。關於這方面的問題，前輩時賢已有過許多分析和考證，幾成定論，無須贅述。這裡僅就財產繼承制度作點簡單探討。

關於楚國的財產繼承制度，文獻資料鮮有記載，因此，對其的認識只得借助於出土資料。包山簡151—152就記載有一起關於財產繼承糾紛的訴訟案例，本文擬運用民事繼承法學理論對這一訴訟案例進行詳細的法理解讀，以期從一個側面管窺楚國的財產繼承制度的內容及其特徵。為便於分析，現將釋文引之如下：

左馭番戌食田於邔窒國噬邑城田，一素畔畹。戌死，其子番步後之；步死，無子，其弟番黯後之；黯死，無子，左尹士命其從父之弟番歙後之。歙食田，病於賣，骨償之。左馭遊，晨骨賈之。有五篿，王士之後鄲賞間之，謂番戌無後，右司馬適命左令歔定之，謂戌有後。

簡文大意是說左馭番戌死後，其食田因相繼繼承的嫡子、庶子死而無後，左尹士判令番戌的侄子繼承，從而引起訴訟，最後經左令裁定，仍由番戌的侄子繼承。

從民事法學的角度看，自左馭番戌死後，其食田作為遺產實際上先後歷經了三次所有權移轉。第一次是從番戌移轉給番步，第二次是從番步移轉給番黯，最後一次是從番黯移轉給番歙。其中，最後一次移轉引發了這起訴訟，這起訴訟最終是通過司法裁判來解決的。在繼承法學看來，正是這三次所有權的移轉和這次司法訴訟，為我們提供了許多有關楚國財產繼承制度方面的重要資訊，而我們則可以籍此初步了解楚國財產繼承制度的內容和特點。

民事繼承法學認為，繼承從被繼承人死亡時開始，繼承法律關係的產生是以被繼承人死亡和留有遺產的法律事實的存在為前提的。在這起訴訟案例中，我們可以清楚地看到，一共有三個被繼承人死亡的法律事實，即戌死、步死、黯死，他們在死亡時都留有一份相同的遺產，即番戌的食田。這些法律事實的存在，導致了三個財產繼承法律關係的發生。第一個財產繼承法律關係發生在被繼承人左馭番戌和繼承人番步之間，二人之間是父子關係。第二個財產繼承法律關係是在被繼承人番步和繼承人番黯之間發生的，二者之間是兄弟關係。第三個財產繼承法律關係則發生在被繼承人番黯和繼承人番歙之間，二者是堂兄弟關係。這三個財產繼承法律關係，其主體各不相同，因此，從法律性質上看，是相互獨立的，但它們之間又是互相牽連的，因為它們的標的物是同一的，都是番戌的食田。

從法理學上講，繼承方式無外乎兩種，一是法定繼承，二是遺囑繼承。二者之間的本質區別在於前者的繼承依據是法律的直接規定，後者的繼承依據則是合法有效的遺囑。通讀這則訴訟案例，我們找不到三個被繼承人在死亡時留有遺囑的記載。因此，推測起來，案例中所表現出來的繼承方式當是法定繼承方式，即是依據法律的直接規定繼承的。基於歷史上的和法律編制方法上的種種原因，人們對繼承法往往有不同的解釋。傳統法學一般認為，繼承法可以分為形式意義上的繼承法和實質意義上的繼承法兩大類型。結合楚國所處的歷史階段和楚國的法制傳統來看，楚國當時的繼承法律應該是實質意義上的繼承法，即它可能是一種調整繼承關係的習慣，或者是一些單行的不成文或成文的法律規範，還沒有形成一部成文的專門的以繼承法命名的法律規範，但不管形式怎樣，在當時它是調整財產繼承關係的基本準則，具有國家強制力。

繼承法律制度在構架法定繼承方式時，不僅要確定法定繼承人的範圍，還要確定繼承人的繼承順序。法定繼承人的範圍是指在適用法定繼承方式的時候，那些人能夠作為被繼承人遺產的繼承人。法定繼承人的範圍，是由法律直接規定的，具有不可變更的性質。

在這起繼承案例中，依法享有繼承權的是番步、番黯、番歆，他們分別是被繼承人番戌的兒子、被繼承人番步的弟弟，被繼承人番戌的侄兒、番黯的堂弟。這表明，楚國的財產法定繼承人的範圍不僅包括直系血親，如兒子，而且包括旁系血親，如堂弟、侄兒。這與現代繼承法只承認直系血親享有繼承權有著明顯的不同。除此之外，在法定繼承人的範圍設計上，楚國的財產繼承制度較現代繼承法還有兩個顯著的不同之處：一是尊卑限制，二是性別限制，將長輩和女性排除在繼承之外。下面試就這兩點展開分析。

現代繼承法明確規定父母、子女都是法定繼承人。但在這起繼承案例中，我們看到，依法取得繼承權的繼承人只有番步、番黯、番歆等

人，他們分別是被繼承人番戌的兒子、被繼承人番步的弟弟，被繼承人番戌的侄兒、番黶的堂弟。將他們之間以及他們和被繼承人之間的關係比較一下，可以發現他們有著一個共同的特點，即他們的輩分均不長於被繼承人，並且都是男性。對此，我們不禁要問了：為什麼只有他們取得了繼承權呢？難道在繼承發生時，作為被繼承人長輩的父、母、伯、叔和與他們同輩的姐妹都不在嗎？合理的解釋，當是法律規定，只有男性晚輩和同輩才享有繼承財產的權利，長輩和女性是不享有繼承權的。

關於女性不享有繼承權，我們可以從簡文多次提到被繼承人「無子」這一法律事實中找到又一實證。「無子」，無論是從文字上還是從法理上解釋，都指的是沒有兒子。這也就是說，執法者在確定繼承人範圍的時候，所審核的對象只是確認被繼承人有無兒子，而不考慮被繼承人有無女兒。這從另一方面說明，法律是不承認女子享有繼承權的。

進入法定繼承範圍的繼承人，並不當然取得實際繼承權，這裡面還有一個繼承順序的問題。繼承開始後，在適用法定繼承時，並不是所有的法定繼承人都同時參加遺產繼承，而是必須按照繼承法規定的繼承順序依次繼承，前一順序的法定繼承人排除後一順序的法定繼承人同時參加遺產繼承。簡文對番黶、番歉取得遺產的實際過程作了這樣的描述：「步死，無子，其弟番黶後之；黶死，無子，左尹士命其從父之弟番歉後之」。記錄者不厭其煩地反復強調被繼承人死後無子這一事實，無非是在強調另一法律事實及其後果，即如果番步和番黶有子的話，那麼，番黶和番歉就都無權取得遺產。這實際上從另一角度說明，楚國當時的財產繼承制度已經有了很明確、很嚴格的繼承順序。從這案例分析，我們認為，楚國的財產繼承順序當是直系血親在前，為第一順序繼承人，旁系血親在後，為第二順序繼承人。這與現代繼承法的規定基本上是相一致的。

在實際繼承過程中，容易產生糾紛。如何處理這些繼承糾紛，是繼承法律制度的重要內容。根據簡文的記載，番戌食田在繼承過程中，就發生了糾紛，其最終是通過司法訴訟來解決的。這一事實說明三個問題：一、因財產繼承引發的糾紛可以依法向司法機關提起訴訟，司法機關有權依法就此爭議作出最終裁決。包山簡92、93記載的就是有關繼承權的糾紛。彭浩指出，文書簡把繼承權稱作「後」。某人一旦取得「後」的地位，就得到了某種財產的繼承權而且受到法律的保護。為爭奪繼承權而聚訟的事情屢有發生，如包山簡93記：「郚人軛彊訟軛騤，以其敓其後。」從爭訟雙方的姓名來歊看，似乎是同族，因繼承權爭執不下而訴諸法庭。[①] 適可作參證；二、當時人們對侄兒是否作為法定繼承人參與遺產分配是有一定爭議的；三、左令最終判定番歊有權繼承，說明當時楚國的繼承制度總體上是傾向於給予旁系血親財產繼承權的。

通過以上具體分析，不難發現，楚國的財產繼承制度具有以下幾個重要特徵：第一，男女不平等。同樣是被繼承人的子女或晚輩，但法律卻只准許男子享有對長輩的財產繼承權，女子則無權享有。

第二，法定繼承人的範圍比較寬，不僅僅只局限於直系血親，還擴展到旁系血親。

第三，在繼承順序上，以嫡長子繼承為原則，兄終弟及為變例。番步、番黯同是番戌的兒子，但因番步是長子，所以食田就由他來繼承。番步死時，由於沒有兒子，所以番黯才得以以其弟的身分繼承食田。

第四，以家族為本位。繼承是一種財產轉移手段，楚國的財產繼承制度之所以將法定繼承人的範圍擴展到旁系血親，並剝奪女子的繼承權，主要目的就在於確保財產在家族之間有效流動，以保護整個家

---

① 彭浩：〈包山楚簡反映的楚國法律與司法制度〉，《包山楚墓》附錄二二，文物出版社1991年版，第551頁。

族利益為最高目的。

第五，楚國的財產繼承制度已經相當完備，它不僅從實體法上就繼承問題作了具體的制度設計，而且還設立了相應的法律程序來予以保證。在發生繼承糾紛時，當事人可以就此提起訴訟，由司法機關依法裁決。

作為一種法律制度，財產繼承制度的性質和特點，不僅決定於一定社會的經濟基礎，而且還受上層建築其他部分的制約和影響。先秦時期的楚國是一個宗法制度占統治地位的社會，所以，我們可以清楚地看到，楚國的財產繼承制度所表現出來的特徵與宗法制度的主要特徵有著高度的一致，這也說明，楚國的財產繼承制度是從屬於宗法制度並為其服務的。

# 第五章　婚姻法律制度

　　婚姻是組成家庭的開始，而家庭又是構成社會的基本細胞，與社會的穩定和發展休戚相關。為確保家庭的安穩和社會的安寧，通過法律手段來規範和調整婚姻家庭關係，是任何時代、任何國家法律制度中的一項重要內容。西周時期，統治者從婚姻、家庭與統治權三者之間的相因關係出發，高度重視婚姻、家庭問題及與此相關的立法活動，為保證婚姻、家庭在禮制基礎上的相對穩定，對婚姻成立及其中止、夫妻地位等均作了相應的法律規定和制度安排[1]。從文獻記載來看，楚國的婚姻、家庭與繼承制度，基本上沿襲西周以來的傳統，總的精神亦大體相同，只是在一些具體制度上和實際執行中，又根據固有的傳統和習慣有所變通。


## 第一節　婚姻的成立

　　婚姻自古被視為是人倫之始，婚姻關係是一切社會關係的源頭。正如《易　序卦》所言：「有天地，然後有萬物；有萬物，然後有男

---

[1]　胡留元、馮卓慧：《西周法制史》，陝西人民出版社1988年版，第171頁。

女；有男女，然後有夫婦；有夫婦，然後有父子；有父子，然後有君臣；有君臣，然後有上下；有上下，然後禮義有所錯。」與血緣家族社會相適應，婚姻從來不是當事人的個人行為，而是整個家族的大事。婚姻的目的不僅僅是為夫妻雙方，而且是為家、為祖、為後世。因此，婚姻更多的表現為一種家世的利益，而非個人的意願。正如《禮記　昏義》所說：「婚禮者，將合兩姓之好，上以事宗廟，而下以繼後世也，故君子重之。」所以，調整婚姻關係是中國古代民法的重要內容，其立法既悠久而又輾轉相承①。

## 一、婚姻成立的條件

婚姻的成立，又稱結婚，是指男女雙方依照法律規定的條件和程序，確立夫妻關係的行為。在階級社會裡，結婚是一種法律行為。基於婚姻關係的自然屬性和社會屬性，法律要求男女結婚必須符合一定的條件。從法理學角度看，婚姻法對結婚條件的規定，大致可分為必備條件和禁止條件兩種。只有符合法律規定的必備條件，不存在禁止條件時，男女雙方的婚姻才能依一定的程序而依法成立，才能得到法律的認可和保護。對結婚條件作出法律規定，是國家對婚姻進行審查和監督的重要手段，其目的在於保證男女婚姻符合國家的意志和利益。

## （一）結婚的必備條件

結婚的必備條件，又稱結婚的積極要件，是指當事人結婚時必須具備的法定條件②。西周時期，根據禮法的要求，結婚的必備條件有四：一、父母主婚，二、媒妁之言，三、法定婚齡，四、一夫一妻制。春秋戰國時期，楚國在吸收和確認中原禮制的基礎上，沿用和堅持了這四條原則。

---

① 張晉藩：《清代民法綜論》，中國政法大學出版社1998版，第187頁。
② 楊大文主編：《婚姻家庭法》，中國人民大學出版社2001年版，第12頁。

### 1.父母主婚

現代婚姻觀念認為，結婚事關男女個人終生幸福，自然當以男女個人的意志自由表示為婚姻成立的最高標準，嚴禁任何一方對他方加以強迫和任何第三者加以干涉，惟其如此，才符合人性自由之原則。

但在中國古代家長制的宗法社會中，情形則完全相反。在宗法制度的支配下，婚姻的終極目的，除繁衍後代、承嗣家族以外，就是「合二姓之好」，絕非男女人個人之大事，而是整個家族的大事。因此，婚姻從來都被視為是對父母或家族應盡的義務，婚姻的成立更是以「父母之命」或其尊親屬之命為法定要件和基本前提。未經父母、家長同意而行婚姻之事，謂之「淫奔」，是不為禮法所容的。正如恩格斯在《在家庭、私有制和國家的起源》中指出：「在整個古代，婚姻的締結都是由父母包辦，當事人則安心順從。古代所僅有的那一點夫婦之愛，並不是主觀的愛好，而是客觀的義務；不是婚姻的基礎，而是婚姻的附加物」[①]。

西周時期，法律規定子女婚姻的決定大權在父母，沒有父母的同意，婚姻便不能成立。《詩經　齊風　南山》說：「取妻如之何？必告父母。」簡單的一個「必」字，深刻地反映出父母的意志對於子女婚姻最終成立的決定意義。即便是婚後的離異，亦以父母之命是從。《禮記　內則》說：「子甚宜其妻，父母不悅，出。子不宜其妻，父母曰：『是善事我』，子行夫婦之禮焉，沒身不衰。」無論結婚、離婚，均取決於父母的意願，這是家長制特權在西周婚姻關係中的充分反映。需要指出，在宗法等級制度的精神與原則的主宰下，父親是真正的一家之主，只有父親才能為子女訂婚。至於母親，僅是一種權利的象徵。只有父親不在的情況下，母親才有一定的締結婚約權，而且這種一定程度的立婚權，還常被長兄、宗子所剝奪。在特殊情況下，

---

① 《馬克思恩格斯全集》第21卷，人民出版社1965版，第92頁。

失去父母的子女，因受兄長的監護，兄長也可充當他們的主婚人①。《詩經 鄭風 將仲子》云：「豈敢愛之？畏我父母……豈敢愛之？畏我諸兄。」

受宗法制度和禮法思想的支配和影響，在楚國，婚姻關係的成立也必須有父母之命或兄長之命。關於這一點，以下二則史料可印證。

《史記 楚世家》記：

平王二年，使費無忌如秦為太子建取婦。婦好，來，未至，無忌先歸，說平王曰：「秦女好，可自娶，為太子更求」。平王聽之，卒自娶秦女，生熊珍，更為太子娶。

在這裡，我們清楚看到，太子建前後兩次婚娶，均是由其父平王一手包辦的。其中，第一次婚娶，由於費無忌節外生枝，平王貪色自娶，沒能完成。對平王的這一所為，認識不一，不作評論，所要指出的是，這正好說明，子女在自己的婚姻問題上，是完全沒有決定權的。

《左傳 定公五年》云：

（楚昭）王將嫁季芊，季芊辭曰：「所以為女子，遠丈夫也。鍾建負我矣。」以妻鍾建，以為樂尹。

這段史料文字不多，但記載和反映的內容卻很多：

第一，季芊出嫁時，昭王是主婚人。這一事實提供了兩點資訊，一是婚姻的成立須有主婚人。我們看到季芊從擇婚到完婚，整個過程都是由昭王發起和主持的，季芊所做的只是積極配合而已，沒有任何

---

① 胡留元、馮卓慧：《西周法制史》，陝西人民出版社1988年版，第180頁、184頁。

個人自覺的舉動。二是兄長也是法定的主婚人。季芈是昭王的妹妹，其時，其父平王已不在，所以，昭王便充當了妹妹的主婚人。這與西周時期禮法的規定是相一致的。

第二，昭王決定嫁季芈時，曾向季芈徵求意見，季芈只是簡單陳述了鍾建背過我這一事實，其中雖不乏傾向性，但並沒有作出嫁給鍾建的決定。所幸的是，生性厚道的昭王聽出了妹妹的意思，且出於兄妹之情，尊重其意願而將其嫁給了鍾建，從而成全了楚國歷史上一段婚姻佳話。從法律角度來看，這實際上恰好表明，季芈婚姻的決定權是掌握在昭王手中的。

第三，前面講到，昭王決定嫁季芈時，曾向季芈徵求意見，這表明父母或兄長雖是子女婚姻的包辦人，但子女仍可在一定程度上表達自己的婚姻意願。出現這一現象，固然與楚國社會原始習俗保留較多、禮法觀念相對淡薄等有關，但也多少也是受中原禮制影響的結果。《易 觀六二》：「闚觀，利女貞。」是說女方許嫁之前，允許其窺觀男子，自決可否。闚觀之後，才去占卜，依次進行締結婚約的程序。女子闚觀制度，是自由婚在買賣婚中的表現。大約自西漢以後尤其是宋元時期，婚姻中關於子女的意願，才被完全禁錮起來[1]。

### 2.媒妁之言

「媒，謀也，謀合二姓者也。灼，酌也，斟酌二姓者也。」[2]在中國古代，「男不親求，女不親許」[3]被視為是禮，因此，媒妁對兩姓婚姻的締結，起著十分重要的作用。嫁娶用媒，向來為法律所重視，在婚姻成立的要件上，僅次於「父母之命」。

西周時期，男女二姓只有經媒氏介紹才能相互知名。男子無媒不得其妻，女子無媒老而不嫁。不經媒氏介紹而自成婚姻的，被認

---

① 胡留元、馮卓慧：《西周法制史》，陝西人民出版社1988年版，第184頁。

② 《說文解字》。

③ 《春秋公羊傳 僖公十四年》何休注。

第五章 婚姻法律制度

為是非法而合①。據《周禮》記載，西周時期，在地官司徒之下，還設有「媒氏」一職，專門負責婚姻事宜，掌萬民之判，鄭玄注：「判……合其半成夫婦也」②。其程序與現代的婚姻登記和證婚人頗為相似③。《禮記 坊記》說：「男女無媒不交」。《禮記 曲禮》云：「男女非有行媒，不相知名。」《詩 衛風 氓》說：「匪我愆期，子無良媒。」《詩經 伐柯》更是強調：「娶妻如何，匪媒不得」。進入春秋以後，中原地區「父母之命，媒妁之言」的禮制思想進一步強化，統治著人們的頭腦，其婚姻非媒妁不成，媒妁的地位舉足輕重。《戰國策 齊策》云：「然而周之俗，不自為娶妻。且夫處女無媒，老且不嫁。」《管子 形勢解》說：「婦人之求夫家也，必用媒而後家事成……求夫家而不用媒，則醜恥而人不信也。」而男女雙方若「不待父母之命，媒妁之言，鑽穴隙相窺，逾牆相從」，就要受到社會的鄙視和譴責，即所謂「父母、國人皆賤之」④。

從文獻記載看，楚國的婚姻也是需要通過媒妁之言來聯結兩姓之好的。這在屈原的〈離騷〉和《九章》等作品中有大量的反映。據不完全統計，在屈賦作品中有十幾處提到媒妁，道盡了因缺乏良媒而不能成婚的愁悶和哀怨，寫盡了對成婚需媒妁的悲憤和責問。這裡屈原雖是借用撮合婚姻之意的「媒」，來表達自己政治生活中的坎坷境遇，但卻真實地從一個側面反映了婚姻中「媒妁」的突出作用。為便於論述，現簡要引之如下：

〈離騷〉：

望瑤臺之偃蹇兮，見有娀之佚女。吾令鴆為媒兮，鴆告余以不好

① 胡留元、馮卓慧：《西周法制史》，陝西人民出版社1988年版，第185頁。
② 《周禮 地官 媒氏》。
③ 李倩、李傑：〈對楚婚俗的多維關照〉，載《江漢論壇》，2010年第3期。
④ 《孟子 滕文公下》。

雄鳩之鳴逝兮，余猶惡其佻巧。心猶豫而狐疑兮，欲自適而不可。

理弱而媒拙兮，恐導言之不固。

苟中情其修好兮，又何必用夫行媒。

《九章　抽思》：

既㷀獨而不群兮，又無良媒在其側……理弱而媒不通兮，尚不知吾之從容……路遠處幽，又無行媒兮。

《九章　思美人》：

媒絕路阻兮，言不可結而詒。

《九歌　湘君》：

心不同兮媒勞，恩不甚兮輕絕。

文學來源於生活，所記載的內容當是社會現實的真實反映和生動寫照。「欲自適而不可」，「苟中情其修好兮，又何必用夫行媒」，清楚地告訴我們在楚國若按正常方式娶妻，必須經過媒妁的仲介不可，絕不能逕自提親。而從「理弱而媒拙兮，恐導言之不固」，「理弱而媒不通」等語段中，我們可以痛楚地感受到媒妁的語言能力有時直接關係到婚姻的成敗。

劉向《新序》中說過這樣一件事。宋玉為友人薦於楚襄王，襄王待之不厚，宋玉乃責友。其友打了個比喻說：「女因媒而嫁，不因媒而親，子之事王未耳，何怨我乎？」這正好與屈賦中所描述的媒妁之言相互印證，說明楚人婚姻的成立一般是需要媒妁之言的。

重視媒妁之言，從一定意義上來說，實際上就是尊重父母之命尤其是女方父權的表現。如果不尊重父母的意願，男女也就可以自結婚緣，而無須媒妁作為仲介人去徵求女方父母的意見了。這實際上也清楚地表明「父母之命，媒妁之言」是相輔相成、互為一體的。

需要指出的是，這些雖是戰國時期作品中的內容，但其中的「良媒」、「行媒」與《詩 衛風 氓》中的「匪我愆期，子無良媒」的「良媒」，《禮記 曲禮下》所說的「行媒」相同，所以，其思想淵藪不能不追溯至源頭春秋時期，因為任何思想觀念的形成，必然有一個相當長的形成過程。資料表明，儘管楚人一再以「我蠻夷也」自居，但內心裡對中原禮法還是豔羨不已，至遲在春秋中期，便開始了大規模的學習和吸收，禮制思想逐漸在楚國產生和形成。楚「制之以義，旌之以服，行之以禮，辯之以名。」[1]楚國政治由法制加進了禮制的內容，楚國禮制產生了[2]。綜合以上因素考慮，私見以為，這些作品至少可以說明春秋時期楚國已出現了與中原地區相同的媒妁觀念。

關於春秋時期，楚國已經出現成婚須媒妁的婚姻觀念，還有一則史料可以佐證。《左傳 昭公元年》載，楚公子圍出使鄭國時，鄭國國君曾「謂圍：將使豐氏撫有而室。」這是鄭國國君親自行媒，使豐氏女和楚公子圍（楚靈王）相知名，此後，「楚公子圍聘於鄭。且娶於公孫段氏。」今按，公孫段氏即豐氏。這與《禮記 曲禮下》所說「男女非有行媒不相知名」中的「行媒」完全相似，以實證的形式說明楚國已經出現須經媒妁仲介的聘娶婚。

值得注意的是，楚國人婚姻的成立雖然需要媒妁之言，但由於楚是從原始社會直接進入文明時代的，原始社會的遺風不僅保留較多，而且還有較大的力量，所以男女雙方有較大的自由交往空間，可以自

---

① 《國語 楚語上》。
② 李玉潔：《楚史稿》，河南人民出版社1988年版，第120頁。

遣媒妁，即便是私自結合，除在道德層面上會受到譴責之外，還是可以得到社會的寬容和承認的。這在春秋時期表現較為明顯。

《左傳　宣公四年》記：（鬭伯比）「從其母畜於鄖，淫於邧子之女，生子文焉。」《左傳　昭公十九年》記：「楚子之在蔡也，鄖陽封人之女奔之，生大子建。」

「淫」，即「不以禮交。」①「奔，不由媒氏也。」②「淫」、「奔之」，清楚地表明了楚人對以上行為的價值判斷和道德譴責。依據周禮，「聘者為妻，奔者為妾」。但平王立私奔的蔡女之子為太子，則說明當時即使王室婚姻不具備媒妁聘娶禮儀，楚國社會也是承認的，而這種行為在中原地區的國家就難以認可③。

需要指出，進入戰國後，隨著楚人禮法觀念的加強，楚國社會對這類現象也不予認可。這也是為什麼在春秋時期能見到男女「淫奔」之事，而在戰國時期只能聽到哀怨和控訴的原因。

### 3.法定婚齡

男大當婚，女大當嫁。男女必須達到一定年齡，才能具備適合的生理條件和心理條件，履行夫妻義務，承擔對家庭、社會的責任。因此，根據本民族、本地區的社會實際情況，對男女的結婚年齡作出相應的規定，歷來都是中外婚姻立法的當然而重要的內容。

在具體討論楚國婚齡之前，我們有必要先來了解一下西周以來的婚齡狀況，因為傳統的婚齡習慣是立法者在對婚齡進行具體立法時必須認真加以考慮的重要因素。

關於西周時期的適婚年齡，典籍屢有記載，其中又以《周禮　地官　媒氏》所記「男三十而娶，女二十而嫁」為最早，也最具代表性。但後人對此及相關文獻史料理解不一，致使「其昏年幾案異

---

① 《小爾雅　廣義》。
② 《國語　周語上》韋昭注。
③ 高兵：《周代婚姻形態研究》，巴蜀書社2007年版，第162頁。

第五章　婚姻法律制度

義」，至今仍是莫衷一是。

後世儒家普遍認為，「男三十而娶，女二十而嫁」是周代禮制規定的男女最低適婚年齡。漢代學者對這種說法尤為推崇，班固、鄭玄皆主此說。班固在《白虎通　嫁娶》中論證說：「男三十而娶，女二十而嫁何？陽數奇、陰數偶也。男長女幼者何？陽道舒，陰道促。男三十筋骨堅強，任為人父，女二十肌膚充盈，任為人母，合為五十，應大衍之數，生萬物也」。鄭玄亦闡釋道：「謂男必三十而娶，女必二十而嫁，蓋二三者，天地相承覆之數也，易曰：『參天兩地而倚數』焉」。《大戴禮》觀點與之相同，解釋曰：「中古男三十而娶，女二十而嫁，合於五也」。唐杜佑則在班、鄭二人的基礎上作了具體區分，根據《左傳　襄公九年》所記「國君十五而生子，冠而生子，禮也」，而謂婚齡有尊卑之殊，認為「男三十而娶，女二十而嫁」這種禮制是針對眾庶，即平民百姓的，貴族則不受此限制。「三十、二十而娶嫁者，《周官》云『掌萬民之判』，即眾庶之禮也。故下云『於是時也，奔者不禁』。服經，為夫姊之長殤，士大夫之禮也。左傳『十五而生子』，國君之禮也。且官有貴賤之異，而婚得無尊卑之殊乎？則卿士大夫之子，十五六之後皆可嫁娶矣」①。

受班固、鄭玄等傳統觀念的影響，在20世紀，學界大多堅持「男三十而娶，女二十而嫁」是周人的法定最低婚齡這一觀點。如陳顧遠仍斷言周代「男三十而娶，女二十而嫁」是「固有的制度」，貴族階級中的早婚現象只不過是為了「繼承尊位」而「打破定例」而已②。蘇萍認為：「早在西周時期，一般是實行男三十而娶，女二十而嫁的婚齡制，這在當時世界上不能不說是較科學的婚齡」③。劉祥成認為：「媒官規定了男子三十歲，女子二十歲才算到了結婚年齡……大抵當

---

① 《通典　禮十九》。
② 陳顧遠：《中國古代婚姻史》，商務印書館1937年版，第125頁。
③ 蘇萍：〈我國歷代婚齡小考〉，載《歷史知識》，1982年第2期。

時生產力極端落後，既要組織家庭，又要同自然進行鬥爭，為了長期的生存，就必然強調身體的強壯和發育成熟」①。程德祺認為「禮書中關於婚齡的記述表明我國古代很早就有了比較合理的晚婚思想」②。甚成佑則認為，以今天的眼光看，那時的人們對婚齡意義的認識及把生育和身體強壯聯繫起來，都是十分正確的③。而目前絕大多數中國法制史教科書也持這種觀點，如肖永清主編《中國法制史教程》（法律出版社1987年版），薛梅卿、江興國主編《新編中國法制史教程》（中國政法大學出版社1995年版），鄭秦、江興國主編《中國法制史》（中國政法大學出版社1999年版），張晉藩主編《中國法律史》（法律出版社1995年版），懷效鋒主編《中國法制史》（中國政法大學出版社1998年版）等。

　　進入二十一世紀後，學界對「男三十而娶，女二十而嫁」的理解開始有了不同的看法，認為「男三十而娶，女二十而嫁」是指周人的最高法定婚齡。如南玉泉、張志京通過對典籍記載、各代法律法令、考古發現、文學作品等史料的梳理和辨析，指出：「男三十而娶，女二十而嫁」是指周人結婚的最晚年齡，始婚年齡則與漢唐各代大體一致，即男子二十上下，女子十五上下，這也是人類自然生理屬性的反映，庶民間的結婚年齡可能比貴族會更自由一些④。呂亞虎、馮麗珍通過對先秦史料、婚齡的自然屬性和社會屬性、社會實際情況的分析，認為《周禮》所規定的「男三十而娶，女二十而嫁」的婚齡應是當時男女婚嫁年齡的最高極限，當時尚未有晚婚晚育的思想和認識。東周時期，受傳統家族觀念以及社會、政治、生理等諸多因素的影響，早婚現象較為普遍，男子成婚的年齡在二十歲以前，甚至

① 劉祥成：〈周代的婚姻制度〉，載《四川師範學院學報》，1981年第4期。
② 程德祺：〈《三禮》中的婚姻禮制〉，載《歷史教學問題》，1990年第1期。
③ 甚成佑：〈歷代婚齡漫談〉，載《文史春秋》，2001年第4期。
④ 南玉泉、張志京：〈再論周人的結婚年齡〉，載《北京理工大學學報》，2004年第6期。

第五章　婚姻法律制度

早到十五六歲，女子出嫁年齡在十三四歲，是整個社會婚嫁年齡的主流①。何婷立也認為周代由於社會生產方式的局限，普遍的結婚年齡為男子二十左右，女子十五左右；上限為男子三十，女子二十，過了此限則可不必拘於世俗禮法，自由結合；國家為了增殖人口，亦可採取強制政策降低結婚上限②。李紅玲則認為，在任何一個時代，婚齡都應該是指一個年齡段，而不是指某個絕對的年齡。周代男三十歲、女二十歲是指最高婚齡，男二十、女十五是指最低婚齡③。

綜合傳世文獻、考古發現以及社會生活實際等多方面考察，筆者認為以上觀點可從。事實上，中國古代的婚齡正如王立民在《古代東方法研究》中所指出的：「中國幾乎每代都有關於婚齡的直接或間接規定，但相同的很少。總歸起來，最低的婚齡，男在15、16歲之間，女在13、14歲之間；最高的婚齡，男在30歲，女在20歲」④。

實際情況也是如此。從春秋戰國時期各國的婚齡實踐來看，西周的法定婚齡並沒有沿襲下來。政治的動亂，戰爭的頻仍，以及統治階級對賦稅、人力的需求，迫使各國紛紛立足本國實際，對婚齡做了適當調整，使得婚齡不斷發生變化。春秋初期，齊桓公為爭霸天下，迫切需要兵源，規定「男二十而室，女十五而嫁。」春秋末年，越王勾踐為加快人口增殖，擴充生產和兵力，以報吳敗越之仇，用法律手段強制男女早婚，對不及時成婚的男女給予處罰，規定：「女子十七不嫁，其父母有罪；丈夫二十不娶，其父母有罪」⑤。《墨子　節用上》云：「昔者聖王為法曰：『丈夫年二十，毋敢不處家，女子年十五，毋敢不事人。』此聖王之法也。」這是墨子托古論今之說，反映了當

① 呂亞虎、馮麗珍：〈東周時期男女適婚年齡問題考辯〉，載《陝西理工學院學報》，2005年第2期。
② 何婷立：〈試論周代婚齡及其影響〉，載《蘭臺世界》，2008年第7期上月刊。
③ 李紅玲：《周代婚姻禮俗探論》，華南師範大學2007年碩士學位論文，第18頁。
④ 王立民：《古代東方法研究》，學林出版社1996年版，第287頁。
⑤ 《國語　越語上》。

時社會結婚年齡的實際要求和現實狀況。

　　春秋戰國時期，楚國經濟社會發展迅猛，對外征戰頻繁，無論是從經濟上還是從軍事上，都迫切需要人口的快速增殖，因此，在參酌各國經驗的基礎上，提倡和鼓勵早婚，成為了必然的選擇。從文獻反映的情況看，事實的確如此。下面，引兩條史料試作簡要分析：

　　《史記　楚世家》記：

　　平王二年，使費無忌如秦為太子建取婦。婦好，來，未至，無忌先歸，說平王曰：「秦女好，可自娶，為太子更求。」平王聽之，卒自娶秦女，生熊珍。更為太子娶。是時伍奢為太子太傅，無忌為少傅。無忌無寵於太子，常讒惡太子建。建時年十五矣，其母蔡女也，無寵於王，王稍益疏外建也。

　　由此可見，太子建結婚的時候，最多十五歲。

　　《左傳　定公五年》載：

　　（楚昭）王將嫁季芈，季芈辭曰：「所以為女子，遠丈夫也。鍾建負我矣。」以妻鍾建，以為樂尹。

　　這段記載，只明確了季芈成婚一事，沒有講明季芈成婚時的年齡，但我們可以通過推算昭王的年齡來對其做一個大致的判斷。前引《史記　楚世家》資料表明，平王二年才娶秦女，昭王乃秦女所生，故其出生最早也不會早於平王三年。昭王嫁季芈時，為昭王十一年。根據平王卒年和昭王元年①來推算，此時的昭王最多不過二十歲，季

①　楚平王十三年，楚平王卒，秦嬴之子熊珍即位，是楚昭王。李玉潔認為昭王即位時年僅八歲。參見李玉潔：《楚史稿》，河南大學出版社1988年版，第159頁。

287

芈為其妹妹，年齡也就頂多十九歲而已。楚國王室的婚齡尚且如此，民間的婚齡肯定是比這還要低了。

綜上可見，在男女適婚年齡上，楚國也遺棄了《周禮・地官・媒氏》所規定的婚姻年齡，為了增加人口，加強國力，在適婚年齡上提倡和獎勵早婚，認同並採納了男二十左右、女十五左右這一佔據時代主流的婚齡趨勢。

需要指出的是，婚姻年齡作為婚姻的一個法定要件而言，其強制性遠不如其他要件，因而在現實生活中具有很大的靈活性，法律一般也不作過多干涉。考察今日之社會，法律對早婚現象，一般也是只作抑制性處理，而不作懲罰性處理。看來，在這一問題上，古今一理。

### 4.一夫一妻制

所謂一夫一妻制，是指一個男子在法律上只許擁有一個禮法意義上的正妻，至於實際占有多少無妻之名分的女人，法律不作過問。傳統中國自周人在禮制上強調一夫一妻制以後，禮制和法律都將「一夫一妻」作為婚姻結構的模式[①]。

從嚴格意義上來說，中國傳統的一夫一妻制應該叫做一夫一妻多妾制。因為按照宗法制度的要求，從天子到諸侯到平民百姓，一個男子雖然在名分上只能擁有一個「妻子」，即正妻，但還可以合法地擁有數量不等的側室，即「妾」。正妻所生，是為「嫡系」，其他妾媵所出，是為「庶出」。正妻及其子女，與妾媵及所生子女，在家庭的地位明顯不同。這種嫡、庶之分，是嫡長子繼承宗祧和權位這一基本原則之本質要求，對於保證家族延續和維持正常家庭關係，維護和延續宗法制度有著重要的意義。凡與一夫一妻之制相違背者，均視為非法，不予認可。

---

① 陳鵬著：《中國婚姻史稿》，中華書局1990年版，第429頁。

從文獻資料所反映的情況看，楚國的基本婚姻制度也是一夫一妻多妾制的。如在楚王中，除武王和文王僅有妻鄧女曼、夫人息媯之外，其他的幾乎均有妻一人、妾多人。如莊王娶虞姬為妻，另有妾多人。楚共王「與巴姬密埋璧於大室之庭」。杜預注：「巴姬，共王妾。」《左傳　哀公六年》載，楚昭王死後，眾公子謀立昭王之子為王，於是「潛師閉涂，逆越女之子章，立之而後還」。杜預注：「越女，昭王妾。章，惠王。」楚懷王除有鄭袖等妻妾多人，而秦國還允諾婚給楚懷王美妾，被鄭袖應允。可見，妻妾制似已成俗。楚國王公貴族之中也盛行一夫一妻多妾制，如司馬子期至少有一妻一妾，而春申君則有妻妾多人。在民間則基本上是一夫一妻制[①]，如楚狂接輿與其妻躬耕以自食，北郭先生與妻相濡以沫。當然，在楚國王公貴族之中也有堅持一夫一妻制的，如白公勝就只有一妻。

## （二）結婚的禁止條件

結婚的禁止條件，又稱結婚的消極條件或婚姻障礙，是指當事人在結婚時不得具有法律規定的禁止結婚的婚姻障礙[②]。從文獻記載來看，楚國關於結婚的禁止條件，主要有二：

### 1.同姓不婚

同姓不婚，即禁止同一姓氏的家族成員之間的通婚行為。在中國歷史上，「同姓為婚」是一項古老的禁忌，也是一項永久性的婚姻障礙。此項禁忌，主要基於三個方面的考慮：第一，血緣倫理方面的原因，「同姓不得相娶，重人倫也」[③]。第二，生育遺傳方面的原因，「同姓不婚，懼不殖生也」[④]。「男女同姓，其生不蕃」[⑤]。姓是共同

---

① 顧久幸：〈楚國婚姻形態略論〉，載《湖北社會科學》，1988年第10期。
② 楊大文主編：《婚姻家庭法》，中國人民大學出版社2001年版，第104頁。
③ 《白虎通　姓名》。
④ 《國語　晉語》。
⑤ 《左傳　僖公二十三年》。

血緣關係的標誌，同姓意味著血緣關係較近，不同姓則表明血緣關係較遠。古人通過長期的生活經驗認識到，近親結婚會影響下一代的健康，從而會影響整個家族的繁衍及民族的發展。所以，在西周時期，同姓而婚是被嚴厲禁止的。凡同姓不問遠近親疏，均不得通婚。《禮記　曲禮》云：「取妻不取同姓。故買妾不知其姓則卜之。」對此，王國維在《殷周制度論》中特意指出：「周人制度之大異於商者……三曰同姓不婚之制」。第三，宗法政治方面的原因，「取於異姓，所以附遠厚別也」①。禁止同姓為婚，意味著多與異姓結婚，有利於「附遠厚別」，即通過聯姻的方式，在政治上更多地與外姓結盟，以便更好地維護既定的統治秩序。

據學者研究，從祝融時代開始，楚人就已開始排除族內婚，實行部落外婚了②。從文獻記載來看，春秋戰國時期，楚與諸侯國之間存在著廣泛的通婚關係，其中包括鄧、息、江、巴、鄭、衛、晉、越、秦等大小國家。文獻所記楚王的婚娶，都是他國之女。主要代表人物如：楚武王夫人「鄧曼」，楚文王夫人「息媯」，楚莊王夫人「虞姬」、妾「越女、鄭姬」，楚平王夫人「蔡女」、「秦女」，楚共王夫人「秦嬴」、妾「巴姬」，楚靈王夫人公孫段氏，以及楚昭王妾「越女」等。而楚女嫁與他國者也不少，如嫁於江的成王妹「江羋」，以及鄭文公夫人「羋氏」等。

顯然，這種聯姻關係是與同姓不婚的禁忌相一致的。與周人一樣，楚人多娶外國女性，固然有基於同姓不婚這一因素的考慮，但更多的是出於政治目的。一是利用聯姻來實現和加強聯盟，以滿足戰爭和政治的需要③。正如魏人張儀所說：「使秦女得為大王箕帚之

---

①　《禮記　郊特性》。

②　顧久幸：〈楚國婚姻形態略論〉，載《湖北社會科學》，1988年第10期。

③　關於楚國聯姻的更多情況，具體可參見張鴻亮：〈楚國聯姻考述〉，載《河南科技大學學報》，2007年第1期。

妾，秦楚娶婦嫁女，長為兄弟之國。此北弱齊而西益秦也，計無便此」①。亦如晉臣狐偃所云，「楚始得曹，而新昏於衛，若伐曹衛，楚必救之」②。秦《詛楚文》說得似乎更為清楚：「昔我先君穆公及楚成王，實戮力同心，兩邦若壹，絆以婚姻，袗以齊盟。曰：『葉萬子孫，毋相為不利。』」二是以此為手段控制他國。如《左傳 莊公六年》記：楚文王伐申過鄧，鄧侯因有舅甥關係而盛情相待，楚文王則乘人不備而滅其國。此外，也有作為戰利品虜掠而來的。如《左傳 莊公十四年》記楚文王聽說息君之妻貌美，遂滅息國，「以息媯歸」③。

### 2.禁止以妾為婦

這是婚姻成立的永久性障礙。等級名分制度是禮制的核心和全部所在。先秦時期，是一個嚴格的等級社會，不僅「禮不下庶人」，就是嫁娶也只能在本階級內部，貴賤之間也絕無通婚之可能。從現有的資料來看，在楚國自由人也是不得與奴隸通婚的，這不僅是禮法的要求，似乎還有刑法的保障。《國語 楚語上》記：「司馬子期欲以妾為內子，訪之左史倚相，曰：『吾有妾而願，欲笄之，其可乎？』」「君子曰：『君子之行，欲其道也，故進退周旋，唯道是從。夫子不能違若敖之欲，以之道而去芟薉，吾子經營楚國，而欲薦薉芟以干之，其可乎？』子期乃止。」按周代之禮，「若以妾為夫人，則固無其禮也」④。《孟子 告子下》說：「無以妾為妻。」所以，司馬子期雖貴為平王之子，但礙於禮法之禁止，最終不得不放棄，這反映了楚人對禮制的重視和尊崇。但令人意外的是，戰國中期以後，這一點似乎提升到了法律層面。如包山簡89就指控苟娶其妾，顯然是要追究其刑事

---

① 《史記 張儀列傳》。
② 《左傳 僖公二十七年》。
③ 張正明主編：《楚文化志》，湖北人民出版社1988年版，第230頁。
④ 《左傳 哀公二十四年》。

責任。可以說開後世用刑法懲治良賤為婚之先河。如唐律規定，主人擅自將奴婢作為良人，而與良人結為夫妻，處徒刑二年。這其中的原因值得深思。

根據宗法制度和禮制思想的要求，西周法律關於禁止婚姻成立要件的規定，除同姓不婚、等級身分不符不得嫁娶之外，還有居尊親喪不得嫁娶和五不娶。居尊親喪不得嫁娶，是婚姻關係的暫時障礙。周人強調家庭內部的尊尊、親親關係，於是，在父母喪期內，子女不准嫁娶，以示哀傷。五不娶，即「逆家子不娶，亂家子不娶，世有刑人不娶，世有惡疾不娶，喪婦長子不娶」①。這是單方面永久性的婚姻障礙②。春秋戰國時期，宗法制度和禮制思想在楚國也佔據著統治地位，尤其是在婚姻制度方面更是如此，因此，從理論上講，這些禁止性條件也應該適用於楚國。但由於目前缺乏史料的印證，這裡姑且先將其指出來，具體探討和詳細論述只好留待後續。

## 二、婚姻儀式

除必須符合以上實質要件以外，根據周禮的要求，婚姻的成立還必須經過一定的禮儀，才能得到社會的承認，這就是所謂的「婚姻六禮」。具體包括：1.納采，即男方請媒氏攜禮物到女方家提親；2.問名，即在女方家長答應議婚後，男家請媒氏問明女子的生辰、身分，並卜於祖廟以問吉凶；3.納吉，在卜得吉兆以後，男家攜禮物至女家確定締結婚姻；4.納徵，也稱納幣，男家送財禮至女家，正式締結婚姻；5.請期，即男家攜禮物至女家，確定婚期；6.親迎，即在確定之日，新郎至女家迎娶，至此婚禮始告完成，婚姻也最終成立。西周時期的「婚姻六禮」，對以後各朝婚姻成立的形式要件產生了重要而深遠的影響。直至中國近代乃至現代，在一些鄉村地區，締結婚姻的形式仍

---

① 《大戴禮記　本命》。

② 胡留元、馮卓慧：《西周法制史》，陝西人民出版社1988年版，第186—187頁。

然可以看見「婚姻六禮」的明顯痕跡①。

　　楚人重禮，楚人之禮和同時諸國之禮一樣，極其繁瑣②。具體到婚姻禮儀，其大部分內容與周文化的婚姻禮儀相合，反映出春秋時期文化融合與周楚婚姻禮儀趨同性的特徵③。當然，也有學者指出：「《左傳》所記楚國婚娶儀式僅言『娶』或『奔』……楚國禮儀之疏，當時的女子可以不要任何儀式，自奔男子成親」④。筆者對此持相反意見，認為這實際上是對楚國婚娶是否符合婚娶儀式進行一番考量後，作出的一種道德評判和褒貶，它恰恰真實地記錄和反映了楚人遵守婚姻禮儀的狀況。

　　由於時代久遠，楚國民間婚姻禮儀的具象早已埋沒在歷史的長河中，無從打撈。所以，我們只能通過對楚國王室婚姻的記載來考知楚國婚姻儀式的大概。總的來說，楚人對於婚娶程序是非常重視的，尤其是與諸侯國之間通婚的禮儀更是頗為隆重。請婚、逆女、送女之禮，概由大臣任其事，與中原諸國無異⑤。顧久幸也指出，這種婚姻往往很注重禮儀。而國內的一般貴族之間的婚姻，也要以一定的儀式來締結。

　　在傳世文獻中，未見完整而系統表述楚國婚姻禮儀的記載，因此，關於楚國婚姻禮儀的主要程序和內容，學術界有不同觀點。如高兵認為春秋時期楚國婚姻禮儀主要由行媒、聘禮、告廟禮、逆女禮、受諸禰廟禮、報禮、歸寧禮等程序組成⑥。顧久幸則認為，在締結婚

①　關於西周「婚姻六禮」與春秋及以後的婚禮之間的關係，意見不一。詳見可參看顧棟高：《春秋大事表》，中華書局1993年版，第1650頁；楊伯峻：《春秋左傳注》，中華書局1990年版，第1211頁；陳筱芳：〈周代婚禮：六禮抑或三禮〉，載《文史》，2000年第4輯；高兵：《周代婚姻形態研究》，巴蜀書社2007年版，第25頁。

②　張正明主編：《楚文化志》，湖北人民出版社1988年版，第226頁。

③　高兵：《周代婚姻形態研究》，巴蜀書社2007年版，第168頁。

④　顧久幸：〈楚國婚姻形態略論〉，載《湖北社會科學》，1998年第10期。

⑤　張正明主編：《楚文化志》，湖北人民出版社1988年版，第231頁。

⑥　高兵：《周代婚姻形態研究》，巴蜀書社2007年版，第168頁。

姻的禮儀中，有一些是楚人自身流傳下來的習俗，也有一些是受周朝的禮儀影響。在所見到的楚婚姻儀式中，周代的六禮只用到請婚、納幣、親迎三禮①。劉玉堂亦認為，楚人結婚也重婚姻禮儀，但卻沒有這麼複雜，他們通常是選擇六項儀式中的兩至三項，即納采、請期和親迎。楚人這種婚事從簡的習俗至今仍影響著後裔湖北人。在湖北，人們稱納采為「訂婚」，稱請期為「看日子」，稱親迎為「完婚」或「固房」②。以上觀點，均言之成理，有一定的合理性，但又不免有失偏頗，二者之間既有衝突之處，又有重疊之處。筆者認為，以上諸家觀點相互參照，並佐證之其他相關資料，能夠對楚國的婚姻儀式獲得更為清晰、準確的認識和了解。

　　總體說來，楚人對待婚禮的態度是尊重而又務實的，在實踐中堅持原則性和靈活性相結合，常常根據實際情況而加以選擇。因此，要想總結出楚人固定的婚禮程序，是不太現實的。基於這一認識，我們僅就文獻中所能見到的楚國婚姻禮儀作簡要論述，以期能對楚人的婚禮制度有一個大致的認識。

　　**1.請婚**。這裡所謂的請婚，通俗地講就是訂婚，指男女雙方經過提親和許婚之後，正式定下婚姻關係，只待擇吉日完成締結。按照禮制之規定，諸侯之間的請婚與普通百姓的婚姻締結須遵循的禮儀有所區別。按照禮制的要求，諸侯之間的請婚，國君是不用親自出面的，而是由國君派卿或大夫作為專使代為前去求婚，並負責一手承包婚姻中的一應禮儀之事。普通百姓，包括公子貴族，則要本人親自上門提親。從文獻記載來看，楚人在請婚中，一般也堅守這一禮節。西元前538年，楚王打算與晉國締結婚姻，於是就派大夫椒舉作為專使到晉去求婚，然後晉國的國君同意了楚王結親的提議，便擇吉日締結婚姻。

---

① 顧久幸：《楚制典章——楚國的政治經濟制度》，湖北教育出版社2001年版，第95頁。
② 劉玉堂：〈楚地婚俗趣談〉，載《政策》，1998年第6期。

《左傳　昭公四年》記之曰：楚子派大夫椒舉如晉，「椒舉遂請婚，晉侯許之」。《左傳　昭公元年》載，楚公子圍，出使鄭國時，鄭國國君親自作媒，答應將豐氏女許婚給楚公子圍。公子圍同意後，親自「聘於鄭，且娶於公孫段氏」。

　　**2.納徵**。按照周禮，納徵為婚禮的關鍵環節，納徵之後，婚姻關係由此而訂定，雙方一般不得反悔，尤其女子，還必須戴「纓」，表示已有所屬系。從文獻的記載來看，楚人也非常重視納徵。《列女傳》卷四載：

　　貞姬者，楚白公勝之妻也。白公死，其妻紡績不嫁。吳王聞其美且有行，使大夫持金百鎰、白璧一雙以聘焉，以輜軿三十乘迎之，將以為夫人。大夫致幣，白妻辭之曰：「白公生之時，妾幸得充後宮，執箕帚，掌衣履，拂枕席，托為妃匹。白公不幸而死，妾願守其墳墓，以終天年。今王賜金璧之聘。夫人之位，非愚妾之所聞也。且夫棄義從欲者，汙也。見利忘死者，貪也。夫貪污之人，王何以為哉！妾聞之：『忠臣不借人以力，貞女不假人以色。』豈獨事生若此哉，於死者亦然。妾既不仁，不能從死，今又去而嫁，不亦太甚乎！」遂辭聘而不行。

　　吳王派大夫向白公勝妻行納幣之禮，當是遵從楚人的婚姻禮儀而做出的，這就說明楚人是很重視納徵這一環節的。
　　另《史記　春申君列傳》記：

　　楚考烈王無子，春申君患之，求婦人宜子者進之，甚眾，卒無子。趙人李園持其女弟，欲進之楚王，聞其不宜子，恐久毋寵。李園求事春申君為舍人，已而謁歸，故失期。還謁，春申君問之狀，對曰：「齊王使使求臣之女弟，與其使者飲，故失期。」春申君

曰：「娉入乎？」對曰：「未也。」春申君曰：「可得見乎？」曰：「可。」於是李園乃進其女弟，即幸於春申君。

　　春申君之所以要問李園，其妹是否已經接受齊王之聘禮，顯然是他清楚地知道，如果李園之妹已接受了齊王的納幣之禮，那麼她與齊王之間就形成了一種受法律保護的婚姻關係，而他也就沒有必要對李園之妹抱什麼非分之想。所以，李園趕緊回答沒有，於是就有了後面一系列的故事。

　　**3.告廟禮**。即親迎之前，將婚姻之事告之於宗廟，請求祖先的福佑。宗法社會，首重尊祖敬宗，凡大事都要告祭宗廟，婚姻為宗族傳宗接代延續之本，故在親迎前有告廟之禮。《禮記　文王世子》云：「娶妻必告」，即指此而言。違者，即為失禮，要受到詛咒和譴責。《左傳　隱公八年》記：「四月甲辰，鄭公子忽如陳逆婦媯。辛亥，以媯氏歸。甲寅，入於鄭。陳鍼子送女，先配而後祖。鍼子曰：『是不為夫婦，誣其祖矣，非禮也，何以能育？』」杜預注曰：「禮，逆婦必先告廟而後行……鄭忽先逆婦而後告廟，故曰先配而後祖。」

　　從文獻記載來看，楚人在行告廟之禮這一點上，做得也是比較好的。如楚靈王在前往鄭國迎娶鄭豐氏女之前，曾祭告祖、父之廟。《左傳　昭公元年》記：「圍布幾筵，告於莊、共之廟而來。」

　　**4.逆女禮**。即親迎之禮，是男方親往女家迎娶的儀式，它是六禮中最重要的一個環節，是關係家族、宗法的大事。《墨子　非儒》：「迎妻，妻之奉祭祀，子將守故宗廟，故重之。」可見，親迎是兩姓結合，為家族傳宗接代，承繼天地宗廟社稷的大事。《左傳》一般稱為「逆女」，有時也稱為「逆婦」，或直接用「逆」。受宗法等級制度制約和影響，親迎儀式，也有等級差異。諸侯國的國君親迎不出國境由卿大夫前往女家迎娶，卿大夫以下娶婦必親迎，然後為禮。

　　從文獻記載來看，楚人也很好地堅守了這一禮節。《左傳　昭

公元年》記：楚公子圍，「既聘，將以眾逆。」杜注曰：「以兵入逆婦。」又云：「正月乙未，入逆而出。」又《左傳　昭公五年》載：「（楚靈王）以屈生為莫敖，使與令尹子蕩如晉逆女。」可見，楚靈王前後兩次娶婦都踐行了親迎之禮。所不同的是，娶鄭女，是靈王親自前往迎娶的，娶晉女，是派莫敖和令尹作自己的特使前去迎娶的。究其原因，在於前後的身分不同。娶鄭女時，公子圍還只是令尹，所以須以卿之身分到女方家親迎。娶晉女時，楚靈王已即位，所以這時就得適用「卿為君逆」[①]之禮。總之，前後兩次都是嚴格依禮行事的。另諸侯公子立為太子者，娶妻不親迎。《左傳　昭公十九年》記楚太子建聘娶秦女，就是由少師費無極前往迎接的。

　　無可否認，相較於中原諸夏而言，楚人的禮法觀念是有些淡薄，但綜上所述，我們不難看出，楚人在婚姻禮儀上還是較為循規蹈矩的。如果說，僅以上述婚娶事例稍顯單薄，那麼，下面一則史料正好可以充實。

　　先秦時期，女子出嫁後，可以回娘家探望父母，稱作「歸寧」或「寧」。《左傳　莊公二十七年》載，「冬，杞伯姬來，歸寧也。凡諸侯之女，歸寧曰來，出曰來歸，夫人歸寧曰如某，出曰歸於某。」杜預注：曰：「寧，問父母安否。」《左傳　襄公十二年》記：「秦嬴歸於楚。楚司馬子庚聘於秦，為夫人寧，禮也。」杜預注曰：「諸侯夫人父母既沒，歸寧使卿，故曰禮。」秦嬴為楚共王的妻子、秦景公之妹。楚共王三十年，秦嬴返秦省親。從秦回來後，楚國特意派司馬子庚到秦國，歸報秦國，秦嬴已平安回來。楚這一作法是完全按照中原諸夏流行的歸寧之禮的要求行事的，表明了楚對中原諸夏之禮的認同和遵守。

---

① 《左傳　隱公二年》。

## 第二節 婚姻的終止

婚姻的終止是指合法有效的婚姻關係因發生一定的法律事實而歸於消滅①。一定的法律事實，主要指配偶一方死亡或離婚。前者是婚姻主體的一方消滅而使婚姻關係客觀上不復存在，是自然的終止；後者是夫妻雙方在生存期間依照法定的條件和程序解除婚姻關係，人為的終止。

### （一）婚姻的自然終止

因配偶一方死亡而導致婚姻關係終止，具有普遍意義，古今中外無一例外。需要注意的是，在中國古代，法律所確認的這一原則有更為豐富和特殊的內涵。在西周，這種婚姻關係的終止並不被認為是婚姻關係的絕對消滅，原來的夫與妻的名義在一定情況下還保留著②。作為中華法系代表的唐律對此原則規定得更為具體、細緻、周全。首先，妻為夫服喪期間不得再婚，時間為二十七個月。其次，寡妻在服喪期外雖可以再婚，但她與丈夫的直系親屬的親屬關係依然存在。因此，在中國古代，因配偶一方死亡而導致婚姻關係自然消亡，這就是夫妻而言的；就婚姻所產生的家族、親屬關係而言，並不因一方死亡而完全消亡③。究其原因，主要有二：一、古代中國是一個家族血緣社會，禮法思想根深蒂固，作用於社會方方面面，影響巨大深遠；二、婚姻自古以來就被視為是「合二姓之好」的家族之事，作為個體的當事人更多的是與家族發生著這種或那種的關係。

春秋戰國時期，楚國不僅是一個完整意義上的宗法社會，而且也是一個逐漸被禮制統治的社會。因此，在婚姻的自然終止問題上，楚國的價值取向和制度設計應該是與西周以來的傳統相一致的。也就是

① 楊大文主編：《婚姻家庭法》，中國人民大學出版社2001年版，第153頁。
② 胡留元、馮卓慧：《西周法制史》，陝西人民出版社1988年版，第190頁。
③ 張中秋：《唐代經濟民事法律述論》，法律出版社2002年版，第201頁。

說，西周以來的這些基本原則和規定同樣是適用於楚國的。當然，這只是一種理論上的邏輯推測。由於史料闕載，我們無法對此展開實證的分析，只能點到為止。

## （二）離婚

傳統中國奉行離婚主義。雖然倫理與法律均以「白頭偕老」為佳境，但無論是禮教還是法律，都視離婚為一種正常的社會現象，並不加以禁止[①]。西周時期的離婚方式分為二種：一是「七出」，二是協議離婚。「七出」，又稱「七去」或「七棄」，俗稱休妻，是指丈夫在妻子存在不孝順父母、無子、淫、妒、有惡疾、多言、盜竊等七種情形之一時，可以單方面將妻子離棄。這種離婚，完全排除女方意志，由男方單方面行使離婚權。所謂協定離婚，是指男女雙方共同支配離婚意願，誰也無權將自己單方面的離婚意志強加給另一方。儘管這種離異大都由男方提出，但它終究不能算作休妻[②]。

需要指出的是，無論是「七出」還是協議離婚，都只是一種民事法律規範，只具有任意性，不具有強制性。也就是說，離婚對當事人來說，是法律賦予的一種權利，而不是一種義務。這一權利，當事人可以行使，也可以放棄，法律一般不作干涉和過問。這實際上也就意味著在離婚問題上完全是由道德倫理規範來調整的，這不僅給當事人留下了一個極大的自由裁量空間，也使得離婚的原因複雜起來。正是由於在離婚問題上完全是以道德作為價值取向和評判標準，所以在男尊女卑為特徵的道德倫理規範主宰和支配下，這一離婚方式帶給女性更多的是不平等和傷害，它讓你有苦無處訴，有冤無處申。

也正因如此，綜觀春秋戰國時期，在離婚這一問題上，我們可以發現一個非常有趣的社會現象，那就是在宗法制度和禮制思想長

---

① 張中秋：《唐代經濟民事法律述論》，法律出版社2002年版，第201頁。
② 胡留元、馮卓慧：《西周法制史》，陝西人民出版社1988年版，第190頁。

期佔據統治地位的中原地區，離婚之風盛行，離婚現象十分普遍。主動出妻的有之。據楊伯峻統計，在《經》、《傳》所載的魯國君女嫁為諸侯夫人者九人中，被出者即有四人：子叔姬、杞叔姬、郯伯姬、齊子叔姬①。主動棄夫的亦有之。《左傳　昭公四年》記，魯國大夫叔孫豹在齊國時娶齊女國姜生有二子後，叔孫豹因故歸魯，其妻遂棄他而改嫁公孫明。叔孫豹知道此事後，毫無辦法，只能是「待其子長而後逆之」而已；《史記　管晏列傳》載，晏子的馬夫自傲而不圖進取，御車時意氣揚揚，甚有得色，「既而歸，其妻請去」。更有甚者，對於未出嫁的女子，父母先教她作離婚的準備。《韓非子　說林上》載，衛人嫁女，常教其私積財物，理由是「為人婦而出，常也」。離婚原因更是五花八門。如作為後世儒家聖人的孔子，其家曾三世出妻。孔子弟子曾參以蒸黎不熟而出妻。孟子因見到妻子白天在內室衣衫不整，認為其妻無禮而離異。總之，北方諸夏離婚氾濫，混亂不堪，怪像叢生，一言蔽之，怎一個「亂」字了得！

　　而在原始婚俗遺風濃厚和禮法觀念相對淡薄的南方楚地，則正好相反，很少見到離婚的現象，至少從文獻記載來看應是如此，而且家庭倫理觀念越來越濃厚，與之形成強烈的反差和鮮明的對照。

　　囿於學識和視域，翻檢現有的資料，筆者僅發現了兩起離婚案例。有意思的是，這兩起案例均具有典型意義，正好分別代表了先秦時期楚國的兩種離婚方式。

　　第一起案例發生在春秋時期。《左傳　昭公十九年》載：

　　楚之子在蔡也，郊陽封人之女奔之，生大子建。及即位，使伍奢為之師。費無極為少師，無寵焉，欲譖諸王，曰：「建可室矣。」王

---

① 楊伯峻：《春秋左傳注》，中華書局1990年版，第587頁。

為之聘於秦，無極與逆，勸王取之。

平王聽信了讒言，遂自娶秦女嬴氏，太子建母由此遭到冷落，遂離開王宮，出居鄖地。《昭公　昭公二十三年》記：

楚大子建之母在鄖，召吳人而啟之。冬十月甲申，吳大子諸樊入鄖，取楚夫人與其寶器以歸。楚司馬薳越追之，不及。將死，眾曰：「請遂伐吳以徼之。」薳越曰：「再敗君師，死且有罪。亡君夫人，不可以莫之死也。」乃縊於薳澨。

平王與蔡女之間的愛情與婚姻關係，真所謂是始亂終棄，其間的愛恨情仇、恩怨對錯等，我們這裡不去討論它，留待他人評說。我們所要關注的是，二人之間離異的過程和形式。

從司馬薳越的自責之言來判斷，蔡女出居鄖地期間，與平王之間還是保留著夫妻關係的，否則司馬薳越是不會發出「亡君夫人，不可以莫之死」這樣的自責，並最終為此飲恨自殺。由此看來，從結果上來看，應該是蔡女主動離異的。但若從事件發生的整個過程來看，平王的過錯似乎要多些，換言之，實際上還是平王在起決定作用。試想，如沒有平王的自娶行為，肯定就不會有後來之事了。但話又說回來，不管怎樣，在這起案例中，找不到「七出」的影子，因為蔡女的最終離去，是她自己的決定。因此，只能算作是雙方自動離異，就像今天的夫妻分居一段時間後離婚一樣。

當然，這起事例是否是嚴格意義上的離婚案，可能還需作進一步探討。但筆者以為，在資料相對匱乏的情況下，將其暫且作為一種離婚案例來予以探討，對於我們考察和理解楚國的離婚問題還是有所裨益的。正是基於這一考慮，筆者才行文展開探討，不當之處，敬請讀者批評、指正。

第二則案例發生在戰國晚期。《韓非子　奸劫弒臣》記：

　　楚莊王之弟春申君有愛妾曰餘，春申君之正妻子曰甲。餘欲君之棄其妻也，因自傷其身以視君而泣，曰：「得為君之妾，甚幸。雖然，適夫人非所以事君也，適君非所以事夫人也。身故不肖，力不足以適二主，其勢不俱適，與其死夫人所者，不若賜死君前。妾以賜死，若複幸於左右，願君必察之，無為人笑。」君因信妾餘之詐，為棄正妻。[①]

　　春申君僅因妾餘的一番花言巧語就將正妻甲給休棄掉，這表明在楚國，法律是准許和支持丈夫隨意棄妻的。

　　按照禮制之規定，與「七出」相對應的，女子有所謂「三不去」，即《大戴禮　本命》所云：「嘗更三年喪不去，不忘恩也；賤取貴不去，不背德也；有所受，無所歸不去，不窮窮也。」這實際上也只是一種從道德上所作的一種規範，並不具有強制性，因此，在現實生活中是很少被落實的。由於文獻缺乏記載，楚國的實際情況如何，我們已無從考證了。

　　無論在傳統社會，還是在當今社會，離婚一旦生效後，勢必產生兩個問題：一是財產的分割，二是再婚問題。

　　關於財產的分割，先秦時期法律無定制，但禮制承認妻對帶到夫家的妝奩享有所有權。妻被出，夫家應該返還其妝奩。《禮記　雜記》云：「諸侯出夫人……有司官陳器皿，主人有司亦官受之。」注云：「器皿，其本所齎物也。」疏云：有司官陳器皿者，使者既得主人答命，故使從己來有司之官，陳夫人嫁時所齎器皿之屬，以還主國

---

① 楚莊王，春秋時楚國國君，在位時勵精圖治，國勢大盛，問鼎中原，為春秋五霸之一。春申君，即黃歇，戰國時楚國貴族，春申君是其號。春申君距楚莊王三百六十餘年，故而顧廣圻曰：「按與《楚世家》、《春申君列傳》皆不合。」後人解釋很多，疑是作者筆誤。

也。」漢代，法律有「棄妻畀所齎」之規定，據程樹德考證，漢時女子出嫁攜妝奩而來，離婚時，則可以攜妝奩歸本宗。綜上並結合《昭公　昭公二十三年》所記「取楚夫人與其寶器以歸」來考察，楚國似乎也承認並堅持這一禮制原則。

再婚問題，實際上是喪偶後或離婚後的男、女雙方都要面對的一個問題，但在古代的中國，對男子來說卻從來不是什麼問題，因為在人們的觀念中，男子再婚是天經地義的事，根本無需法律和道德去干涉，因此，在中國古代，再婚問題實際上只是女子單方面的問題。有意思的是，與對待離婚的態度一樣，在中國古代，無論是法律還是禮制均認可婦女擁有再嫁的權利，儘管有時法律和禮制設置了諸多限制條件，但始終沒有明文禁止。

春秋戰國時期，由於戰亂頻仍、社會動盪等諸多歷史原因，非但禮法不禁止婦女再嫁，甚至政府以法律的形式對婦女的再嫁予以支持和鼓勵，並將其當做一項「仁政」來推行。《禮記　檀弓上》記：「子思之母死於衛。」注曰：「伯魚卒，其妻嫁於衛。」孔子的兒子伯魚死後，伯魚的妻子改嫁到了衛國，孔子並沒有反對。據《左傳　僖公二十三年》記載，晉重耳奔走他國時，對其妻子季隗說：「待我二十五年不來而後嫁。」這說明那個時代，再嫁屬於很平常的事情，女子不但在丈夫死後可以改嫁，就是丈夫未死，經夫方允可後，亦可離婚改嫁。另據《管子　入國篇》記載，齊有「九惠之教」，其中第五項就是「合獨」，「所謂合獨者，凡國都皆有掌媒，丈夫無妻曰鰥，婦人無夫曰寡，取鰥寡而合和之，予田宅而家室之，三年然後事之，此之謂合獨。」對再婚夫婦，獎勵以田宅，足見這時政府對再婚問題的重視和支持。

迄今為止，楚國尚未發現有鼓勵婦女再婚的政策和法令，但在楚國，婦女可以再嫁卻是一個不爭的事實。據《列女傳　貞順傳》記載，楚白公勝在其失敗而死後，其妻在家紡織不嫁，吳王使大夫持黃

金百鎰，白璧一雙，以輜軿三十乘而迎之。白公勝之妻辭之，堅決不嫁。從這則史料之中，我們至少可以獲得兩點啟示：

第一，楚國不僅允許婦女改嫁，而且改嫁現象十分普遍，否則吳王是不會輕易派遣規模如此龐大的迎親隊伍前去聘娶白公勝妻。吳王之所以敢這樣做，就是因為清楚地了解楚國這一實際情況。

第二，婦女在改嫁問題上，具有相當的發言權，嫁與不嫁，主要取決於其自身。我們看到，吳王雖有九五之尊，且有重金相贈，但白公勝之妻不為所動，仍然堅守自己的道德理念，沒有改嫁之。楚國政府似乎也沒有因擔心影響兩國外交，而積極主動地介入此事，而是交由白公勝之妻自己做主。這與後世的家長及其尊親屬乃至官府，可以依據自己的一己之私而強制改嫁有著很大的區別。其中緣由，令人深思，需另文探討。

# 第六章　司法制度

　　司法制度是法律制度的重要組成部分。它通過對訴訟活動及其運作過程的規定，確定訴訟各方的權利和義務，以程序的規範確保各實體法在現實生活中得到有效實施。這一部門法既是法律的生命形式，也是法律的內部生命的表現。缺少了它，法律就不成體系，其他部門法也就無法得到貫徹[1]。因此，古往今來，任何一個國家和社會的法律制度都必然有著相應的司法制度。所以，要了解楚國的法律制度，就必須了解楚國的司法制度。包山楚簡出土後，學界圍繞著其所反映司法問題掀起了持久而熱烈的研究高潮，取得了豐碩的成果，其中尤以陳偉[2]、劉玉堂[3]、賈繼東[4]、彭浩[5]、劉信芳[6]等學者為代表。有鑒於此，

①　王立民：《古代東方法研究》，學林出版社1996年版，第315頁。
②　陳偉：《包山楚簡初探》，武漢大學出版社1996年版；《新出楚簡研讀》，武漢大學出版社2010年版。
③　劉玉堂：〈楚秦審判制度比較研究〉，載《江漢論壇》，2003年第9期；〈楚秦刑事訴訟證據比較研究〉，載《湖北大學學報》，2004年第2期；〈楚秦起訴制度比較研究〉，載《中南民族大學學報》，2004年第2期。
④　賈繼東：〈包山楚墓「見日」淺釋〉，載《江漢考古》，1995年第4期；〈包山楚簡中的〈受期〉簡別解〉，載《東南文化》，1996年第1期；〈簡論楚國訴訟制度中的期日與期間〉，載《中國文物報》1996年7月28日；〈從出土竹簡看楚國司法職官的建置及演變〉，載《江漢論壇》，1996年第9期。
⑤　彭浩：〈包山楚簡反映的楚國法律與司法制度〉，《包山楚墓》附錄二二，文物出版社1991年版。
⑥　劉信芳：〈中國最早的殺人案案審實錄〉，載《尋根》1998年第3期；〈包山楚簡司法術語考釋〉，載《簡帛研究》第2輯，法律出版社1996年版；《包山楚簡解詁》，藝文印書館2003年版。

本章不對楚國司法制度作全面介紹和探討，擬在借鑒和吸收現有成果的基礎上，就司法機關、訴訟制度中的若干具體問題作簡要論述。

## 第一節　司法機關

楚從進入階級社會，形成國家起，就形成了以楚王為中心的專制政體 ①。楚國的整個法制建設及其實際運作，也是緊緊圍繞著楚王進行的。楚王不僅擁有最高行政權與軍事權，而且握有最高立法權和司法權。楚王對司法權的控制，一方面表現為楚王有權直接裁決任何案件，有權法外用刑，也可以法外施恩；另一方面表現為建立了一整套楚王控制下的司法機關體系，楚王對各級司法機關的司法活動擁有最後裁決權，不僅重案、疑案、要案均須呈報楚王，概由楚王決斷，即使是司法機關已經判決的罪犯，楚王也可以以赦宥的方式減免其刑罰。

### 一、中央司法機關

從文獻記載和考古資料來看，楚國的中央司法機關在春秋時期和戰國時期是不盡相同的。春秋時期，主要有令尹、廷理和司敗。戰國時期，主要是令尹和左尹。

#### 1.令尹

作為楚國的最高行政長官，令尹執一國之政，不僅總領全國軍政，而且執掌司法大權。具體說來，主要表現在以下兩個方面：

第一，有權親自參與司法裁決。《說苑　至公》載：

虞丘子家干法，孫叔敖執而戮之。虞丘子喜，入見於王曰：「臣

---

① 劉玉堂指出：「熊通僭越稱王這一事件的本身，便象徵著楚國君主專制地位的基本形成。」詳見《楚國經濟史》，湖北教育出版社1995年版，第108頁。

言孫叔敖，果可使持國政，奉國法而不黨，施刑戮而不偏，可謂公平。」莊王曰：「夫子之賜也已！」

《韓非子　五蠹》記：

楚之有直躬，其父竊羊，而謁之吏。令尹曰：「殺之」。以為直於君而曲於父，報而罪之。

《淮南子　人間訓》記：

子發為上蔡令。民有罪當刑，獄斷論定，決於令尹前。子發喟然有悽愴之心，罪人已刑而不忘其恩。此其後，子發盤罪威王而出奔，刑者遂襲恩者，恩者逃之於城下之廬。追者至，踹足而怒，曰：「子發視決吾罪而被吾刑，怨之憯於骨髓，使我得其肉而食之，其知厭乎！」追者以為然而不索其內，果活子發。

第二，有權對司法活動進行監督。《說苑　至公》載：

楚令尹子文之族有干法者，廷理拘之，聞其令尹之族也，而釋之。子文召廷理而責之……廷理懼，遂刑其族人。

顯然，令尹對廷理的執法情況有權進行監督。宋公文認為：「偵破冤案也屬令尹注意的範疇。《戰國策　楚策一》有載：郢都人因牽連刑事案件，被逮捕關押三年，法官仍未斷明案情，但令尹昭奚恤經過暗察，已確認此人蒙冤，「不當服罪」。此人之冤終得昭雪，不言而自明 [1]。

① 宋公文：《楚史新探》，河南大學出版社1988年版，第107頁。

筆者以為，偵破冤案只是令尹行使司法監督權的應有內容和一種方式而已，無須給予太多的關注。

對於令尹擁有司法大權，宋公文給予了高度肯定。他指出：「令尹全面宰製司法刑獄，為的是穩定社會秩序，引來『治世』局面，以維護統治階級的既得利益。《史記　循吏列傳》說孫叔敖為政時期『世俗盛美』、『盜賊不起』，看來主要不是什麼『施教導民』的原因，而是他認真行施司法權力的結果，令尹加強法制管理有何社會效應，於此可見一斑」[1]。私見以為，這只是看到了問題的積極一面，而忽視了消極一面。事實上，在君主專制政體下，令尹握有的司法權力，實際上只是楚王專制權力在司法領域的自然延伸，是為鞏固專制王權服務的。換句話說，也就是楚國法治秩序的興廢，實際上是取決於楚王個人的品德和才幹的，令尹在任何時候都無法改變這樣一個事實。當楚王賢明，重視法治之時，清廉正直人士才會得以重用，國家法制就在一定程度上得以維持，由此帶來社會的安定與經濟的發展。但遺憾的是，自古以來皆是，開明君主不常有，昏庸之君卻比比皆是。楚國亦如此。明君少見，昏君多見。而昏君常常又是與奸臣聯繫在一起的，縱觀楚國八百餘年的歷史，令尹也是以貪腐的居多。不受法律節制的君主權力，往往會因其個人的昏庸而導致社會的震盪，給社會造成巨大的災難。而此時由貪腐的令尹全面宰製司法刑獄，所產生的作用只會是推波助瀾，亂上加亂。

### 2.廷理

廷理一職最早見於楚成王時期。《說苑　至公》載：

楚令尹子文之族有干法者，廷理拘之，聞其令尹之族而釋之，子文召廷理而責之曰：「凡立廷理者，將以司犯王令而察觸國法

---

① 宋公文：《楚史新探》，河南大學出版社1988年版，第107頁。

也」……廷理懼，遂刑其族人。成王聞之，不及履而至於子文之室，曰：「寡人幼少，置理失其人，以違夫子之意。」於是黜廷理而尊子文，使及內政。國人聞之，曰：「若令尹之公也，吾黨何憂乎？」乃相與作歌曰：「子文之族，犯國法程，廷理釋之，子文不聽，恤顧怨萌，方正公平。」

又見於楚莊王時期。《韓非子 外儲說右上》記：

荊莊王有茅門之法曰：群臣大夫諸公子入朝，馬蹄踐霤者，廷理斬其輈，戮其御。於是太子入朝，馬蹄踐霤，廷理斬其輈，戮其御。太子怒，入為王泣曰：「為我誅戮廷理。」王曰：「法者，所以敬宗廟，尊社稷。故能立法從令尊敬社稷者，社稷之臣也，焉可誅也？」

綜上可見，廷理為中央司法職官，職掌刑法，對令尹和楚王直接負責。另據《韓詩外傳》卷二載：

楚昭王有士曰石奢，其為人也，公而好直，王使為理。於是道有殺人者，石奢追之，則父也。還返於廷，曰：「殺人者，臣之父也。以父成政，非孝也；不行君法，非忠也；弛罪廢法，而伏其辜，臣之所守也。」遂伏斧鑕，曰：「命在君。」君曰：「追而不及，庸有罪乎？子其治事矣。」石奢曰：「不然。不私其父，非孝也；不行君法、非忠也；以死罪生，不廉也。君欲赦之，上之惠也；臣不能失法，下之義也。」遂不去鈇鑕，刎頸而死乎廷。

《新序 節士》亦載：「楚昭王有士曰石奢，其為人也，公正而好義，王使為理。」《史記 循吏列傳》則記：「石奢者，楚昭王相也。堅直廉正，無所阿避。」相互之間顯然有衝突。如何解讀呢？筆

者以為：理，即廷理；相，亦即廷理，為其別稱。理由有三：其一，昭王之所以要命石奢為理或相，原因很簡單，石奢為人公正秉直，剛正不阿，而這一品質正是一個優秀司法官員所應具備的；其二，石奢任理或相後，所從事的顯然是司法工作；其三，前引《說苑　至公》記，成王稱「置理失其人」。顯然，其所言的「理」指的就是廷理。而從子文的指責和成王的自責中，可以清楚地看到，楚國在任命廷理一職時，非常看重公正廉直的道德品格。昭王之後，廷理一職似乎取消了，文獻中再也找不到其蹤跡。其中緣由，也不得而知。此事令人迷惑，令人費解。

需要指出，廷理一職《左傳》沒有記載。因此，有學者認為，楚國是否真正存在廷理一官，還有待於進一步研究[1]。此說立足穩妥，不妨留存。

### 3.司敗

與廷理不同，司敗不僅在《左傳》中有明確的記載，而且出土的包山楚簡也有記載，可見，春秋戰國時期楚國都設有司敗這一職官，但相關問題亦隨之而來。戰國時代，楚國司敗在文獻中沒有記載，而包山楚簡又顯示，楚國從中央到地方均設有司敗一職。因此，如何認識司敗，成為一個難題。

從文獻記載來看，司敗最早亦見於楚成王時期。《左傳　文公十年》載，成王使子西為商公，子西辭曰：

臣免於死，又有讒言，謂臣將逃，臣歸死於司敗也。杜預注：「陳、楚名司寇為司敗。」

《左傳　宣公四年》記：

---

① 譚黎明：《春秋戰國時期楚國官制研究》，吉林大學2006年博士學位論文，第57頁。

楚箴尹克黃曰：「棄君之命，獨誰受之。君，天也，天可逃乎？」遂歸，覆命，而自拘於司敗。

又《國語　楚語下》記藍尹亹對楚昭王說：

臣何有於死，死在司敗矣！韋昭注：「楚謂司寇為司敗。」

綜上可見，楚國司敗與中原諸國的司寇相同，是春秋時期楚國中央朝廷職掌刑獄的司法職官，具有很高的司法地位。此外，司敗不為楚國所獨有，陳、唐亦有之。楊伯峻《左傳　文公十年》注云：「《論語　述而》有『陳司敗』，定三年《傳》述『唐人自拘於司敗』，與襄三年《傳》『請歸死於司寇』文意同，足知陳、楚、唐之司敗，即他國之司寇。」

但這樣一來，就產生了一個問題：廷理和司敗之間是何種關係，職權如何劃分？就現有材料來看，很難說清釐明。學界雖有所關注，但很少有探討[①]，普遍以為廷理為宮廷內部的官員。如賈繼東指出：

春秋時期中原諸夏的「理」也是兼司法權與執法權而有之的高級法官。楚人在構建其司法職官體系時，擷取中原之「理」而有創新，並在春秋、戰國之世分別衍生出了「廷理」和「慶理」等職。
……
《韓詩外傳》卷二記：「楚昭王有士曰石奢，其為人也，公而好直，王使為理。」《新序》卷七亦記此事。凡此說明，楚國在春秋之世仿中原之制而設法官「理」。此前楚人還在理的基礎上衍生出了廷理——楚國宮廷的執法官。

---

① 南玉泉：〈楚國司法制度探微〉，載《政法論壇》，2000年第6期。

⋯⋯⋯

楚國宮廷的執法官。春秋時期，楚國所設的理（包括廷理）與中原之理相較而言，其地位雖然也很高，但更側重於執法。可以說，它是楚國中央政府的執法官員。

楚國在春秋之世仿中原之制而設法官「理」。此前楚人還在理的基礎上衍生出了廷理——楚國宮廷的執法官。降至戰國，楚理又分化出慶理等職，其地位每況愈下。

《包楚簡》中屢見某某為理的句式據簡文，戰國中晚期楚國的理是一般執法官員。另據《簡133》等可知，楚人百宜君一身而兼有勤客、慶理二職。簡文將慶理列於勤客之後，暗示了慶理的地位決不會高於勤客。《包山楚簡》中的勤客是逮捕逃犯的基層執法人員，慶理與之地位相類，職責相似，也當是地位不高的執法人員。

綜上以觀，楚理雖襲華夏舊制，卻更富於楚國特色。其身分地位與職責許可權幾經變動，飽歷滄桑：春秋時期為中央執法官員，地位很高；及至戰國中晚期，則跌落為地位較低的基層執法官員。①

陳偉在探討楚國里公得名的問題時，也曾從「理」的角度作了簡要梳理和考證，認為里公的得名與作為基層組織的「里」無關，而與中原職掌治獄的「理」有關。因為簡文所見里公，皆與治安執法有關，讀里為「理」或「李」，看作州、里中司掌治安的官吏，應是適宜的②。

應該說，陳偉和賈繼東對楚國之「理」的源與流所作的梳理，是符合楚國歷史發展實際的，基本上是可信的。但賈繼東將廷理認定為楚國宮廷內的執法官，筆者不敢苟同。理由有二：一是僅從現有材料

① 賈繼東：〈從出土竹簡看楚國司法職官的建置及演變〉，載《江漢論壇》，1996年第9期。
② 陳偉：《包山楚簡初探》，武漢大學出版社1996年版，第91頁。

來看，廷理的執法範圍就已不僅僅局限於宮廷之內。如果說，廷理對莊王太子的執法是發生在宮廷之內，那麼，對令尹子文族人的執法則遠非宮廷二字所能概括，而石奢為廷理時，其執法之範圍更大了，隨時隨地有權對犯罪行為進行追究。二是從子文的舉措和楚王的安慰來看，廷理不僅僅只是一名簡單的執法人員，而是集審判權和執行權一身。

反觀春秋時期的司敗，其執法的對象均是待罪之身，子西是敗軍之將，箴尹是叛亂之臣（因族人謀反而株連），藍尹更是犯有不遵王命之罪。不僅如此，他們都是朝廷命臣。由此可見，將司敗界定為楚國宮廷的執法官，並且很有可能已按部門設置，似乎更為妥當。果如是，則廷理與司敗的關係和職權劃分，以及戰國時期所發生的變化等問題就能找到一種較為合理的解答。私見以為，廷理是春秋時期中央政府的主管司法官員，司敗則是具體執法官員。進入戰國以後，隨著楚王專制集權的強化和政府機構與職能調整和改革，原本司職軍事的左尹逐漸取代廷理掌握了司法行政大權，負責審理楚王交辦的案件和地方不能審理的重大案件，以及審核平決地方的疑難案件，歸楚王直接領導，並對楚王直接負責。廷理則因權力過大而遭裁撤，而司敗則因主管執法而被保留，這也是戰國時期二者在文獻中沒有記載的重要原因之一。

保留下來的司敗，地位和職責均發生了顯著變化。關於司敗司法活動的記載，主要集中在包山簡的《受期簡》中，共39處。仔細分析這些記載，大致可以獲得三個啟示：

第一，司敗的設置具有多重性。不僅中央政府設置，地方政府亦普遍設置，而且封君的封邑以及中央某些職能部門也設有司敗。正如彭浩指出：值得注意的是，楚國政府的許多職能部門中也設有司敗，如「五師宵倌之司敗」、「司豊司敗」等，他們負責本部門的司法工作。一些封君在各自封地的管理機構中設有司敗，如「射𦤔君之司敗

臧舸」（簡38），「喜君司敗史善」（簡54）等①。此外，還設有王丁司敗、馭司敗、少司敗等司法職官。關於楚國司敗的具體設置及其類別歸屬，文炳淳在《包山楚簡所見楚官制研究》有具體論述，可參見②。茲不贅述。需要指出的是，從簡文的記載來看，中央政府職能部門的司敗原則上歸中央司敗管理。學界對此已形成共識。

第二，司敗的司法權力發生重大變化。與春秋時期專司執法明顯不同，戰國時期的司敗負責整個具體司法事務，不僅擁有執法權，而且擁有審訊權。如簡128、141、143等記王丁司敗與左尹等高級官員聯合下令，指導下級法官調查、審判民事、刑事案件。簡23和簡33分別表明少司敗和馭司敗均有權受理案件③。

第三，司敗的身分地位顯著下降。春秋時期，司敗執法的對象均是朝廷高官，而且直接對楚王負責，是楚王身邊的近臣，可謂位高權重。降至戰國，司敗普遍設置，成為中央政府與地方政權負責具體司法事務的專職司法官吏，只須對各自的行政長官負責，即便是中央司敗，也無權對楚王負責。從楚王身邊的近臣到政府部門的官員，從直接對楚王負責到只須對行政長官負責，司敗的身分地位顯然是一落千丈。賈繼東以為：從司敗受理案件的當事人（玉令、大師等）地位可推知，懷王之世，楚國司敗的地位不低。從文獻資料和考古材料來看，上迄春秋，下至戰國，司敗的身分地位並無大異④。顯然與楚國的歷史實際不相符合。

還有一點是需要指出的，在包山楚簡中還有一處稱作「右司寇」的（簡102）。彭浩以為這種官稱可以認為是中原官稱在楚地的遺留。

---

① 彭浩：〈包山楚簡反映的楚國法律與司法制度〉，《包山楚墓》附錄二二，文物出版社1996年版，第553頁。
② 文炳淳：《包山楚簡所見楚官制研究》（修訂本），臺灣大學1998年碩士學位論文，第101—110頁。
③ 賈繼東：〈從出土竹簡看楚國司法職官的建置及演變〉，載《江漢論壇》，1996年第9期。
④ 賈繼東：〈從出土竹簡看楚國司法職官的建置及演變〉，載《江漢論壇》，1996年第9期。

司敗之下有正及若干執事人，負責日常工作[1]。所言甚是。

### 4.左尹

左尹一職，文獻屢有記載。《左傳　宣公十一年》載：

楚左尹子重侵宋。

楊伯峻注：「子重，公子嬰齊、楚莊王之弟。」

《左傳　昭公十八年》載楚左尹王子勝言於楚子曰：

楚子使王子勝遷許於析，實白羽。

《左傳　昭公二十七年》記：

左尹郤宛、工尹壽帥師至於潛。

可見，左尹一職最早見於莊王時期，通常由楚王弟弟擔任，平時出入侍王，籌謀國事，作戰時可將重兵出征，地位之重要、身分之顯赫，由此可見一斑！

需要注意，春秋時期，儘管左尹有如此身分和地位，其具體職掌卻是不夠明確的。令人奇怪，降至戰國時期，左尹從文獻中消失了。所幸的是，出土的包山楚簡清楚地表明戰國時期楚國仍然置有左尹一職，且其職權範圍具體化了、擴大化了。

據學者統計，包山楚簡關於左尹的記載高達39次[2]。有關其職務

---

① 彭浩：〈包山楚簡反映的楚國法律與司法制度〉，《包山楚墓》附錄二二，文物出版社1991年版，第553頁。

② 文炳淳：《包山楚簡所見楚國官職研究》，（修訂本），臺灣大學1998年碩士學位論文，第98頁。

第六章　司法制度

活動的記載主要集中在司法文書簡中。仔細解讀這批司法文書，不難發現，左尹在楚國的整個司法體系和實際運作中居於核心和樞紐的地位。

首先，凡不服地方政府或部門判決的上訴案件，須呈報給左尹，由左尹負責，原則上不能跨越。倘若越過左尹直接上訴於楚王，楚王關於案件的初步處理意見仍須經由左尹下達，並由左尹負責督促和落實。如簡131—139所記舒慶殺人案，案情複雜，在陰地政府判定之後，舒慶不服，直接上訴於楚王。但楚王最終還是將其交由左尹辦理。

其次，同一案件在進行覆核時，不再直接遞交楚王，而由左尹代為主持。如簡15—17記載，「五師宵倌之司敗」若狀告行之大夫執其倌人後，案件先是呈報至楚王，楚王責令左尹進行管理，左尹遂將訟案交付「新偌迅尹」解決。而「新偌迅尹」的裁斷結果並不為「五師宵倌之司敗」所接受，故其又重新上訴至於左尹。

第三，對於地方上的一些司法事務，尤其是州的司法事務，左尹均有權直接管轄，親自處理。陳偉指出：在「㽇獄」簡和「所諑」簡以及其他某些左尹官署所記文書中，更記有大量縣中居民的告訴。這些告訴可能是直接向左尹提出……直呈於中央、牽涉縣中居民的起訴有可能局限於那些跨地區的訟案。……文書中記有一些涉及封邑居民和封君本人或其子弟的訟案，可見中央有權過問封地的司法問題……據簡141—144記載，州中的司法事務則應由左尹直接管轄。在左尹官署記錄的「㽇獄」、「受期」、「所諑」等類文書中，涉及州人的訟案占很大比重，恐即與此有關 ①。

第四，對中央政府各職能部門之間的糾紛和爭訟有權直接管理，指派官員對此作出裁決。整理小組指出：中央政府的職能部門也設有

---

① 陳偉：《包山楚簡初探》，武漢大學出版社1996年版，第148—149頁。

司敗，負責本部門的司法工作。這些官員也當對本部門的治安負責。對於超出本部門的爭訟，如簡15—17所示，則需向上報告，由指派的官員來裁斷。事實上，前面已講到，這些政府職能部門的司敗雖分散各部門，但在歸屬和管理上卻歸左尹管轄，因此，從實際上看，整個中央政府的司法事務說到底還是歸左尹管轄。

第五，負責全國的司法行政事務，有權對全國的司法活動進行統計和監督。彭浩指出：「左尹有若干助手……他們協助左尹，負責日常司法工作地方的管理。每年各地受理、審理案件的情況必須向左尹匯總報告，稱作『上計』。文書簡162—192所記內容是各地向左尹的助手匯總報告的摘要記錄，包括日期、人名、籍貫，它實際上是《受期》的摘要。經過匯總，當年的斷獄數也就得出來了。」[①]

另據簡227等卜筮禱詞類簡記載，左尹昭㐌平時「出入侍王」，清楚表明左尹是楚王身邊的重臣，擁有顯赫的身分和地位。

綜上可見，左尹當是戰國時期楚國中央最高司法長官，負責全國的司法工作，既接受上訴案件，指導複審，又審理皇帝交辦的案件和地方不能審理的重大案件，以及統計審核各地的訴訟案件，並對楚王負責。

行文至此，關於包山簡所見左尹司法權的探討就會帶來三個值得注意的相關問題。

第一，左尹的這種司法權與文獻所載令尹的司法權顯然是相衝突的。包山簡反映左尹在楚王的直接領導下，統領全國的司法工作，不對令尹負責。而文獻記載顯示，戰國時期，令尹仍然具有司法決斷權。前引《淮南子　人間訓》記，「子發為上蔡令。民有罪當刑，獄斷論定，決於令尹前」。在「獄斷論定」的情況下，還得由令尹最終

① 彭浩：〈包山楚簡反映的楚國法律與司法制度〉，載《包山楚墓》附錄二二，文物出版社1991年版，第553—554頁。

作出裁決，足見令尹仍然在一定程度上控制著司法權。另據宋公文研究，偵破冤案也屬令尹注意的範疇①。《韓非子　內儲說下》記：「昭奚恤之用荊也，有燒倉廥窌者，而不知其人。昭奚恤令吏執販茅者而問之，果燒也。」這實際上也是令尹控制司法權的一種重要表現。如何認識這一現象，值得關注和思考。

第二，從文獻記載來看，春秋時期楚左尹地位僅次於令尹，作戰時可以領兵打仗。然而據包山簡所記，戰國時期左尹似乎只主管司法，而絕少言兵。賈繼東注意到了這一點，指出這可能有兩種情況：一是左尹平時為司法長官，戰時與楚國其他官員一樣，可將重兵；二是可能在春秋之世，左尹為令尹之佐，及至戰國中晚期，其職責起了變化，成為楚國中央主管司法的最高專職官員②。但賈繼東沒有就這一問題作進一步探討，令人遺憾，因為解釋這一問題對研究楚國司法制度以及官制等均具有重要意義。

第三，從包山楚簡反映的情況來看，楚國在司法文書的管理上有著一套非常完整而嚴格的規範和制度。依照相關法律和制度，所有司法文書均須按照規定歸檔，交由官府留存。既然法律如此重視司法檔案工作，為何左尹邵佗死後會有這樣一批司法文書隨葬於其墓中？這一行為是私人行為，還是官方行為？是違法，還是合法？如果是合法，這一行為又該作何解釋？如何是違法，為什麼要這樣做？如果都不是，這批司法文書簡的真實性或原始性是否值得懷疑？所有這些，均值得認真思考。在現有研究中，唯陳偉注意到這一點，給出的解釋是，猜想邵佗身體正常的時候，將一些公文帶回家中閱處。當他發病之後。這些文書便沒有歸還到官署之中，最後作為他的遺物隨葬。這雖然可能與當時的禁忌有關，但也似乎反映出楚國的公文管理制度並不太嚴格③。

① 宋公文：《楚史新探》，河南大學出版社1988年版，第107頁。
② 賈繼東：〈從出土竹簡看楚國司法職官的建置及演變〉，載《江漢論壇》，1996年第9期。
③ 陳偉：《包山楚簡初探》，武漢大學出版社1996年版，第66頁。

應該說，這一解釋具有很大的合理性，但顯然還不夠充分，還有很大的探討空間。

### 二、地方司法機關

中國自從國家形成以後，便在中央建立了專門的司法機關。但在地方則由行政機關兼理司法，地方行政建制與司法審級基本一致，行政長官也就是司法官，這種體制遂使得行政權淩駕於司法權力之上。這種司法與行政合一的體制，更便於皇帝控制司法 ①。這一論述同樣適用於楚國。

春秋戰國時期，楚國的地方行政建制雖複雜多變，但就總體架構而言，基本上是以郡縣制為主體，同時輔之以封邑制度。與這種地方行政建制相適應，楚國的地方司法機關基本上分為郡縣兩級，司法機關與行政機關合二為一，主管一郡的郡公與主管一縣的縣尹（或縣公）也同時掌管郡縣的司法審判。由於郡縣與封邑並存，封邑享有一定的相對獨立的審判權，但不構成獨立的司法管轄機關。郡公、縣尹（或縣公）、封君因為有司法之權，故下設有關機關負責具體司法事務，如縣正、司敗、大司敗、少司敗、司馬、左司馬、少司馬、連囂、莫囂、太師、少師、工尹、少工尹、喬尹、大迅尹等。

從文獻記載和出土材料來看，在楚國地方司法系統中，縣級政府是最為基本、最為關鍵的環節，他們獨立運作，負有主要司法職權，是最為基本的司法機關 ②。關於這一點，陳偉有一段精彩論述，現徵引如下：

這主要體現在三個方面：

首先，簡120—123記下蔡菽里人餘猬向下蔡㪍執事人陽城公樣罞

---

① 張晉藩：《中國法律的傳統與近代轉型》，法律出版社1997年版，第317頁。
② 參見陳偉：《包山楚簡初探》，武漢大學出版社1996年版；顏世鉉：《包山楚簡地名研究》，臺灣大學中國文學研究所碩士學位論文，1997年。

告發下蔡山陽里人邽僕的罪行。下蔡轄有里，應是一處楚縣，餘猬、邽僕為縣中居民，樣睪為該縣官員。這一事例表明縣級官府系接受縣中居民起訴的機構。

其次，在簡120—123中，拘捕並審訊邽僕，以及捉拿其他疑犯、收邽僕之孥，均由下蔡官員自己或者命其屬下進行。在舒慶等人的訟案中，舒慶向子宛公提出起訴①，子宛公命陰地官吏辦理；後舒慶上訴於楚王，楚王經左尹交付湯公辦處，湯公複又交付給陰地官府。簡120—123說「未至斷」，簡131接136—137說「未有斷」，似乎「斷」即裁決也由縣府作出。簡102說新都官員「斷不法」，新都可能也是縣級單位。這樣可以說，縣中居民的訟案一般應由縣級官府主理。

複次，在「受期」簡中，左尹官署常常要求一些縣級官員「迻」某人「以廷」。在這種高於縣級的審理中，縣級官府仍然起著基本的保障作用。②

彭浩亦指出，縣廷接受告訴、一審和複審 ③。顯然，彭浩也認為縣級政府是楚國最基層的司法機關。

無論是根據司法與行政合一的體制要求和行政管理的基本原則，還是從法理上來推斷，郡級政府都應是介於縣和中央之間的一級司法行政機關。但這在現有資料中卻沒有很好地體現出來。陳偉對此亦有論述：

郡在簡書中的存在很不明朗。在舒慶等人的訟案中，子宛公和湯公競軍處於左尹與陰地官府之間，較有可能是介入司法事務的的郡級

---

① 參見陳偉：〈包山簡所見楚國的宛郡〉，載《新出楚簡研讀》，武漢大學出版社2010年版。
② 陳偉：《包山楚簡初探》，武漢大學出版社1996年版，第147頁。
③ 彭浩：〈包山楚簡反映的楚國法律與司法制度〉，《包山楚墓》附錄二二，文物出版社1991年版，第553頁。

官員。就簡書所記，他們沒有親自參與審理，只是在上傳下達方面做了一些事。而在「受期」簡中，左尹官署直接向縣級官府發出指令，並不經過郡級官府一環。由此似可認為，楚國的郡在司法方面，並不起太多作用。[①]

究其原因，陳偉認為：

可能是因為當時楚國的郡主要設於邊地，不是所有縣都由郡來統攝。在另一方面，我們曾經推測，楚國的郡制可能還沒有從縣制中完全分離出來，它的組織和運作，還不夠正式、系統和完善。簡書缺少郡的記載或許與此有關。[②]

應該說，從現有材料來看，陳偉的以上論述基本上是與楚國的歷史實際相符合的。筆者在此擬補充兩點：

第一，從包山楚簡的記載來看，處於左尹與陰地官府之間的郡級官員子宛公和湯公競軍，雖然沒有親自參與審理，只是在上傳下達方面做了一些事，但這件事本身就已說明他們表明事實上已經介入了司法事務。若不是將其作為一級司法行政機關，這類事情也不會讓他們參與。至於他們為何沒有親自參與審理，當與實際訴訟和審判制度有關。舒慶等人的訴訟是一起上訴案件，並最終訴至楚王那裡。根據包山楚簡反映的楚國審判制度，對於上訴案件，實際審判權不是郡級政府所能決定的，必須有中央司法機關來指定，既可指定縣級政府重新審理，也可以自行組織複審，當然也可能指定郡級政府來審理。因此，子宛公和湯公競軍沒有親自參與審理，並不

---

① 陳偉：《包山楚簡初探》，武漢大學出版社1996年版，第147—148頁。
② 陳偉：《包山楚簡初探》，武漢大學出版社1996年版，第101頁。

第六章 司法制度

能從實質上說明什麼。

第二，在「受期」簡中，左尹官署直接向縣級官府發出指令，不經過郡級官府一環，也不能說明什麼。理由有二：一、作為國家最高行政司法機關，對地方各級司法機關的工作進行指導和監督是其應有職責，越過郡級政府而直接指導和監督縣級政府，是很自然和正常的一件事，就像今天的最高人民法院也有權直接指令縣級人民法院一樣。二、郡、縣兩級政府在行政管轄上雖有上下從屬關係，但在司法權上則很有可能不是一種簡單的上下管理關係。換句話說，郡級政府在司法上並不能完全掌控縣級政府，因為司法權在性質上與行政權有著質的區別，它具有相對的獨立性。正如陳偉所指出，在簡135反所記王命中，實質性內容只是「速為之斷」，並未提出傾向性意見。這似乎體現了尊重、依靠主辦官府，不作過多干預的精神①。楚王尚且如此尊重司法權的獨立性，郡級政府也就沒有任何理由和權利來過多地干涉縣級官府的司法審判權。

從包山楚簡反映的地域政治系統來看，州、里等是楚國最基層的行政組織。這些基層組織設有州加公、里公等行政長官，負責全州和全里的管理。整理小組認為：「楚國縣以下的基層單位有里、州。里有里公，負責全里的管理，接受里人的訴訟，當是最低一級行政組織。」南玉泉也大致持此看法，至於縣、州、里的行政主管則有權直接處理司法工作②。彭浩則認為，里、州、縣都能接受告訴，但正式審理案件的工作一般由縣廷辦理。縣廷是法定的審級，縣公是其最高負責人③。但陳偉對此持明確的反對意見。

① 陳偉：《包山楚簡初探》，武漢大學出版社1996年版，第147—148頁。
② 南玉泉：〈楚國司法制度探微〉，載《政法論壇》，2000年第6期。
③ 彭浩：〈包山楚簡反映的楚國法律與司法制度〉，《包山楚墓》附錄二二，文物出版社1991年版，第552—553頁。

由於包山文書簡係由左尹官署記錄或收存，所以較少看到縣下基層組織的活動。可以想像，這些組織既然處於基層，在治安、執法方面勢必涉入甚多。不過，縣下基層組織可能並不是正式的司法機關。……整理小組相信「受期」簡為受理告訴的記錄，因而說里公也接受訴訟（州不屬於地方政區，姑且不論）。依照第二章第四節的討論，「受期」簡實為左尹官署對所下指令的記錄。如果這一推斷大致不誤，那麼在全部簡書中就找不出一件里的官吏接受告訴的事例了。[1]

綜合法理和現有材料來考察，陳偉的觀點應該說更符合歷史的真實。基層行政機關在治安管理上擁有一定的管理權，並接受縣級政府的委託和指示，調解處理輕微的刑事案件和民事糾紛，是中國歷史上一個不爭的事實，但無權接受起訴，並擁有一定的司法審訊權，實際上也是一個不爭的事實。這一點與今天的鄉鎮政府雖有治安管理權，卻無司法審判權頗為類似。


## 第二節　訴訟制度

從包山楚簡的有關記載來看，東周時期，楚國的訴訟制度已相當完備。從起訴到審理，每一訴訟階段均設計有一套相當完善的制度和程序來予以保障，這從一個側面反映出了上古中國的法制文明程度。本節擬借用現代法律術語和理論，對楚國的訴訟制度作一簡單的探討。

### 一、起訴與受理

起訴是訴訟活動得以啟動和進行的前提和條件。為規範起訴行為，

---

[1]　陳偉：《包山楚簡初探》，武漢大學出版社1996年版，第147—148頁。

保證訴訟活動的正常進行，楚國制定了較為完備的起訴制度。從起訴的形式看，楚國已出現了公訴與自訴兩種起訴形式。一般來說，公訴主要適用於刑事案件，自訴主要適用於民事案件，但不僅限於此。

　　楚國的公訴是典型的糾問式訴訟，即由國家官吏依職權主動追究犯罪，實行「不告也理」的原則。刑事訴訟是否開始和繼續進行，完全由國家官吏決定，而不是主要由被害人決定。包山楚簡的資料表明，楚國地方官員享有追訴職能，一旦發現犯罪行為，有關官員就會行使職權，將犯罪嫌疑人提交主管司法的官吏審訊。如包山楚簡第124—125反面記載，楚國地方官員正昜公發現正昜之酷官黃齊、黃賜死在敢或（國）東敢邵戊之笑邑之後，立即主動依照法定許可權責成敢或的司法官員迅速偵辦，及時追究。司法官員取得案件關鍵證據之後，迅速拘傳了犯罪嫌疑人，並對之進行了開庭審理。在這個案例中，正昜公依其職權代表官府提請司法機構追究有關人員的刑事責任的訴訟行為，與當代訴訟活動中的提起公訴基本相似。但值得注意的是，受歷史條件和糾問式訴訟模式的制約，楚國並沒有出現專門負責公訴事宜的司法機構，其公訴職能多由行政官員或隸屬於行政的准司法官員代為行使，這與當今公訴職能已經從行政職能中完全分離出來，成為一種獨立的司法職能[①]，並由專門的法律監督機關負責統一行使，有相當大的距離，表現出一定的落後性。

　　楚國民事訴訟實行的是自訴制度，即當自己的合法權益受到侵害或與他人發生爭議時，當事人必須以自己的名義直接向具有司法職能的機構提起訴訟，請求該機構及負有司法職責的官吏依法給予法律保護，司法機關和官員對此類爭議和糾紛實行「不告不理」的原則。春秋戰國時期，楚國的商品經濟相對發達，民事流轉關係也相應複雜起來，因權益受到侵害或產生爭執而引發的民事爭議和訴訟，屢見不

---

① 劉玉堂、賈濟東：〈楚秦起訴制度比較研究〉，載《中南民族大學學報》，2004年第2期。

鮮，充斥於楚人的社會生活之中。包山楚簡記載了不少自訴案件：如第81簡記周賜控告競丁「政其田」，第91簡記周雁向司法機構起訴周瑤、周敬等人「葬於其土」，第89、97簡記原告控訴被告搶佔其妻妾等，包山楚簡第15—17簡所記五師宵倌之司敗若與邵行大夫之間爭奪僕人的案件，第151—152簡所載左馭番戌食田的繼承權糾紛案等。以上這些案例，訴訟客體和標的各不相同，範圍十分廣泛。所確認和保護的權利既包括所有權，又包括繼承權，所指向的標的既包括物，如土地等不動產，以及僕人等特殊財產，又包括行為，如葬於其土等侵權行為。所有這些表明，楚國的民事法律關係已經相當發達，不僅形成了相對完備的民事權利體系，而且建立了相應完善的民事責任體系，同時也從一個側面折射出楚國重視法治的傳統和精神。

民事訴訟的大量出現，使得楚國起訴書形成了相對固定的書寫格式和名稱。從具體內容上看，包山楚簡中很難找到一份格式較為完整的嚴格意義上的起訴書。但如考慮到起訴書和上訴書的法律性質和作用基本一樣，二者除名稱和當事人稱呼不同之外，其他行文格式均完全一樣，那麼，我們完全可以將包山楚簡中若干分散的資訊綜合起來，對楚國起訴書進行大致簡單的復原。陳偉指出，個人致官府的文書，最明顯的有簡15—17和簡132—135兩組。這兩組均是呈送「視日」即楚王的上訴狀，程序、用語非常近似，均為楚人訴狀的實物。其中，訴主以「僕」自稱，先通報身分，接著用「敢告視日」引出訴訟對象和事由，最後以「不敢不告（於）視日」結束。因為是呈遞於楚王，所以有特別之處（如採用「視日」的特殊稱謂）①。但楚人一

---

① 「視日」，原釋文作「見日」，學界對此意見不一。郭店楚簡出土後，基本達成一致，「見日」應釋作「視日」。今從之改定。另在釋「見」的基礎上，學界對「見日」有多種推測和解讀，至今仍不統一。詳見范常喜：〈戰國楚簡「視日」補議〉，簡帛研究網站http：//www.jianbo.org/admin3/list.asp？id=1335，2005-3-1。王寧：〈再說楚簡中的「視日」〉，復旦大學出土文獻與古文字研究中心網站http：//www.gwz.fudan.edu.cn/SrcShow.asp？Src_ID=1622，2011-8-20。

第六章 司法制度

般的訴狀，相信不會相去太遠。簡132—135中的「詬」，從言從告，可能專指訴狀而言①。因此，將以上資訊綜合起來，我們大致可以推斷當時楚國起訴書（或上訴書）的一般程序：第一部分為當事人基本情況介紹，以「僕」作為引用語；第二部分是事實和理由，以「敢告（於）某某（司法官員）」引出第三部分是公文式的禮節性的套話，以「不敢不告（某某）」作為通用語，大體類似於當今的「此致，某某人民法院」。可見，與今天的起訴書相比較，楚國的起訴書僅缺少具體的訴訟請求一項，其餘部分則基本相同。

本訴和反訴，是訴訟制度的重要組成部分，楚國當時是否出現了本訴和反訴之分，認識不一。認為楚國當時已經出現反訴的，無一例外地都拿包山楚簡第131—139所記苛冒、舒慶殺人案作為具體案例予以支撐。對這一觀點和法理解讀，私見認為還有待商榷，原因如下：一、本訴和反訴主要出現在民事訴訟之中，一般不適用於刑事訴訟。苛冒、舒慶殺人案是一起嚴重的刑事案件，所提起的只能是刑事訴訟而絕非普通的民事訴訟。二、本訴和反訴的當事人具有同一性，即反訴和本訴的當事人相同，只是訴訟地位互換而已。在苛冒、舒慶殺人案中，當事人之間並不具備同一性。前一訴訟的當事人分別是原告舒慶、被告苛冒、恒卯，後一訴訟的當事人則分別是原告苛冒、被告舒慶。三、本訴和反訴具有對抗性，被告提起反訴的主要目的在於對抗本訴原告的訴訟請求，這種對抗表現為抵消、排斥、吞併本訴原告的權利，或者使本訴原告的訴訟請求失去實際意義②。在苛冒、舒慶殺人案件，苛冒、舒慶二人的訴訟地位雖已發生變化，但起訴目的並不

① 詳見陳偉：《包山楚簡初探》，武漢大學出版社1996年版，第63頁、第137—138頁。陳偉後又在《楚國第二批司法簡芻議》中，對江陵磚瓦廠370號楚墓竹簡作復原分析，認為這批簡也是訴狀，其格式與包山楚簡所見完全一致，更可相信這代表了當時楚人向視日提出訴狀的格式。詳見陳偉：《新出楚簡研讀》，武漢大學出版社2010年版，第34—40頁。
② 蔡虹、李漢昌編著：《民事訴訟法學》，中國法制出版社1999年版。

具有對抗性，他們起訴的意圖不是借此消除自己的不利地位和應負責任，而是旨在追究對方的法律責任。那麼，如何認識這一問題呢？私見以為，這實際上是楚國的另一種刑事起訴形式——刑事案件自訴。

古今中外，刑事訴訟的提起，實際上一直存在著公訴和自訴兩種形式。只不過隨著社會的發展，法律越來越嚴格限制刑事自訴的範圍。在今天的中國，刑事自訴案嚴格地限定在輕傷害案、侮辱他人誹謗他人案、暴力干涉婚姻自由案、重婚案、破壞現役軍人婚姻案、虐待家庭成員案、遺棄案等輕微刑事案件。楚國當然也不例外，所不同的是，楚國沒有就範圍作嚴格的限制，諸如殺人之類的嚴重的刑事案件也適用自訴。這是與當時的社會經濟發展相適應的。楚國當時既沒有出現諸如今天的檢察院等專門的公訴機關，也沒有形成強大刑事偵辦能力和體系，如不允許被害人或近親屬及其代理人直接控訴，那麼，很容易造成引起矛盾的激化，從而影響社會的穩定。而允許刑事自訴的存在，並不限制其適用範圍，無疑是對司法資源嚴重不足的一種有效補充，是一種切實可行的補救措施。

起訴之後，並不必然引起審判程序的開始。審判機關在收到起訴材料之後，都要從形式和內容上進行審查，認為符合法定起訴條件的，才予以立案審理，從而正式啟動審判程序，進入法庭審理階段。這一訴訟行為，在訴訟法上稱為受理。從包山楚簡的記載來看，楚國不僅要求司法機構在受理階段製作相應的法律文書，而且在受理階段製作的法律文書已經高度格式化，形成了固定的名稱和體例。

包山楚簡顯示，楚國司法機構在受理階段製作的法律文書，稱為《受期》。其內容主要包括：受理訴訟的時間；受理訴訟的官員職位及姓名；預定審理案件的時間；針對可能出現的違法情況，重申和強調有關案件審理的紀律和要求；對違反審判秩序和紀律的行為實施懲罰的規定；以及審理人員的組成情況（包括姓名及職位）。《受期》行文已經高度格式化，一般程序為：某月某日，某地官員某受期，某

月某日將審斷。不將⋯⋯以廷，阩門又敗。某某識之。如包山楚簡《受期》第26簡：

八月壬申之日，鄟陽大正登生肱受期。八月癸巳之日不將鄟陽邑大夫以廷，阩門又敗。正羅壽識之。

這裡與「受」對應的日期（八月壬申之日）就是受理訴訟案件的日期，與「期」對應的日期（八月癸巳之日）則是預定開庭審理的日期，「識」即審理案件，「正」是楚國所設專職司法職官[1]。整段簡文譯成今文就是：八月壬申這一天，鄟陽大正（專職司法職官名）登生肱（人名）受理了此訴訟案件。預定於八月癸巳這一天開庭審理。如果鄟陽邑大夫（職官名）不按時參加庭審，將會受到某種懲罰，承擔某種不利的法律後果。此案由正（專職司法職官名）羅壽（人名）負責審理。規範化司法文書的出現，是大量司法實踐經驗的總結和產物，同時又是司法活動高度發達的標誌和保證。

重視和強調受理階段司法文書的規範化製作，有著極為重要的法律意義。受理階段並不需要就內容作更多的實質上的審查，因此，重視和強調受理階段司法文書的規範化製作，明確要求以書面形式告知受理結果以及訴訟活動參與人的權利和義務，既是對受理活動的一種有效監督和管理，又是隨後的審理活動得以順利進行的一種事前規範和保障，是為建立程序公正而設計的一種科學而合理的措施。

程序的公正是結果公正必要的前提和保證。為保證訴訟的公平和正義，現代的法律在正式開庭審理前，設置了兩大程序：一是將立案和審理嚴格分開，立案庭專門負責立案工作，審判庭只負責審理工作，彼此獨立，互不干涉。二是在開庭前，審判人員必須做好庭審前

---

① 賈繼東：〈包山楚簡中〈受期〉簡別解〉，載《東南文化》，1996年第1期。

的準備工作。如送達起訴書副本，告知當事人有關訴訟權利和義務、合議庭的組成，送達傳票通知有關當事人參加訴訟等。將楚國受理階段的活動與今天的相比較，我們不難發現，二者在性質和內容上完全相同，沒有實質性的差異。從《受期》簡所記載的內容來看，楚國當時也已把立案和審理嚴格區分開來，如簡26中所載，立案是由鄣陽大正（專職司法職官名）登生肱（人名）負責並完成的，而審理則是由正（專職司法職官名）羅壽（人名）具體負責。在庭審前的準備工作上，楚《受期》簡也基本上涵蓋了現代庭審前的準備工作的主要內容。除了看不到起訴書副本的送達之外，二者之間幾無差別。

楚國法律在要求司法機構製作並送達《受期》這一法律文書的同時，是否一併要求送達起訴書副本，文獻和包山楚簡沒有反映，我們在這裡只能稍加推測。從楚國對立案和庭審前準備工作的重視，我們有理由相信，楚國司法機構在製作並送達《受期》這一法律文書時，完全有可能將起訴書副本一併送達。原因如下：一、起訴書副本一般是由當事人製作和提供，司法機構僅負送達之義務；二、司法機構將起訴書副本一併送達，不僅不會因此增加司法成本，反而會因此提高訴訟效率和進一步保證訴訟的公平和正義，也更能有效地實現立法者的重視受理工作的立法意圖。而《受期》簡之所以沒有就此加以記載，當是囿於性質和格式所限。

## 二、主管和管轄

關於案件的主管和管轄，包山楚簡所提供的資訊不多且零散，但結合相關文獻綜合考慮，我們仍然可以判斷出，楚國在這一問題上，也有一定之規。

主管，是指司法機關受理案件的許可權範圍，它要解決的是司法機關同其他國家機關之間處理糾紛的分工和許可權，即哪些糾紛歸司法機關處理，哪些不歸司法機關管理。現代法律意義上的主管主要多適用於民事訴訟。受所處的歷史條件制約，楚國司法機構及其職能沒

第六章　司法制度

有細分化和專業化，也沒有嚴格地將刑事訴訟、民事訴訟、行政訴訟區別開來。因此，出於對社會嚴密控制的需要，楚國司法機關有權就一切糾紛進行處理。如，包山簡第131—139所載苟冒、舒慶殺人案是一起嚴重的刑事案件，簡第151—152所記左馭番戌食田爭議案是一起複雜的民事繼承糾紛，第91簡記載的周雁向司法機構起訴周瑤、周敓等人「葬於其土」，則是一起簡單的民事侵權糾紛，而簡15—17所載司敗若名籍糾紛案，依現代訴訟法學理論判斷，應是一起行政訴訟。更為關鍵的是，所有這些案件均由司法機關作出終審裁判，儘管其中一部分糾紛一直提交到楚王那裡，但楚王並沒有出面直接運用行政手段加以解決，而是將其交給了司法機關作最終解決。這實際上也就意味著，楚王是承認司法機關是具有最終審判權的。

糾紛發生後，當事人該向哪個地方和哪一級別的司法機關提起訴訟，這就涉及到管轄的問題。包山楚簡顯示，楚國實行的是法定管轄，即不允許當事人以協議約定管轄，必須依照法律規定向所在地區的同級司法機關提起訴訟，否則，即視為越級或違規，案件須發回審理。下面以簡131—139為例作一簡單分析。

在苟冒、舒慶殺人案中，原告舒慶首先向子宛公提出訴訟，要求追究苟冒、宣卯的法律責任。但子宛公接受起訴後並未親自審理，而是交付給陰地司法機關審理。他為什麼要這樣做呢？合理的解釋當是，子宛公認識到，對這起當事人均為陰人的訴訟案件，無論是依照地域管轄的一般原則「原告就被告」，還是依照地域管轄的補充原則「被告就原告」，自己都無權管轄，因此，主動將案件移交給有管轄權的陰地司法機關審理。當證據和庭審於己不利時，舒慶向楚王提出上訴。案件經過楚王、左尹、子宛公等人層層批轉，最後仍然發回陰地司法機關予以重審。之所以會出現如此結果，根本原因就在於，依照法定管轄的規定，陰地官府是最基本的審判機關，主要負責案件的第一審。而上訴案件，是可以發回原審機關重新審理的。所以，以上做

法是符合法律規定的，也反映出楚人對管轄問題的重視。

子宛公確切身分不詳，但從他向陰地官員發出指示、陰地官員向他請示以及左尹向他傳達王命來看，他可能是陰地的上一級長官。舒慶直接向他起訴，顯然是越級起訴，是不合法的。但他作為上級，沒有簡單粗暴地駁回起訴，而是先受理這起訴訟，然後根據具體事實，將案件移交陰地司法機關審理。這一做法，是正確、合法的，不僅較好地保護了當事人的訴權，而且較好地平衡了司法機關之間的分工和許可權，與現代法律精神有著高度一致，值得肯定。

### 三、審級制度和證據制度

在就楚國的審級制度展開探討前，我們有必要先來簡要了解一下審級制度和審判監督程序的聯繫和區別。審級制度是指一起案件經過上下幾級司法機關的審判之後即宣告終結的制度，它要解決的問題是，判決何時生效的問題。審判監督程序則是對已經生效的判決進行再審的程序。它的目的是糾正已經發生法律效力的判決的錯誤，它不是一級獨立的審判程序，不具有屬於審級的性質。審級中的再次起訴，稱為上訴，其針對對象是尚未生效的初審判決。審判監督程序中的再次起訴，一般稱為申訴，其針對的對象是已經生效的判決。上訴和申訴都存在著對同一案件進行多次審理的情形。

包山楚簡顯示，楚國存在著大量的對同一案件進行多次審理的現象。簡131—139所記陰人舒慶涉嫌殺人一案，舒慶對初審判決不服，一直上告到楚王那裡，楚王命左尹將該案移交有關人員重審。簡15—17記載的一例名籍糾紛案，原告司敗若初審敗訴，司敗若同樣不服初審判決，也上告至楚王，指控主審官員「新造迅尹丹」執法不公，要求重審，楚王於是指示左尹將此案移交有關人員重新審理。

在如何解讀和認定這一現象的問題上，大部分學者執上訴的觀點，如陳偉認為「舒慶上訴和舒旭的盟證請求，均直呈楚王，可能也越過了某些中間環節。不過，由於子宛公和楚王均將審理交付給了陰

第六章 司法制度

地官員，這種越級起訴和上訴並未造成基層司法機關職權的喪失。尤可注意的是：楚王接到舒慶上訴後，指示「速為之斷」，並未提出任何傾向性意見；而湯公和陰地官府收到這一指示後，僅將原先的審理情況上報，卻未組織複審；舒㤹呈重新盟證的請求雖經楚王下達，但似乎終未施行。這些都反映陰地官府在司法方面擁有較大的獨立性①。總的來說，無論是對簡文的文字釋讀還是法理解讀，陳偉的分析都是非常精闢且有力度的，但仍有一定的探討餘地，下面試就論述中的上訴問題作點補充說明。

前面已經講到過，上訴和申訴最大的區別之一就在於判決是否已經生效。而在包山楚簡所有記載中，我們很難找到足夠的資訊來判斷這一問題，換句話說，也就是很難斷定是上訴還是申訴。從法律精神和審判實驗來看，上訴一般都會按照法定的審判程序就案件進行重新審理，都會進行重新舉證和宣判，而申訴則不一定，視具體情形可重審，也可直接調閱案卷進行書面審查，或以其他方式進行。陳偉先生認為，「楚王接到舒慶上訴後，指示『速為之斷』，並未提出任何傾向性意見；而湯公和陰地官府收到這一指示後，僅將原先的審理情況上報，卻未組織複審」。因此，從這一點來看，認定為上訴有點不太妥。

簡15—17和簡131—139記載的案件，最後都打到楚王那裡。假如均是用上訴方式進行的，那麼，案件至少要經過三級審理，才宣告終結。以簡131—139為例，初審為陰地司法機關，二審為子㸌公及其同級司法機關，三審為楚王，如再加上左尹等其他高級司法官員，則遠不止三級。訴訟是要付出成本的，無論是對個人還是對國家都是一種負擔。審級過多，不僅使得當事人爭議的法律關係長期處於不穩定狀態，既不符合法治的要求，又增加當事人的訴訟成本，還大量浪費國

---

① 陳偉：〈包山楚簡司法簡131—139號考析〉，載《江漢考古》，2001年第2期。

家有限的司法資源。楚國幅員遼闊，人口眾多，又素有法治傳統，如審級過多，既有違法治原則，又會使當事人和國家都承擔不起。因此，綜上考慮，楚國肯定會有所限制，不會設計那麼多審級，讓當事人上訴至楚王，才宣告判決生效，至於剩下的司法公正的問題，則設計有申訴這一程序加以補救。以上只是筆者的一些疑惑和推測。楚國是實行單一的審級制度，還是同時輔之以審判監督程序，楚國的審級制度到底是二審終審制還是三審終審制，抑或是多審終審制等諸多問題，還有待進一步探討和論證。

審理是訴訟活動的關鍵之所在。有證據證明，在先秦時期的訴訟活動中，楚已有了較為完備的審理制度和規則。包山楚簡顯示，楚國的普通審理程序大致包括以下部分：首先由當事人陳述；然後根據陳述內容，通知證人到庭盟證，調取並審查核實證據；最後依據所掌握的證據材料依法作出判決並製作法律文書，記下訴訟活動的全過程①。證據是訴訟活動的中心和基礎，為保證案件的公正審判，楚國對證據的收集和認定作了嚴格的制度性規定。書證、人證、物證、證人證言、當事人陳述、鑒定結論等已被廣泛採用，注意和強調證據的合法性、關聯性、客觀性，並設計了非法證據排除規則、盟證制度、限制刑訊逼供等系列規範制度來予以保證②。

綜上以觀，楚國的訴訟制度和司法實踐，從一個側面反映出楚國已經擁有相當高的法制文明程度。但需要指出的是，受時代的制約，楚國的訴訟制度也表現出一定的落後性。

---

① 詳見劉玉堂、賈濟東：〈楚秦審判制度比較研究〉，載《江漢論壇》，2003年第9期。
② 詳見劉玉堂、賈濟東：〈楚秦刑事訴訟證據比較研究〉，載《湖北大學學報》，2004年第2期。

# 附錄　楚國的廉政制度

作者按：歷史經驗告訴我們，廉政制度建設向來都是法制建設的重要組成部分，它不僅是反映法制狀況的晴雨表，而且事關國家政權的行政效率和生死存亡。正如費孝通在其《鄉土重建》裡指出：「不論任何性質的政府，也不論政府有任何政策，如果讓貪污和無能腐蝕了行政效率，一切都是落空的，國事只有日趨惡化，這一點已沒有人否認。」因此，歷朝歷代都十分重視這一問題。故附上一文對楚國的廉政制度建設進行簡要探討，並以此作為考察楚國法制狀況的一個視窗。

作為貪腐的對立物，廉政向來是國家政權建設關注的焦點。春秋戰國時期，楚國在師法華夏的基礎上，根據本國國情，探索出了一條特殊的廉政建設之路，對楚的崛起發揮了重要作用，它也從一個側面反映出楚人博採眾長的氣度、創新開拓的銳意和發揚蹈厲的豪情。因此，探析楚國的廉政文化建設，總結其經驗和教訓，不僅能夠加深我們對楚文化的認識和理解，而且有助於我們以更清晰的眼光看待中國古代廉政建設，並批判地加以吸收和借鑒。

治國先治吏，楚人深諳其道。《淮南子　道應訓》記楚莊王向詹

何問治國之道，詹何回答說：「臣未嘗聞身治而國亂者也，未嘗聞身亂而國治者也。故本任於身，不敢對以末。」這裡的「身治」，指的就是「吏治」。可貴的是，楚國不僅充分認識到了吏治的重要性，而且採取了一系列措施來加強建設。從系統論的角度觀察，楚國的廉政建設是一個全方位、多層次的系統工程，思想道德教育、監督制約制度和獎廉懲貪機制是其中三個重要的子系統。它們互相配合，互相強化，有力地抑制了腐敗，促進了楚國吏治的清廉。

重視教化作用，強化官德教育，讓為官者明了清廉之理，常懷保民之心，防貪污腐敗於未然，是先秦時期中原各國廉政建設的重要舉措和成功經驗。善於學習先進文化，且以躋身華夏為目的的楚國統治者也深諳此道，始終把加強官員的思想道德建設放在第一位，明確要求為官者必須講求從政道德，遵從特定的行為規範。

### 1.重視儒家思想，強化道德建設

春秋戰國時期，儒家思想在楚國非常流行，而且深受上層階層的喜愛。他們不僅非常重視學習和鑽研華夏典籍，而且非常重視用儒家的思想和禮節來教育官員和子弟，要求他們牢固樹立為政以德觀念，努力做到忠、孝、仁、義、禮、信，認為唯其如此，為政者才能處處以大局為重，事事為國家著想，具體處事中才能清正廉明、奉職循禮，從而弘揚正氣。關於這一點，我們可以從楚國對太子的教育中窺見一斑。

楚莊王在治國過程中，深切感悟到國治必以德治為前提。因此，他高度重視太子的養成教育。在聘請大夫士亹為太子的師傅時，明確提出「賴子之善善之也。」士亹深感責任重大，遂向賢大夫申叔時請教。申叔時對他說：「教之春秋，而為之聳善而抑惡焉，以戒勸其心；教之世，而為之昭明德而廢幽昏焉，以休懼其動；教之詩，而為之導廣顯德，以耀明其志；教之禮，使知上下之則；教之樂，以疏其穢而鎮其浮；教之令，使訪物官；教之語，使明其德，而知先王之務

用明德於民也；教之故志，使知廢興者而戒懼焉；教之訓典，使知族類，行比義焉」①。三國韋昭注曰：「以天時記人事，謂之春秋；世，謂先王之世系也；令，謂先王之官法、時令也；語，治國之善語；故志，謂所記前世成敗之書；訓典，五帝之書。」

春秋、世、詩、禮、樂、令、語、故志、訓典都是華夏歷史典籍，後多奉為儒家經典，用它們來教育太子，實際上就是用儒家思想教育太子，其目的就是要解決太子自身內在的思想、品行、道德、情志的問題，使太子明善惡、知廉恥、慎行動、有遠志，知曉從政道德，洞悉成敗興衰，具備治理國家的知識和才能。

如何實現這一點呢？申叔時認為要循循善誘，以賢人相輔，以榜樣相示，加強「忠」、「信」、「義」、「禮」、「孝」、「事」、「仁」、「文」、「武」、「罰」、「賞」、「臨」等方面的教育，讓太子牢固樹立廉政道德觀念，「若是而不從，動而不悛，則文詠物以行之，求賢良以翼之。悛而不攝，則身勤之，多訓典刑以納之，務慎惇篤以固之。攝而不徹，則明施捨以導之忠，明久長以導之信，明度量以導之義，明等級以導之禮，明恭儉以導之孝，明敬戒以導之事，明慈愛以導之仁，明昭利以導之文，明除害以導之武，明精意以導之罰，明正德以導之賞，明齊肅以耀之臨。若是而不濟，不可為也。」。為鞏固教育成果，以求通達自覺，申叔時進一步主張，「誦詩以輔相之，威儀以先後之，體貌以左右之，明行以宣翼之，制節義以動行之，恭敬以臨監之，勤勉以勸之，孝順以納之，忠信以發之，德音以揚之」②。

隨著時代的發展，儒家思想形成後，很快就在楚國流行開來，並正式成為楚國進行思想道德教育的指導思想，儒家的禮儀規範、倫理

① 《國語　楚語上》。
② 《國語　楚語上》。

道德成為官德教育的核心內容。為強化儒家思想教育，楚國還結合實際，針對性地進行了配套改革。戰國中期，鐸椒為楚威王師，為便於威王學習和研讀《春秋》，特意將其中有關國家興亡成敗的史實摘錄出來，彙編成《鐸氏微》一書，共四十章，用來教導威王 [1]。在荊門郭店一號墓所出的楚簡書籍和篇章中，除有《老子》、《太一生水》等道家著作外，還有《緇衣》、《五行》、《魯穆公問子思》、《窮達以時》、《性自命出》、《成之聞之》、《尊德義》、《六德》、《唐虞之道》、《忠信之道》等儒家篇章，及摘錄各種格言警句彙編而成的《語叢》，涉及人倫道德諸多層面的內容。而這些內容豐富、意蘊厚重的典籍選篇就是當年東宮之師教楚國太子所使用的教材和參考書 [2]。

由此可見，楚國對太子的養成培養有著自己獨特的教育理論和合理的制度設計，不僅體系完備，方法多樣，而且高標準、嚴要求，重視儒家思想的教育，注意倫理道德的建設。楚國對太子的教育尚且如此重視，對其他官員的教育也就可想而知了。

### 2.弘揚民本思想，強調勤儉庇民

西周末年，特別是進入春秋以後，隨著王權的旁落，群雄的並起，奴隸制的解體，封建制的形成，早在西周初期就開始萌芽的民本思想迅速發展起來，「重民」、「保民」、「敬民」等思想更為豐富和完善。一些先進的政治思想家已經清楚地看到人民的重大作用，明確提出了為政清廉、安民為貴的主張。認為只有百姓才是國家的根本。一個國家要想繁榮昌盛，就必須以安民為本；而要達到安民的政治效果，為政者就必須清廉從政，勤政安民，否則就會苛民無度，保民、敬民只能是空中樓閣，無從談起。誠如斯言：「國之興也，視民如傷，是其福也；其亡也，以民為土芥；是其禍也」[3]；「民惟邦本，

① 《史記 十二諸侯年表序》。
② 羅運環：〈楚國的太子制度研究〉，載《江漢論壇》，2000年第7期。
③ 《左傳 哀西元年》。

附錄 楚國的廉政制度

本固邦寧」<sup>①</sup>；「民為貴，社稷次之，君為輕」<sup>②</sup>；「夫霸王之所始也，以人為本。本理則國固，本亂則國危」<sup>③</sup>。

楚國順應了這一時代的變革，民本思想也勃然興起，在綜匯融鑄華夏「重民」、「保民」、「敬民」等思想和先祖強調「王道」、得「民和」與「夫民，神之主也，是以聖王先成民而後致力於神」等認識的基礎上，明確提出了「庇民」、「安民」等主張，強調為政者須勤政愛民，以民為重。楚國一些明君賢臣也時刻告誡自己、教育百官廉潔自律、勤儉恤民。

庇民，即愛民、保民、恤民三位一體。最先提出「庇民」並踐行這一觀點的是楚成王時期一代名相令尹子文。子文在楚成王年幼受欺、國難當頭時，不僅「自毀其家，以紓楚國之難」<sup>④</sup>，而且任令尹後，身正清廉，生活儉樸，勤政愛民。《國語　楚語下》載：「昔鬭子文三舍令尹，無一日之積，恤民之故也。成王聞子文之朝不及夕也，於是乎每朝設脯一束、糗一筐，以羞子文，至於今秩之。成王每出子文之祿，必逃，王止而後複。人謂子文曰：『人之求富，而子逃之，何也？』對曰：『夫從政者，以庇民也。民多曠者，而我取富焉，是勤民以自封也，死無日矣。我逃死，非逃富也。』」子文的身體力行，清廉勤政，庇民安民，不僅成就了成王的一代霸業，而且對楚國的廉政建設產生了積極而深遠的影響。

其後，楚莊王、孫叔敖和其他一些有見識的政治家進一步繼承和發揚了這一思想。

作為春秋五霸之一，楚莊王雖性情暴烈，慣於征戰，卻富有極強的「保民」、「恤民」觀念。在治理國家中，不僅重視對太子的養

---

① 《尚書　五子之歌》。
② 《孟子　盡心下》。
③ 《管子　霸言》。
④ 《左傳　莊公三十年》。

成教育，而且還經常教育百官勤政愛民。《左傳 宣公十二年》借晉欒書之口，說莊王經常訓誡臣僚要懂得「民生在勤，勤則不匱」的道理，認為欲爭強於諸侯，必須「安民」而「和眾」。《國語 楚語上》引伍舉語說：「先君莊王為匏居之臺，高不過望國氛，大不過容宴豆，木不妨守備，用不煩官府，民不廢時務，官不易朝常。」國君體恤民力，民心自然可用，莊王稱霸，要在得民。

孫叔敖是繼子文之後又一著名令尹，他任令尹期間，秉持勤儉庇民為政理念，奉職循理，廉政忘私，務實清靜，以民為重。正如他自己所說的：「吾三相楚而心愈卑，每益祿而施愈博，位滋尊而禮愈恭，是以不得罪於楚之士民也。」[1]

正是由於楚莊王、子文、孫叔敖等人積極宣導和身體力行，以勤政安民為核心的民本思想很快深入到楚國統治階層的思想道德意識當中，成為他們從政的行動指南。

楚靈王好大喜功，內興土木，外尋干戈，勞民傷財，完全背離了勤儉庇民的治國傳統。楚國一些深受民本思想和忠君教育影響的賢大夫或有識之士坐不住了，不顧個人利益和安危，紛紛出面諄諄告誡，要以民為重。楚靈王築章華臺後，以其壯美而自鳴得意，大夫伍舉毫不客氣地當面指出：「臣聞國君服寵以為美，安民以為樂，聽德以為聰，致遠以為明。不聞其以土木之崇高、彤鏤為美，而以金石匏竹之昌大、囂庶為樂；不聞其以觀大、視侈、淫色以為明，而以察清濁為聰……夫美也者，上下、內外、小大、遠近皆無害焉，故曰美。若於目觀則美，縮於財用則匱，是聚民利以自封而瘠民也，胡美之為？夫君國者，將民之與處；民實瘠矣，君安得肥？且夫私欲弘侈，則德義鮮少；德義不行，則邇者騷離而遠者距違。天子之貴也，唯其以公侯為官正也，而以伯子男為師旅。其有美名也，唯其施令德於遠近，而小

① 《荀子 堯問》。

大安之也。若斂民利以成其私欲，使民蒿焉忘其安樂，而有遠心，其為惡也甚矣，安用目觀？」①明確提出「安民」是大事，並應以此為樂，而不應大興土木。楚靈王又城陳、蔡、不羹，勞民傷財，以威懾諸侯，范無宇不以為然。楚靈王不高興，以「是知天咫，安知民則」為由進行駁斥，右尹子革針鋒相對地指出：「民，天之生也。知天，必知民矣」②。重申天、民一致，民為天生，民不可疏忽，安民就是敬天。

楚平王在楚國歷史上聲名狼藉，不以明聞，但在前期統治中，也能推行廉政，安撫國民。《左傳 昭公十四年》記：「楚子使然丹簡上國之兵於宗丘，且撫其民。分貧振窮，長孤幼，養老疾；收介特，救災患；宥孤寡，赦罪戾；詰奸慝，舉淹滯；禮新敘舊，祿勳合親，任良物官。使屈罷簡東國之兵於召陵，亦如之。」究其原因，關鍵之一在於靈王「失民」終失命的教訓太重，給他以極大的震撼，使他不得不回歸以民為重的民本傳統。

### 3.主張自我約束，強調率先垂範

道德規範本身不具有強制性力量，只有通過人們內心的信念才能發揮作用。因此，楚國在加強官德教育的同時，還根據道德規範的特點，要求從政者強化自我道德約束，修身正己，率先垂範，以身作則。

「夫政者，正也。君為正，則百姓從而正矣。君之所為，百姓之所從。君不為正，百姓何所從乎？」「其身正，不令而行；其身不正，雖令不從」③。儒家思想最可貴之處，就在於不僅提出了為政以德的廉政主張，而且同時設計了一套行之有效的修身正己的路徑和方法。正因如此，楚國在用儒家思想進行德政教育的同時，很好地解決了為政者

① 《國語　楚語上》。
② 《國語　楚語上》。
③ 《論語　子路》。

自我道德約束的問題，湧現出了一大批克己奉公、以身作則、垂範後世的廉政人物，如令尹子文、孫叔敖、葉公子高、莫敖大心、梦冒勃蘇等，書寫古代廉政史上一個個輝煌的篇章。而子文、孫叔敖無疑是最為耀眼的雙子星。

《戰國策　楚策一》引莫敖子華語曰：

　　昔令尹子文，緇帛之衣以朝，鹿裘以處，未明而立於朝，日晦而歸食，朝不謀夕，無一日之積。故彼廉其爵，貧其身，以憂社稷者、令尹子文是也。

　　孫叔敖起於期思之鄙，由「處士」而至令尹，「時位之移」不可謂不大，但他始終能做到爵高而以下自處，官大而以小自守，祿厚而以儉自奉，一生以廉潔為寶，對自己和家人，要求嚴格。《淮南子　道應訓》記孫叔敖曰：「吾爵益高，吾志益下；吾官益大，吾心益小；吾祿益厚，吾施益博。」《韓非子　外儲說左下》說：「孫叔敖相楚，棧車牝馬，糲餅菜羹，枯魚之膳，冬羔裘、夏葛衣，面有饑色，則良大夫也。」《史記　滑稽列傳》亦說：「楚相孫叔敖持廉至死，方今妻子窮困負薪而食。」可見，孫叔敖自奉不奢，清廉至極。無怪乎，司馬遷作《史記》專為循吏立傳，把他列為第一人。司馬貞《索隱》贊其「奉職循吏，為政之先」。

　　正是子文、孫叔敖為官，奉職循理，勤政以先，終使成王「楚地千里」，莊王霸業有成。《呂氏春秋　情欲》如是說：「世人之事君者，皆以孫叔敖之遇荊莊王為幸……孫叔敖日夜不息……故使莊王功績著乎竹帛，傳乎後世。」

## 二

　　懲治和預防腐敗，僅靠思想道德教育是不行的，要使官吏想貪而不能貪、不敢貪，必須依靠強有力的制度來監督和制約。楚國統治者

附錄·楚國的廉政制度

也深諳這一點，他們從官員的選拔、考核和監督三個環節入手，制定了一系列的監督制約制度。

### 1.注重官吏選拔，堅持德才兼備

人治社會，以官治民，任官的好壞直接關係到國家的興衰存亡。因此，加強任用制度建設，嚴把入仕之關，選任德才兼備之人為官，防止奸佞小人入仕亂政，是為政清廉的關鍵。

春秋戰國時期，楚雖實行貴族政治體制，但在任官制度上，卻能與時俱進，不但逐步廢除了世官制度，而且全面推行了量能授官制度。《韓非子　八奸》說：「明主之為官職爵祿也，所以進賢才，勸有功也。故曰：賢材者處厚祿，任大官；功大者有尊爵，受重賞。官賢者量其能，賦祿者稱其功。」楚國統治者是十分重視選賢任能的。大夫鬻譆恪守禮法，敢於犯顏直諫，文王賜其爵五大夫①。申侯「專利而不厭，予取予求」，文王將其遣送出國②。俘虜申人彭仲爽品行高潔，才能出眾，文王舉為令尹。彭仲爽不負所望，戰勝攻取，縣申、息二國，臣陳、蔡二君。可見，文王在官吏的任用升黜上，「確實注意選賢舉能，甚至可以不分民族，不分等級，破格提拔，充分信任，使有用武之地」③。莊王對官員選拔也有嚴格的標準，任人不分親疏貴賤，獎賞但憑道德才能。《左傳　宣公十二年》借晉人士會之口贊：「其君之舉也，內姓選於親，外姓選於舊，舉不失德，賞不失勞。」正因為楚國選官首重品德廉潔和才能出眾，「秀贏而多能，其性無欲」的「下里之士」④孫叔敖，明法重德的衛人吳起，才得以脫身草莽，步入官場，官至令尹。據《戰國策　韓策二》載，韓人史疾在回答楚王如何治國的提問時，曾針對楚國官場發出這樣的感慨：「今王

---

① 《呂氏春秋　長見》。
② 《左傳　僖公七年》。
③ 張正明著：《楚史》，湖北教育出版社1995年版，第87頁。
④ 《楚史　檮杌》虞丘子第三。

之國有柱國、令尹、司馬、典令，其任官置吏，必曰廉潔勝任。」雖然史疾的真實意圖是在批評楚國國內貪腐橫行、是非不明，但卻正好從反面印證楚國的選官標準，官員之所以要競相標榜廉潔勝任，就是因為它是任官置吏的首要標準。吳起變法時，「罷無能，廢無用，損不急之官」[1]，「使私不害公，讒不蔽忠，言不取苟合，行不取苟容，行義不固毀譽」，「塞私門之請，一楚國之俗」[2]，實際上就是在貫徹和落實楚國的選官標準。

### 2.建立考核制度，保持隊伍廉潔

官吏考核制度是廉政制度的重要組成部分。楚國統治者在治國實踐中，也建立了一系列政績考核制度，對促使官吏盡職盡責，奉公守法起良好作用。

春秋戰國時期，楚國對官吏的考核主要有上計制、巡行巡縣制等兩種方式。

「上計」制度源自於西周諸侯對周天子「朝覲述職」制度，是指地方官長每年（一般從秋季開始）要將自己管轄區域內的戶口、田數、賦稅、庫藏、治安、下屬職官的表現以及鄉中賢能者的情況，定時彙編成冊，並逐級呈送直至國君，國君以此作為對其賞罰、升黜的依據。這其實就是地方官吏向國君遞交的本年度的述職報告。上計制在春秋晚期已經出現，戰國中後期逐漸發展完善，並成為年終考核地方官吏的主要方法。《呂氏春秋 知度》明確提到「上計」之制，《秦會要訂補 職官上》云：「上計之制，六國亦有之。」可見，「上計」制度也是楚國用來考核官吏的主要手段之一。

巡行巡縣制包括國君巡行地方與郡守巡視屬縣，是一種自上而下的監察方式。巡行巡縣制源自於西周時期天子對各地的「巡狩」制，

---

① 《史記 范雎蔡澤列傳》。
② 《戰國策 秦策三》。

附錄　楚國的廉政制度

「巡行」亦稱「循行」，「巡縣」亦稱「行縣」。春秋戰國時期其範圍已非常廣泛，其目的除檢查農業生產外，主要還在於整頓吏治，考評治理績效以便糾察不法行為，從而為進一步選拔人才提供依據。楚悼王時，吳起任宛守和令尹時，都曾「行縣」到息，還拜訪名士屈宜臼，廣泛徵求意見，以確定施政方略①。

### 3.強化監察制度，約束監督官吏

權力不受約束，必然導致腐敗，這是萬古不變的定理。因此，除不斷完善選拔和考核機制之外，楚國還建立和不斷強化以督察、整肅吏治為核心的監督約束機制，加強機構監督、史官監督和民眾監督。

春秋戰國時期，御史監察是機構監督的主要形式，是一種十分有效的防治官吏腐敗的措施。由於文獻資料的缺乏，我們無法對楚國的御史監察制度作深入的探討，但可以肯定的是，和其他六國一樣，楚國也有御史監察制度。據《淮南子　繆稱訓》載，共雍向莊王請賞，莊王說：「有德者受吾爵祿，有功者受吾田宅。是二者，女無一焉，吾無以與女。」對百官的行為，國君不可能做到一一躬親調查，而莊王對共雍的政績瞭若指掌，洞悉於胸，如果沒有監察官員和相關制度做支撐，是無法解釋清楚的。

春秋戰國時期，大多數諸侯國都設有太史、內史、左史等史官。《禮記　玉藻》云：「動則左史書之，言則右史書之。」《禮記正義》疏引鄭注云：「大史、內史掌記言記行，是內史記言大史記行也。」從他們所執掌的工作範圍來看雖然沒有專門監察的性質，但是從他們工作的效果來看卻起到了監察的作用，因為史官擁有對各級官吏直到帝王言行和政績秉筆直書的權力，百官的一言一行都在他們書寫的範圍之內。因此，他們記載的志、史可以使各級官吏流芳百世，抑或遺臭萬年，從而借助輿論的力量，對為官者發揮重要的制約和監

---

① 參見《說苑　指武》、《淮南子　道應訓》。

督作用，起到特殊的監察效果，在一定程度上促進廉政建設。

楚人非常重視史，楚國不僅設有史官，甚至將史官視為國寶之一。《國語　楚語下》記楚大夫王孫圉語：

楚之所寶者，曰觀射父，能作訓辭，以行事於諸侯，使無以寡君為口實。又有左史倚相，能道訓典，以敘百物，以朝夕獻善敗於寡君，使寡君無忘先王之業；又能上下說於鬼神，順道其欲惡，使神無有怨痛於楚國。

由於地位較高，受人尊重，楚國史官擁有的監察權力不僅大，而且效果好。左史倚相「以朝夕獻善敗於寡君」，能「使寡君無忘先王之業」。短短的幾句話，便能制止司馬的貪欲。《國語　楚語上》載：

司馬子期欲以妾為內子，訪之左史倚相，曰：「吾有妾而願，欲笄之，其可乎？」對曰：「昔先大夫子囊違王之命諡；子夕嗜芰，子木有羊饋而無芰薦。君子曰：『違而道』。穀陽豎愛子反之勞也，而獻飲焉，以斃於鄢；芋尹申亥從靈王之欲，以隕於乾谿。君子曰：『從而逆。君子之行，欲其道也，故進退周旋，唯道是從』。夫子木能違若敖之欲，以之道而去芰薦，吾子經營楚國，而欲薦芰以干之，其可乎？」子期乃止。

在中國古代，一些開明君主往往十分注重借助社會力量、民眾輿論監督官吏的所作所為。在楚國政治生活中，也存在著輿論監督。據《左傳　襄公三年》載，楚共王時，令尹子重帥楚師伐吳，「子重於是役也，所獲不如所亡」。「楚人以是咎子重」，「子重病之，遂遇心疾而卒。」楚人尚武，子重勞而無功，遭到國人的指責，本是很

自然的事，但最終因此而憂患成疾而死。楚國輿論監督力量之大，就可見非同尋常了。《左傳　昭公二十七年》記楚昭王即位之初，費無極與鄢將師勾結，唆使貪賄的令尹子常誅滅忠直之士郤宛及其族黨，國人大為不滿，紛紛指責子常。在強大的輿論壓力下，子常被迫殺掉費、鄢二族，方才保住身家性命，平息事件。

需要指出的是，在楚國，對百官的糾察、監控往往是和考核結合在一起的，前述諸如「巡行」、「上計」等制度，既是一種考核制度，同時又是一種監察制度。

三

重獎清廉之士，嚴懲貪官污吏，使為官者「不敢貪」，這也是先秦時期中原各國廉政建設的重要措施和經驗。誠如《韓非子　二柄》所云，「明主之所導制其臣者，二柄而已矣。二柄者，刑、德也。何謂刑德？曰：殺戮之謂刑，慶賞之謂德。為人臣者畏誅罰而利慶賞，故人主自用其刑德，則群臣畏其威而歸其利矣」。「賞善罰惡，賞功罰過」，也是楚國加強廉政建設的不二法門。

提拔重用清官廉吏，是運用獎懲機制促進廉政建設的有效措施之一。清廉是立政之本，只有為官清廉，才能盡職盡責，秉公行政；只有重用清官，才會政通人和，國泰民安。楚國統治者深知此道，對廉潔賢能之士大膽破格拔擢，委以重任，如彭仲爽、子文、孫叔敖、吳起等，皆官至令尹，身居上位，執一國之柄。對奉公守法之官則不吝加官晉爵，優待有加。

《說苑　至公》載：

楚令尹子文之族有干法者，廷理拘之，聞其令尹之族也，而釋之。子文召廷理而責之，曰：「凡立廷理者，將以司犯王令而察觸國法也。夫直士持法，柔而不撓，剛而不折，今棄法而背令，而釋犯法者，是為理不端，懷心不公也。豈吾有營私之意也，何廷理之駁於法

也？吾在上位以率士民，士民或怨，而吾不能免之於法。今吾族犯法甚明，而使廷理因緣吾心而釋之，是吾不公之心明著於國也。執一國之柄，而以私聞，與吾生不以義，不若吾死也。」成王聞之，不及履而至於子文之室，曰：「寡人幼少，置理失其人，以違夫子之意。」於是黜廷理而尊子文，使及內政。

子文清正廉明，奉公守法，受到禮遇重用，使及內政，廷理趨炎附勢、徇私枉法，結果自毀前程，遭到罷黜。

又《韓非子　外儲說右上》記，楚莊王有《茅門之法》，曰「群臣大夫諸公子入朝，馬蹄踐霤者，廷理斬其輈，戮其御。」一天，太子入朝，不小心觸犯了「茅門之法」，廷理照章執法，砸了太子車輈，殺了太子車夫。太子一怒之下，找到莊王要求誅殺廷理。莊王問明情況後，曰：「夫犯法廢令，不尊敬社稷者，是臣乘君而下尚校也。臣乘君，則主失威；下尚校，則上位危。威失位危，社稷不守，吾將何以遺子孫。」不但沒有誅殺廷理，反而對其重用有加，「賜爵二級」。太子經過莊王一番教育後，也幡然悔悟，主動請求伏法。

重典治吏，峻法懲貪，是運用賞罰機制促進廉政建設的另一有效措施。與中原各國相比，楚國的法律更多更直接地受到商朝法律的影響，吸收了商朝嚴刑峻法、以治百官的精神和內容，以軍功成敗論將，治理政績責官，有嚴明的懲罰制度[1]，而較少受西周「禮不下庶人，刑不上大夫」禮樂制度的影響，在法律實踐中更多地主張刑無等級，強調雖王子犯法，刑之無赦。在這一法律背景下，楚國以法治吏，峻法懲貪表現得格外突出。自王子公孫、達官顯貴決不能依仗權勢知法犯法，貪腐失職，否則，輕則身敗名裂，重則家毀族滅。

楚成王時，令尹子上在太子選立問題上得罪了太子商臣，遭到

---

① 李玉潔著：《楚史稿》，河南大學出版社1988年版，第113頁。

怨恨。後來子上領兵與晉作戰,因晉使詐,未開戰就無功而返。太子商臣遂乘機報復,「譖子上曰『受晉賂而辟之,楚之恥也,罪莫大焉。』王殺子上」①。子上貴為令尹,僅因有受賄之嫌而被殺掉,楚對官吏受賄貪瀆懲罰之嚴厲由此可見。

楚共王時,令尹子辛貪財好利,為滿足一己之貪欲,常常侵害小國,掠取財物,後來陳國不堪其擾,憤而叛楚。《左傳 襄公五年》載:「楚人討陳叛故,曰:『由令尹子辛實侵欲焉。』乃殺之。書曰:『楚殺其大夫公子壬夫』。貪也。」右司馬公子申為了同令尹子重、左司馬子辛爭權奪勢,「多受小國之賂,以逼子重、子辛。楚人殺之。」②子辛、公子申身為國家官員,為一己之私而大肆索賄,其罪當誅,無話可說。值得注意的是,子辛、公子申的高官身分,一為令尹,一為司馬,權高位重,肯定是楚王的左膀右臂,親信紅人,但均遭誅殺,無一倖免,足見楚國執法之嚴格。

楚靈王時,「屈申為貳於吳,乃殺之」③。

楚平王時,令尹子旗有輔弼楚平王即位之功,但是子旗與養氏相為比黨,貪求無厭,於是楚平王「殺鬥成然而滅養氏之族」④。明人董說在《七國考》中說:楚「令尹執國政者,皆其公族,少有債事,旋即誅死」。令尹、司馬等高官顯貴,涉及貪腐瀆職,就嚴懲不貸,一般官員貪瀆犯法,自然更是絕不姑息,嚴加追究了。

《列女傳 楚江乙母》載,楚宣王時,「乙為郢大夫,有入王宮中盜者,令尹以罪乙,請於王而黜之。」江乙作為郢之長官,負有維持郢都治安的重責,在其轄區發生了王宮被盜這樣的大案,明顯是失職。令尹依法追究,江乙遂被罷官。

---

① 《左傳 僖公三十三年》。
② 《左傳 襄公二年》。
③ 《左傳 昭公五年》。
④ 《左傳 昭公十四年》。

楚國這種重典治吏、峻法懲貪的做法，翔實而嚴厲的刑罰制度，對楚國的官員產生了巨大的震懾力量，使得他們想貪而不敢貪，始終堅持廉潔從政。《史記　滑稽列傳》借楚樂人優孟之口指出，孫叔敖相楚，「持廉至死」，除自律廉潔外，還有一個原因，就是不敢為非。「山居耕田苦，難以得食。起而為吏，身貪鄙者餘財，不顧恥辱。身死家室富，又恐受賕枉法，為奸觸大罪，身死而家滅。貪吏安可為也！念為廉吏，奉法守職，竟死不敢為非。」

## 四

　　楚之所以能從一個「辟在荊山」的蕞爾小邦發展成為雄踞南方的第一大國，成為春秋戰國時期爭霸角逐舞臺上的常青主角，成就「縱合則楚王，橫成則秦帝」[①]的恢弘氣象，是與統治者重視吏治，踐行廉政、政治清明分不開的，而預防和懲治相結合的廉政建設機制無疑在其中起到了重要的作用。雖然，楚人最終卻以逸亂政，以腐亡國，但我們不能因此而淡化其積極意義。重新加以審視，探尋成敗得失，對我們今天的廉政建設會有一定的啟發意義和借鑒價值。

---

① 《戰國策　楚策一》。

# 參 考 文 獻

## 一、文獻典籍（含今人對古籍的整理與注釋）

1. 阮元校刻：《十三經注疏》，中華書局1980年版。

2. 李學勤主編：《十三經注疏》標點本，北京大學出版社1999年版。

3. 程俊英，蔣見元注：《詩經注析》，中華書局1999年版。

4. 杜預：《春秋經傳集解》，上海古籍出版社1997年版。

5. 顧棟高：《春秋大事表》，中華書局1993年版。

6. 楊伯峻：《春秋左傳注》，中華書局1990年版。

7. 洪亮吉：《春秋左傳詁》，中華書局2004年版。

8. 焦循：《孟子正義》，中華書局2004年版。

9. 孫星衍：《尚書古今文注疏》，中華書局2004年版。

10. 孫詒讓：《周禮正義》，中華書局1987年版。

11. 孫希旦：《禮記集解》，中華書局1998年版。

12. 朱彬：《禮記訓纂》，中華書局1996年版。

13. 徐元誥：《國語集解》，中華書局2002年版。

14. 王煥鑣：《墨子集詁》，上海古籍出版社2005年版。

15. 黎翔鳳：《管子校注》，中華書局2004年版。

16. 洪興祖：《楚辭補注》，中華書局2002年版。

17. 陳奇猷校釋：《韓非子‧集釋》，上海人民出版社1974年版。

18. 王先慎：《韓非子集解》，中華書局2006年版。

19. 王先謙：《莊子集解》，中華書局2008年版。

20. 王先謙：《荀子集解》，中華書局2007年版。

21. 陳奇猷校釋：《呂氏春秋新校釋》，上海古籍出版社2002年版。

22. 蔣禮鴻：《商君書錐指》，中華書局1994年版。

23. 董說：《七國考》，中華書局1998年版。

24. 董說著，繆文遠訂補：《七國考訂補》，上海古籍出版社1987版。

25. 司馬遷：《史記》，中華書局1982年版。

26. 劉文典：《淮南鴻烈集解》，中華書局2006年版。

27. 劉向集錄：《戰國策》，上海古籍出版社1998年版。

28. 繆文遠：《戰國策新校注》，巴蜀書社1987年版。

29. 王照圓注：《列女傳補注》，臺灣商務印書館1976年版。

30. 向宗魯校證：《說苑校證》，中華書局1987年版。

31. 石光瑛校釋：《新序校釋》，中華書局2001年版。

32. 班固：《漢書》，中華書局1962年版。

33. 許慎撰、段玉裁注：《說文解字注》，上海古籍出版社1995年版。

34. 袁康、吳平：《越絕書》，中華書局1985年版。

35. 酈道元著，陳橋驛校證：《水經注校證》，中華書局2007年版。

36. 房玄齡撰：《晉書》，中華書局1974年版。

37. 杜佑撰：《通典》，浙江古籍出版社1988年版。

38. 歐陽修、宋祁：《新唐書》，中華書局1975年版。

39. 李昉等：《太平御覽》，中華書局1960年版。

## 二、考古與出土文獻資料

1. 睡虎地秦墓竹簡整理小組：《睡虎地秦墓竹簡》，文物出版社

1978年版。

2. 羅福頤：《古璽彙編》，文物出版社1981年版。

3. 湖北省荊沙鐵路考古隊：《包山楚墓》，文物出版社1991年版。

4. 湖北省荊沙鐵路考古隊：《包山楚簡》，文物出版社1991年版。

5. 河南文物研究所等：《淅川下寺春秋楚墓》，文物出版社1991年版。

6. 河南文物考古研究所等：《淅川和尚嶺與徐家嶺楚墓》，大象出版社2004年版。

7. 陳偉等：《楚地出土戰國簡冊（十四種）》，經濟科學出版社2009年版。

## 三、今人學術論著

### （一）今人學術著作及文集

1. 蔡虹、李漢昌編著：《民事訴訟法學》，中國法制出版社1999年版。

2. 蔡樞衡：《中國刑法史》，中國法制出版社2005年版。

3. 蔡靖泉：《楚文化流變史》，湖北人民出版社2001年版。

4. 陳顧遠：《中國古代婚姻史》，商務印書館1959年版。

5. 陳鵬著：《中國婚姻史稿》，中華書局1990年版。

6. 陳偉：《包山楚簡初探》，武漢大學出版社1996年版。

7. 陳偉：《新出楚簡研讀》，武漢大學出版社2010年版。

8. 程樹德：《九朝律考》，中華書局2001年版。

9. 郭仁成：《楚國經濟史新論》，湖南教育出版社1990年版。

10. 顧久幸：《楚制典章——楚國的政治經濟制度》，湖北教育出版社2001年版。

11. 高兵：《周代婚姻形態研究》，巴蜀書社2007年版。

12. 何浩：《楚滅國研究》，武漢出版社1989年版。

13. 胡留元，馮卓慧：《西周法制史》，陝西人民出版社1988年版。

14. 胡留元，馮卓慧：《夏商西周法制史》，商務印書館2006年版。

15. 胡留元，馮卓慧：《長安文物與古代法制》，法律出版社1989年版。

16. 懷效鋒主編：《中國法制史》，中國政法大學出版社1998年版。

17. 黃德鑫：《楚爰金研究》，光明日報出版社1991年版。

18. 孔慶明、胡留元、孫季平編著：《中國民法史》，吉林人民出版社1996年版。

19. 李學勤：《東周與秦代文明》，上海人民出版社2007年版。

20. 劉玉堂：《楚國經濟史》，湖北教育出版社1995年版。

21. 劉信芳：《包山楚簡解詁》，藝文印書館2003年版。

22. 李零：《李零自選集》，廣西師範大學出版社1998年。

23. 李玉潔：《楚史稿》，河南大學出版社1988年版

24. 李志敏：《中國古代民法》，法律出版社1988年版。

25. 羅運環：《楚國八百年》，武漢大學出版社1992年版。

26. 羅運環：《出土文獻與楚史研究》，商務印書館2011年版。

27. 繆文遠：《戰國制度通考》，巴蜀書社1998年版。

28. 蒲堅主編：《中國法制史》，光明日報出版社1987年版。

29. 蒲堅主編：《中國法制通史　夏商周卷》，法律出版社1999年版。

30. 瞿同祖：《瞿同祖法學論著集》，中國政法大學出版社1998年版。

31. 沈家本：《歷代刑法考》，中華書局1985年版。

32. 宋公文：《楚史新探》，河南大學出版社1988年版。

33. 宋公文、張君：《楚國風俗志》，湖北教育出版社1995年版。

34. 栗勁：《秦律通論》，山東人民出版社1985年版。

35. 邵鴻：《商品經濟與戰國社會變遷》，江西人民出版社1995年版。

36. 童書業：《春秋左傳研究》，中華書局2006年版。

37. 涂又光：《楚國哲學史》，湖北教育出版社1995年版。

參考文獻

38. 王國維：《觀堂集林》，河北教育出版社2001年版。

39. 王立民：《古代東方法研究》，學林出版社1996年版。

40. 王穎：《包山楚簡詞彙研究》，廈門大學出社2008年版。

41. 王宇信、楊升南：《中國政治制度通史　先秦卷》，人民出版社1992年版。

42. 魏昌：《楚學劄記》，湖北人民出版社2003年版。

43. 魏昌：《楚國史》，湖北人民出版社2002年版。

44. 徐世虹主編：《中國法制通史　戰國秦漢卷》，法律出版社1999年版。

45. 肖永清主編：《中國法制史教程》，法律出版社1987年版。

46. 楊大文主編：《婚姻家庭法》，中國人民大學出版社2001年版。

47. 葉孝信主編：《中國民法史》，上海人民出版社1993年版。

48. 曾憲義主編：《中國法制史》，北京大學出版社、高等教育出版社2000年版。

49. 張全民：《〈周禮〉所見法制研究（刑法篇）》，法律出版社2004年版。

50. 張晉藩：《中國法律的傳統與近代轉型》，法律出版社1997年版。

51. 張晉藩：《清代民法綜論》，中國政法大學出版社1998版。

52. 張晉藩主編：《中國法制通史》，法律出版社1999年版。

53. 張晉藩主編：《中國民法通史》，福建人民出版社2003年出版。

54. 張正明：《楚文化史》，上海人民出版社1987年版。

55. 張正明：《楚文化志》，湖北人民出版社1988年版。

56. 張正明：《楚史》，湖北教育出版社1995年版。

57. 張正明：《張正明學術文集》，湖北人民出版社2007年版。

58. 張正明：《秦與楚》，華中師範大學出版社2007年版。

59. 張中秋：《唐代經濟民事法律述論》，法律出版社2002年版。

60. 趙德鑫：《楚國的貨幣》，湖北教育出版社1995年版。

61. 趙光賢：《周代社會辨析》，人民出版社1960年版。

（二）學術論文集

1. 楚文化研究會編：《楚文化研究論集》第1集，荊楚書社1987年版。

2. 楚文化研究會編：《楚文化研究論集》第2集，湖北人民出版社1991年版。

3. 楚文化研究會編：《楚文化研究論集》第3集，湖北人民出版社1994年版。

4. 楚文化研究會編：《楚文化研究論集》第4集，河南人民出版社1994年版。

5. 楚文化研究會編：《楚文化研究論集》第5集，黃山書社2003年版。

6. 楚文化研究會編：《楚文化研究論集》第6集，湖北教育出版社2005年版。

7. 楚文化研究會編：《楚文化研究論集》第7集，嶽麓書社2007年版。

8. 楚文化研究會編：《楚文化研究論集》第8集，大象出版社2009年版。

9. 楚文化研究會編：《楚文化研究論集》第9集，上海古籍出版社2011年版。

10. 楚文化研究會編：《楚文化研究論集》第10集，湖北美術出版社2011年版。

11. 湖北省社會科學院歷史研究所編：《楚文化新探》，湖北人民出版社1981年版。

12. 張正明主編：《楚史論叢》初集，湖北人民出版社1984年版。

13. 張正明主編：《楚學論叢》，《江漢論壇》專刊1990年版。

14. 劉玉堂主編：《楚學論叢》第1輯，湖北人民出版社2011年版。

（三）今人學術論文

1. 晁福林：〈《九店楚簡》補釋——小議戰國時期楚國田畝制度〉，載《中原文物》2002年第5期。

2. 陳禮榮：〈楚國「司敗」的職權與行政問責〉，載《長江大學學報》，2009年2月期。

3. 陳偉：〈《鄂君啟節》與楚國的免稅問題〉，載《江漢考古》1989年第3期。

4. 陳偉：〈關於包山「受期」簡的讀解〉，載《江漢考古》1993年第1期。

5. 陳偉：〈包山楚司法簡131—139號考析〉，載《江漢考古》1994年第4期。

6. 陳偉：〈包山竹簡所見楚國的文書制度〉，載《中華文化論壇》1995年第4期。

7. 陳偉：〈包山楚簡所見幾種身分的考察〉，載《湖北大學學報》1996年第1期。

8. 陳偉：〈楚國第二批司法簡芻議〉，載《簡帛研究》第3輯，廣西教育出版社1998年12版。

9. 陳偉：〈包山楚簡所見邑、里、州的初步研究〉，載《武漢大學學報》1995年第1期。

10. 陳偉：〈包山楚簡中的宛郡〉，載《武漢大學學報》1998年第6期。

11. 程德祺：〈《三禮》中的婚姻禮制〉，載《歷史教學問題》1990年第1期。

12. 程濤平：〈春秋時期楚國的平民階層〉，載《歷史研究》1983年第6期。

13. 程濤平：〈春秋時楚國貴族對土地的占有及所受的限制〉，載《中國社會經濟史研究》1984年第2期。

14. 陳筱芳：〈周代婚禮：六禮抑或三禮〉，載《文史》2000年第4輯。

15. 陳直：〈讀金日劄（選錄）〉，載《社會科學戰線》1980年第1期。

16. 郭仁成：〈楚國商業初探〉，載《江漢論壇》1984年第5期。

17. 郭仁成：〈論楚國社會經濟形態的基本特徵〉，載《求索》

1989年第5期。

18. 顧久幸：〈楚國婚姻形態略論〉，載《湖北社會科學》1988年第10期。

19. 顧久幸：〈楚國地方基層行政機構探討〉，載《江漢論壇》1993年第1期。

20. 顧久幸：〈楚國法律的起源及法律形式〉，載《江漢論壇》1996年第10期。

21. 顧久幸：〈略論楚國法律發展軌跡〉，載《中華文化論壇》1996年第1期。

22. 顧久幸：〈楚國的任官制度與其強大與發展〉，載《理論月刊》2002年第11期。

23. 顧久幸：〈楚國的治國之道與民本思想〉，載《湖北社會科學》2002年第12期。

24. 葛英會：〈包山楚簡治獄文書研究〉，載《南方文物》1996年第2期。

25. 郝本性：〈試論楚國器銘中所見的府和鑄造組織〉，載《楚文化研究論集》第1集，荊楚書社1987年版。

26. 何浩、張君：〈試論楚國的君位繼承制〉，載《中國史研究》1984年第4期。

27. 何浩：〈戰國時期楚封君初探〉，載《歷史研究》1984年第5期。

28. 何浩：〈試論西周春秋時期的楚國土地占有制度〉，載《江漢論壇》1983年第4期。

29. 何崇恩：〈楚國法律及執法情況述略〉，載《湘潭大學學報》1988年第2期。

30. 后德俊：〈秬種考〉，載《中國農史》1995年第4期。

31. 侯強：〈春秋戰國市管理體系考探〉，載《安徽史學》1998年第2期。

32. 黃錫全：〈古文字中所見楚官府官名輯證〉，載《文物研究》第7輯，黃山書社1991年版。

33. 黃曉莉：〈略論楚國司法實施的程序〉，載《西南農業大學學報》2011年第9期。

34. 何婷立：〈試論周代婚齡及其影響〉，載《蘭臺世界》2008年第7期上月刊。

35. 黃天華：〈試論我國古代關稅的起源〉，載《社會科學》2008年第8期。

36. 黃盛璋：〈包山楚簡中若干重要制度發複與爭論未決諸關鍵字解難、決疑〉，載《湖南考古輯刊》第6輯，《求索》增刊1994年。

37. 賈繼東：〈包山楚墓「見日」淺釋〉，載《江漢考古》1995年第4期。

38. 賈繼東：〈包山楚簡中的〈受期〉簡別解〉，載《東南文化》1996年第1期。

39. 賈繼東：〈簡論楚國訴訟制度中的期日與期間〉，載《中國文物報》1996年7月28日。

40. 賈繼東：〈從出土竹簡看楚國司法職官的建置及演變〉，載《江漢論壇》1996年第9期。

41. 賈繼東：〈楚秦訴訟管轄和強制措施之比較研究〉，載《法商研究》1997年第3期。

42. 李衡眉：〈先秦繼承制為選擇繼承說〉，載《學術月刊》1987年第10期。

43. 李力：〈東周盟書與春秋戰國法制的變化〉，載《法學研究》1995年第5期。

44. 李倩、李傑：〈對楚婚俗的多維關照〉，載《江漢論壇》2010年第3期。

45. 李學勤：〈包山楚簡中的土地買賣〉，載《中國文物報》1992

年3月22日。

46. 李學勤：〈《左傳》「荊屍」與楚月名〉，載《文獻季刊》2004年第2期。

47. 劉金華：〈從包山楚簡看楚國的民事法律關係〉，《江漢考古》2001年第2期。

48. 劉金華：〈楚秦審判法律制度比較研究〉，載《荊州師範學院學報》1999年第6期。

49. 劉先枚：〈楚官源流考索〉，載《江漢論壇》1982年第8期。

50. 劉信芳：〈中國最早的殺人案案審實錄〉，載《尋根》1998年第3期。

51. 劉信芳：〈包山楚簡司法術語考釋〉，載《簡帛研究》第2輯，法律出版社1996年版。

52. 劉玉堂：〈楚地婚俗趣談〉，載《政策》1998年第6期。

53. 劉玉堂：〈楚官補考〉，載《荊州師專學報》1990年第3期。

54. 劉玉堂、賈濟東：〈楚秦審判制度比較研究〉，載《江漢論壇》2003年第9期。

55. 劉玉堂、賈濟東：〈楚秦刑事訴訟證據比較研究〉，載《湖北大學學報》2004年第2期。

56. 劉玉堂、賈濟東：〈楚秦起訴制度比較研究〉，載《中南民族大學學報》2004年第2期。

57. 劉玉堂：〈楚秦刑種比較研究〉，載《江漢論壇》2005年第3期。

58. 劉祥成：〈周代的婚姻制度〉，載《四川師範學院學報》1981年第4期。

59. 羅俊揚：〈從包山楚簡貸金史料論楚國之金融〉，載《金融經濟》1997年第12期。

60. 羅運環：〈古文字資料所見楚國官制研究〉，載《楚文化研究論集》第2集，湖北人民出版社1991年版。

61. 羅運環：〈論包山楚簡中的州制〉，載《江漢考古》1991年第3期。

62. 羅運環：〈楚國的太子制度研究〉，載《江漢論壇》2000年第7期。

63. 羅運環：〈包山楚簡貸金簡研究〉，載《武漢金融》2005年第10期。

64. 羅運環：〈楚芋尹無宇「人有十等」新解〉，載《鄂州大學學報》2008年第1期。

65. 呂亞虎、馮麗珍：〈東周時期男女適婚年齡問題考辯〉，載《陝西理工學院學報》2005年第2期。

66. 南玉泉、張志京：〈再論周人的結婚年齡〉，載《北京理工大學學報》2004年第6期。

67. 南玉泉：〈楚國司法制度探微〉，載《政法論壇》2000年第4期。

68. 聶菲：〈關於湖南地區楚漆器的生產、管理和產地問題的再討論〉，載《楚文化研究論集》第9集，上海古籍出版社2011年版。

69. 彭浩：〈包山楚簡反映的楚國法律與司法制度〉，載《包山楚墓》附錄二二，文物出版社1991年版。

70. 蘇萍：〈我國歷代婚齡小考〉，載《歷史知識》1982年第2期。

71. 甚成佑：〈歷代婚齡漫談〉，載《文史春秋》2001年第4期。

72. 唐嘉弘：〈論楚王的繼承制度——兼論先秦君位傳襲的演變〉，載《中州學刊》1990年第1期。

73. 湯餘惠：〈包山楚簡讀後記〉，載《考古與文物》1993年第2期。

74. 王紀潮：〈屈賦中的楚婚俗〉，載《江漢論壇》1985年第3期。

75. 王紅亮：〈《左傳》「荊屍」再辨證〉，載《古代文明》2010年第4期。

76. 王穎：〈從包山楚簡看戰國中晚期楚國的社會經濟〉，載《中國社會經濟史研究》2004年第3期。

77. 王准：〈包山楚簡所見楚國「里」的社會生活〉，載《中國社會經濟史研究》2011年第2期。

78. 王准：〈包山楚簡所見里中職官研究〉，載《歷史教學》（高校版）2011年第6期。

79. 吳良寶：〈戰國楚金幣新考〉，載《江蘇錢幣》2010年第1期。

80. 吳永章：〈論楚刑法〉，載《楚文化新探》，湖北人民出版社1981年版。

81. 吳永章：〈楚賦稅制初探〉，載《江漢論壇》1982年第7期。

82. 吳永章：〈楚官考〉，載《中華文史論叢》1982年第2輯。

83. 吳振武：〈《古璽彙編》釋文訂補及分類修訂〉，載《古文字論集》初編，香港中文大學1983年版。

84. 武樹臣：〈「橫的法」與「縱的法」——先秦法律文化的衝突與終結〉，載《南京大學法律評論》1996年第2期。

85. 夏淥：〈讀包山楚簡偶記〉，載《江漢考古》1993年第2期。

86. 向安強：〈試論楚國農業的發展〉，載《中國農史》2000年第4期。

87. 肖毅：〈古璽所見楚系官府官名考略〉，載《江漢考古》2001年第2期。

88. 熊傳新：〈楚國的絲織業〉，載《江漢論壇》1982年第8期。

89. 徐祥民：〈春秋時期的刑罰概念〉，載《現代法學》2000年第2期。

90. 徐祥民：〈略論春秋刑罰的特點〉，載《法學研究》2000年第3期。

91. 徐祥民：〈春秋時期法律形式的特點及其成文化趨勢〉，載《中國法學》2000年第1期。

92. 徐進：〈戰國前法的形式、生成及其時代特點〉，載《吉林大學學報》1997年第6期。

93. 楊曉華：〈楚國戶籍制度簡論〉，載《黑龍江教育學院學報》2010年第12期。

94. 楊范中、祝鑫賢：〈春秋時期楚國集權政治初探〉，載《江漢論壇》1981年第4期。

95. 楊師群：〈春秋時期法制進程考論〉，載《華東政法學院學

參考文獻

報》2002年第5期。

96. 楊升南：〈是幼子繼承制還是長子繼承制？〉，載《中國史研究》1982年第1期。

97. 張保來、崔崴：〈中國歷代刑事責任年齡考〉載《天中學刊》1995年第4期。

98. 張鴻亮：〈楚國聯姻考述〉，載《河南科技大學學報》2007年第1期。

99. 張君：〈「荊屍」新探〉，載《華中師範學院學報》1984年第5期。

100. 鄭超：〈楚國官璽考述〉，載《文物研究》第2輯，1986年12月。

101. 鄒芙都：〈從出土文物看楚國的商業與商品經濟〉，載《衡陽師範學院學報》2003年第4期。

102. 鄒芙都：〈楚國法律調控特徵略論〉，載《中華文化論壇》2006年第4期。

103. 左言東：〈楚國官制考〉，載《求索》1982年第1期。

## 四、工具書

1. 石泉主編：《楚國歷史文化辭典》，武漢大學出版社1997年版。

2. 鄭昌琳編著：《楚國史編年輯注》，湖北人民出版社1999年版。

3. 高潮、馬建石主編：《中國古代法學辭典》，南開大學出版社1989年版。

4. 《中國大百科全書》總編委會：《中國大百科全書 法學卷》，中國大百科全書出版社1984年版。

## 五、學位論文

1. 文炳淳：《包山楚簡所見官制研究》（修訂本），臺灣大學碩士

　　學位論文，1998年。

2. 陶亮：《楚國君位繼承制研究》，吉林大學碩士學位論文，2005年。

3. 寧國良：《春秋戰國時期楚國道家思想研究》，西北大學博士學位論文，2005年。

4. 寧全紅：《〈左傳〉刑罰適用研究》，西南政法大學博士學位論文，2006年。

5. 譚黎明：《春秋戰國時期楚國官制研究》，吉林大學博士學位論文，2006年。

6. 郭黷納：《周代婚禮研究》，陝西師範大學碩士學位論文，2006年。

7. 李紅玲：《周代婚姻禮俗探論》，華南師範大學碩士學位論文，2007年。

8. 姜軍：《戰國官營借貸活動初探》，吉林大學碩士學位論文，2007年。

9. 孫小妹：《春秋戰國時期的婚姻研究》，天津師範大學碩士學位論文，2008年4月。

10. 彭文芳：《古代刑名詮考》，浙江大學博士學位論文，2009年。

11. 熊賢品：《〈包山楚簡〉所見戰國晚期楚國社會制度研究》，河南大學碩士學位論文，2011年。

參考文獻